わくわく 生《い》き物《もの》がいっぱい

おりがみ

どうぶつえん＆すいぞくかん

「おりがみくらぶ」主宰
新宮 文明

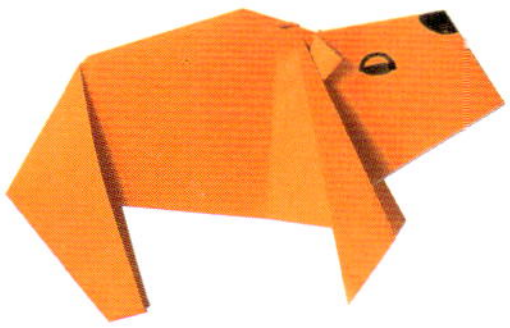

日本文芸社

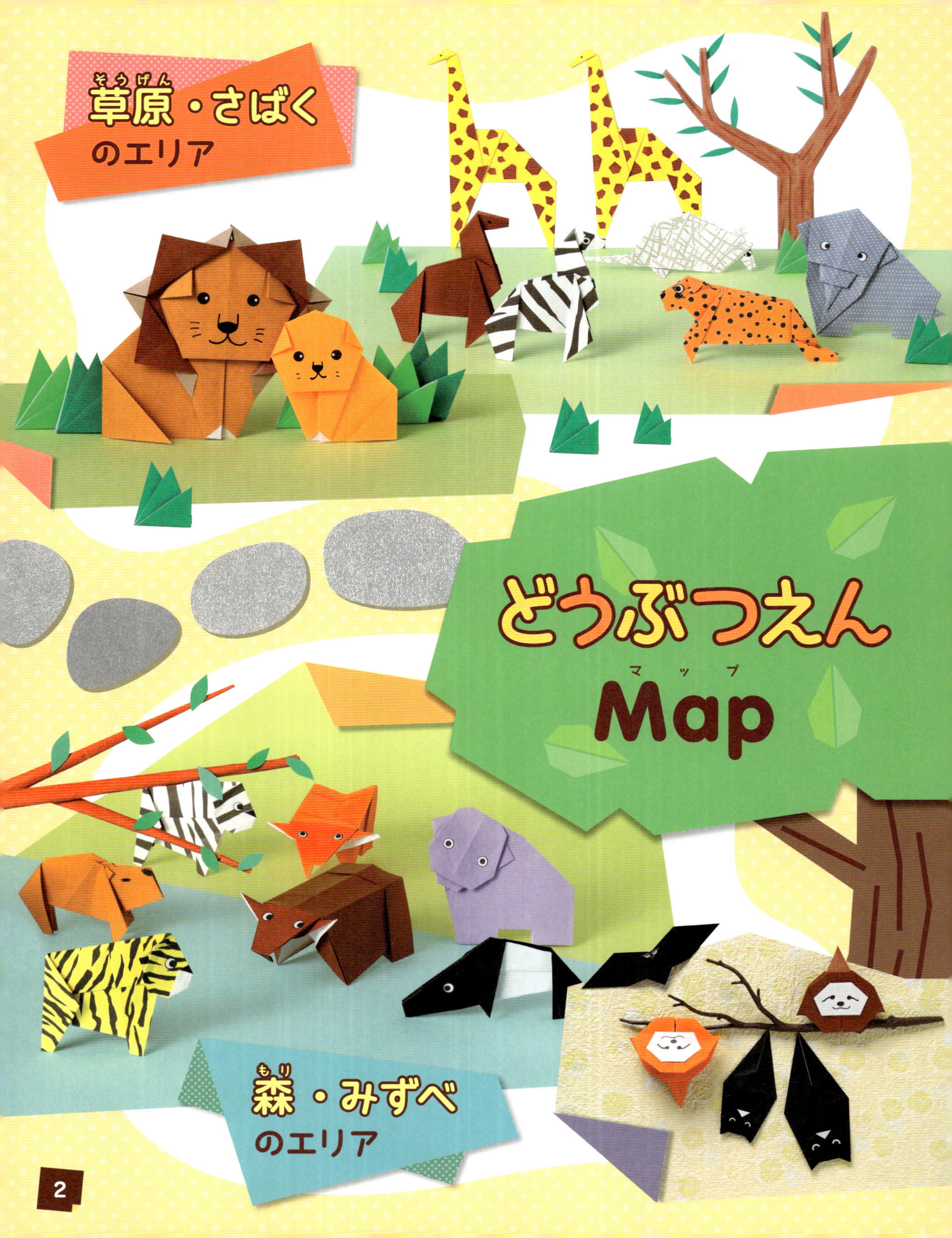
草原《そうげん》・さばく
のエリア
どうぶつえん
Map《マップ》
森《もり》・みずべ
のエリア

とりたちの森《もり》のエリア

せかいじゅうの めずらしいどうぶつや
きれいなとりたち、かわいい生《い》きものが
あつまった、ドキドキワクワクの
ワンダーランド！
さぁ、どのエリアから 見《み》に行《い》こうかな？

人気《にんき》のどうぶつのエリア

みぢかな生《い》きもののエリア

ペンギン
コーナー
すいぞくかん
Map《マップ》
人気《にんき》のうみの
生《い》きものコーナー

は虫《ちゅう》るいコーナー

ねったいぎょコーナー

うみや川《かわ》にも
たくさんのなかまが すんでいるよ！
お気《き》に入《い》りは イルカショーかな？
それとも 大《おお》きな水《すい》そうの さかなたち？
ふわふわうかぶ くらげも
おもしろそうだね！

はくぶつかんコーナー

大《おお》むかしに生《い》きていた、
体《からだ》の大《おお》きな生《い》きものたちだよ！

もくじ

どうぶつえんMap《マップ》……2
すいぞくかんMap《マップ》……4
はくぶつかんコーナー……5

この本《ほん》のつかいかた……10

パート1 どうぶつえん

草原《そうげん》・さばくの生《い》きもの

ライオン……16
- めすライオン……16
- おすライオン……17

ぞう／きりん……18
- ぞう……19
- きりん……20
- うんこ……18
- 木《き》①……21

ひょう……22
らくだ……24
- つき……25

うま……26
- くさ……27

やまあらし……28
アルマジロ……30

森《もり》・みずべの生《い》きもの

すいぎゅう／かば……32
- すいぎゅう……32
- かば……34

カピバラ／バク……35
- カピバラ……35
- バク……37

とら……38
トナカイ……40
なまけもの……42
こうもり……44
- こうもり①……44
- こうもり②……45

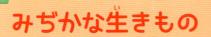

人気《にんき》のどうぶつ

パンダのおやこ……46
パンダ……46
あかちゃんパンダ……48
ささ……47
たけのこ……48
カンガルー／コアラ……49
カンガルー……49
コアラ……51
レッサーパンダ……52
りんご……53
ゴリラ……54
バナナ……55

みぢかな生《い》きもの

きつね……56
はっぱ／いちょう／すすき……57
たぬき／りす……58
たぬき……58
りす……60
やきいも……59
くり／どんぐり……61
ももんが……62
かわうそ……64
さかな……65
さる……66
おんぶさる……66
にほんざる……68
やま……68
こぐま……69

とりたちの森《もり》

フラミンゴ／ペリカン……70
フラミンゴ……70
ペリカン……71
ハシビロコウ……72
おおわし……74
くも……75
はくちょう……76
はくちょうのおやこ……76
はくちょう……77
ふくろう／みみずく……78
ふくろう……78
みみずく……80
木《き》②……81
くじゃく／インコ……82
くじゃく……82
インコ……84
だちょう……85

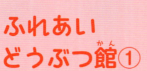

ふれあい どうぶつ館《かん》①

いぬ …… 86
　ちん …… 86
　ポメラニアン …… 88
　いぬ …… 89
ねこ …… 90
　ねこ …… 90
　こねこ …… 92
　ペルシャねこ …… 93

ふれあい どうぶつ館《かん》②

うさぎのきょうだい …… 94
　にんじん …… 95
ハムスター …… 96
にわとり／ぞうがめ …… 97
　ひよこ …… 97
　にわとり …… 98
　ぞうがめ …… 99
アルパカ／やぎ／ひつじ …… 100
　アルパカ …… 100
　やぎ …… 102
　ひつじ …… 103

パート2 すいぞくかん

ペンギン館《かん》

ペンギン …… 106
　ペンギン① …… 106
　ペンギン② …… 108
　ペンギンのおやこ …… 109
　バケツ …… 107

人気《にんき》の うみの生《い》きもの

らっこ／しろくま …… 110
　らっこ …… 110
　しろくま …… 111
あざらし／オットセイ …… 112
　あざらしのあかちゃん …… 112
　あざらし …… 113
　オットセイ …… 114
　ふうせん …… 114
しゃち …… 115
いるか …… 116
　しろいるか …… 116
　いるか …… 118
　２ひきのいるか …… 119

は虫《ちゅう》るい・りょうせいるい

カメレオン……120
えりまきとかげ……122
わに……124
　ことり……124
コブラ／へび……126
　コブラ……126
　へび……127
かえる……128
　はすのは……129
うみがめ……130

水中《すいちゅう》のきれいな生《い》きもの

ねったいぎょ①……144
　グッピー……144
　エンゼルフィッシュ……145
ねったいぎょ②……146
　ちょうちょううお……146
　かくれくまのみ……147
えび／かに……148
　えび……148
　かに……150

うみのおもしろい生《い》きもの

たこくらげ……132
クリオネ……134
かじきまぐろ……136
　つりざお……137
さめ／えい……138
　さめ……138
　えい……140
まんぼう……141
にまいがい／たつのおとしご……142
　にまいがい……142
　たつのおとしご……143

パート3 はくぶつかん

むかしの生《い》きもの・きょうりゅう

りくのきょうりゅう……152
　セイスモサウルス……152
　ティラノサウルス……154
　ステゴサウルス……155
そらのきょうりゅう……156
　しそちょう……156
　プテラノドン……157
マンモス……158

さくいん……159

この本《ほん》の つかいかた

かみの ちゅういがき

つかっている おりがみ

この本《ほん》では おもに、
おもてと うらに いろの ついた
「りょうめんおりがみ」を
つかっています。
大《おお》きさは ふつうの おりがみ
（15cm × 15cm）です。

かみのかたち・大《おお》きさ

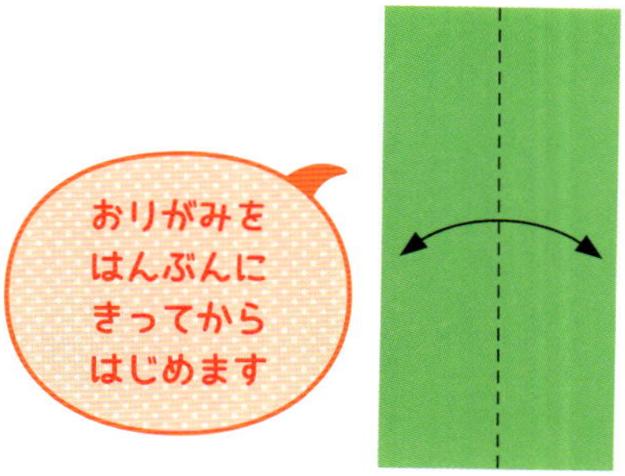

あらかじめ はんぶんに
きったり、なんまいか
ひつようだったり
するときの
ちゅういがきです。

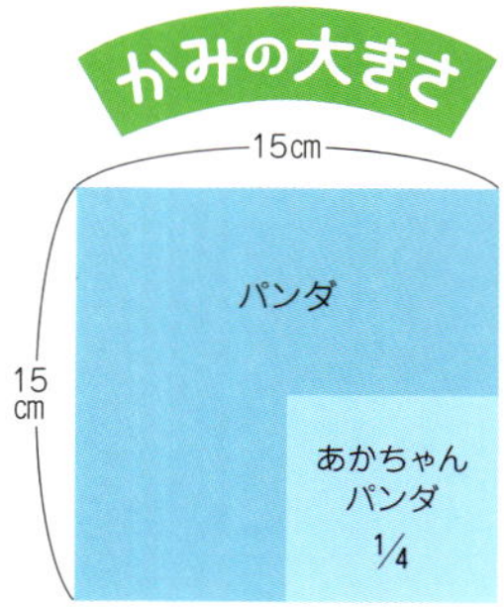

いっしょに かざるときに
大《おお》きさの バランスを
かんがえたいときや、
いろいろな ぶひんが
あるときは、上《うえ》のような
ずで しめしています。

めだまシール

この本《ほん》には「めだまシール」が ついています。
おりがみを おるだけでも たのしいですが、
できあがった どうぶつや とり、さかな、
きょうりゅうなどの かおに
「めだまシール」を はると、
できあがりが ますますかわいく
かっこよくなります。
ペンでは かきにくい いろの こい
おりがみにも つかえて とっても べんりです！

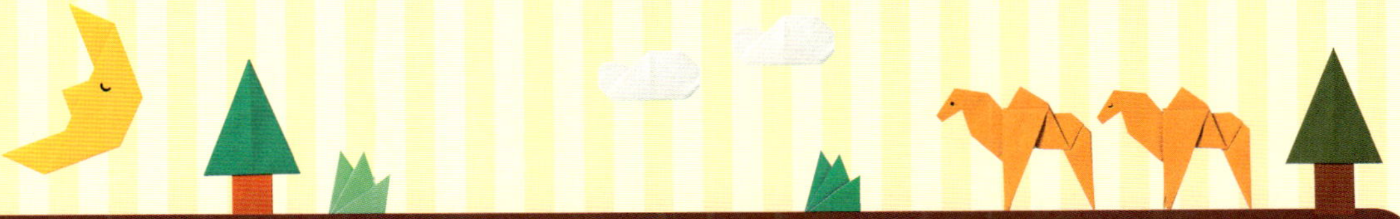

じょうずな おりかた

おりかたの コツ

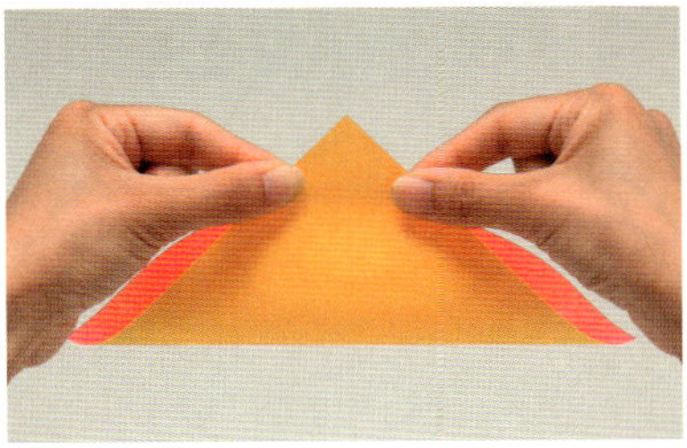

かどが ずれたまま おっていくと
きれいな できあがりに なりません。
かどと かどを ぴったり そろえて
おりましょう。

とちゅうの ずを 見《み》よう

おりかたが
むずかしいところには、
おっている とちゅうの
ずが あるので、
さんこうにしてください。

むずかしさの マークを チェック！

かんたん

3～5さいくらいの 小《ちい》さな
子《こ》たちにも おりやすい
かんたんな おりがみです。
小学生《しょうがくせい》でも、あまり
おったことが ない子《こ》は
ここから はじめてみましょう！

ふつう

かんたんな おりがみに
なれてきたら、「ふつう」にも
ちょうせんしてみましょう！

むずかしい

おりかずが おおかったり、
おりかたが
むずかしかったりする
おりがみです。
がんばって
おってみましょう！

おりずの きごう

てんせんで おる

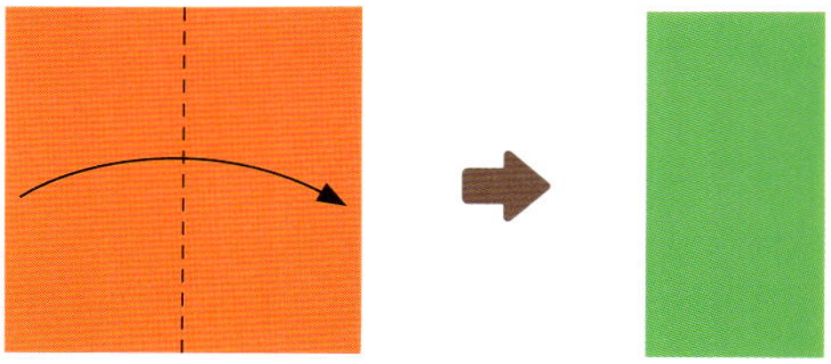

うらがえす

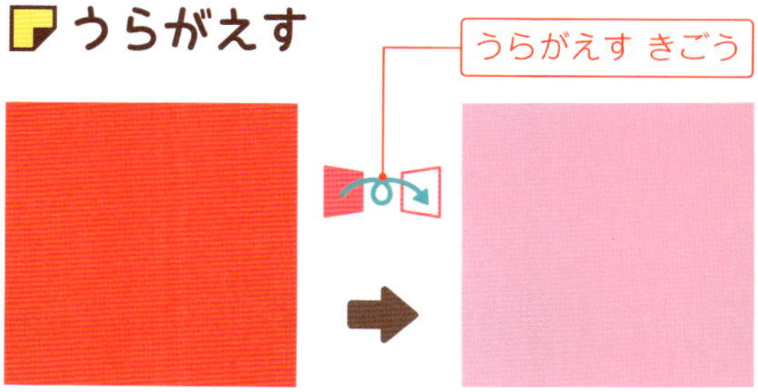

てんせんで うしろへ おる

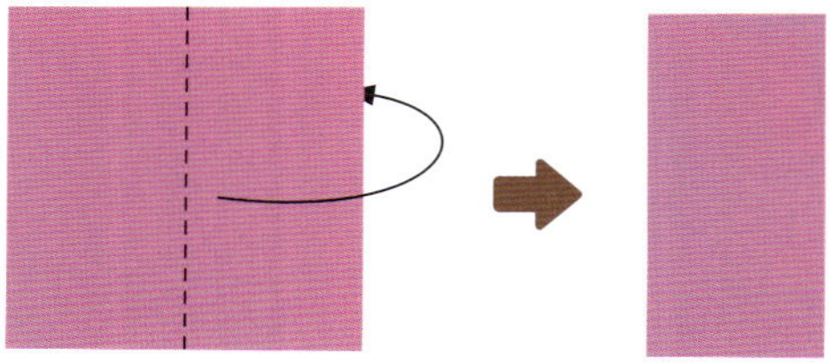

むきを かえる

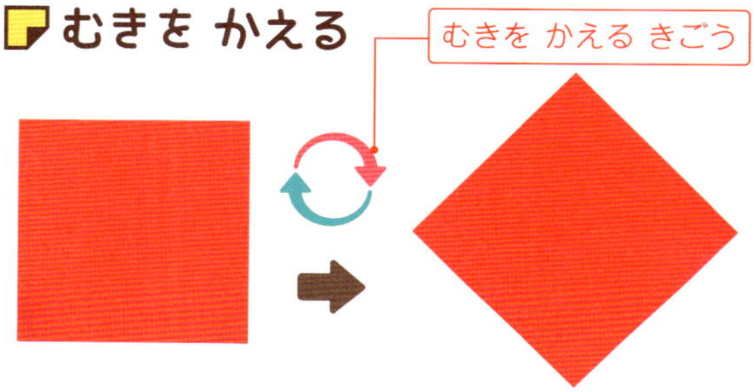

おり目《め》を つけて もどす

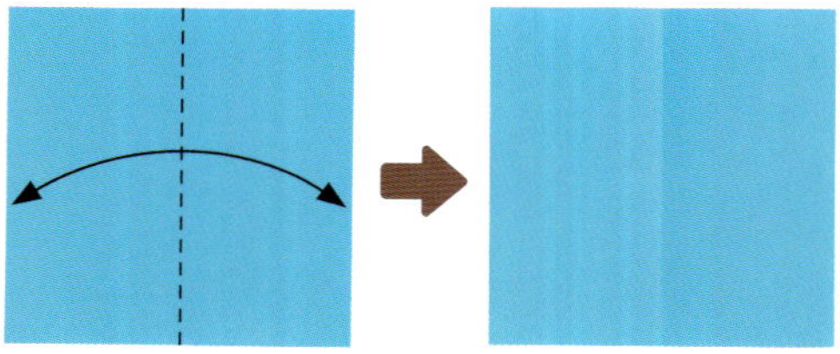

まくように おる

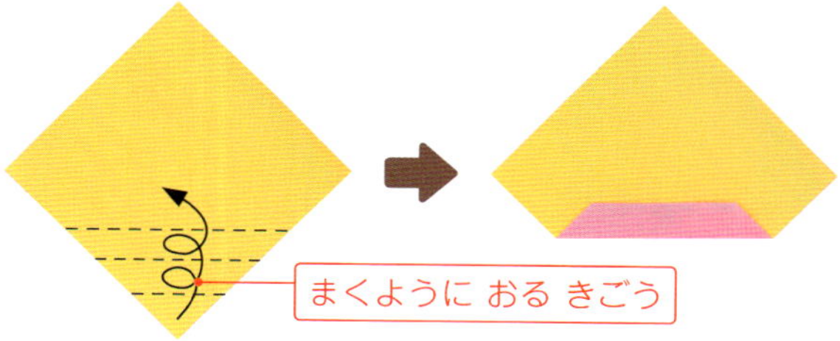

はさみで きる

けがを
しないように
ちゅういしてね！

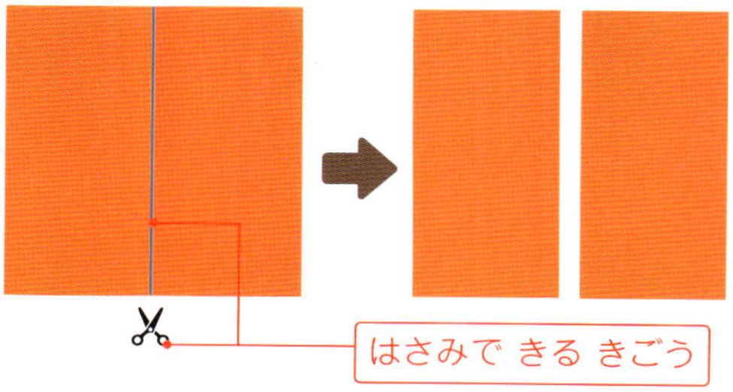

大《おお》きくする

この マークの
ところから ずが
大《おお》きくなります

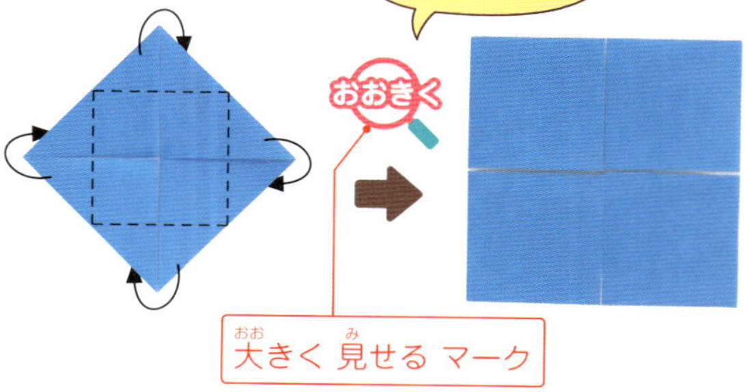

てんせんで なかわりおり

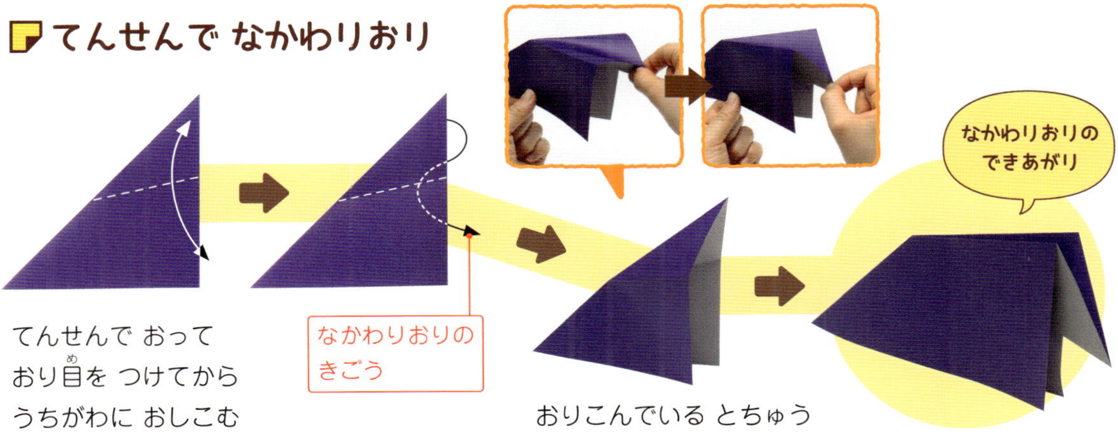
なかわりおりの
きごう
なかわりおりの
できあがり

てんせんで おって
おり目《め》を つけてから
うちがわに おしこむ

おりこんでいる とちゅう

てんせんで かぶせおり

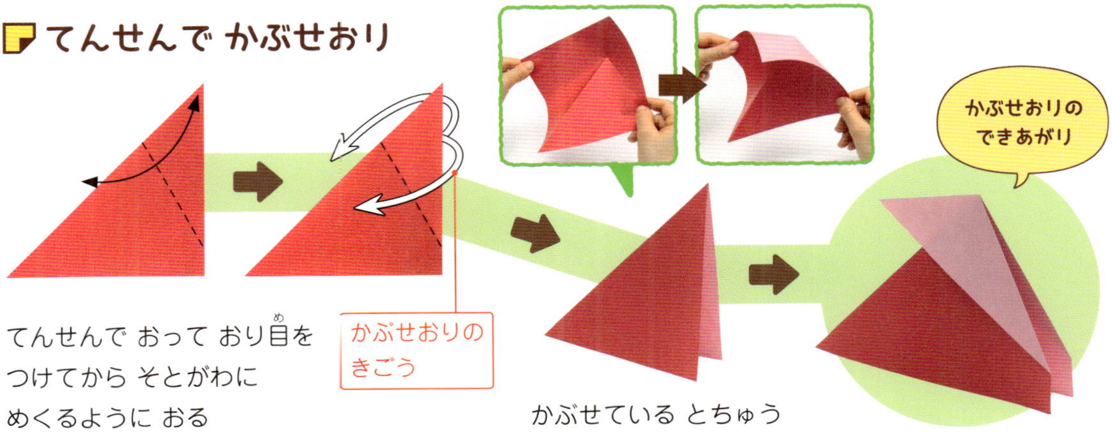
かぶせおりの
きごう
かぶせおりの
できあがり

てんせんで おって おり目《め》を
つけてから そとがわに
めくるように おる

かぶせている とちゅう

てんせんで だんおり

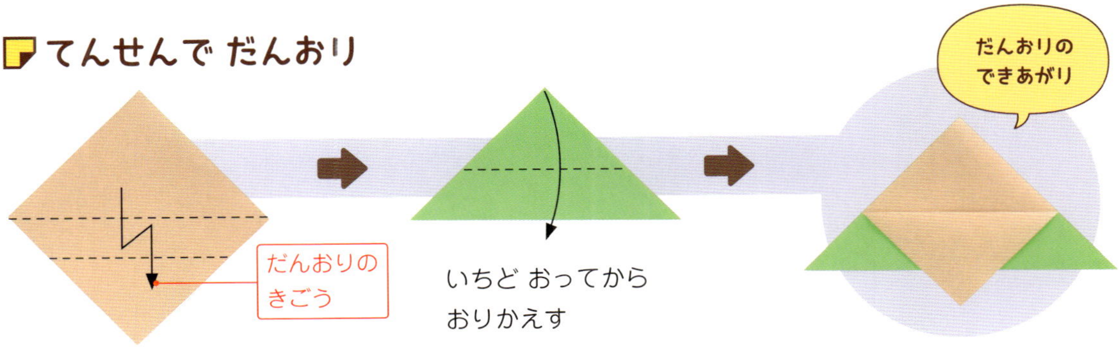
だんおりの
きごう
だんおりの
できあがり

いちど おってから
おりかえす

パート1
どうぶつえん

ライオン

めすライオン

ふつう

1

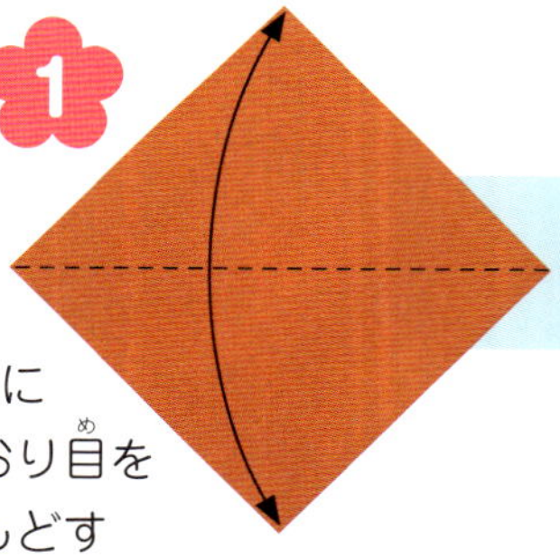

はんぶんに
おって おり目《め》を
つけて もどす

2

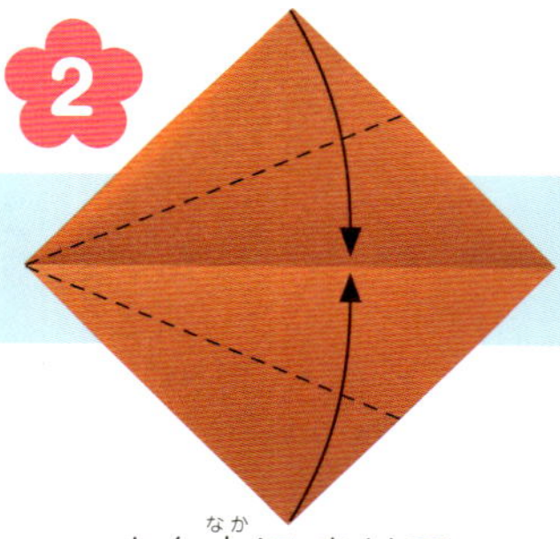

まん中《なか》に むけて
てんせんで おる

7

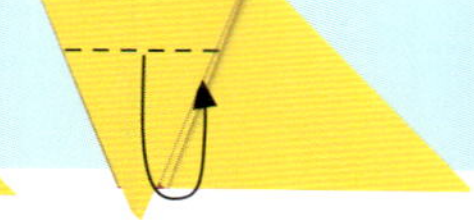

てんせんで
うちがわに おる

8

てんせんで
おる

9

てんせんで
おる

できあがり

かおを かく

おすライオン

ふつう

かみの大きさ

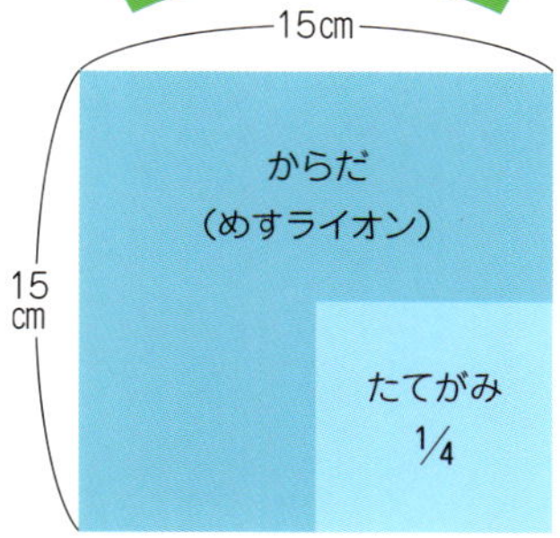

1

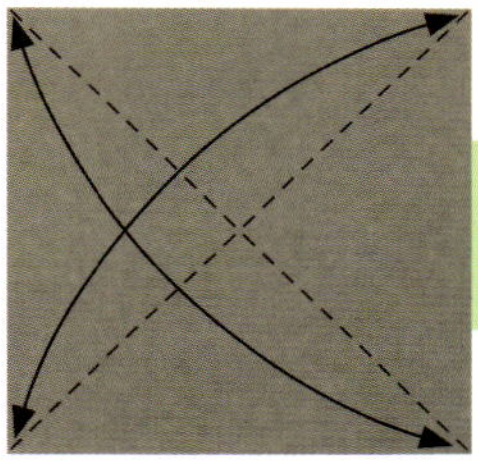

ななめに はんぶんに
おって おり目《め》を つけて
もどす

2

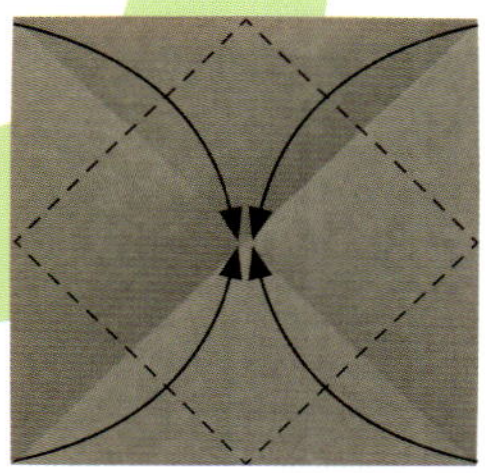

まん中《なか》に むけて
てんせんで おる

3

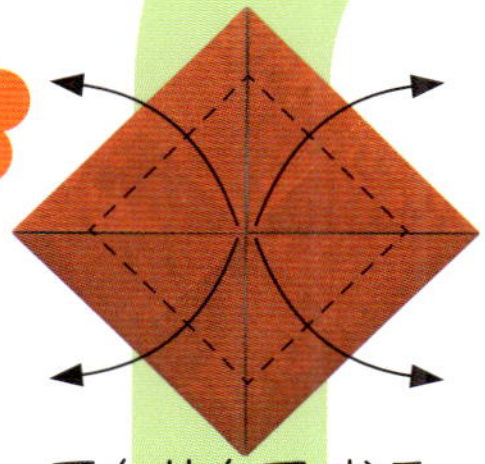

てんせんで おる

4

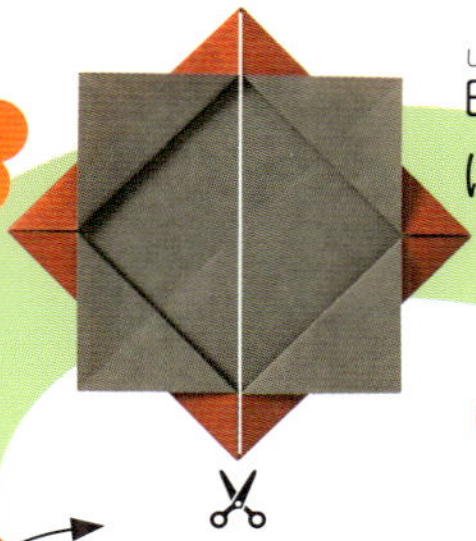

白《しろ》い せんを
はさみで きる

5

「たてがみ」の
できあがり

6

「めすライオン」の
あたまに かぶせる

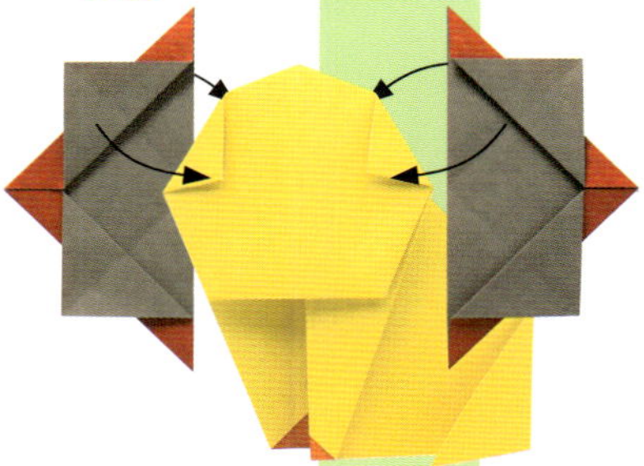

うしろから
見《み》たところ

3

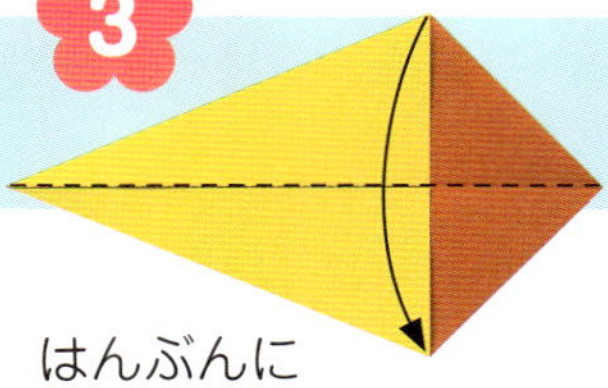

はんぶんに
おる

4

てんせんで おって
おり目《め》を つけて もどす

おおきく

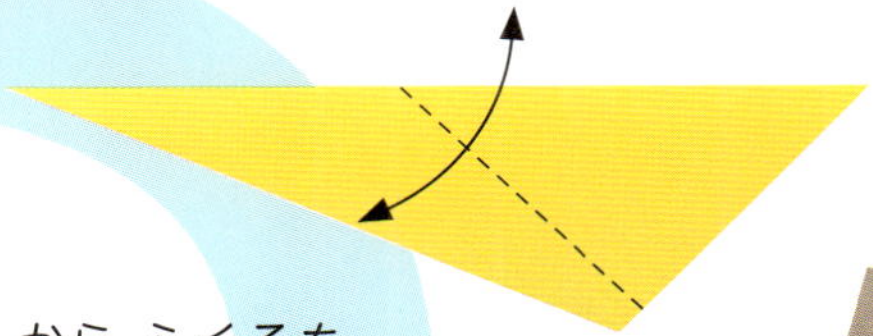

5

⇧ から ふくろを
ひらいて つぶす

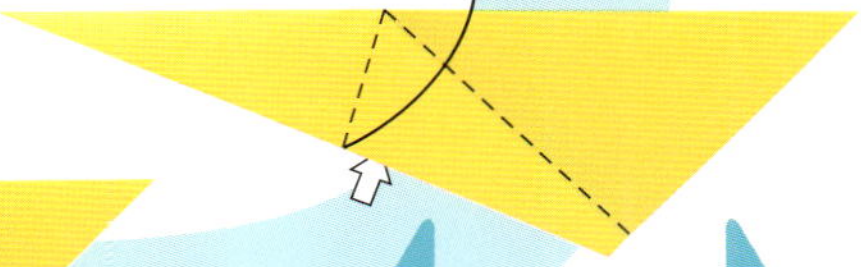

6

むきを かえる

かおを
かく

できあがり

ぞう／きりん

いっしょにつくろう！

うんこ

「ぞう」より
小《ちい》さめの かみで
つくります

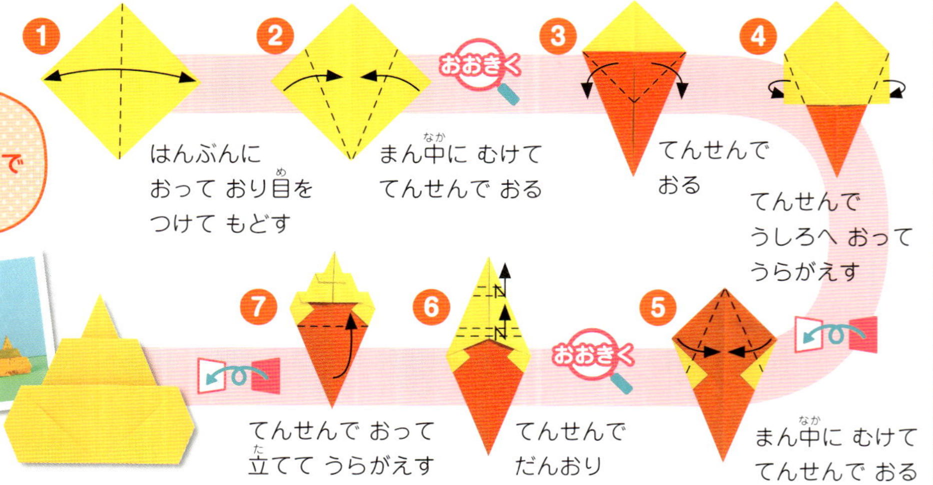

1 はんぶんに おって おり目《め》を つけて もどす

2 まん中《なか》に むけて てんせんで おる

3 てんせんで おる

4 てんせんで うしろへ おって うらがえす

5 まん中《なか》に むけて てんせんで おる

6 てんせんで だんおり

7 てんせんで おって 立《た》てて うらがえす

できあがり

ぞう

ふつう

1
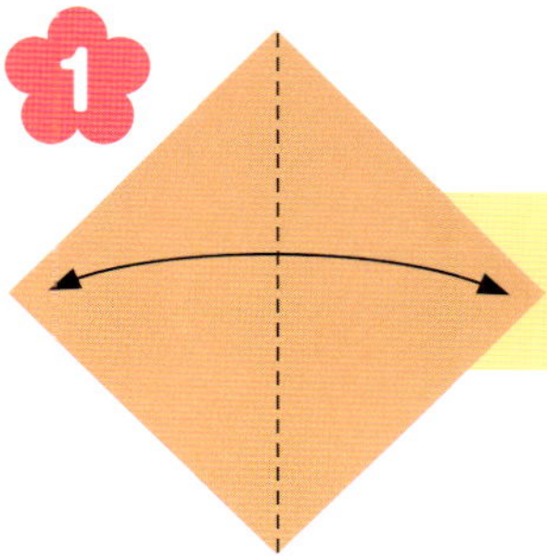
はんぶんに おって
おり目《め》を つけて もどす

2
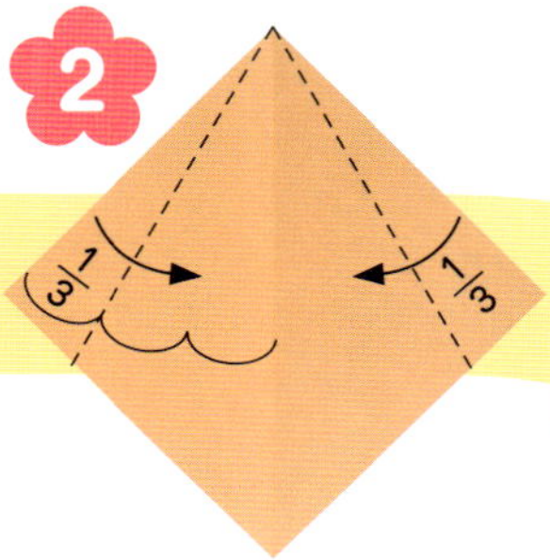

てんせんで おる

3
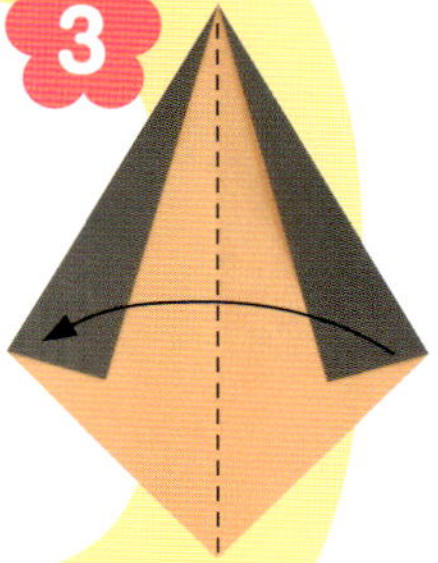
はんぶんに
おる

4

むきを
かえる

5
おおきく
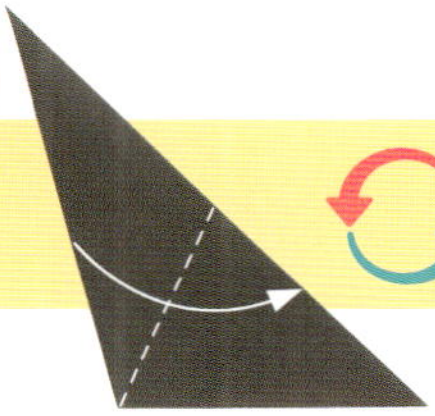
てんせんで おる

6

⇧ から ふくろを
ひらいて つぶす

7

赤《あか》い せんを
はさみで
きってから
てんせんで
うしろへ おる

8
おおきく
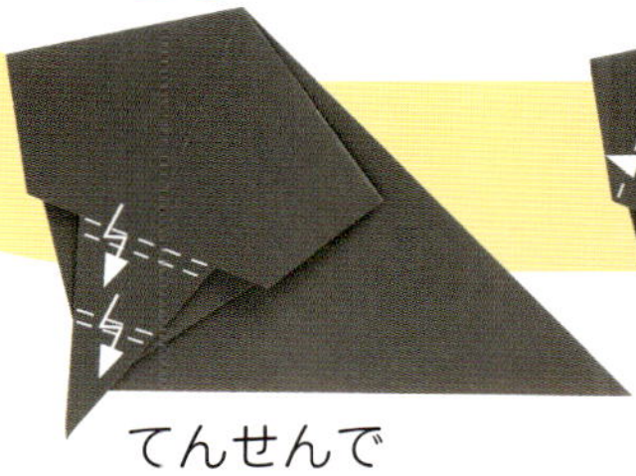
てんせんで
うしろへ だんおり

9

てんせんで
うしろへ だんおり

10
てんせんで
なかわりおり

11

もう いちど
なかわりおりして
かどを ひき出《だ》す

12

赤《あか》い せんを
はさみで きる

できあがり

目《め》を かく

きりん

むずかしい

1

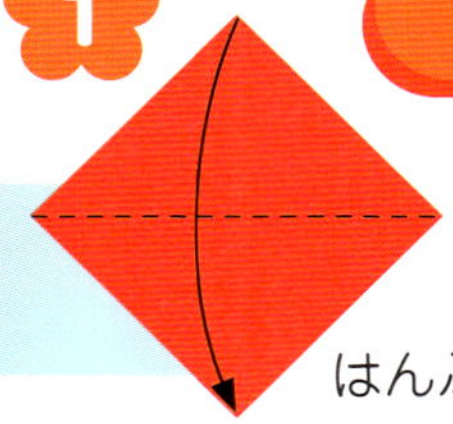

はんぶんに
おる

2

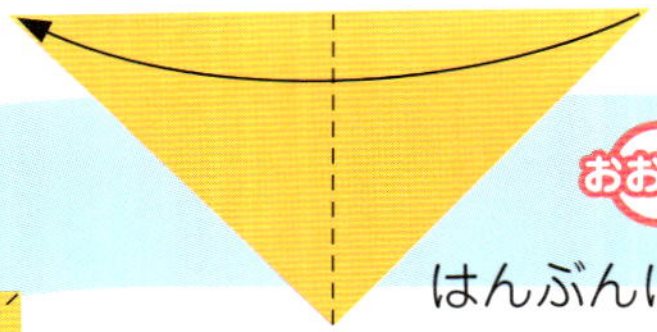

おおきく

はんぶんに
おる

3

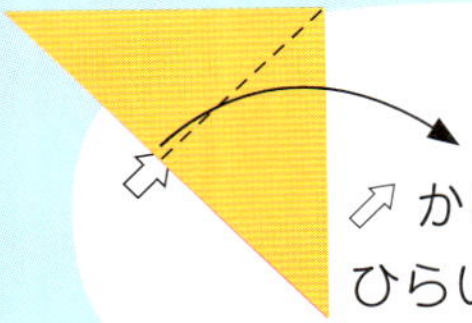

⇗ から ふくろを
ひらいて つぶす

4

うらも おなじように
ふくろを ひらいて つぶす

おおきく

5

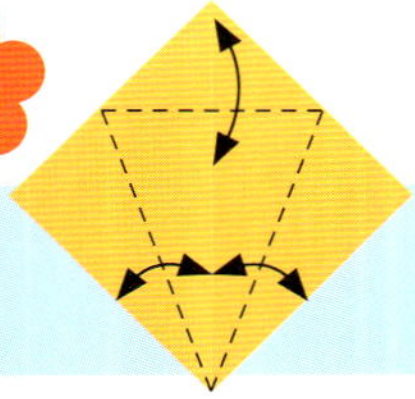

てんせんで おって
おり目《め》を つけて もどす

6

⇧ から
ふくろを
ひらいて
つぶす

7

うらも
おなじように
ふくろを
ひらいて つぶす

8

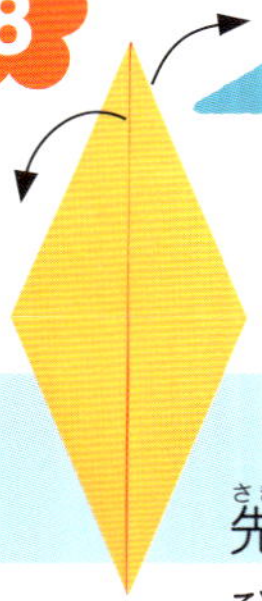

先《さき》を もって
ひっぱる

9

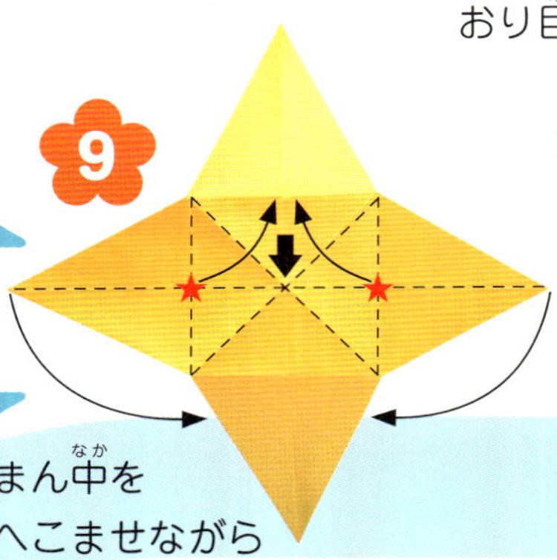

まん中《なか》を
へこませながら
★と★を くっつける
ようにして たたむ

10

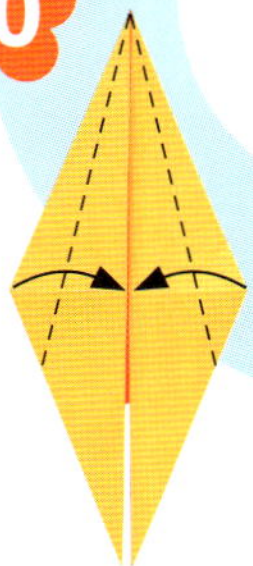

まん中《なか》に むけて
てんせんで おる

おおきく

11

てんせんで
おる

12

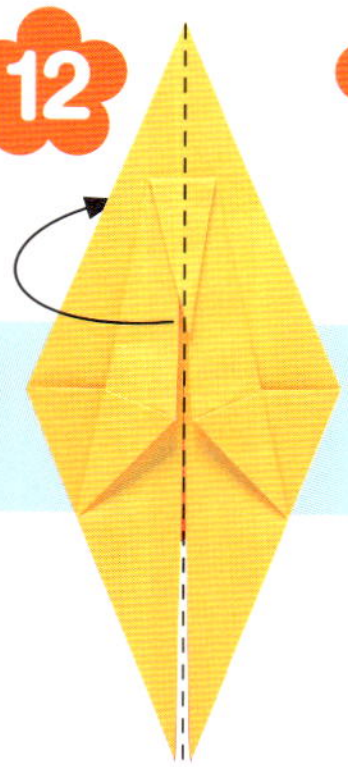

うしろへ
はんぶんに
おる

13

てんせんで
なかわり
おり

14

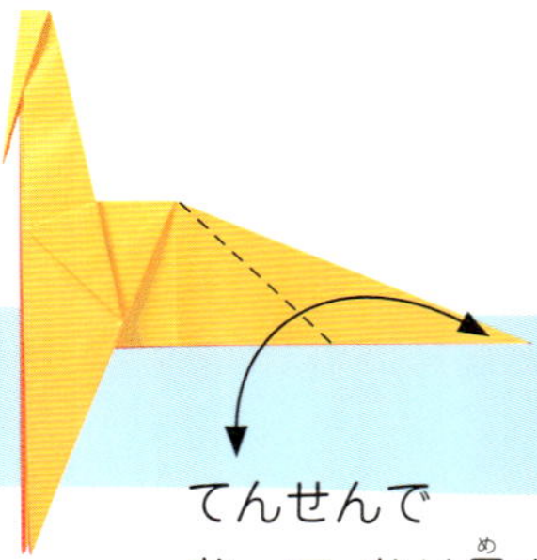

てんせんで
おって おり目《め》を
つけて もどす

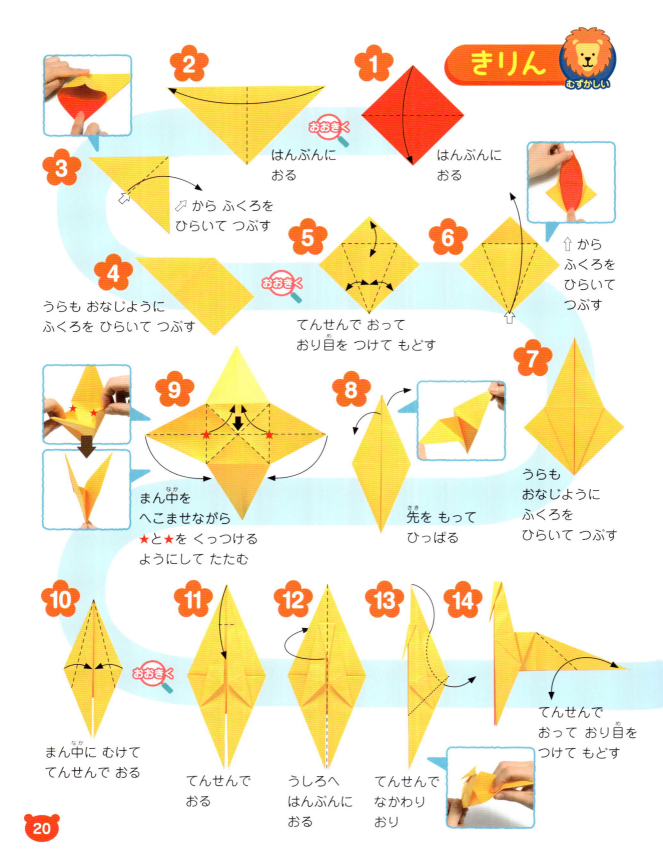

いっしょにつくろう！

木(き) ①

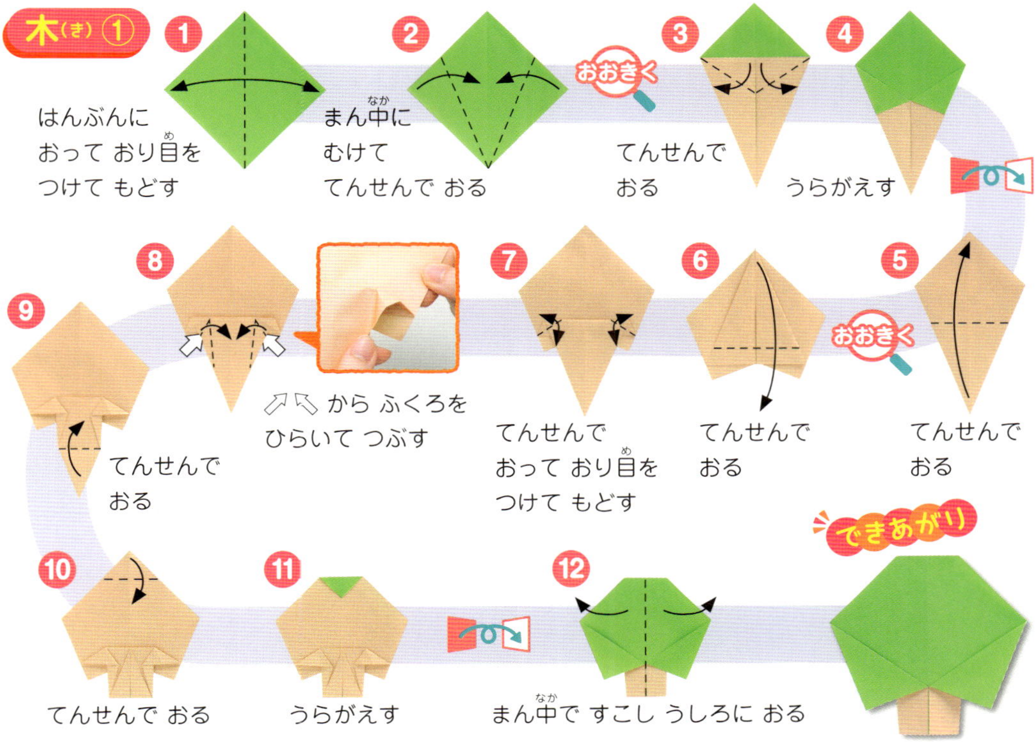

1 はんぶんに おって おり目《め》を つけて もどす

2 まん中《なか》に むけて てんせんで おる

3 てんせんで おる

4 うらがえす

5 てんせんで おる

6 てんせんで おる

7 てんせんで おって おり目《め》を つけて もどす

8 ⇗⇖ から ふくろを ひらいて つぶす

9 てんせんで おる

10 てんせんで おる

11 うらがえす

12 まん中《なか》で すこし うしろに おる

できあがり

15 てんせんで かぶせおり。
16 17 は ぶぶんず

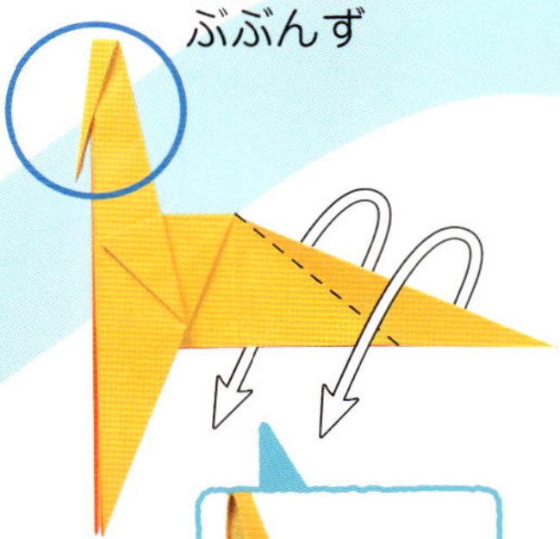

16 先《さき》を もって もち上《あ》げる

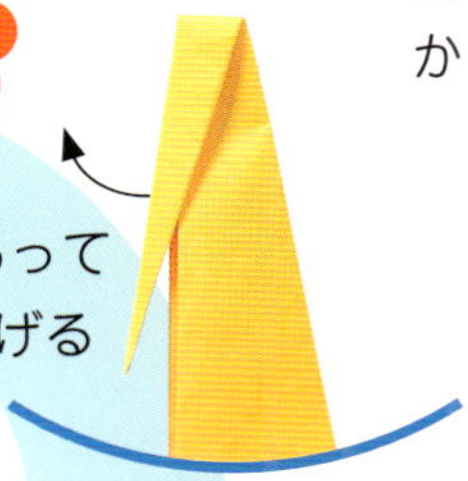

17 てんせんで なかわりおり

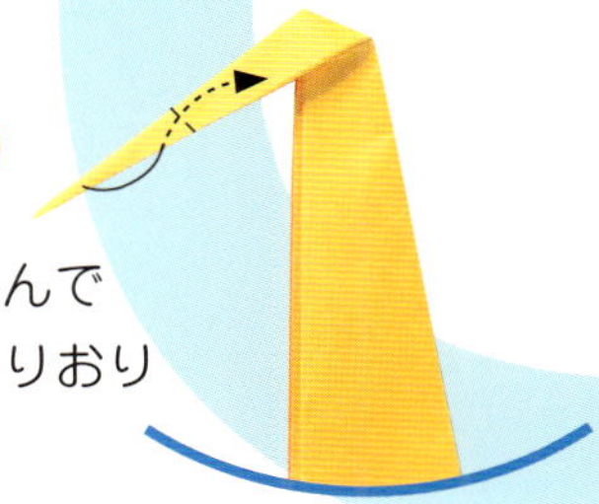

18 てんせんで なかわりおり。まえあしは うらも おなじ

目《め》と もようを かく

ひょう

むずかしい

1

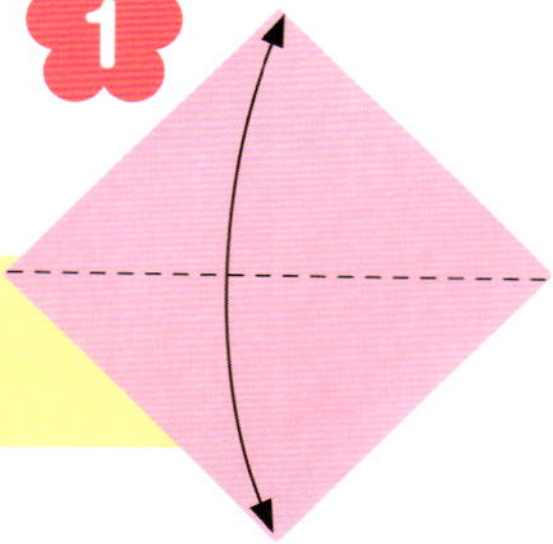

はんぶんに おって
おり目《め》を つけて
もどす

2

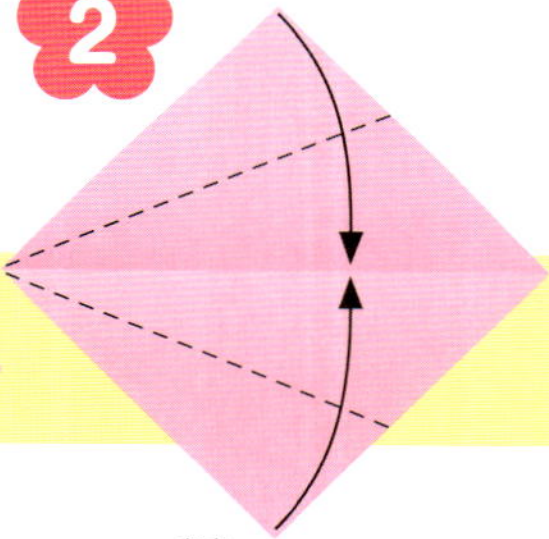

まん中《なか》に むけて
てんせんで おる

3

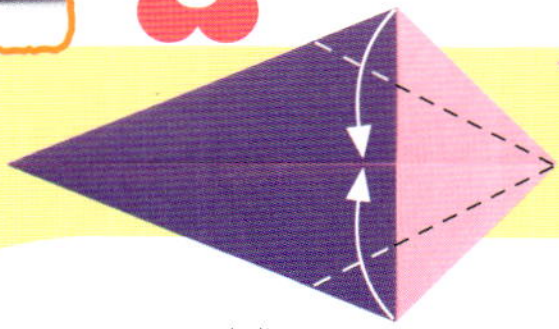

まん中《なか》に むけて
てんせんで おる

4

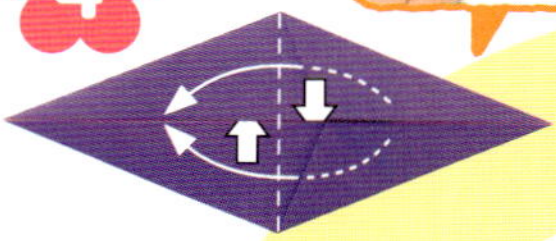

うちがわの かみを
⇧⇩ から ひき出《だ》して つぶす

5

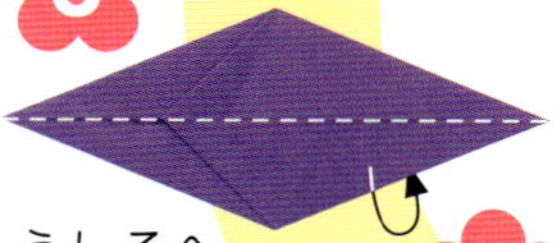

うしろへ
はんぶんに
おる

6 おおきく

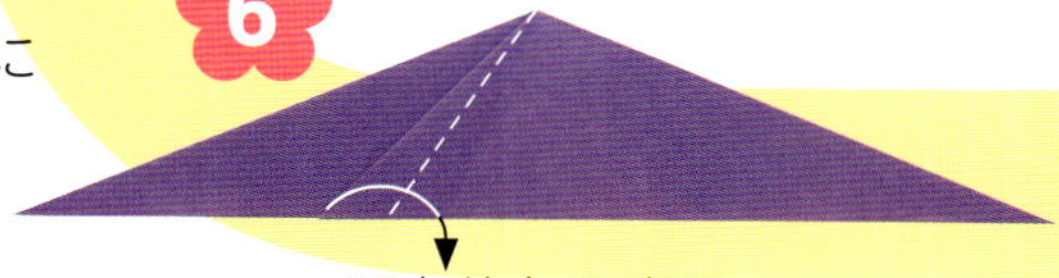

てんせんで おる。
うらも おなじ

7

てんせんで おって
おり目《め》を つけて もどす

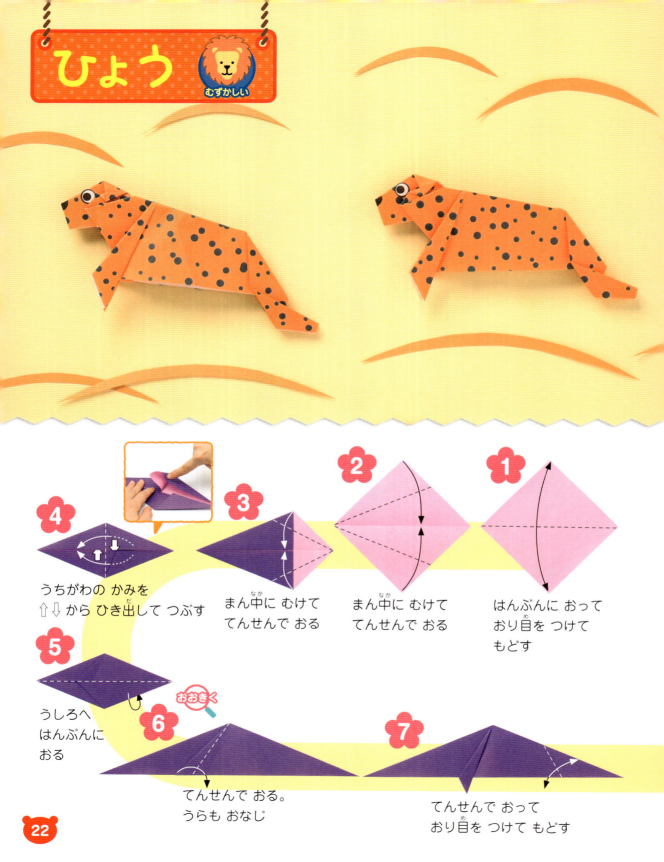

草原《そうげん》・さばくの生《い》きもの

かざってみよう！

下《した》に おくと、はしっている「ひょう」に、木《き》の えだに のせれば、おひるね している「ひょう」になるよ。

できあがり

かおと
もようを かく

17

てんせんで
うちがわに おる。
うらも おなじ

13

14～16 は ぶぶんず

14

てんせんで
なかわりおり

15

てんせんで
なかわりおり

16

⇨ から ふくろを
ひらいて つぶす。
うらも おなじ

12

てんせんで
なかわりおり

11

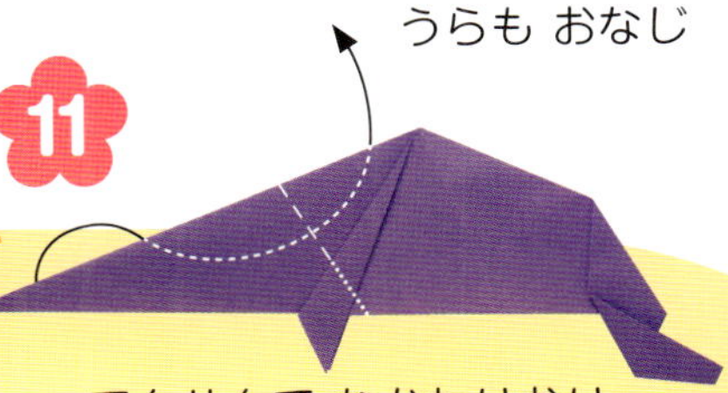

てんせんで なかわりおり

10

てんせんで なかわりおり

8

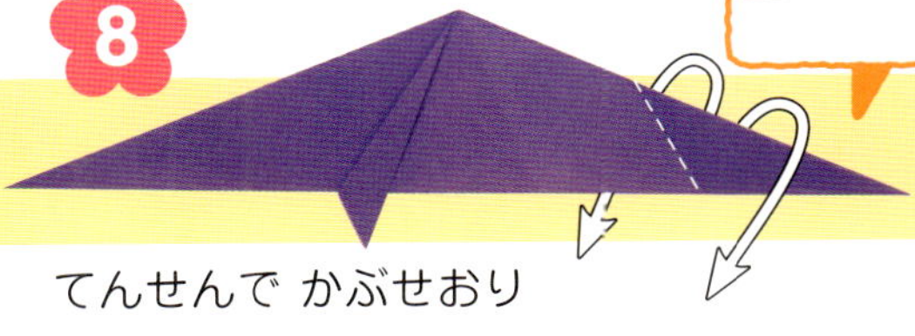

てんせんで かぶせおり

9

てんせんで かぶせおり

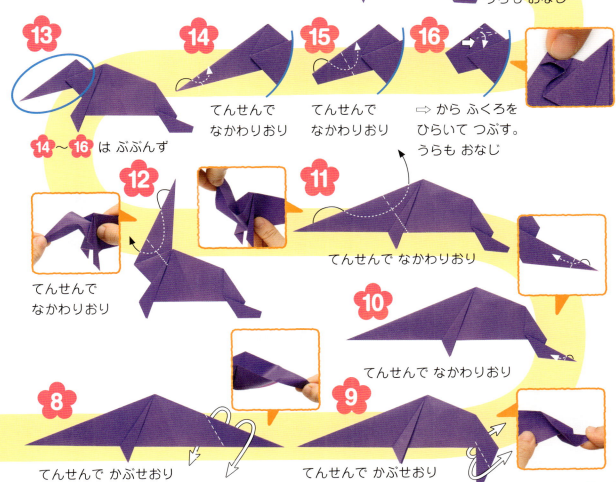

らくだ

むずかしい

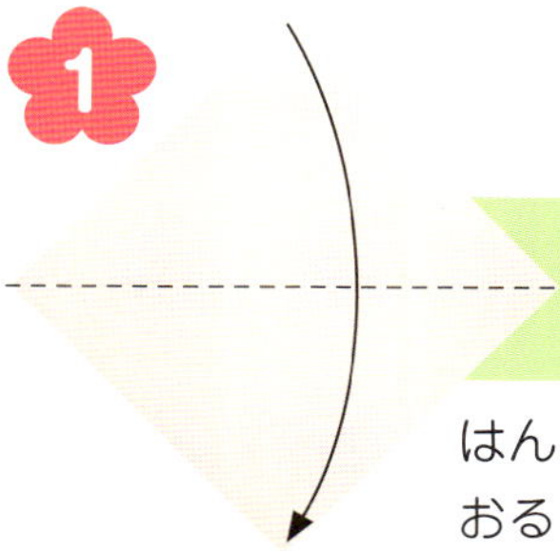

はんぶんに
おる

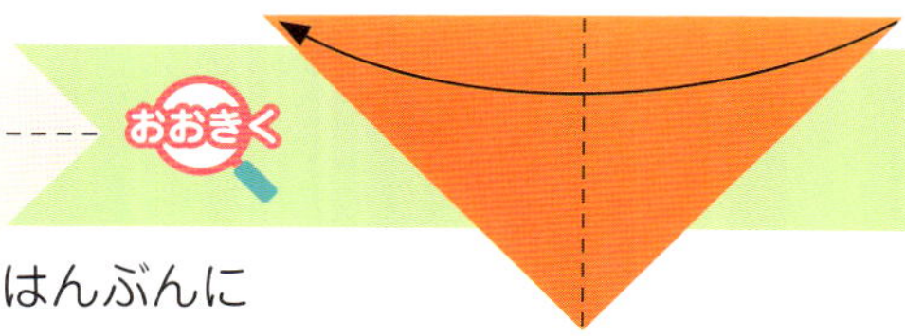

はんぶんに おる

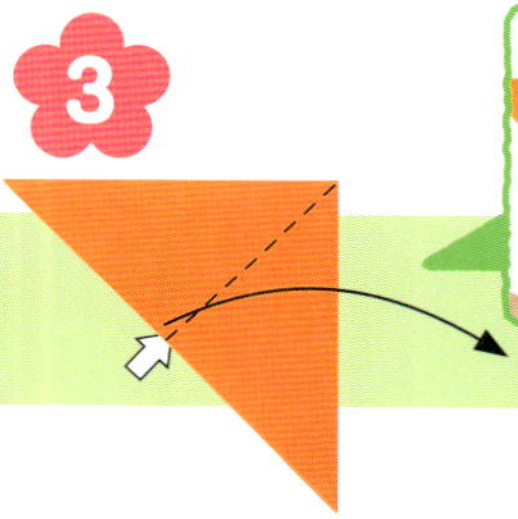

⇗ から ふくろを ひらいて つぶす

てんせんで
なかわりおり。
13 は ぶぶんず

てんせんで
なかわりおり

てんせんで
うちがわに おる。
うらも おなじ

目《め》を
かく

いっしょにつくろう！

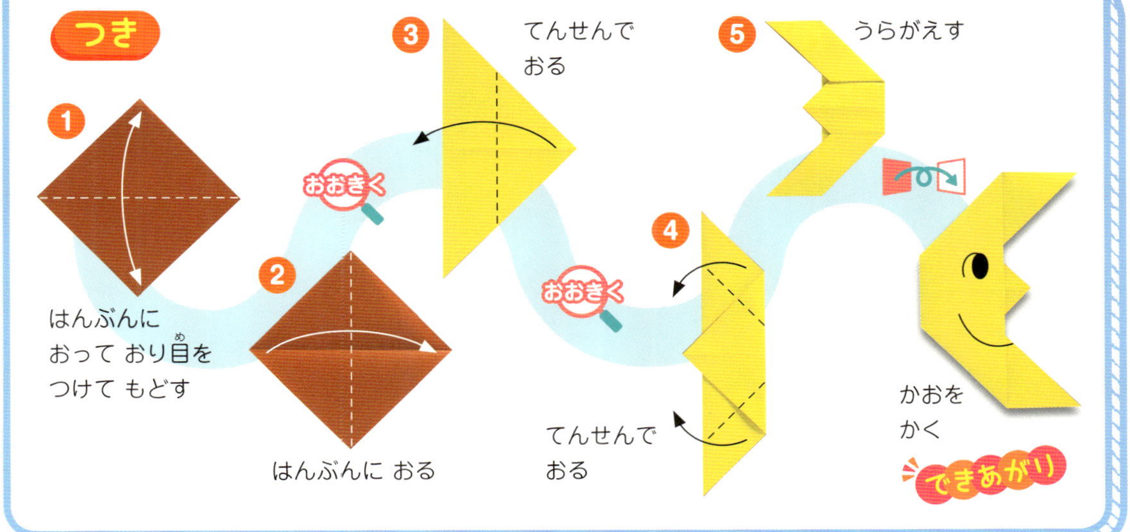
つき
1
はんぶんに
おって おり目《め》を
つけて もどす
2
はんぶんに おる
3
てんせんで
おる
おおきく
4
てんせんで
おる
おおきく
5
うらがえす
かおを
かく
できあがり

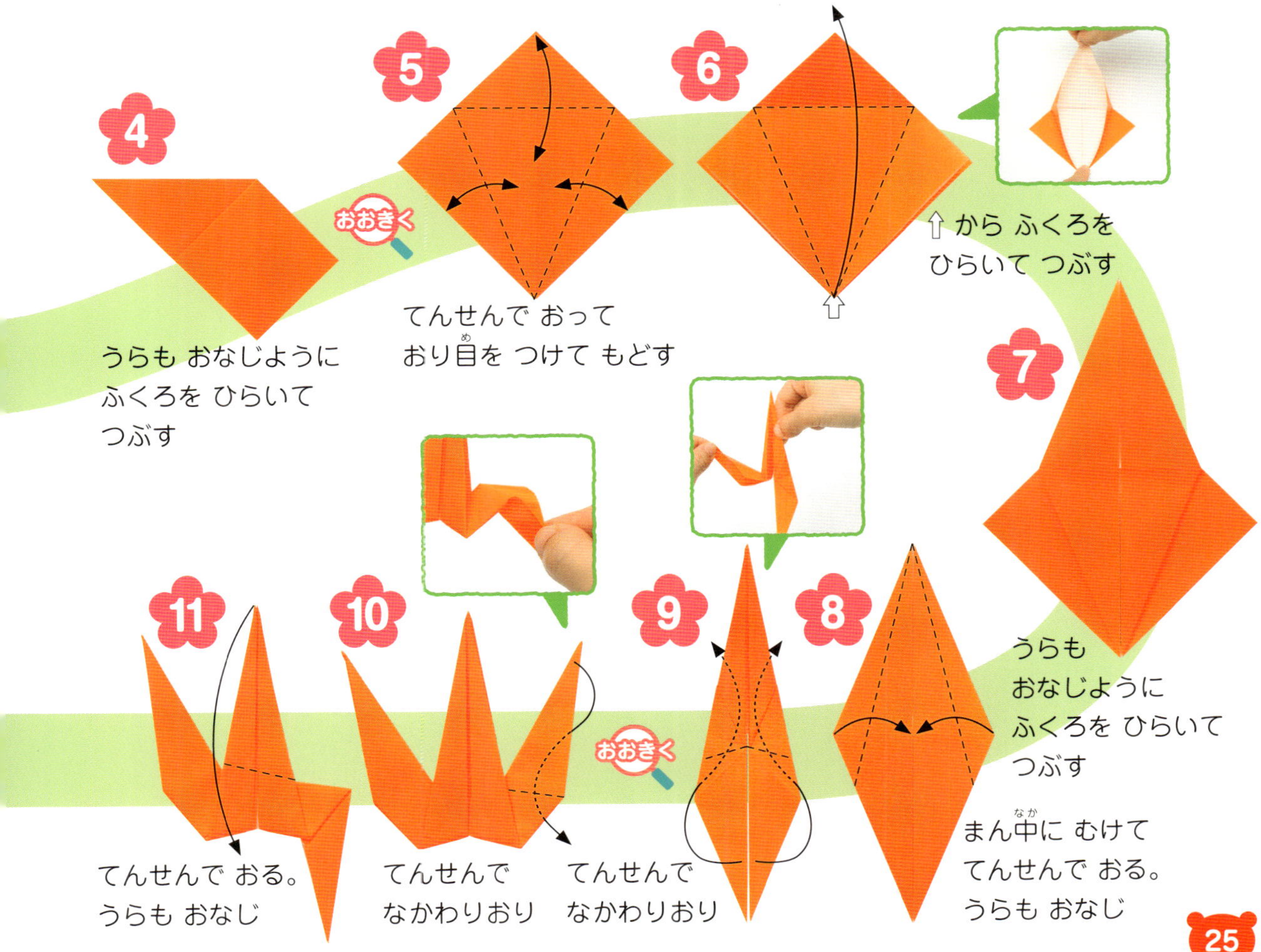
4
うらも おなじように
ふくろを ひらいて
つぶす
おおきく
5
てんせんで おって
おり目《め》を つけて もどす
6
⇧ から ふくろを
ひらいて つぶす
7
うらも
おなじように
ふくろを ひらいて
つぶす
8
まん中《なか》に むけて
てんせんで おる。
うらも おなじ
9
てんせんで
なかわりおり
おおきく
10
てんせんで
なかわりおり
11
てんせんで おる。
うらも おなじ

うま

ふつう

1

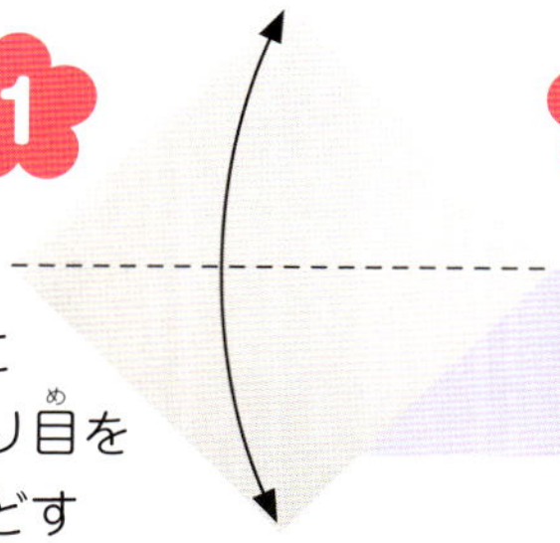

はんぶんに
おって おり目《め》を
つけて もどす

2

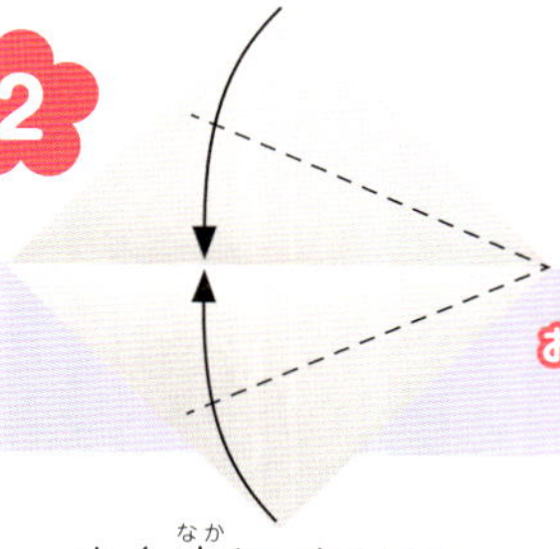

まん中《なか》に むけて
てんせんで おる

3

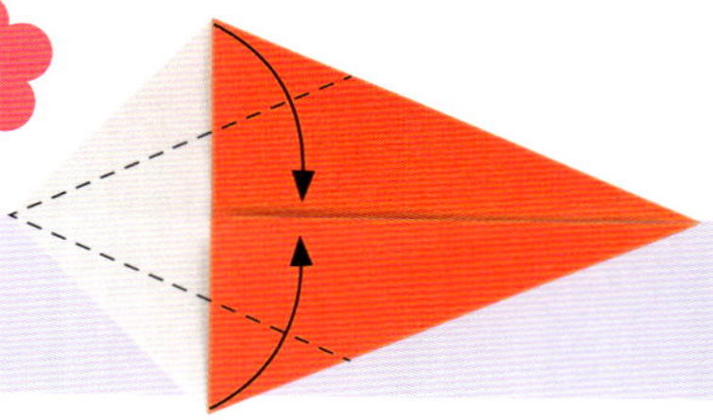

まん中《なか》に むけて
てんせんで おる

12

てんせんで
うちがわに おる。
うらも おなじ

13

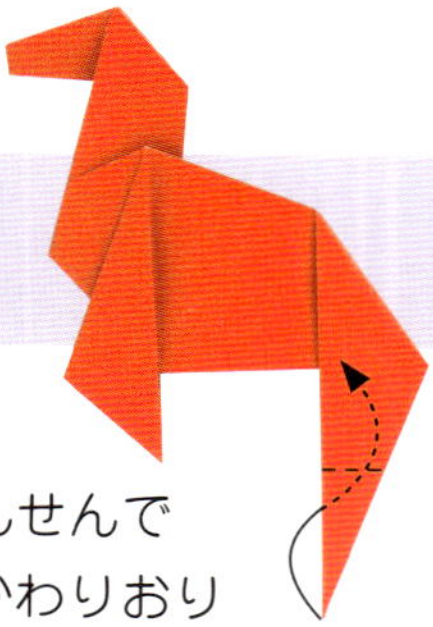

てんせんで
なかわりおり

できあがり

目《め》を かく

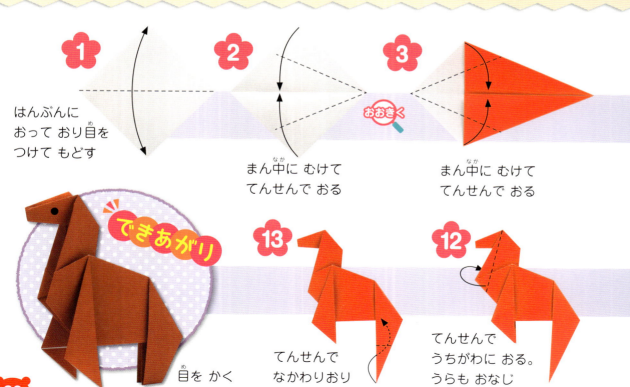

いっしょにつくろう！

くさ

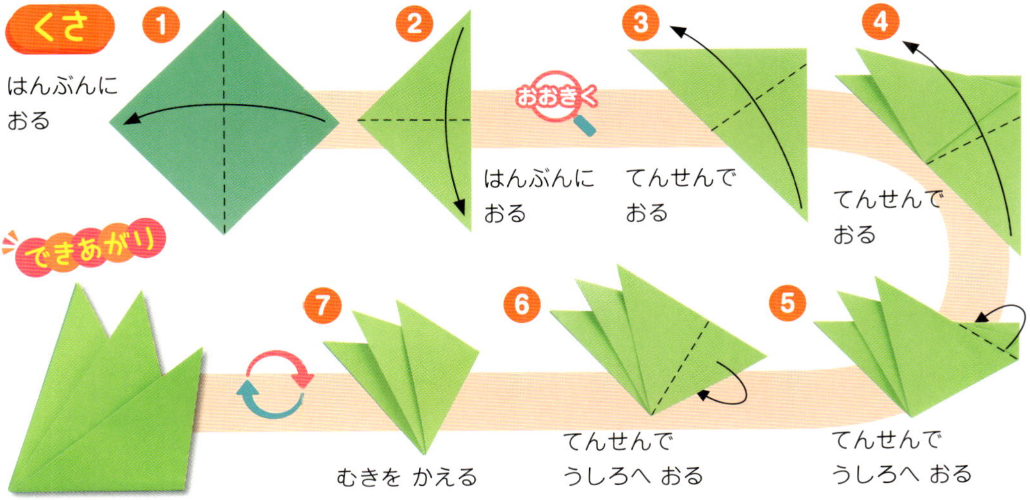

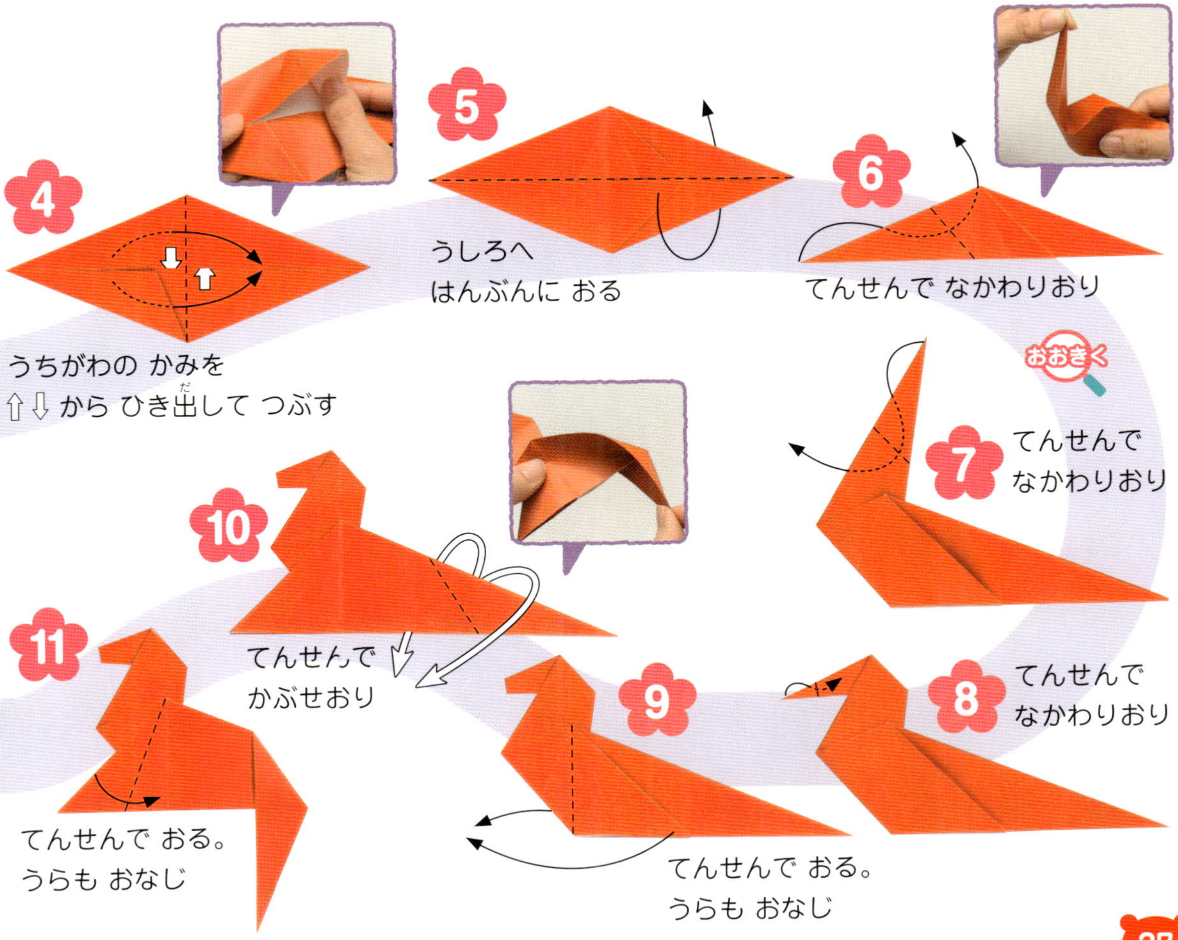

やまあらし

むずかしい

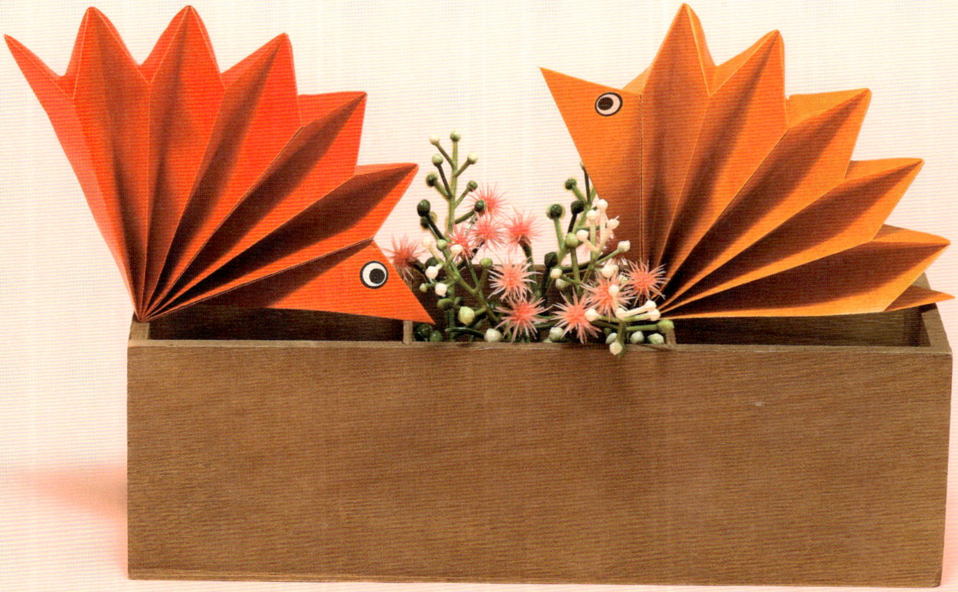

1

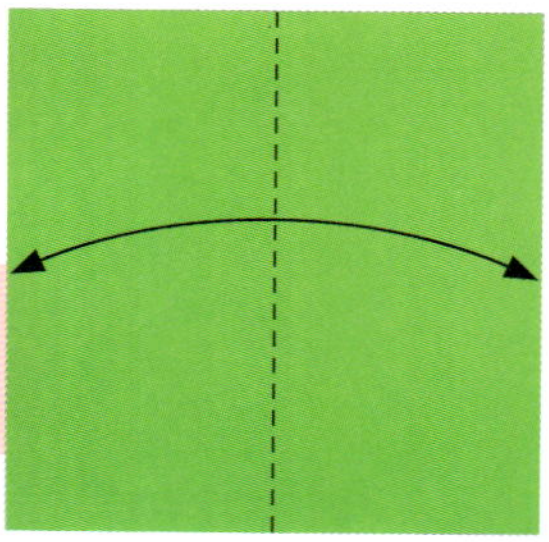

はんぶんに おって
おり目《め》を つけて もどす

2

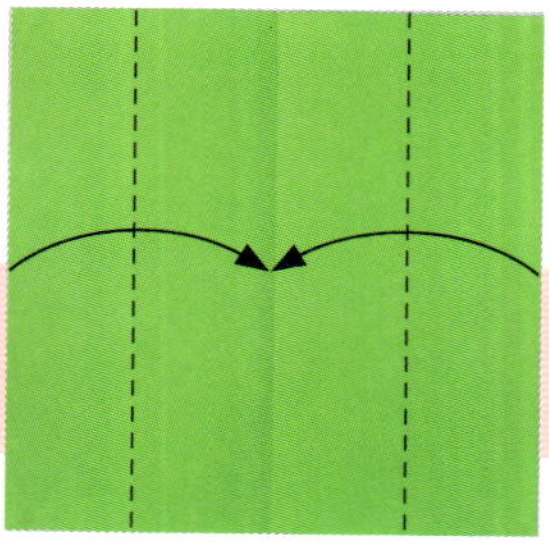

まん中《なか》に むけて
てんせんで おる

3

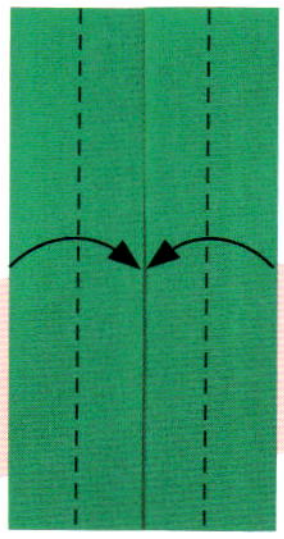

まん中《なか》に むけて
てんせんで おる

4

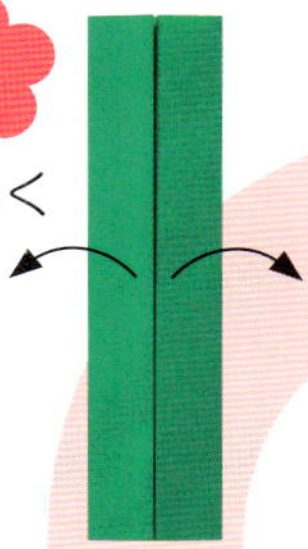

ひらく

5

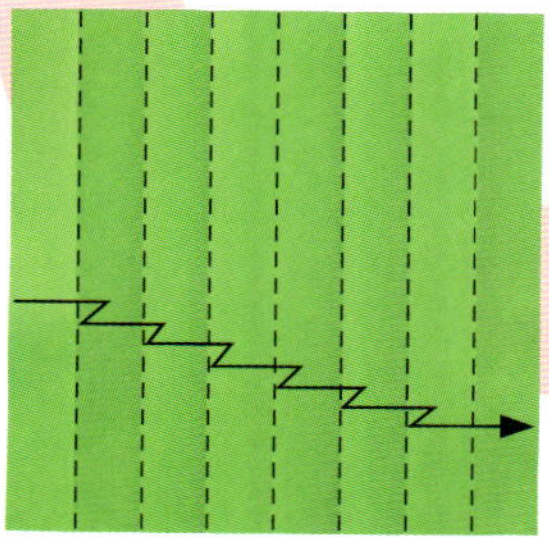

てんせんで だんおり

6

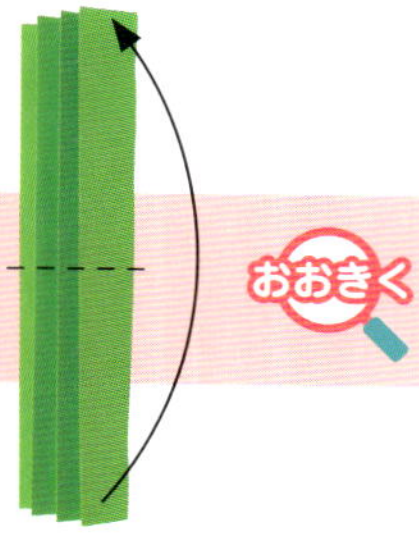

はんぶんに おる

7

うらがえす

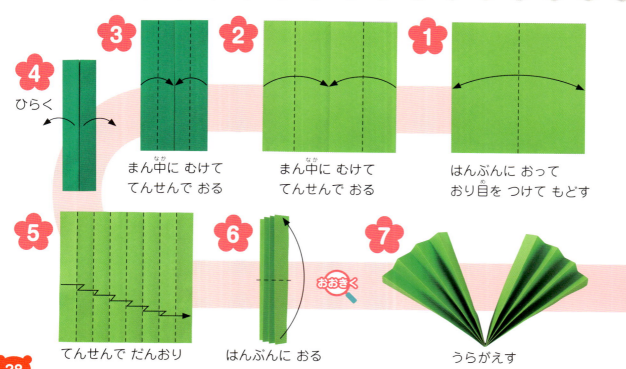

8

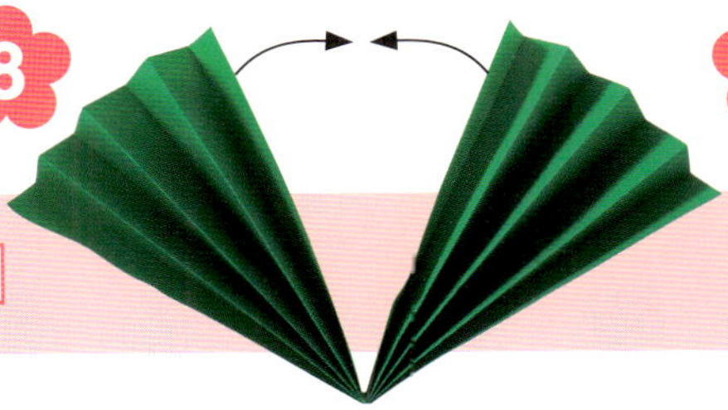

りょうがわの かみを
ひきよせる

9

2まい あわせて
てんせんで おる

10

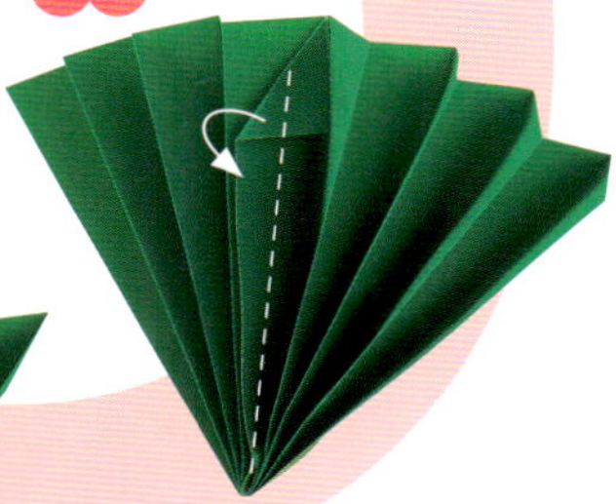

てんせんで
うしろへ おる

11

てんせんで
おって おしこむ

12

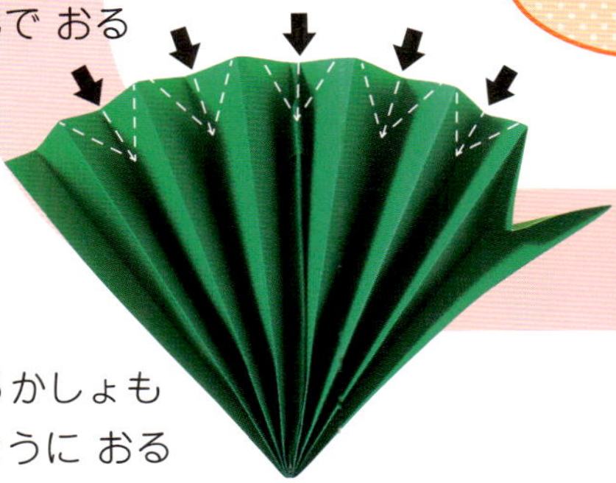

ほかの 5かしょも
おなじように おる

13

てんせんで おる

左《ひだり》から はじめれば
左《ひだり》むきの「やまあらし」に
なります

14

うらがえす

15

うしろから
ひらく

できあがり

かおを かく

アルマジロ

むずかしい

1

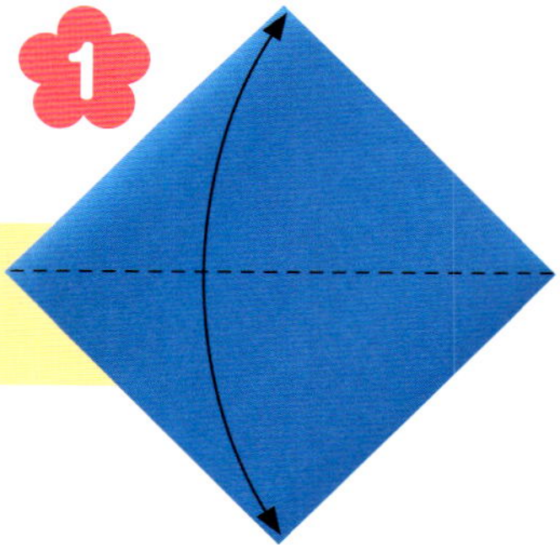

はんぶんに おって
おり目《め》を つけて もどす

2

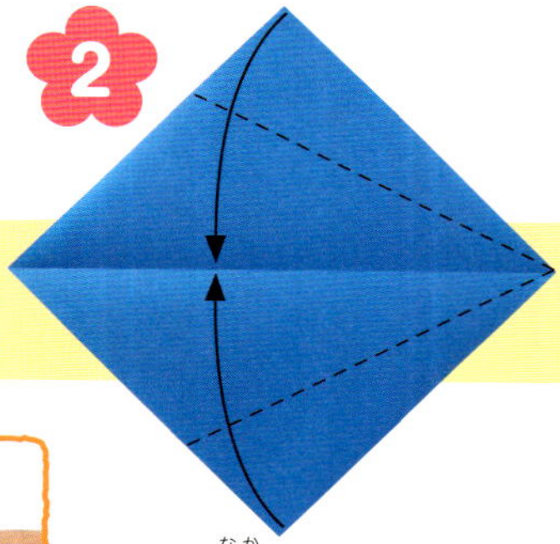

まん中《なか》に むけて
てんせんで おる

3

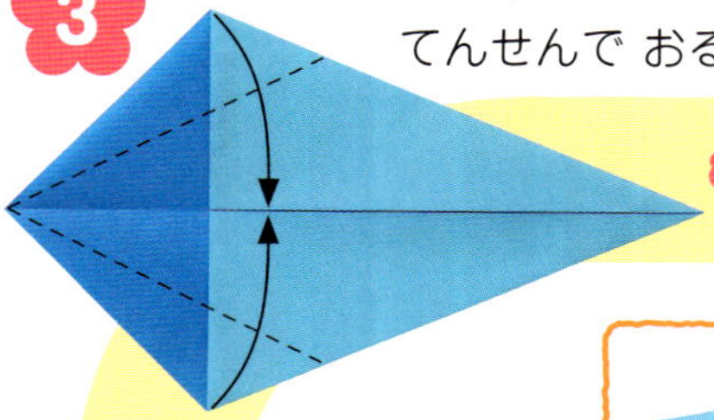

まん中《なか》に むけて
てんせんで おる

おおきく

4

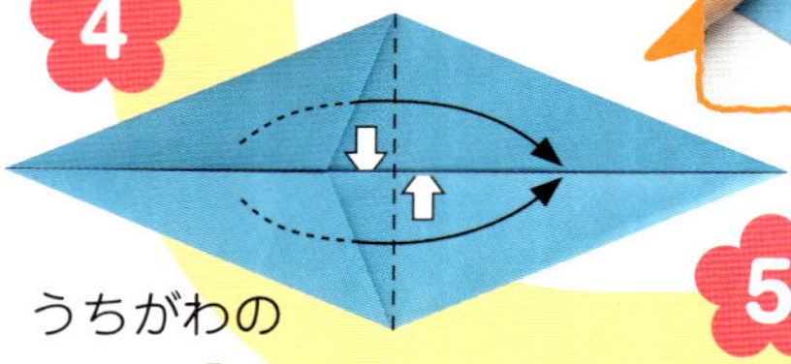

うちがわの
かみを ⇩⇧ から
ひき出《だ》して つぶす

5

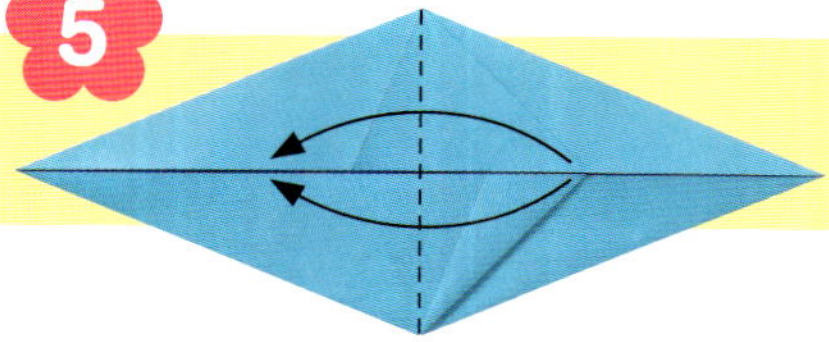

てんせんで おる

6

てんせんで おる

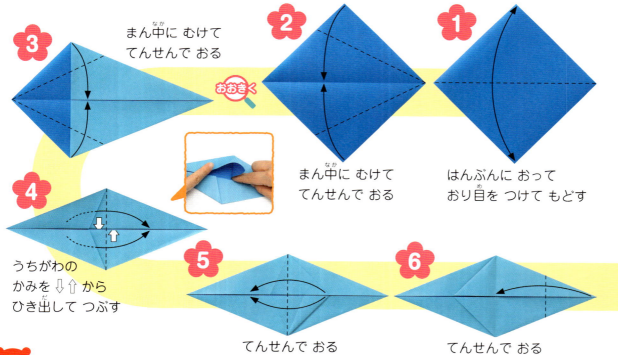

7

うらがえす

8

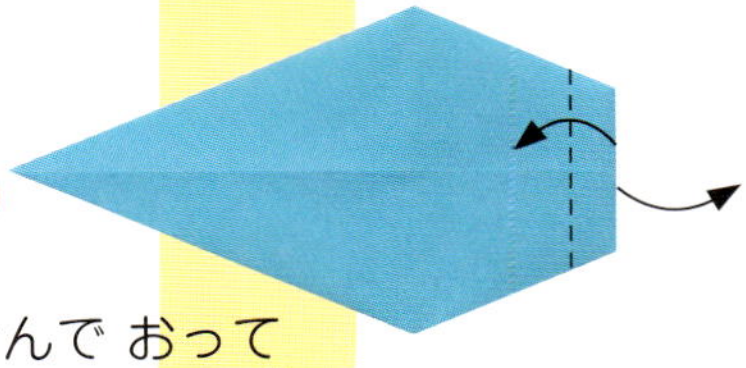

てんせんで おって
うしろの かみを 出《だ》す

9

⇗⇖ から ふくろを
ひらいて つぶす

10

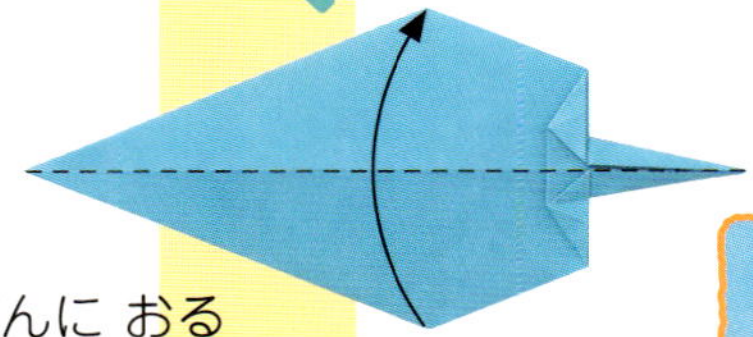

はんぶんに おる

11

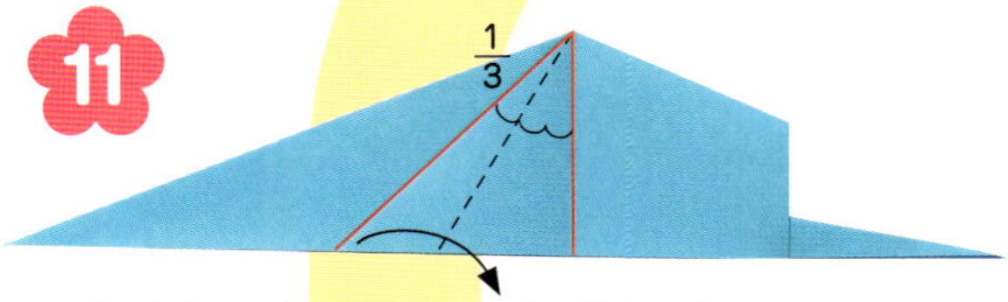

てんせんで おる。うらも おなじ

12

てんせんで おる。
うらも おなじ

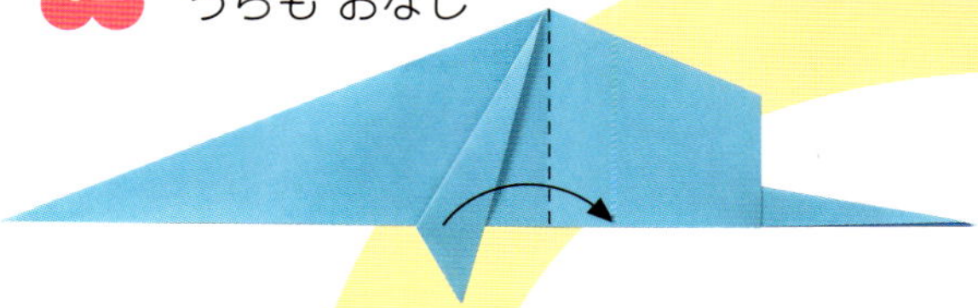

13

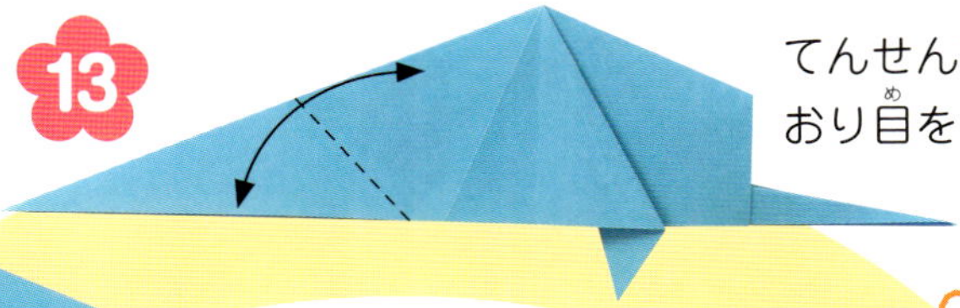

てんせんで おって
おり目《め》を つけて もどす

14

てんせんで
なかわりおり

15

てんせんで
なかわりおり

16

てんせんで
なかわりおり

17

右《みぎ》の かどは
てんせんで
うちがわに おる。
下《した》は てんせんで
おって立《た》てる。
うらも おなじ

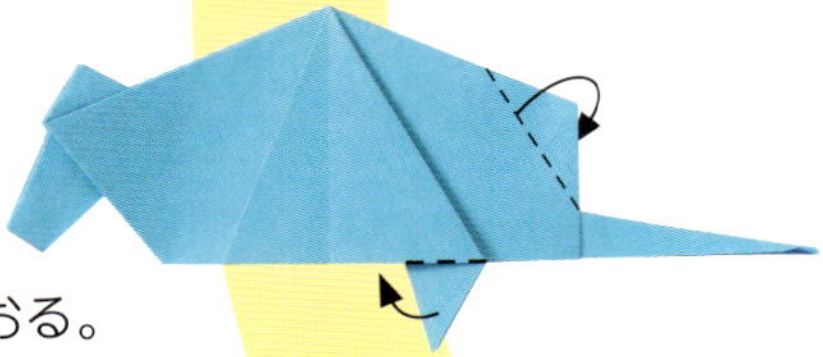

目《め》を かく

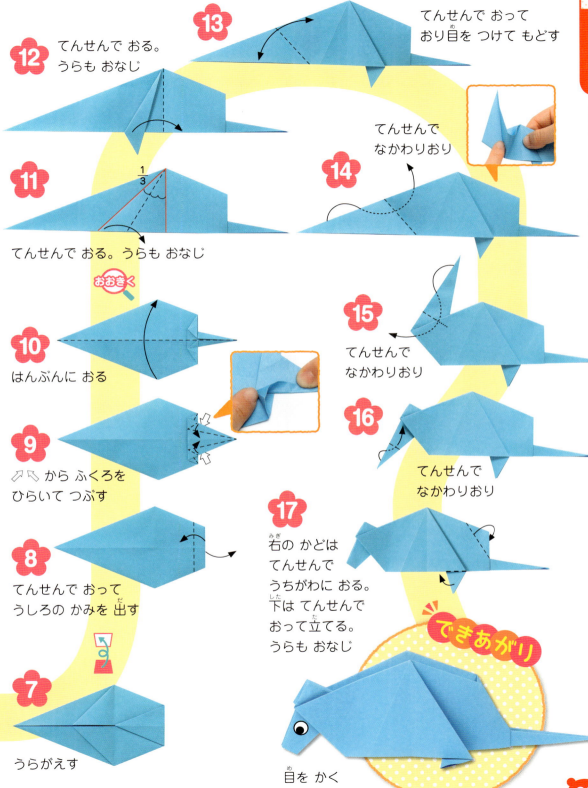

すいぎゅう／かば

すいぎゅう

むずかしい

1

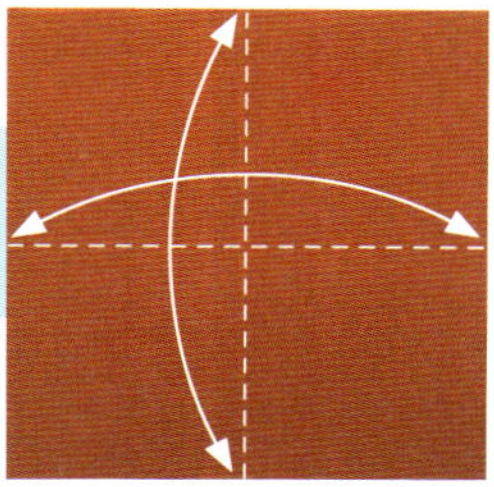

たてよこ はんぶんに おって
おり目《め》を つけて もどす

2

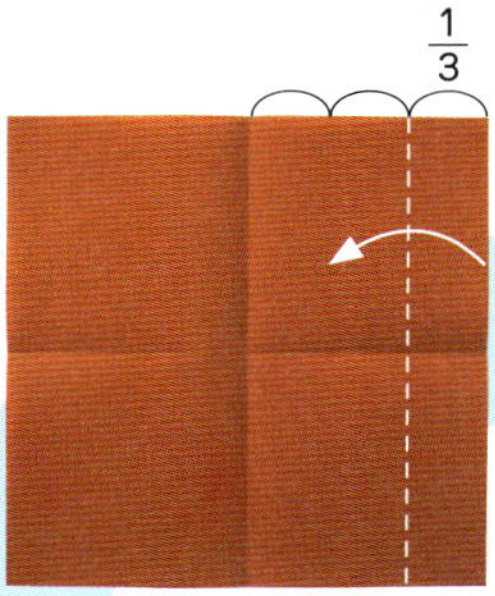

てんせんで おる

3

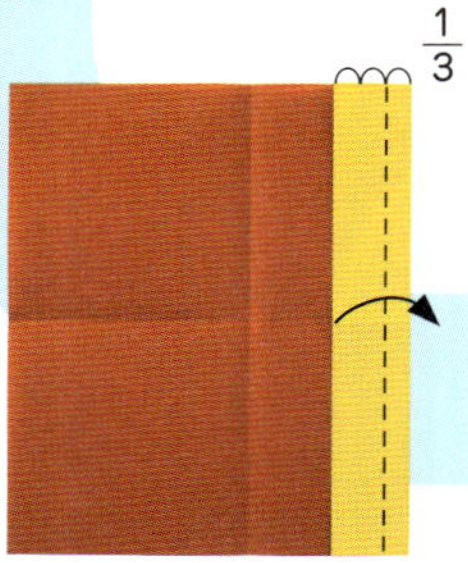

上《うえ》の 1まいを
てんせんで おる

4

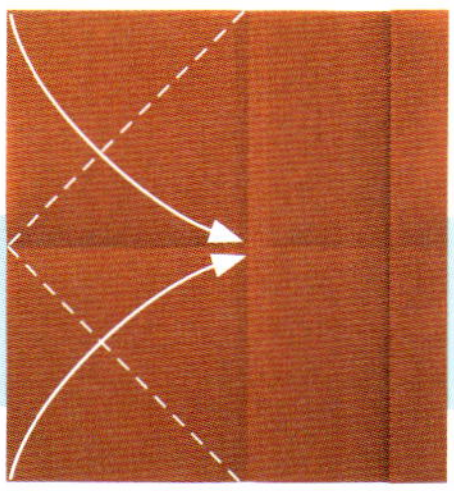

まん中《なか》に むけて
てんせんで おる

5

てんせんで
おる

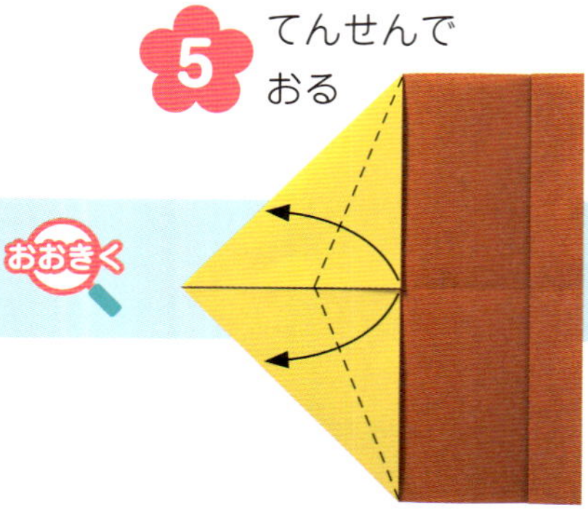

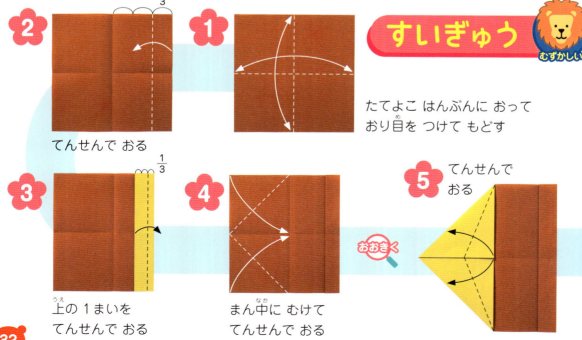

6 てんせんで
おる

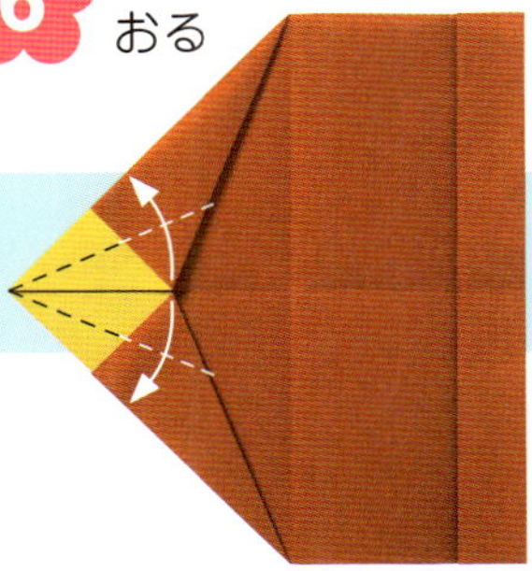

7 てんせんで うしろへ
おって おり目《め》を
つけて もどす

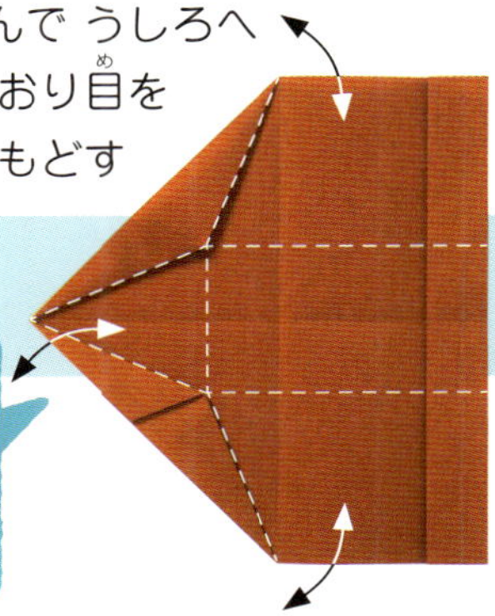

8 うちがわの かみを
⇘⇗ から ひき出《だ》して
つぶす

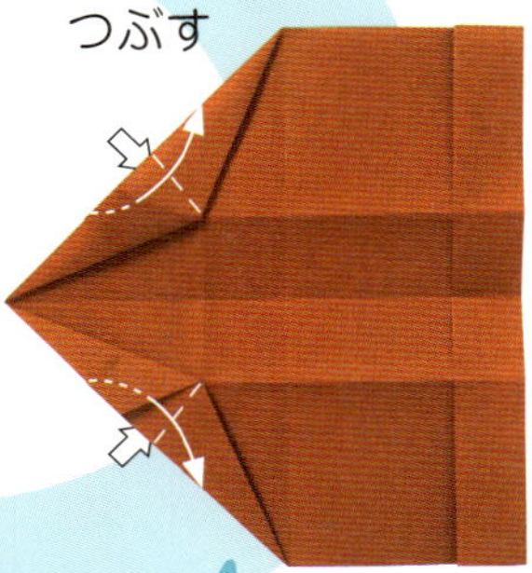

9 ⇘⇗ から ふくろを
ひらいて つぶす

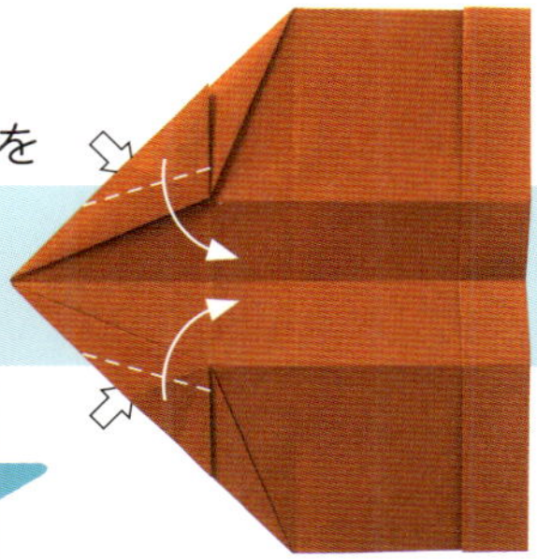

10 うらがえす

11 ⇩⇧ から ふくろを
ひらいて つぶす

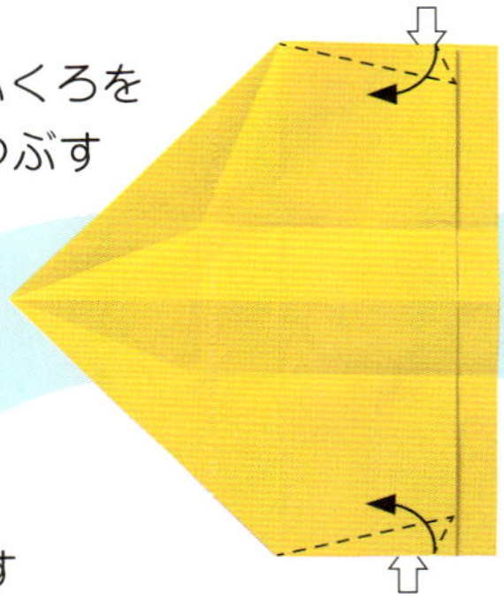

12 てんせんで
おって
くみたてる

おおきく

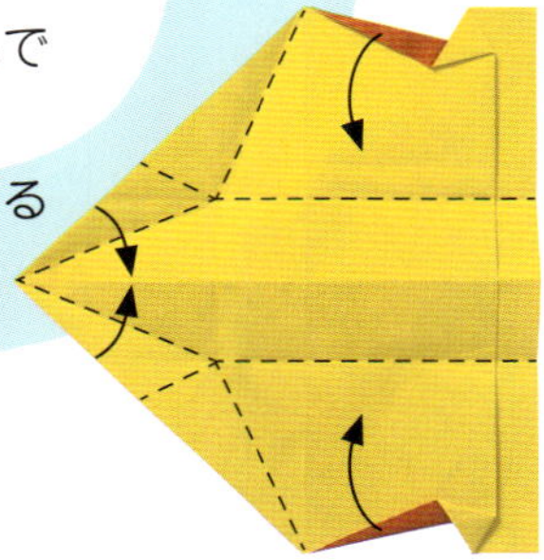

13 てんせんで
おる

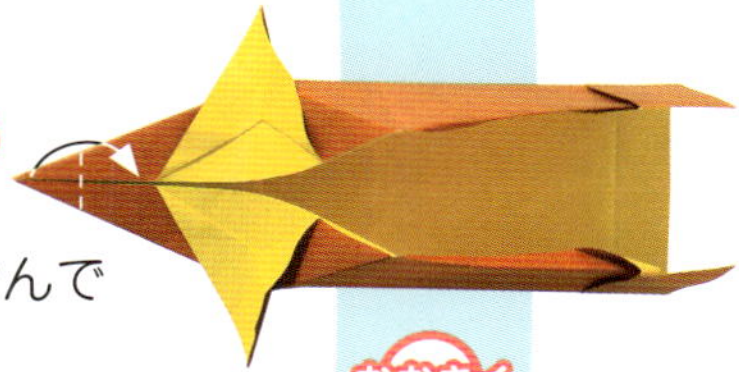

14 てんせんで おって うらがえす

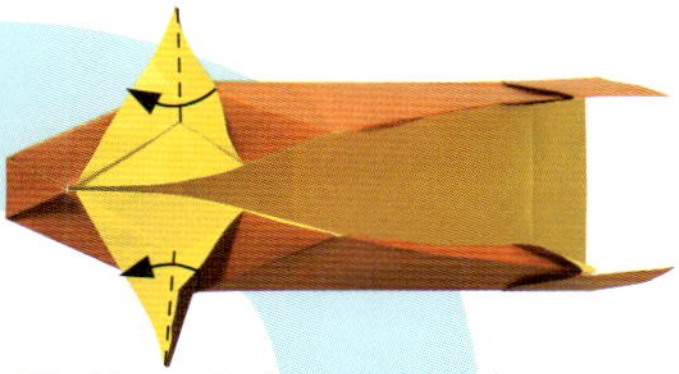

できあがり

たなばたの
かざりにしても
いいかも！

目《め》を
かく

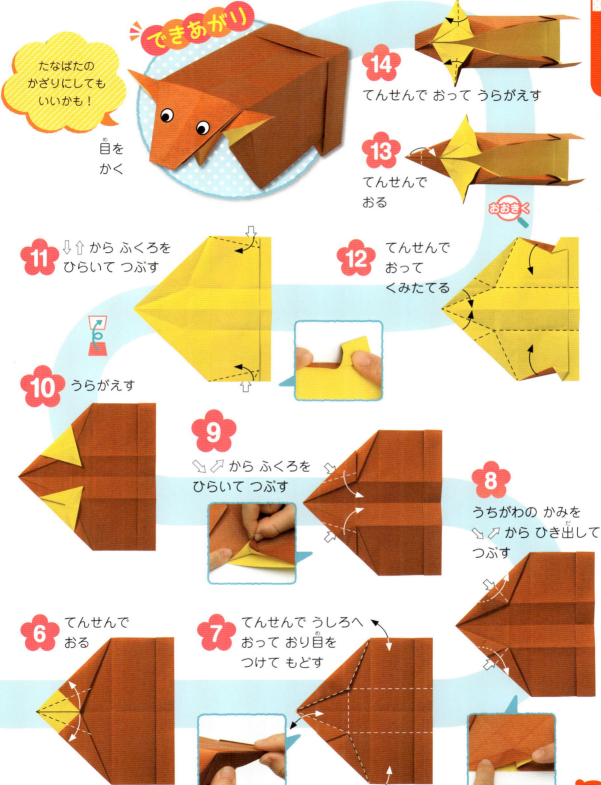

かば

ふつう

1

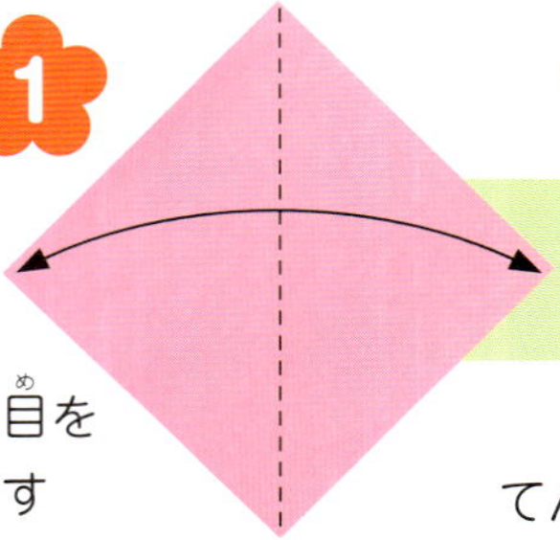

はんぶんに おって おり目《め》を つけて もどす

2

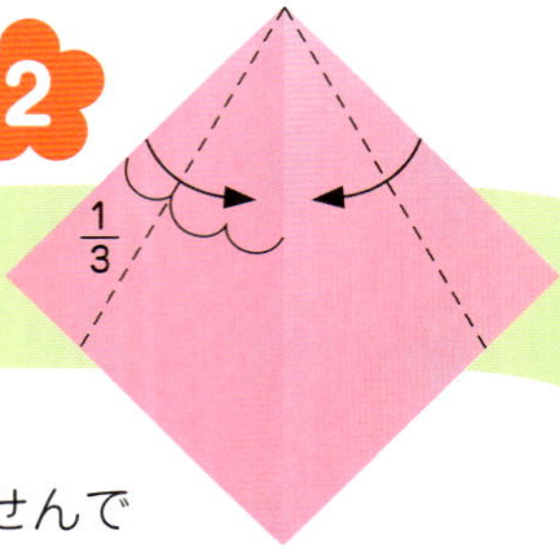

てんせんで おる

3

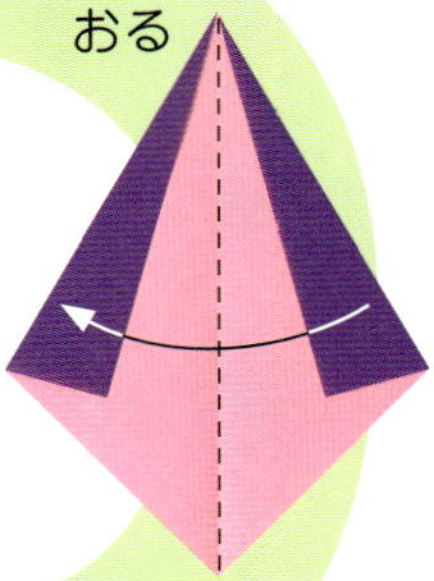

はんぶんに おる

4

むきを かえる

5

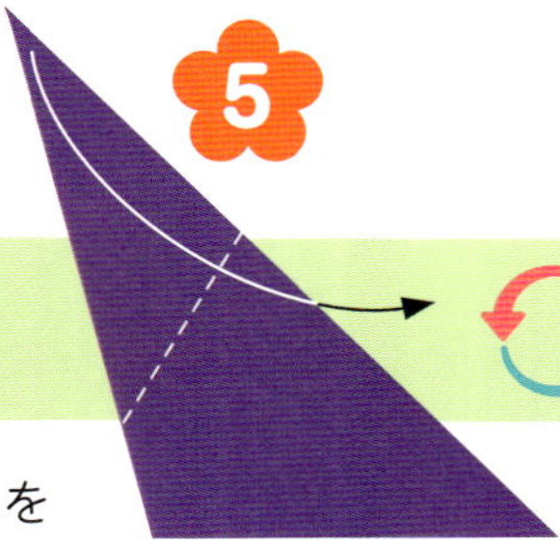

てんせんで おる

6

⇧ から ふくろを ひらいて つぶす

7

8〜10 は ぶぶんず

8

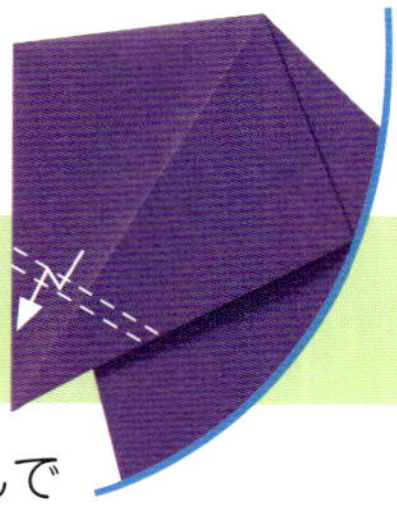

てんせんで うしろへ だんおり

9

てんせんで うしろへ おる

10

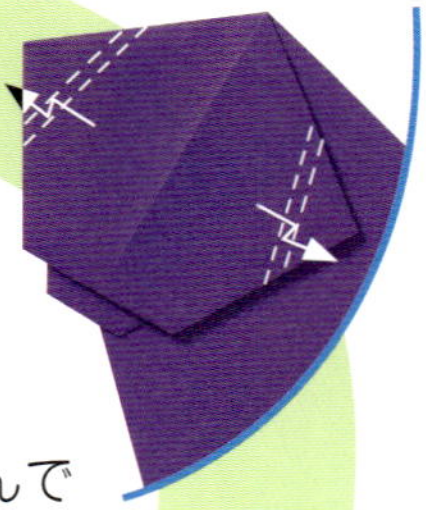

おおきく

てんせんで うしろへ だんおり

11

おおきく

てんせんで なかわりおり

12

上《うえ》は てんせんで うしろへ おり

下《した》は 赤《あか》い せんを はさみで きる

できあがり

目《め》を かく

カピバラ／バク

カピバラ

ふつう

1

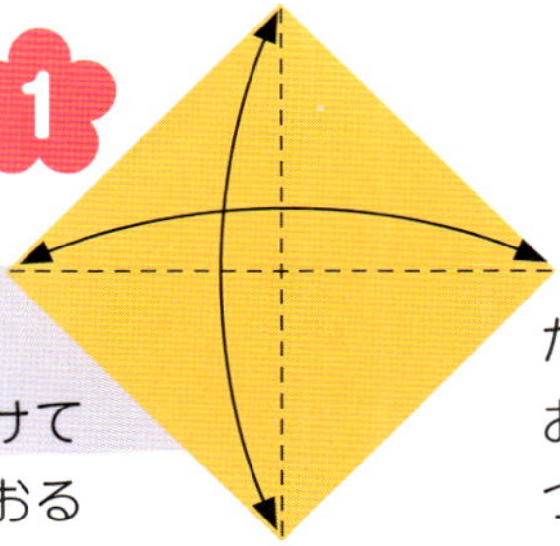

たてよこ はんぶんに
おって おり目《め》を
つけて もどす

2

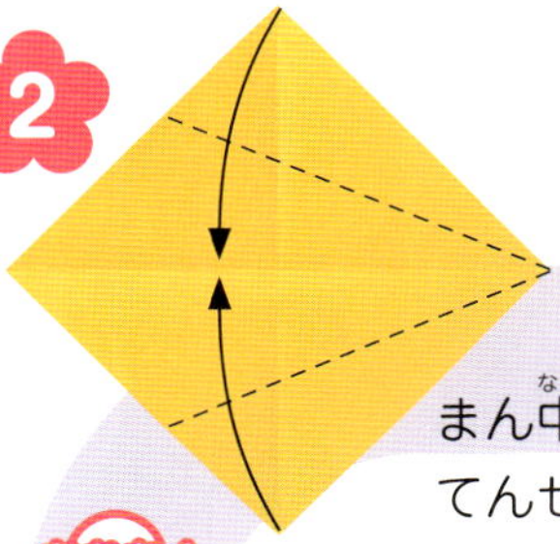

まん中《なか》に むけて
てんせんで おる

おおきく

3

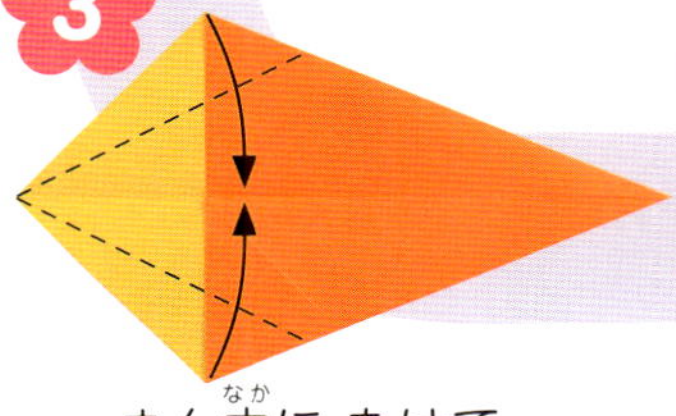

まん中《なか》に むけて
てんせんで おる

4

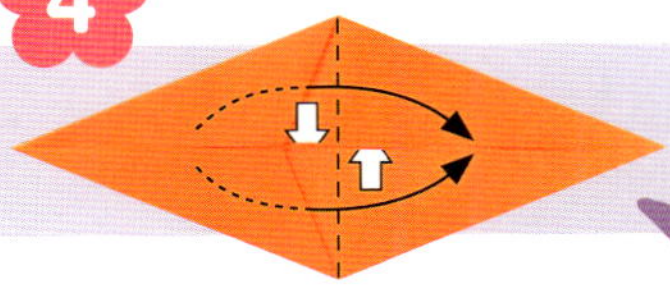

うちがわの かみを
⇩⇧ から ひき出《だ》して つぶす

5

うらがえす

つぎの
ページへ

6

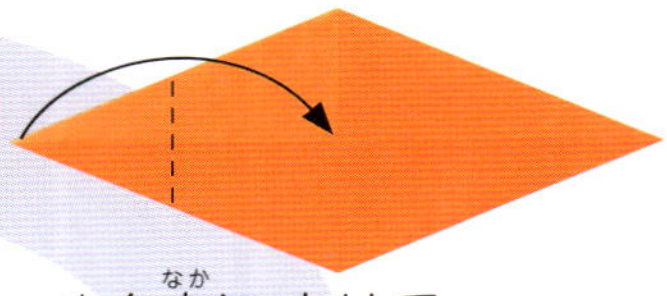

まん中《なか》に むけて
てんせんで おる

7

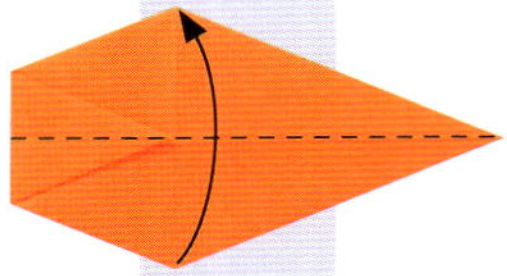

はんぶんに おる

おおきく

8

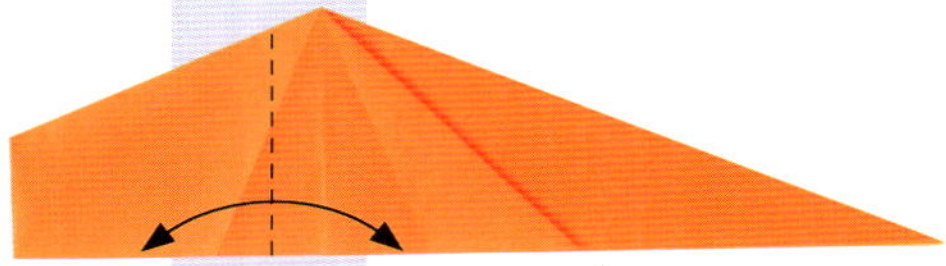

てんせんで おって おり目《め》を
つけて もどす

9

かぶせるように
だんおり。
うらも おなじ

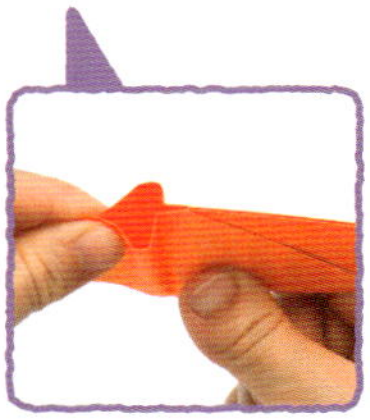

10

てんせんで
おる。
うらも おなじ

11

てんせんで おる。うらも おなじ

12

てんせんで おる。うらも おなじ

13

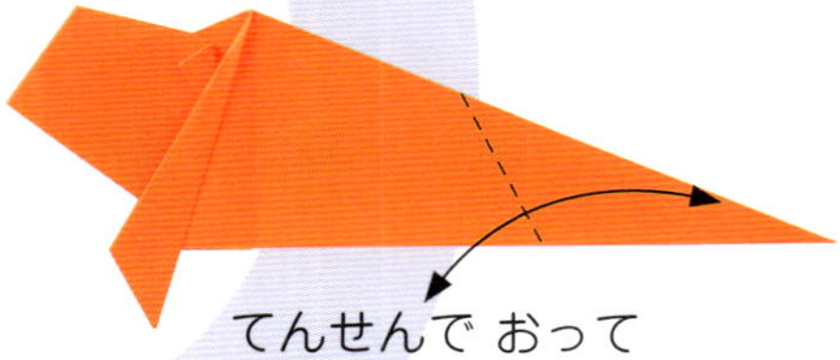

てんせんで おって
おり目《め》を つけて もどす

14

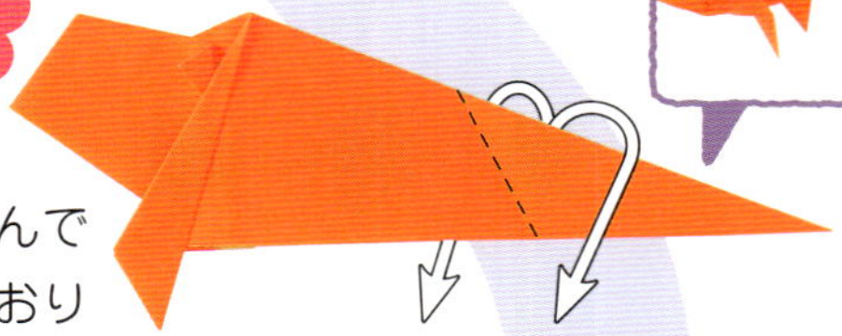

てんせんで
かぶせおり

15

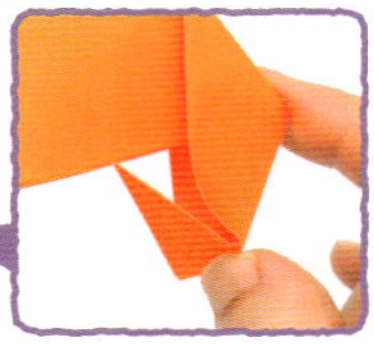

てんせんで
なかわりおり

16

てんせんで
うちがわに おる。
うらも おなじ

できあがり

かおを かく

さむがりの
カピバラさんは
おふろが 大《だい》すき!?

バク

ふつう

「カピバラ」(35ページ)の 4 まで おってから はじめます

1

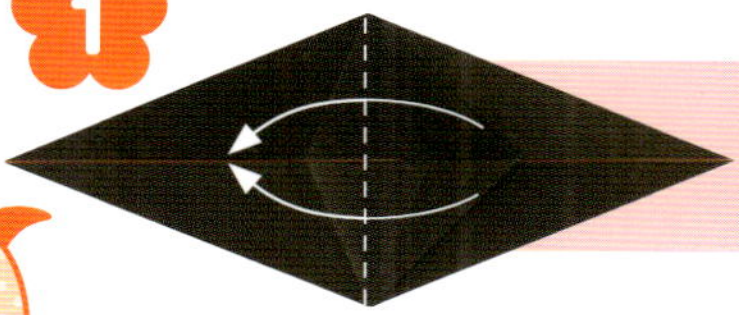

てんせんで おる

2

うらがえす

3

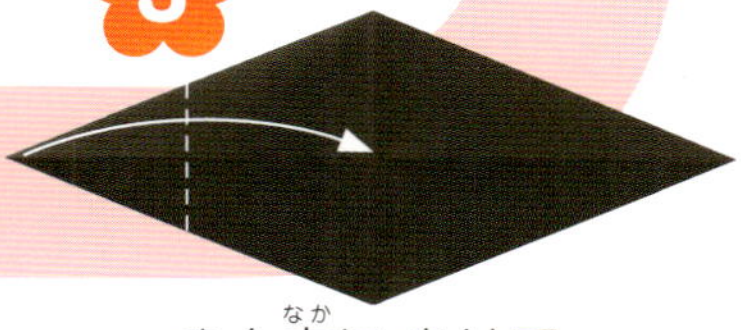

まん中《なか》に むけて てんせんで おる

4

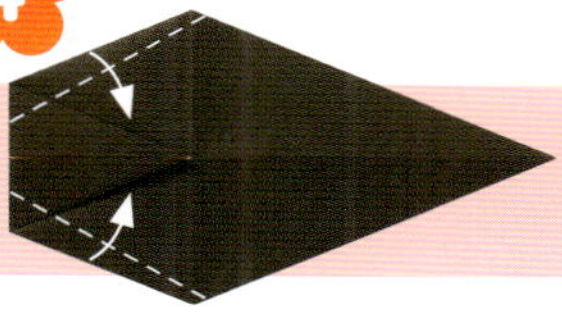

てんせんで おる

5

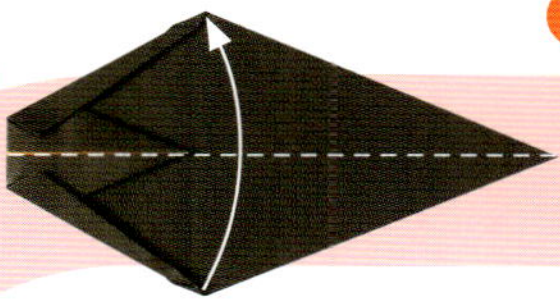

はんぶんに おる

おおきく

6

⇧ から ふくろを ひらいて つぶす

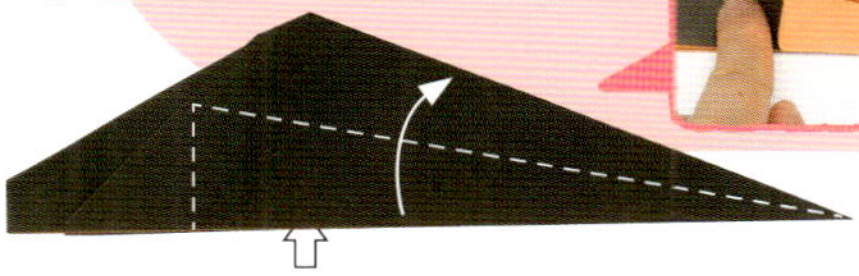

7

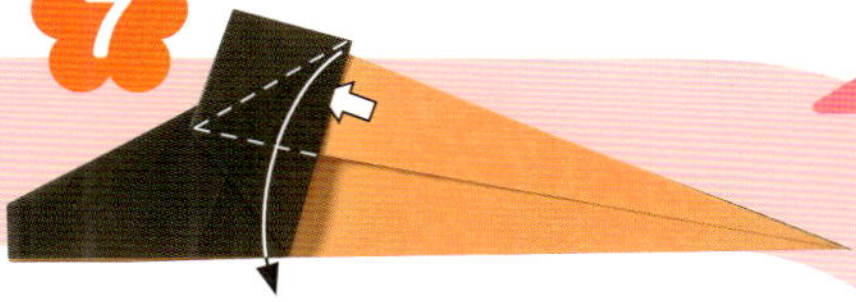

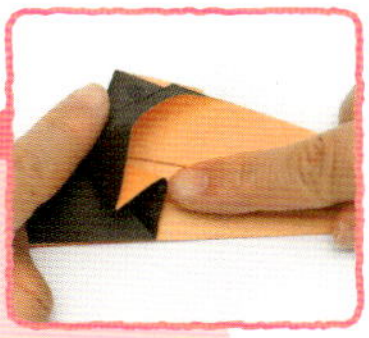

⇦ から ふくろを ひらいて つぶす。
うらも 6 7 と おなじように おる

8

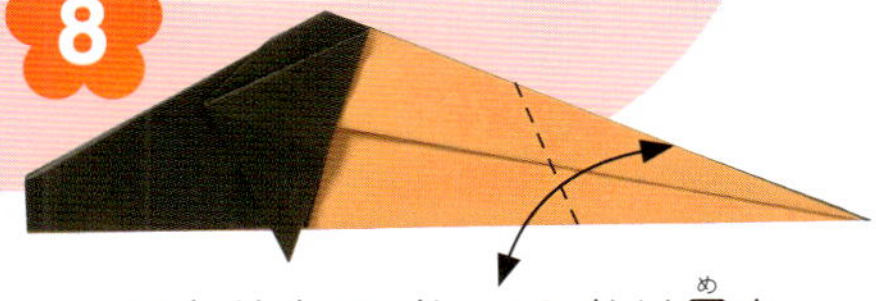

てんせんで おって おり目《め》を つけて もどす

9

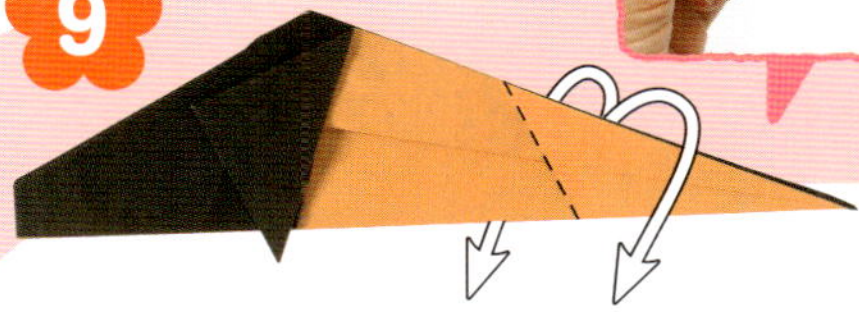

てんせんで かぶせおり

10

てんせんで なかわりおり

できあがり

かおを かく

バクは ゆめを たべちゃうって ほんとう!?

白《しろ》くろの バクが ゆうめいだけど、ちゃいろや グレーなど いろんな しゅるいの バクがいるよ!

とら

むずかしい

1

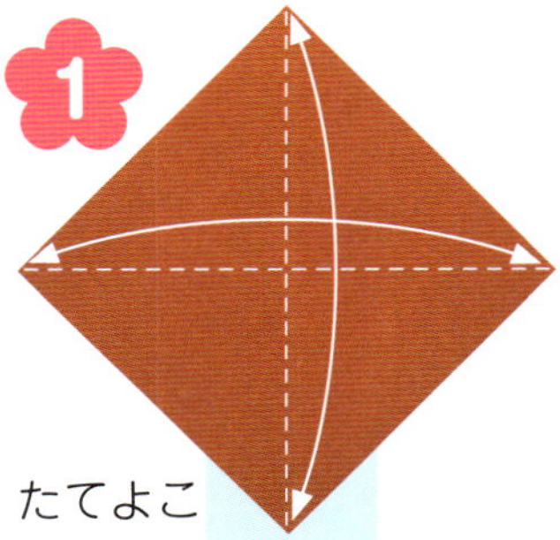

たてよこ
はんぶんに おって
おり目《め》を つけて もどす

2

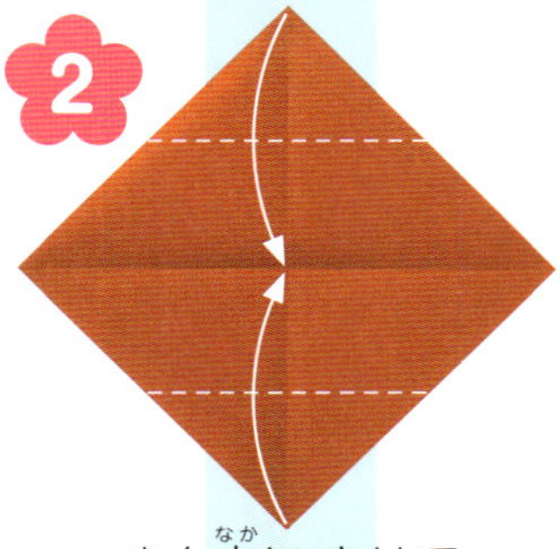

まん中《なか》に むけて
てんせんで おる

3

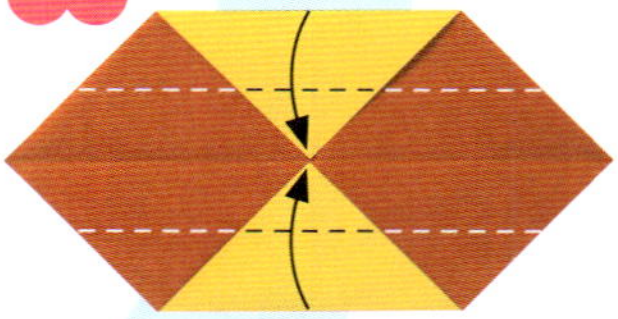

まん中《なか》に むけて
てんせんで おる

4 ひらく

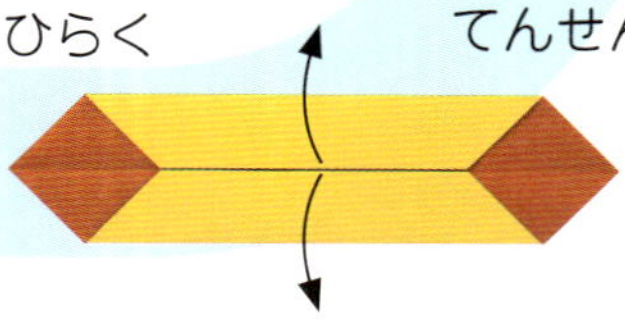

5 てんせんで おる

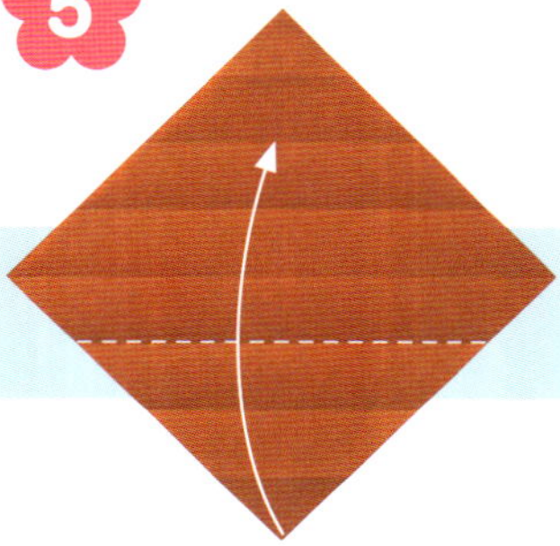

6 てんせんで おる

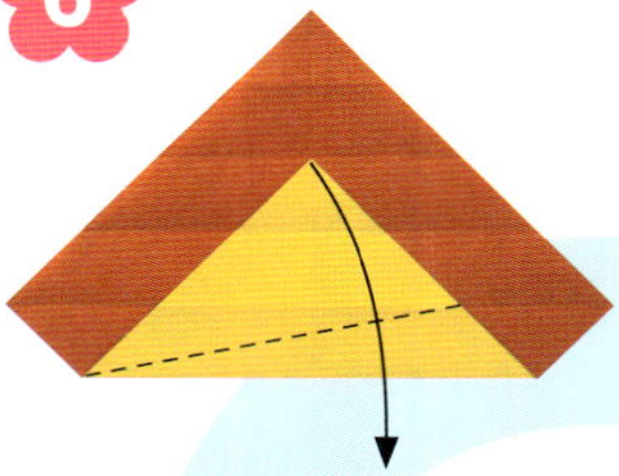

7

上《うえ》も 5 6 と
おなじように おる

8

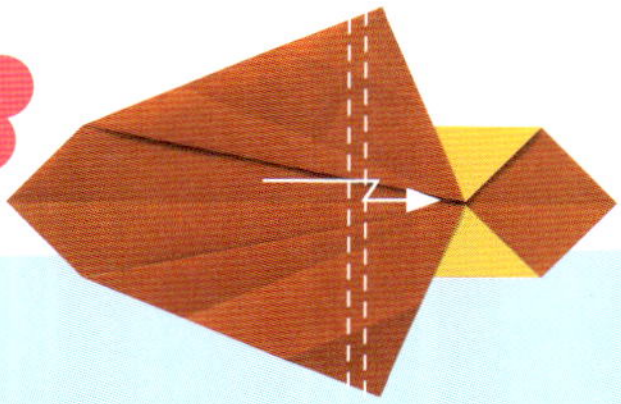

てんせんで だんおり

9

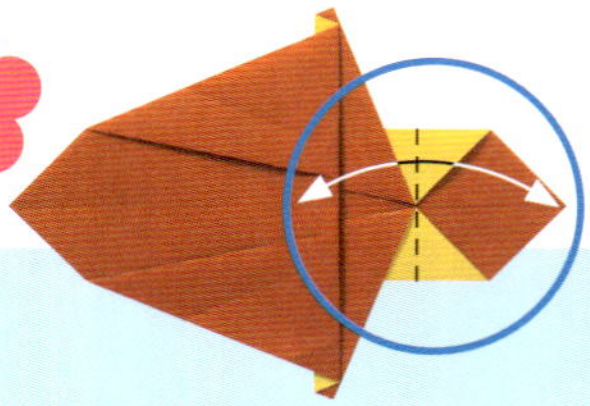

てんせんで おって
おり目《め》を つけて もどす。
10 11 は ぶぶんず

10

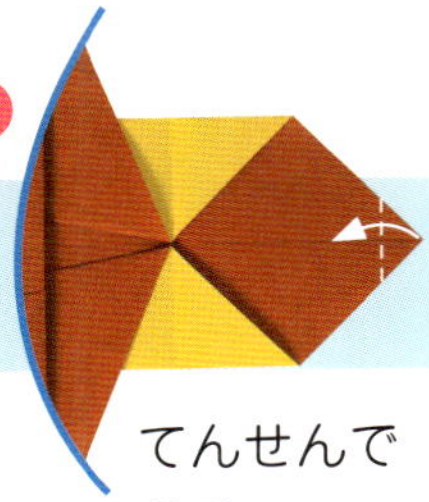

てんせんで
おる

11

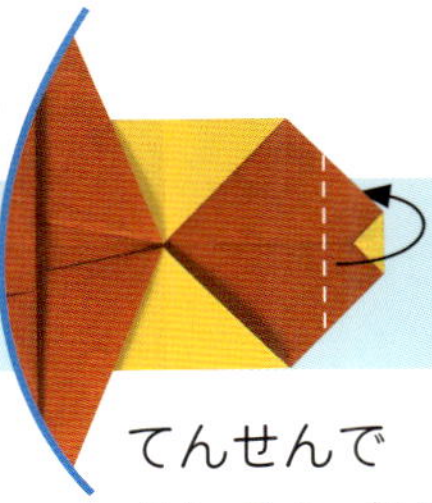

てんせんで
うしろへ おる

12

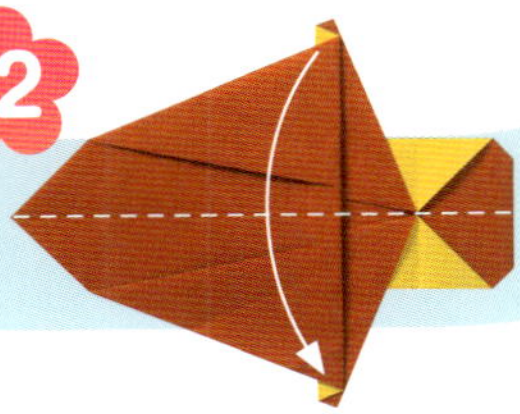

はんぶんに おる

おおきく

13

かぶせるように だんおり。
うらも おなじ

14

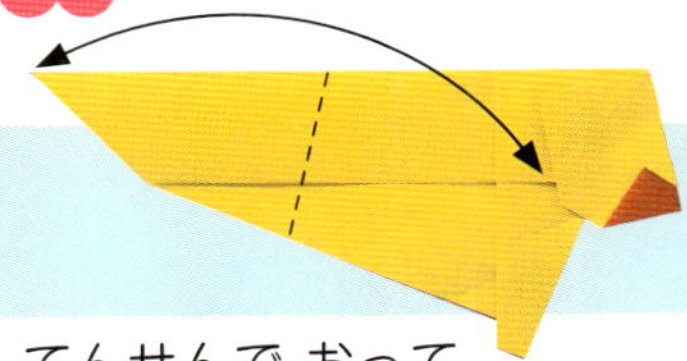

てんせんで おって
おり目《め》を つけて もどす

15

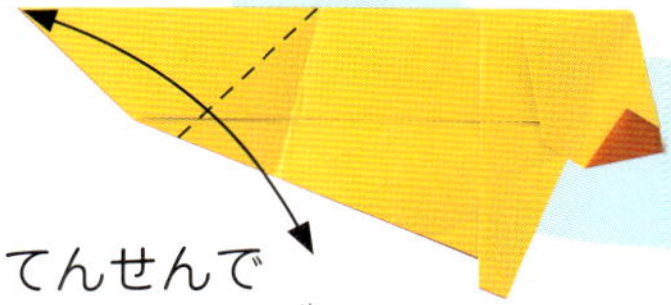

てんせんで
おって おり目《め》を
つけて もどす

16

⇧から ふくろを
ひらいて つぶす

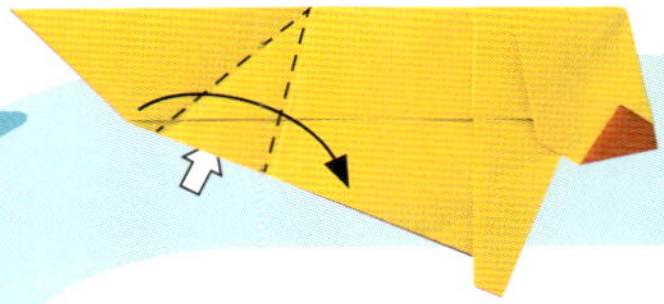

17

てんせんで
うしろへ おる

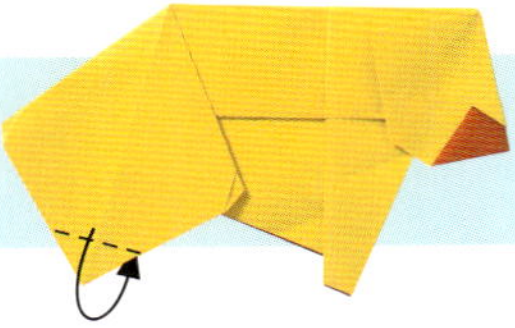

18

てんせんで
うしろへ おる

19

てんせんで
うしろへ おる。
20～22 は ぶぶんず

20

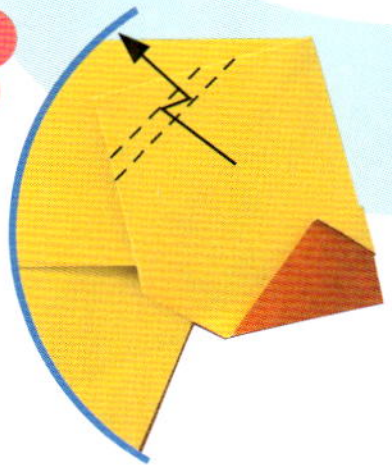

てんせんで
うしろへ だんおり。
うらも おなじ

21

てんせんで
おって おり目《め》を
つけて もどす

22

てんせんで
なかわりおり

かおと
もようを
かく

できあがり

トナカイ

ふつう

1

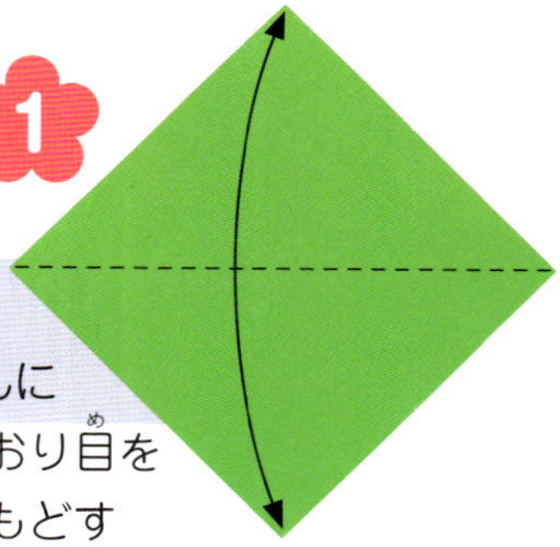

はんぶんに
おって おり目《め》を
つけて もどす

2

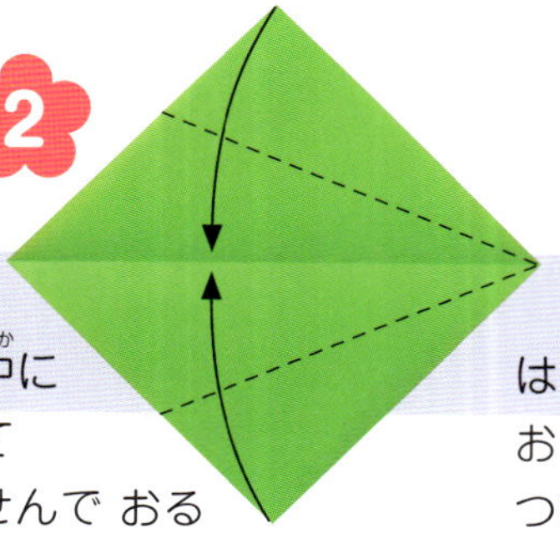

まん中《なか》に
むけて
てんせんで おる

3

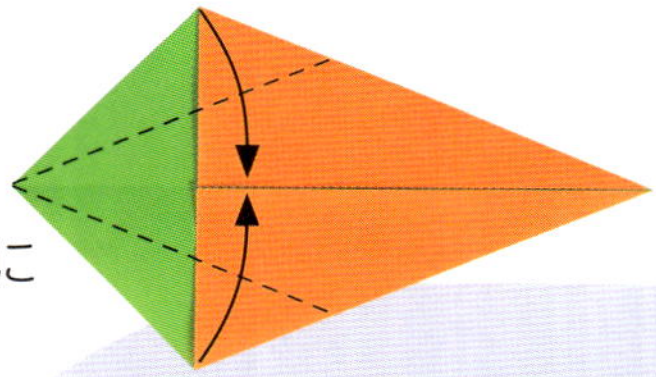

まん中《なか》に
むけて
てんせんで おる

4

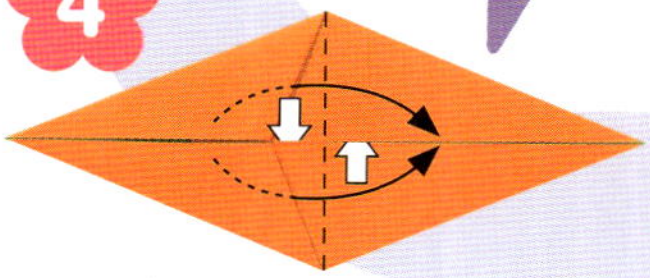

うちがわの かみを
⇩⇧ から ひき出《だ》して つぶす

5

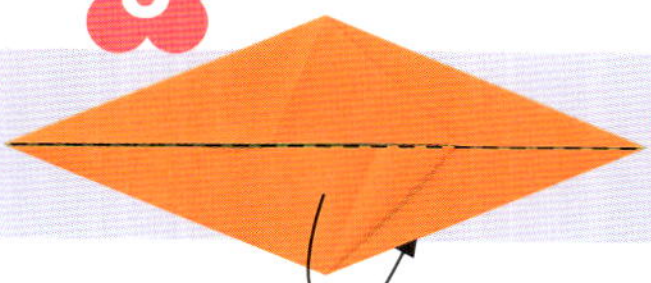

うしろへ
はんぶんに おる

6

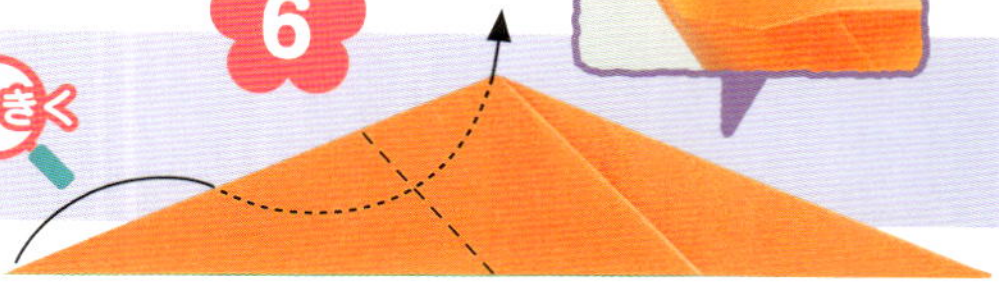

てんせんで なかわりおり

かざってみよう！

クリスマスに サンタさんの にんぎょうと
いっしょに かざると かわいいね！

7 てんせんで なかわりおり。
8 **9** は ぶぶんず

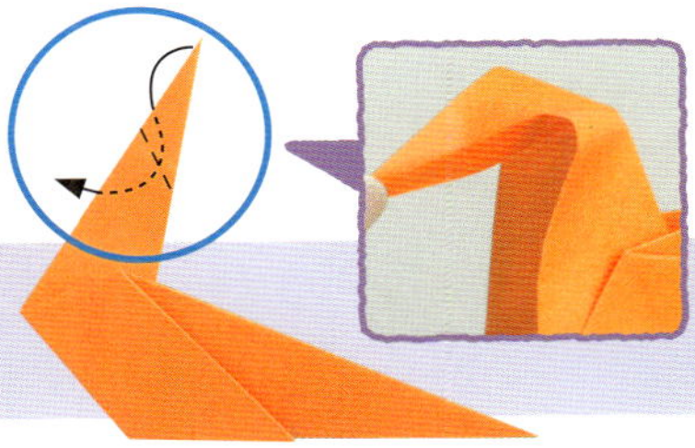

8 てんせんで
かぶせおり

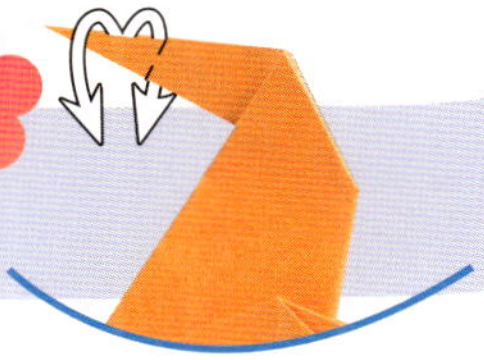

9 てんせんで おる。
うらも おなじ

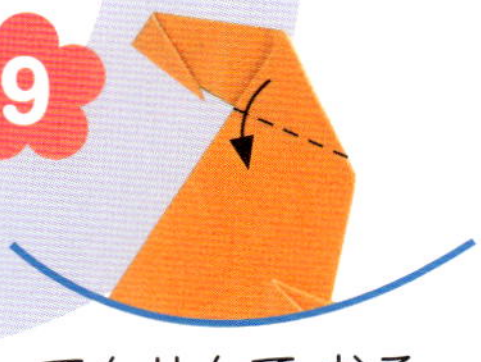

10 てんせんで おる。
うらも おなじ

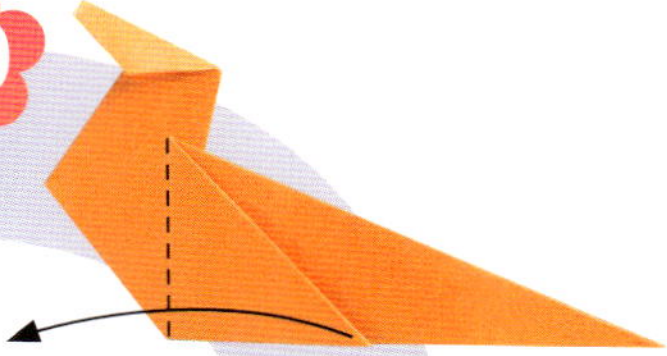

11 てんせんで おる。
うらも おなじ

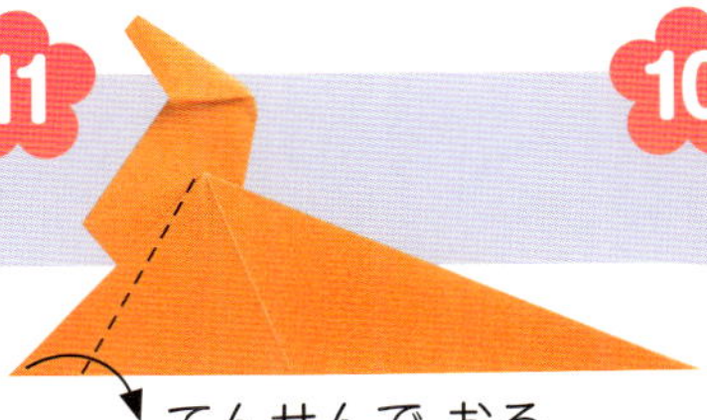

12 てんせんで かぶせおり

13 てんせんで かぶせおり

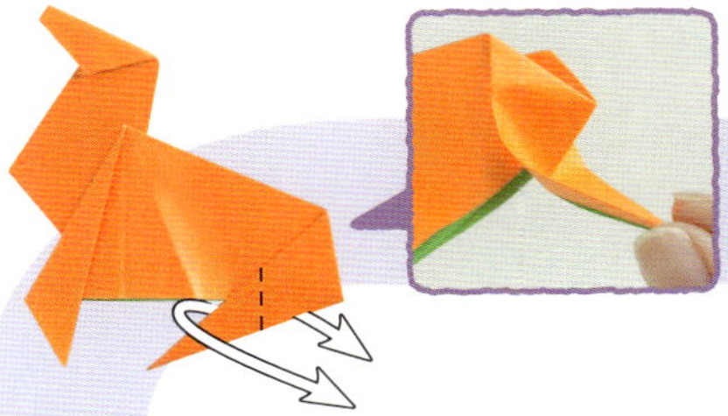

14 青《あお》い せんを はさみで きる。
15 **16** は ぶぶんず

15 青《あお》い せんを
はさみで きる

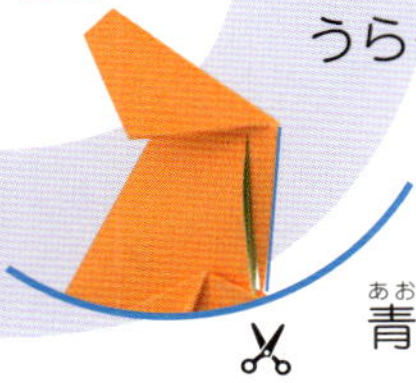

16 てんせんで おる。
うらも おなじ

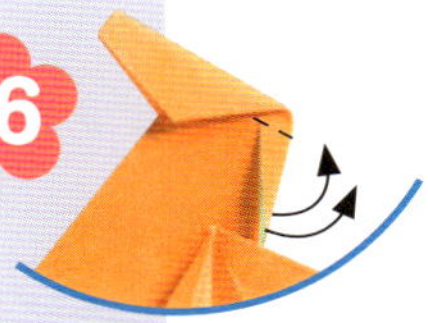

できあがり

目《め》を かく

なまけもの

むずかしい

1

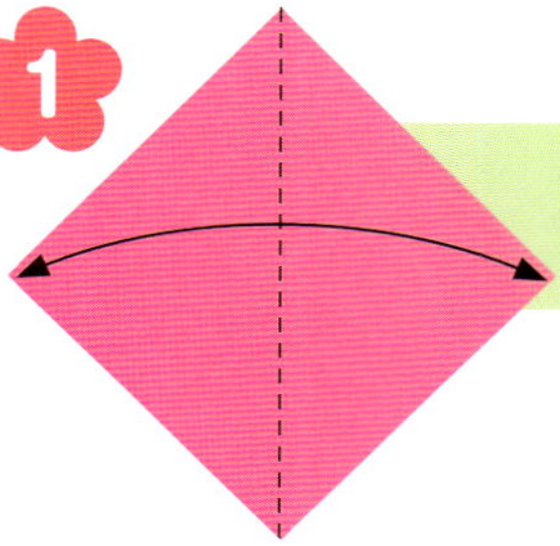

はんぶんに おって
おり目《め》を つけて もどす

8

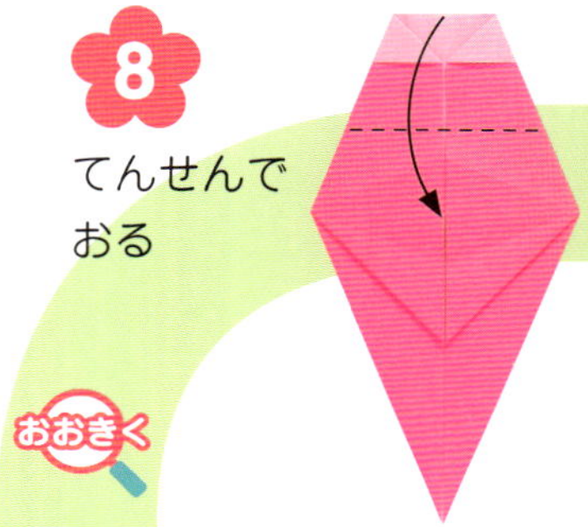

てんせんで
おる

9

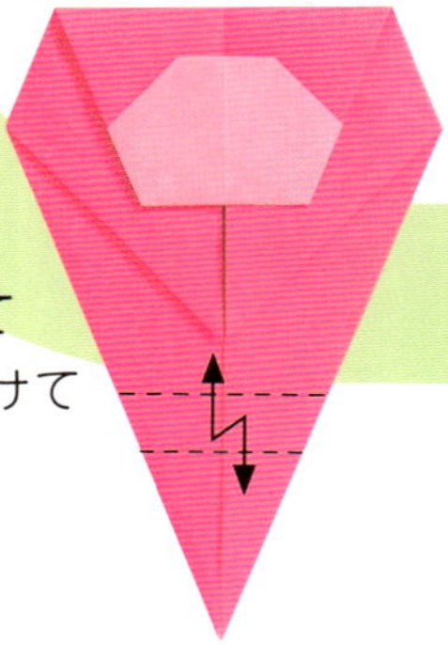

てんせんで
だんおりして
おり目《め》を つけて
もどす

15

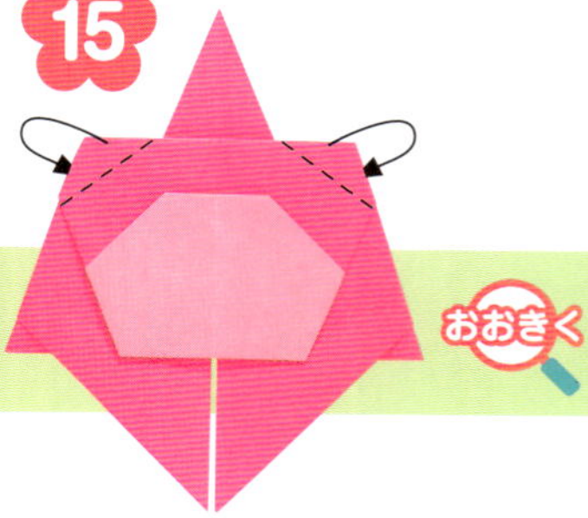

てんせんで
うしろへ おる

16

てんせんで うしろへ
おって たてる

できあがり

かおを かく

2

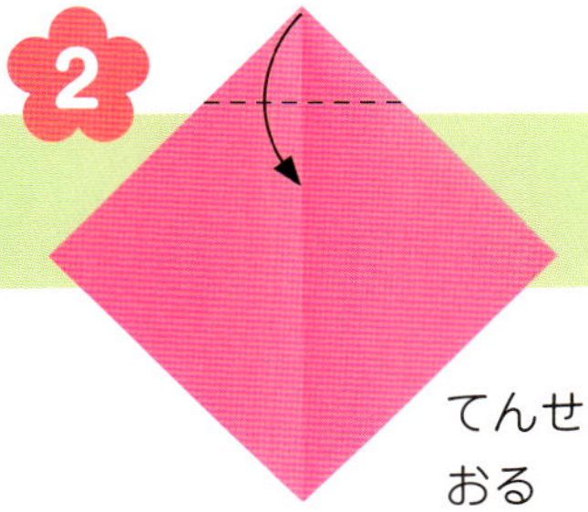

てんせんで
おる

3

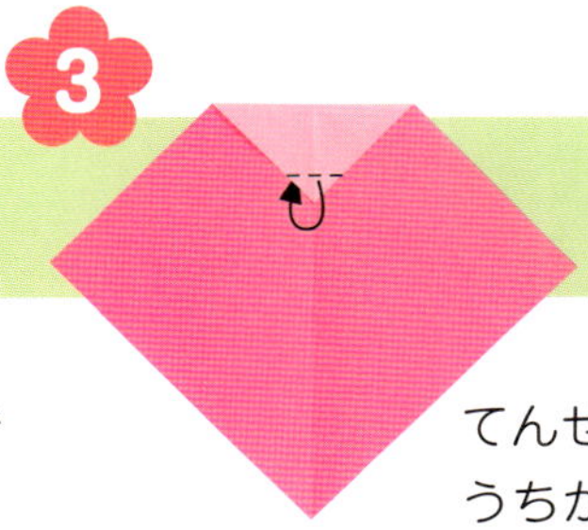

てんせんで
うちがわに おる

4

うらがえす

5

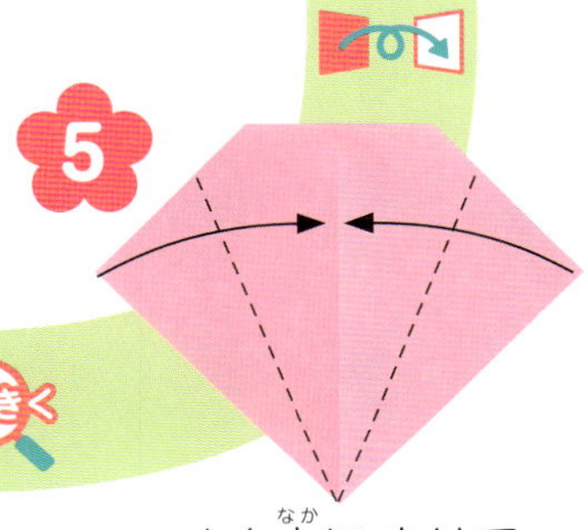

まん中《なか》に むけて
てんせんで おる

おおきく

6

まん中《なか》に むけて
てんせんで おる

7

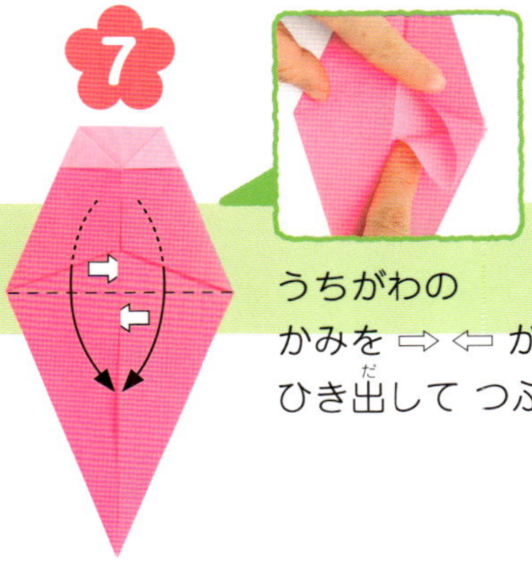

うちがわの
かみを ⇨ ⇦ から
ひき出《だ》して つぶす

10

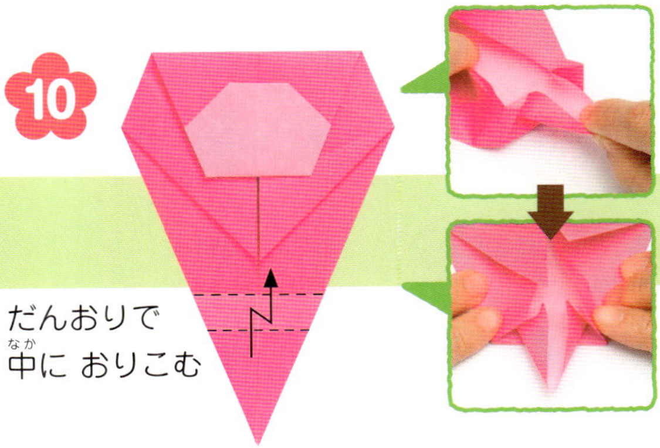

だんおりで
中《なか》に おりこむ

11

てんせんで
おって おり目《め》を
つけて もどす

12

かどを つぶして おりこむ

13

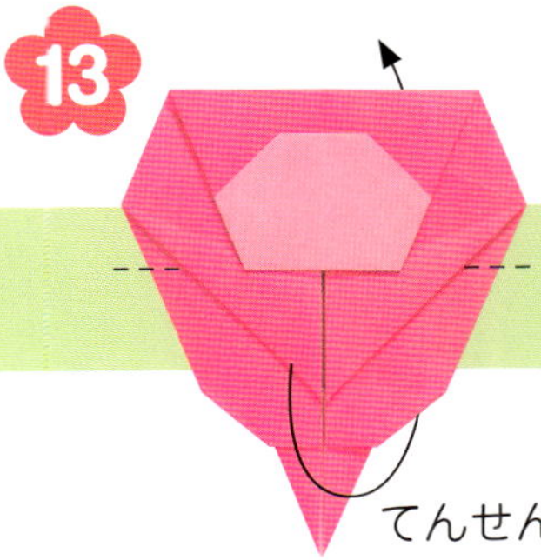

てんせんで
うしろへ おる

14

てんせんで
うしろへ おる

こうもり

こうもり①

かんたん

1

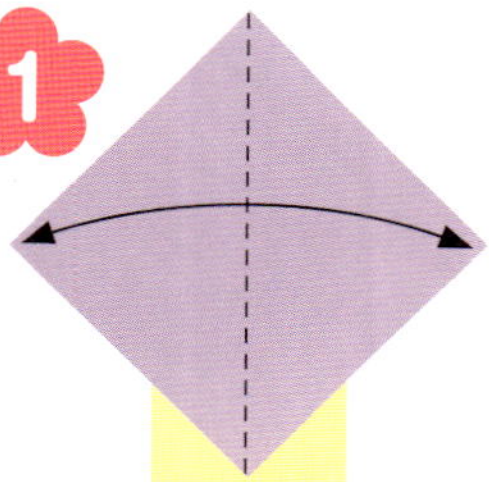

はんぶんに おって
おり目《め》を つけて もどす

2

はんぶんに おる

3

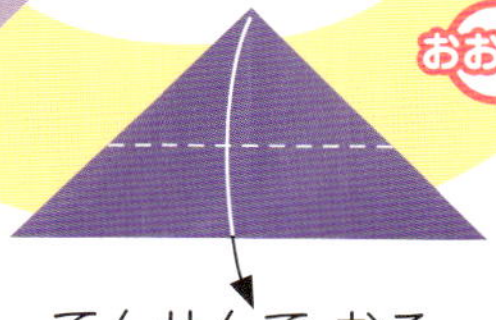

てんせんで おる

おおきく

4

まん中《なか》に むけて
てんせんで おる

5

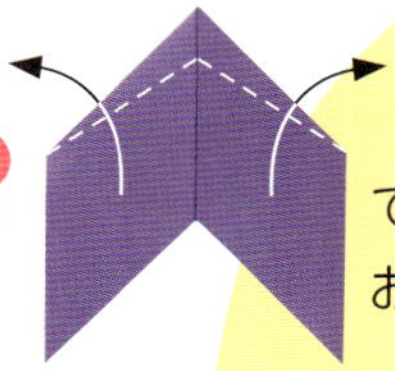

てんせんで
おる

6

うらがえす

7

てんせんで おる

8

まん中《なか》で
すこし うしろに おる

目《め》を かく

できあがり

こうもり②

ふつう

1
たてよこ ななめに
はんぶんに おって
おり目《め》を つけて もどす

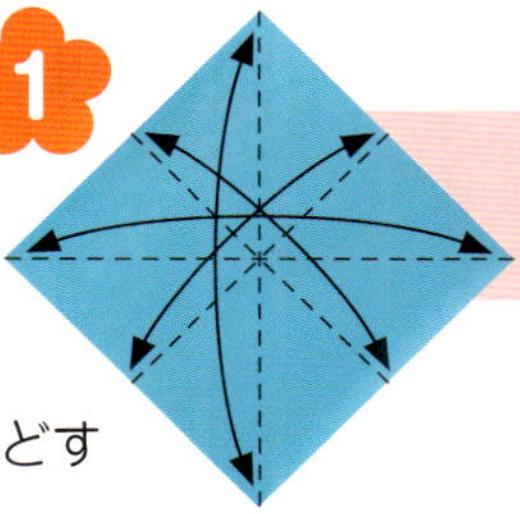

2
まん中《なか》に
むけて
てんせんで
おって おり目《め》を
つけて もどす

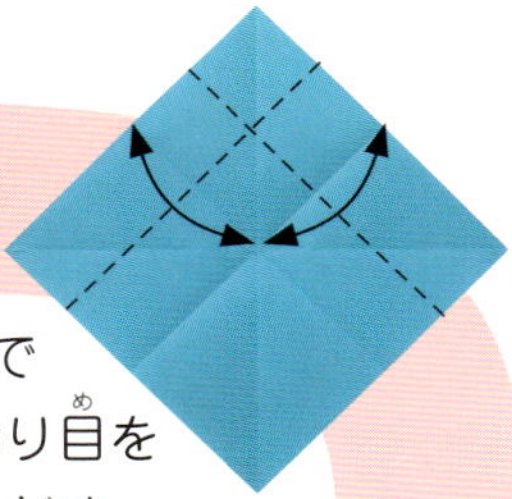

3
てんせんで
うしろへ
おって おり目《め》を
つけて もどす

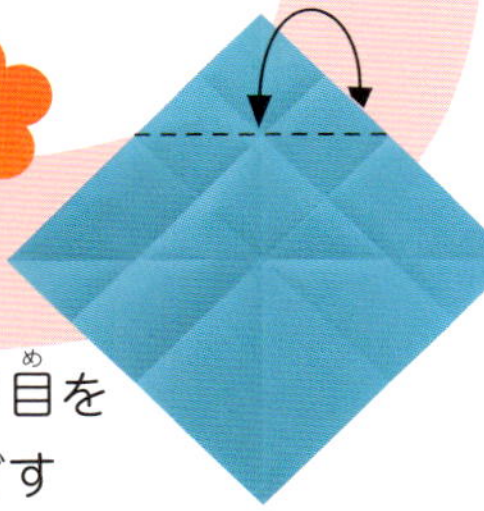

4
てんせんで
たたむ

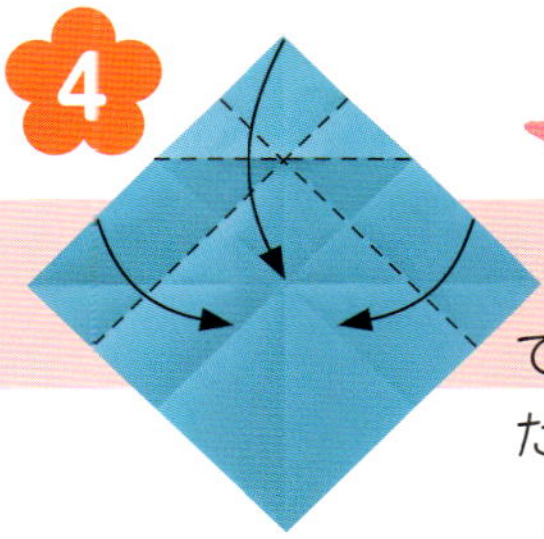

おおきく

5
てんせんで
おる

6
てんせんで
おって ⇧ から ひらく

7
てんせんで
おって
つぶす

8
左《ひだり》も
5～7と
おなじように
おる

9
★の かどが
まん中《なか》に くるように
てんせんで おる

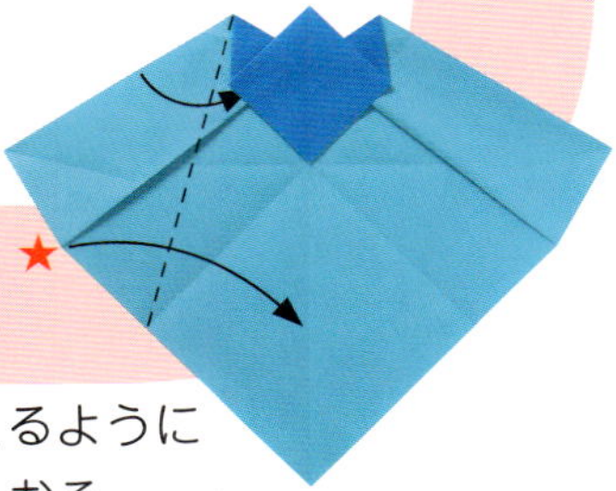

10
てんせんで
おって
おり目《め》を
つけて もどす

11
てんせんで
なかわりおり

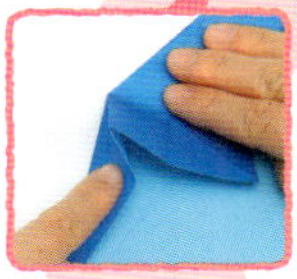

12
右《みぎ》も
9～11と
おなじように
おる

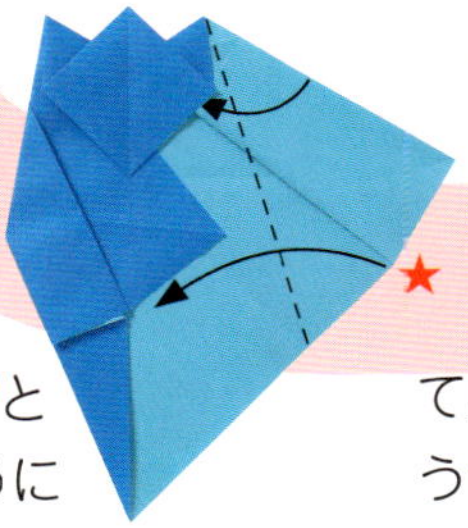

13
てんせんで
うちがわに
おる

14
上《うえ》の かどは
うしろへ 下《した》の
かどは まえに おる

目《め》を
かく

できあがり

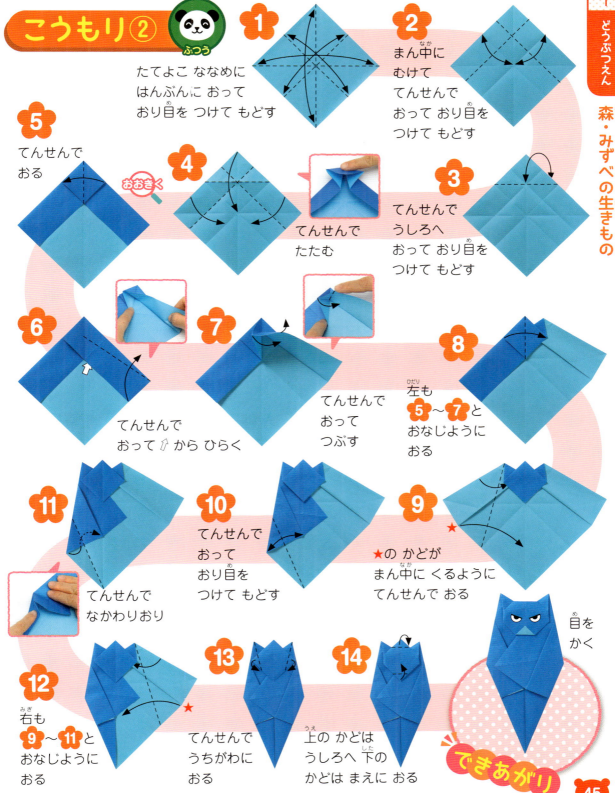

パンダのおやこ

パンダ

むずかしい

かみの大きさ

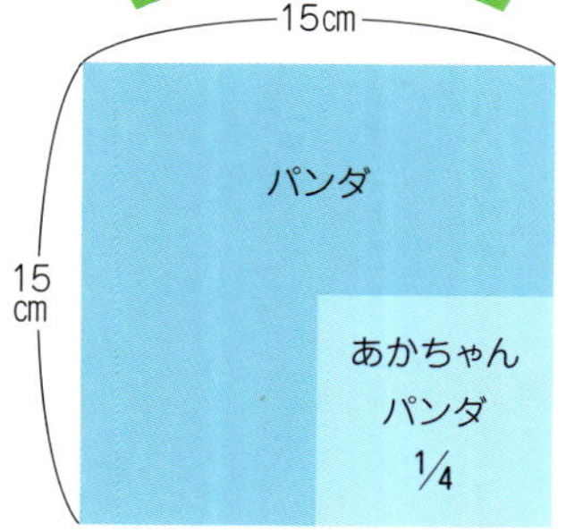

「とら」(38ページ)の
4まで おってから
はじめます

1

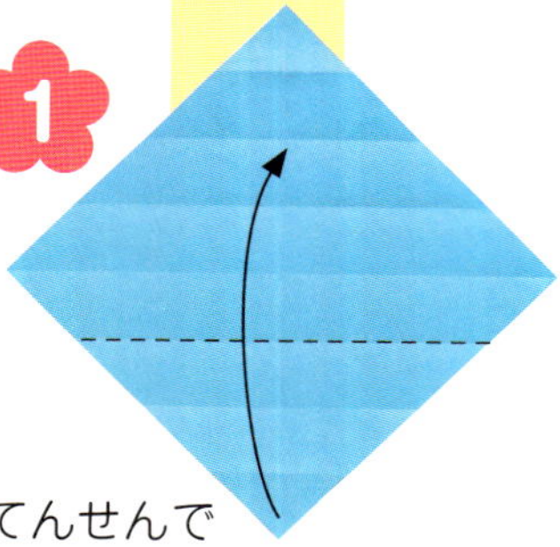

てんせんで
おる

2

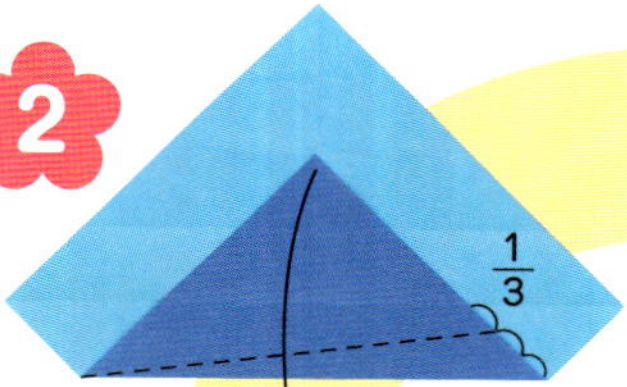

てんせんで
おる

3

上《うえ》も 1 2と
おなじように おる

4

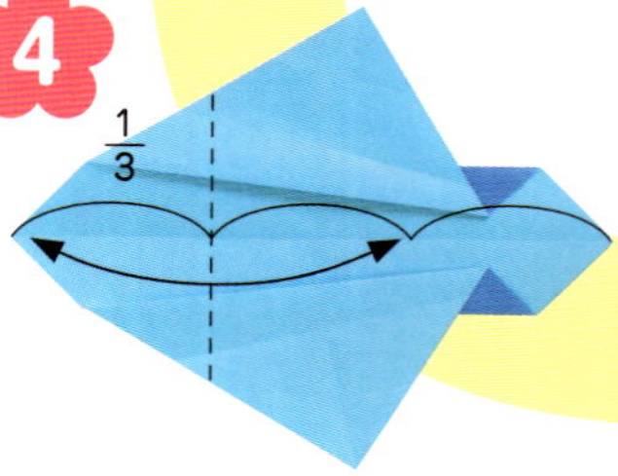

てんせんで おって
おり目《め》を つけて もどす

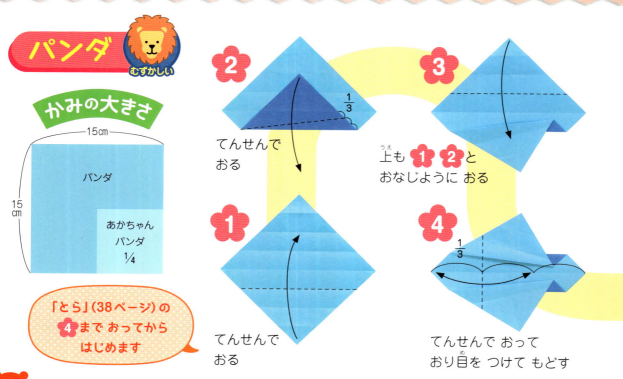

いっしょにつくろう！

4分《ぶん》の1のサイズなど
小《ちい》さめの かみでつくります

ささ

1 はんぶんに おる

2 ①②の じゅんに てんせんで おる

3 てんせんで おる

4 てんせんで おる

5 てんせんで おる

6 うらがえす

できあがり

5 てんせんで おる

6 てんせんで おる

7 てんせんで おる

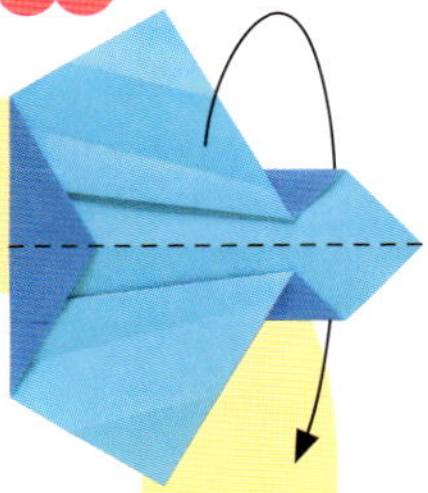

8 うしろへ はんぶんに おる

9 むきを かえる

10 ⇦ からふくろを ひらいて つぶす

11 てんせんで うしろに おる

12 てんせんで おる

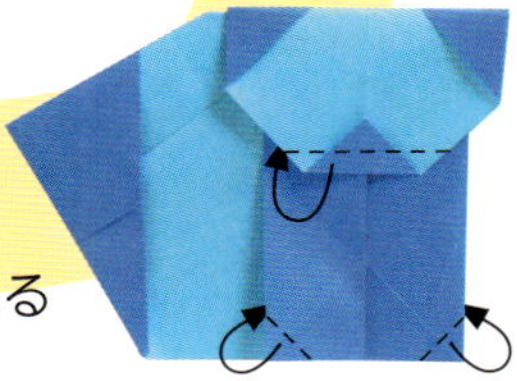

13 てんせんで うしろに おる

14 てんせんで なかわりおり

かおを かく

できあがり

あかちゃんパンダ

かんたん

1

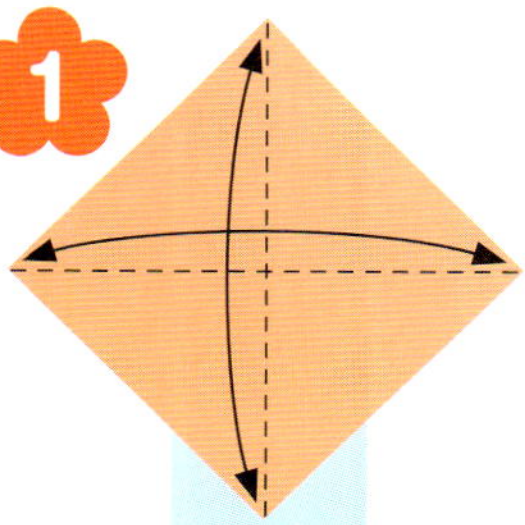

たてよこ はんぶんに
おって おり目《め》を
つけて もどす

2

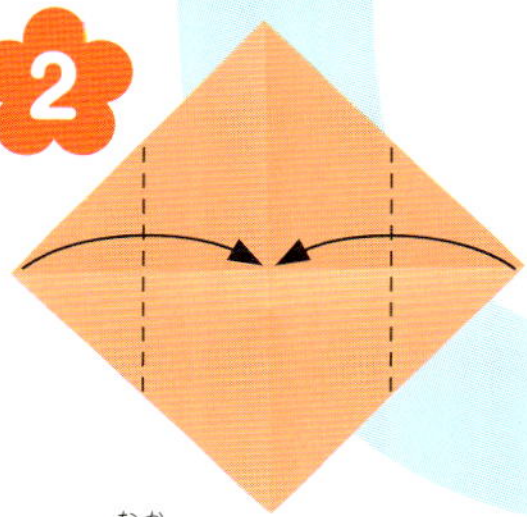

まん中《なか》に むけて
てんせんで おる

3

まん中《なか》に むけて
てんせんで おって
おり目《め》を つけて もどす

4

うらがえす

5

てんせんで
おる

6

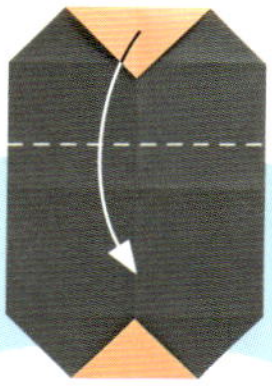

てんせんで
おる

おおきく

7

まん中《なか》で すこし
うしろに おる

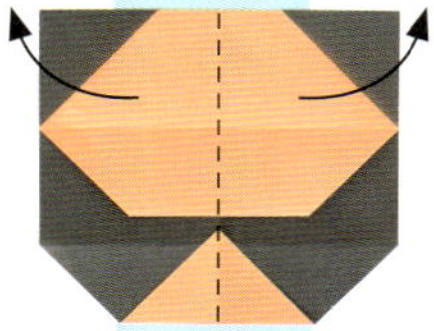

できあがり

かおを かく

いっしょにつくろう!

たけのこ

おりがみを
10.5cm×15cmに
きって おります

1

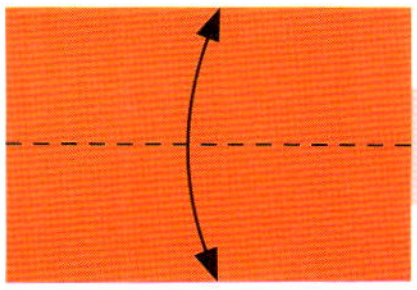

はんぶんに おって
おり目《め》を つけて もどす

2

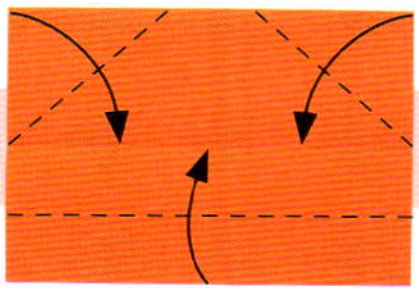

まん中《なか》に むけて
てんせんで おる

3

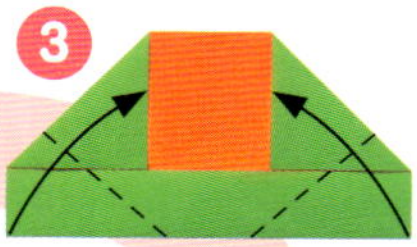

てんせんで おる

4

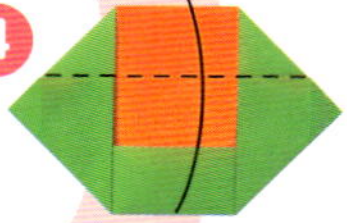

てんせんで おる

5

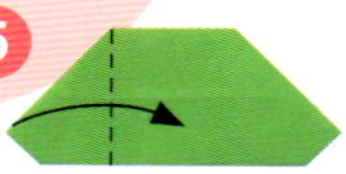

てんせんで おる

おおきく

6

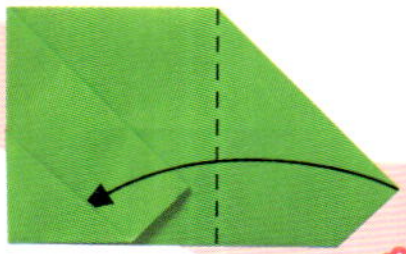

てんせんで
おって さしこむ

7

てんせんで うしろへ
おって さしこむ

うしろから
見《み》たところ

できあがり

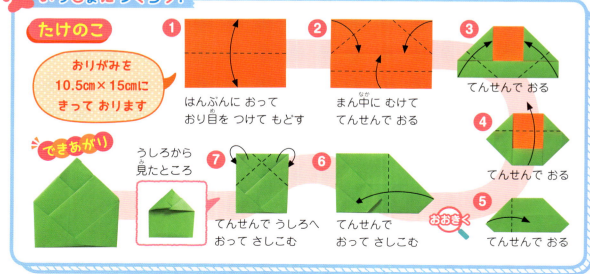

カンガルー／コアラ

カンガルー

むずかしい

「らくだ」（24ページ）の
7 まで おってから
はじめます

1 てんせんで
なかわりおり

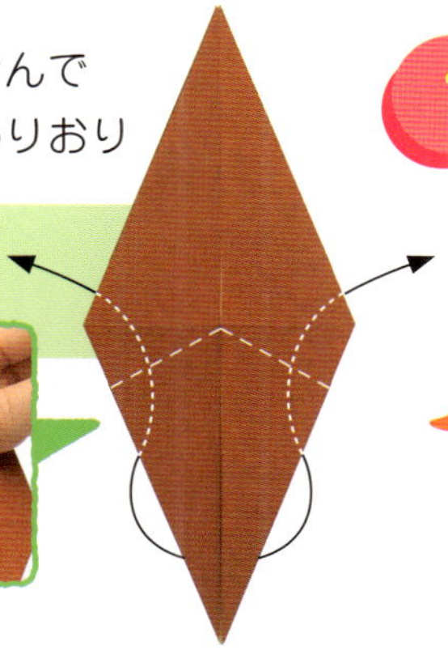

2 上《うえ》の 1 まいを
てんせんで おる

3 はんぶんに
おる

4 ■の ところを つまみ、
はんたいの 手《て》で ★の
かどを つまんで ぐるりと
下《した》に まわし ふくろを
つぶす。下《した》の かども
ぐるりと 上《うえ》に まわる

おおきく

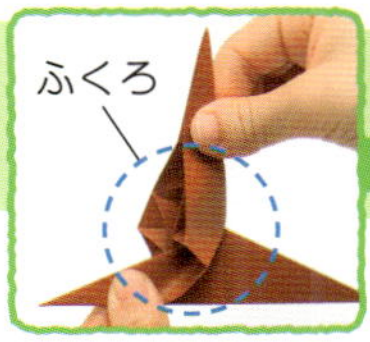

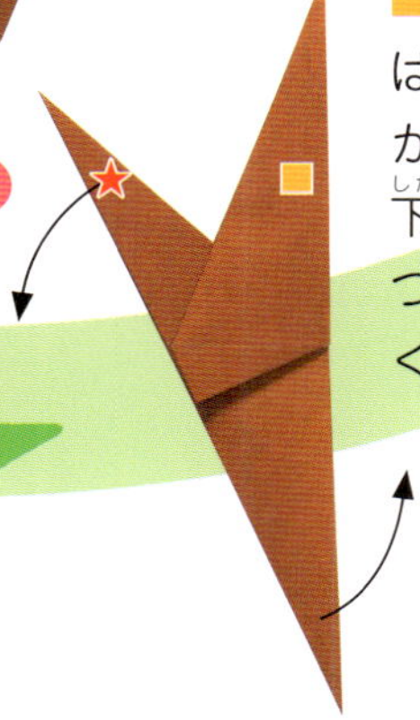

つぎの
ページへ

5

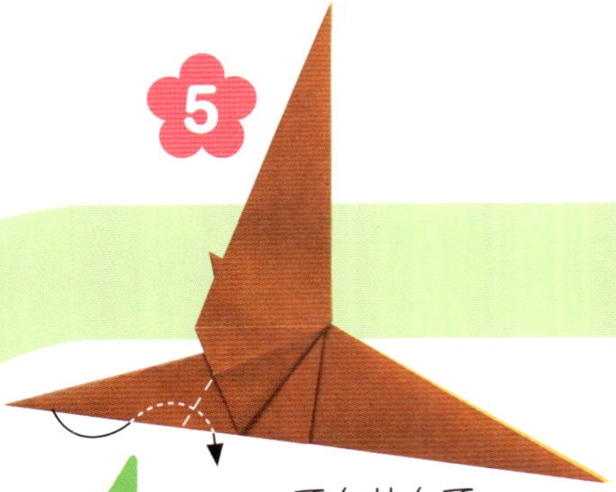

てんせんで
なかわりおり。
うらも おなじ

6

てんせんで
なかわりおり。
うらも おなじ

7

てんせんで
おって
おり目《め》を
つけて もどす

8

てんせんで
なかわりおり

9

てんせんで
なかわりおり

10

てんせんで おって
おり目《め》を
つけて もどす

11

てんせんで
なかわりおり

12

13 14 は
ぶぶんず

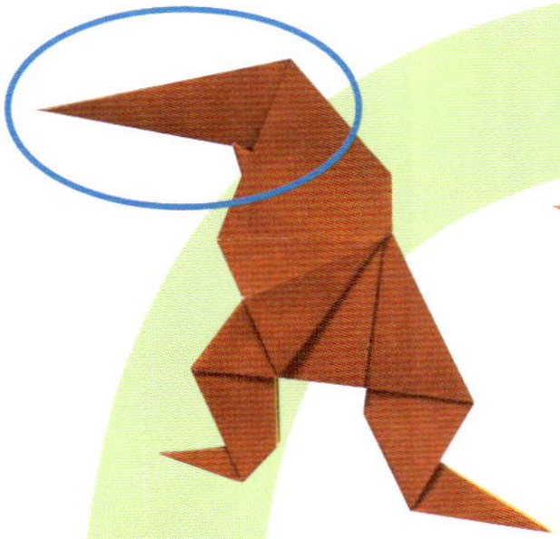

13

てんせんで
なかわりおり

14

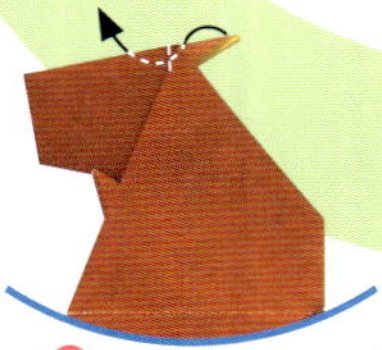

13 で おった 先《さき》を
てんせんで
なかわりおり

15

★のところを つまみ、
はんたいの 手《て》で ■を つまんで
うしろに ひき上《あ》げる。足《あし》の
ういたところは つぶす

できあがり

かおを かく

コアラ

ふつう

1

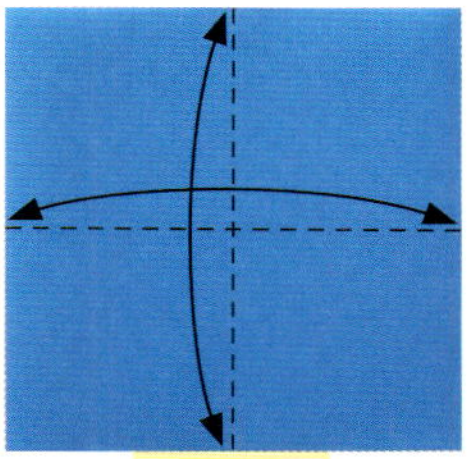

たてよこ はんぶんに おって
おり目《め》を つけて もどす

2

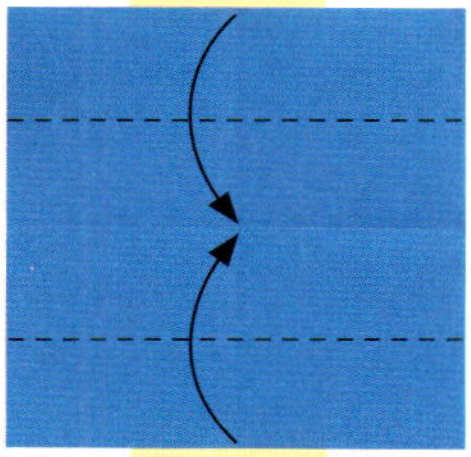

まん中《なか》に むけて
てんせんで おる

3

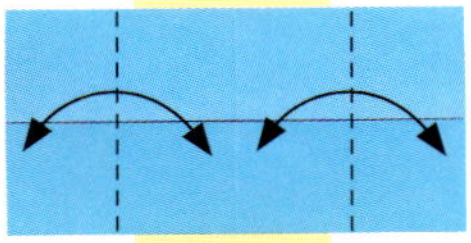

まん中《なか》に むけて てんせんで
おって おり目《め》を つけて もどす

4

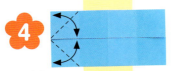

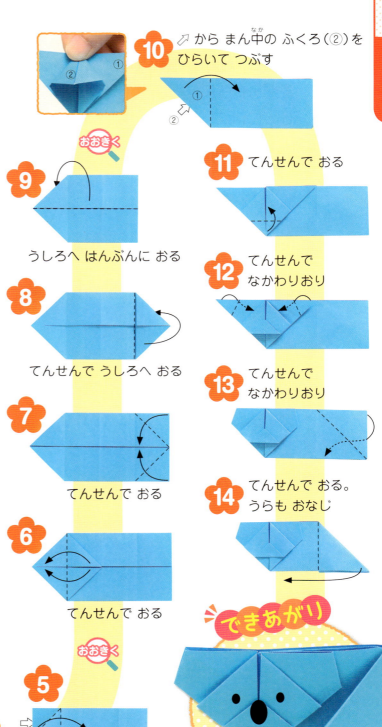

まん中《なか》に むけて てんせんで
おって おり目《め》を つけて もどす

5

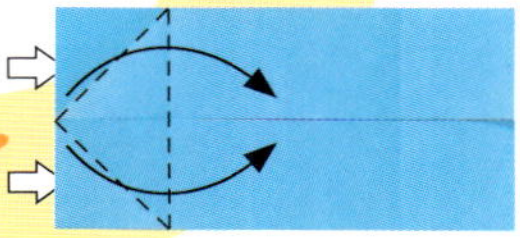

⇨ から ふくろを
ひらいて つぶす

おおきく

6

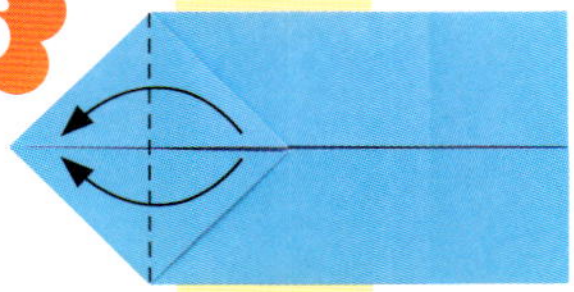

てんせんで おる

7

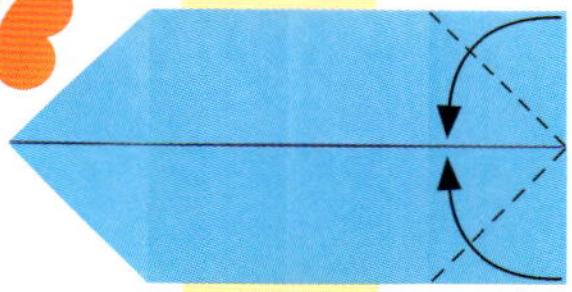

てんせんで おる

8

てんせんで うしろへ おる

9

うしろへ はんぶんに おる

おおきく

10

⇗ から まん中《なか》の ふくろ（②）を
ひらいて つぶす

11

てんせんで おる

12

てんせんで
なかわりおり

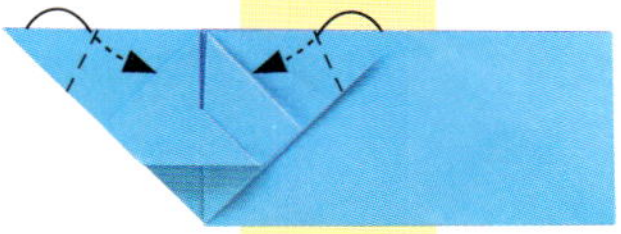

13

てんせんで
なかわりおり

14

てんせんで おる。
うらも おなじ

できあがり

かおを かく

レッサーパンダ

ふつう

1 はんぶんに おる

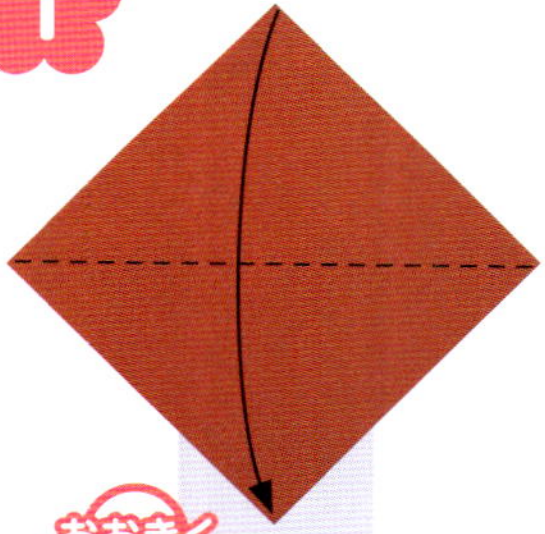

おおきく

2 てんせんで おる。
うらも おなじ

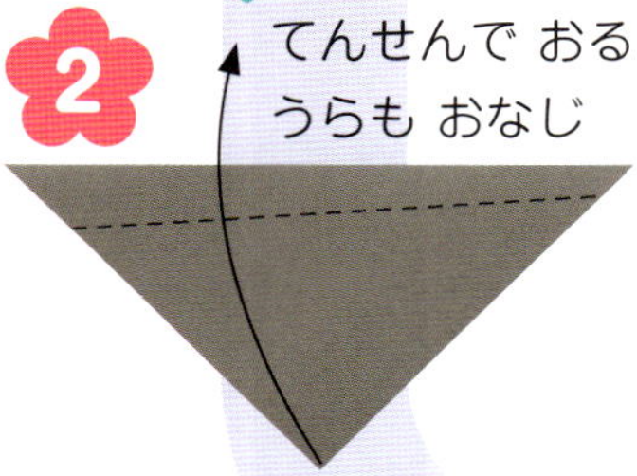

3 てんせんで おる。
うらも おなじ

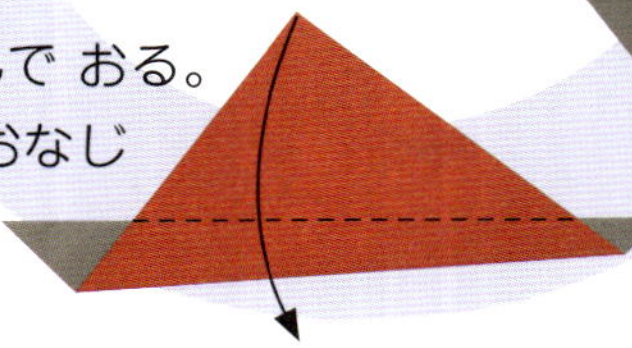

4 てんせんで おる。
うらも おなじ

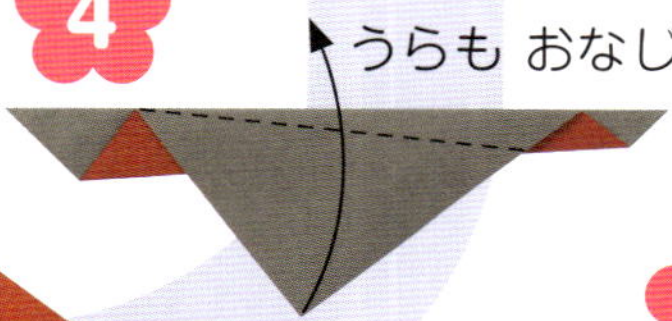

5 てんせんで おる。
うらも おなじ

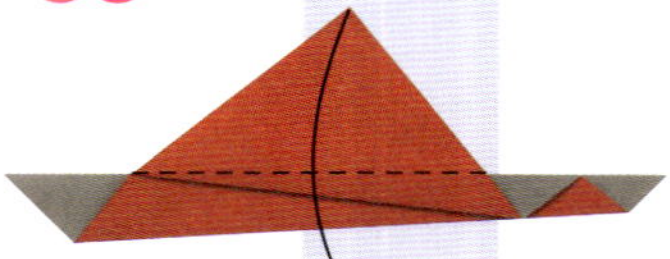

6 てんせんで
うちがわに おる。
うらも おなじ

7 てんせんで おって
おり目《め》を つけて もどす

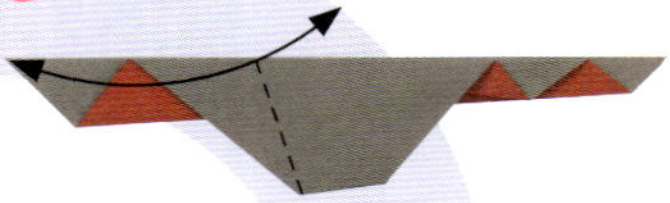

8 ⇧から ふくろを
ひらいて つぶす

おおきく

9 てんせんで
おる

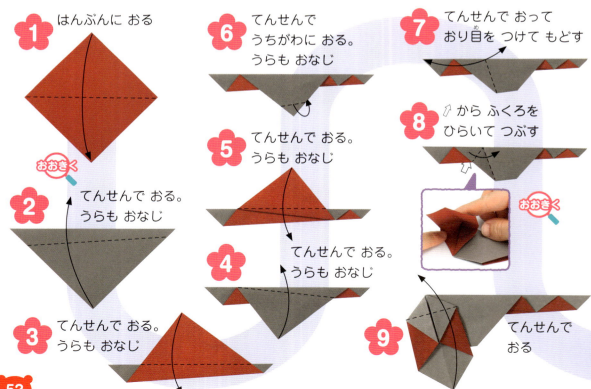

いっしょにつくろう！

りんご

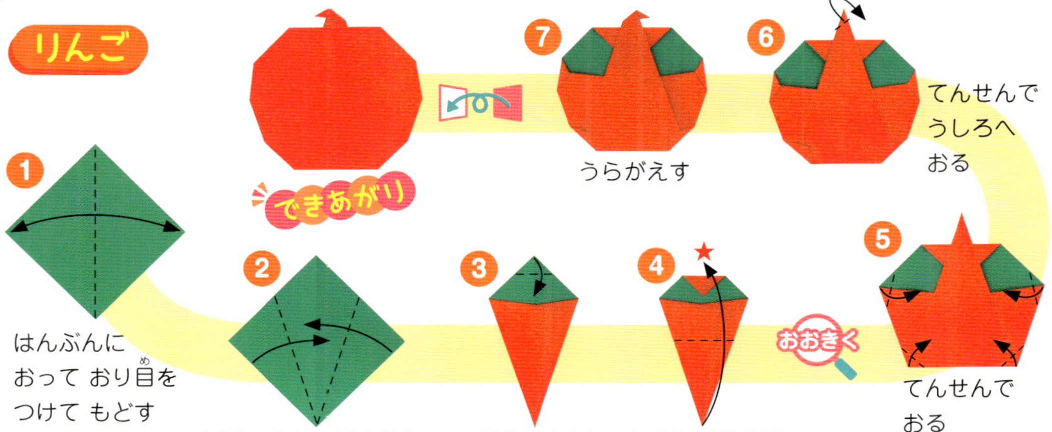

1 はんぶんに おって おり目《め》を つけて もどす

2 すこし かさなるように てんせんで おる

3 てんせんで おる

4 ★のところまで てんせんで おる

おおきく

5 てんせんで おる

6 てんせんで うしろへ おる

7 うらがえす

できあがり

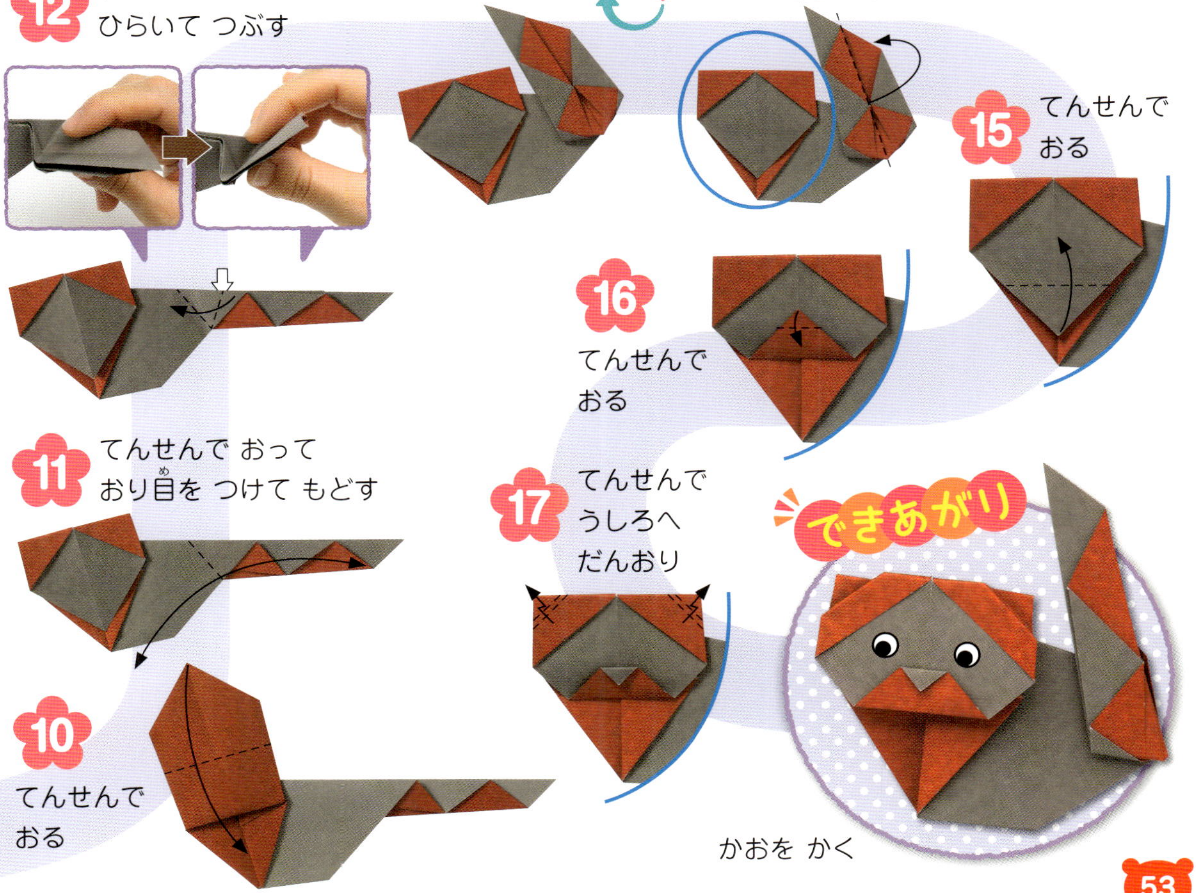

10 てんせんで おる

11 てんせんで おって おり目《め》を つけて もどす

12 ⇩から ふくろを ひらいて つぶす

13 むきを かえる

14 てんせんで うしろへ おる。 15～17は ぶぶんず

15 てんせんで おる

16 てんせんで おる

17 てんせんで うしろへ だんおり

できあがり

かおを かく

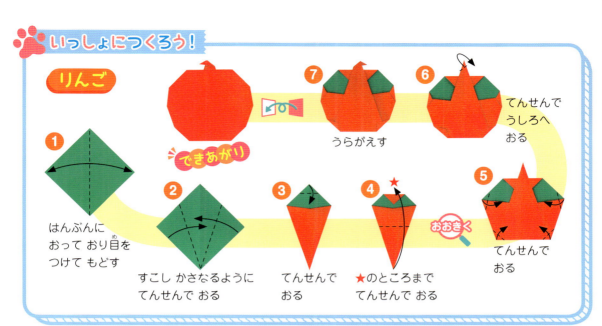

ゴリラ

ふつう

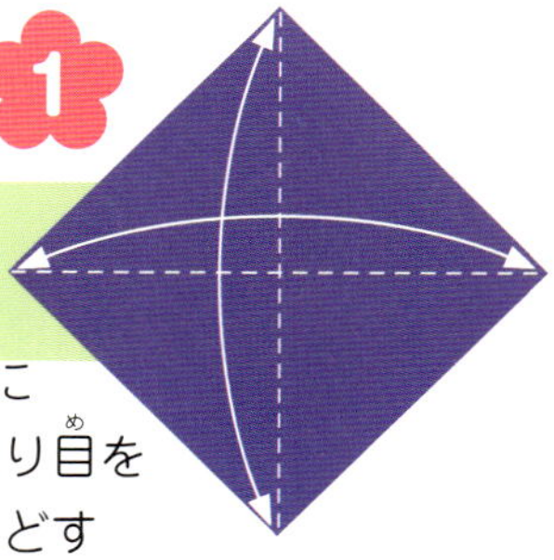

1 たてよこ
はんぶんに
おって おり目《め》を
つけて もどす

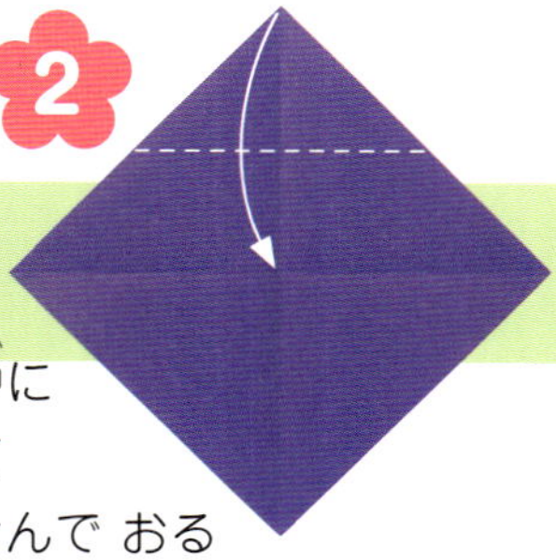

2 まん中《なか》に
むけて
てんせんで おる

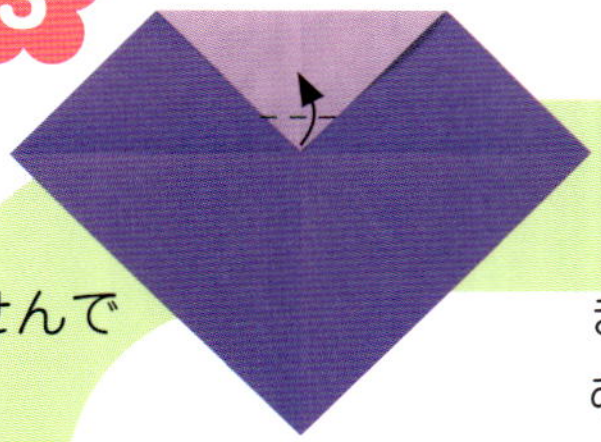

3 てんせんで
おる

4 うらがえす

5 てんせんで
おって おり目《め》を
つけて もどす

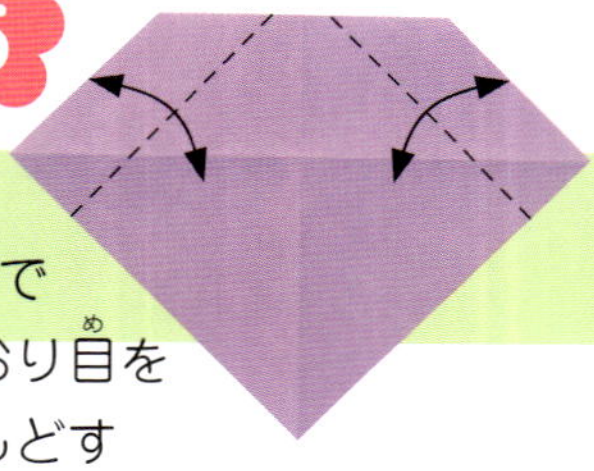

6 てんせんで
おる

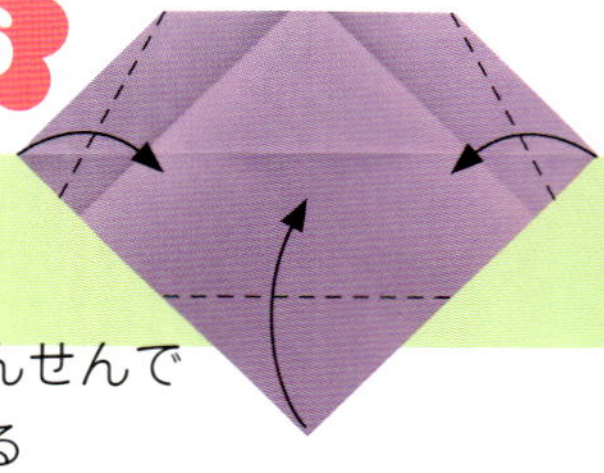

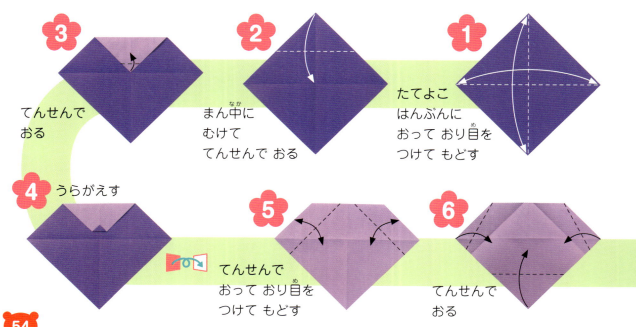

できあがり

かおを かく

7

おおきく

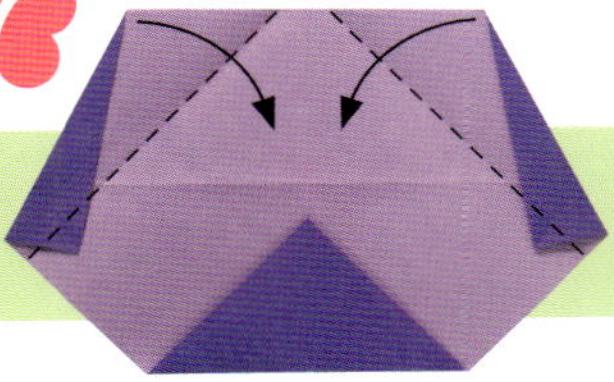

てんせんで おる

8

てんせんで おる

9

おおきく

はんぶんに おる

10

てんせんで
おって おり目《め》を
つけて もどす

11

⇦ から ふくろを
ひらいて つぶす

12

むきを かえる

13

てんせんで
なかわりおり

14

てんせんで
おって 立《た》てる

いっしょにつくろう!

バナナ

1

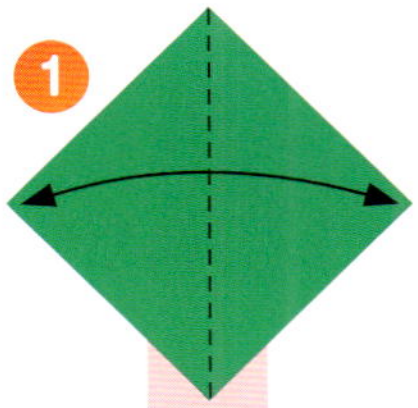

はんぶんに おって
おり目《め》を つけて
もどす

2

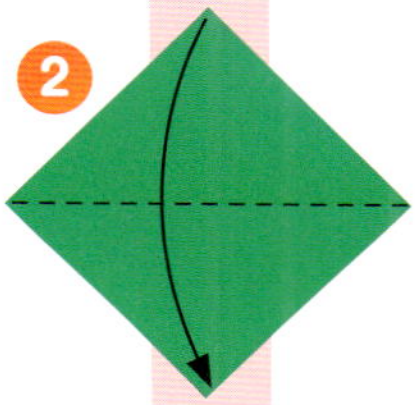

はんぶんに おる

3

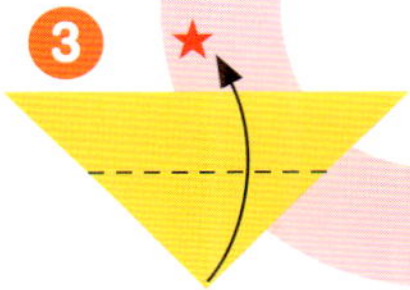

上《うえ》の 1まいを
★のところまで
てんせんで おる

4

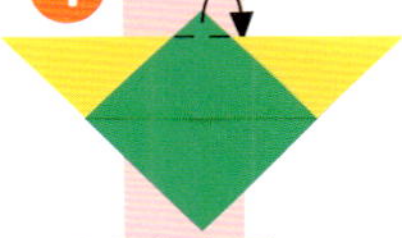

てんせんで
うしろへ おる

5

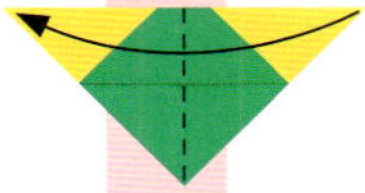

はんぶんに おる

6

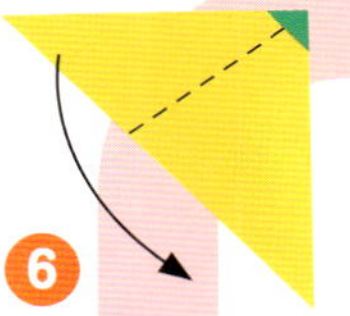

てんせんで おる

おおきく

7

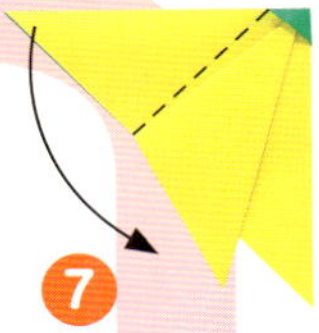

てんせんで
おる

8

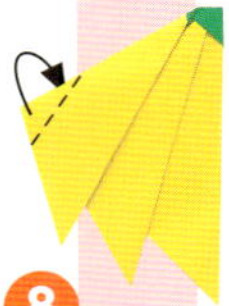

てんせんで
うしろへ おる

できあがり

きつね

かんたん

ぜんぶ ぎゃくむきに
おると 左《ひだり》むきの
「きつね」に なるよ！

1

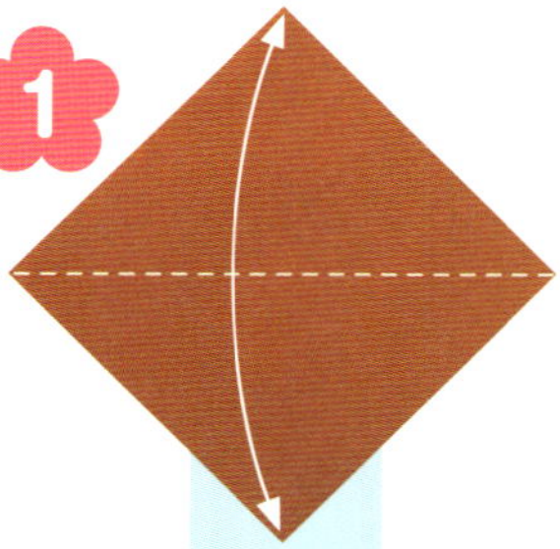

はんぶんに おって
おり目《め》を つけて もどす

2

はんぶんに おる

3

まん中《なか》に
むけて
てんせんで
おる

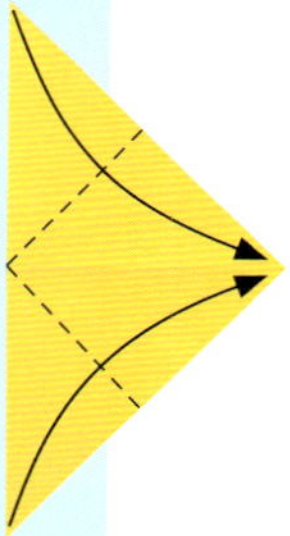

おおきく

4

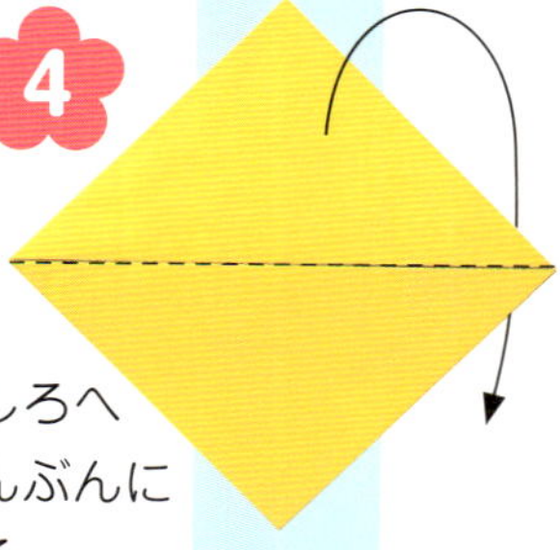

うしろへ
はんぶんに
おる

5

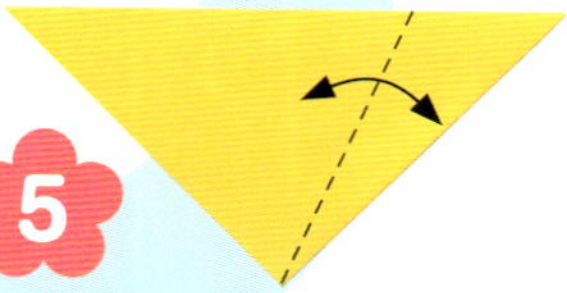

てんせんで おって
おり目《め》を つけて もどす

6

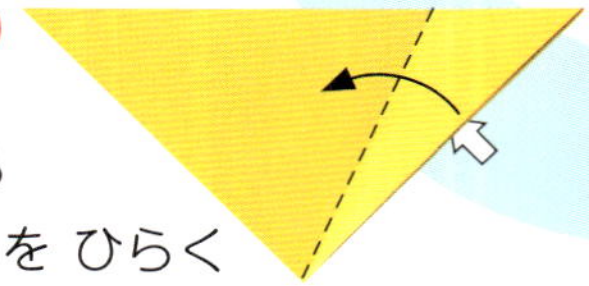

⇦ から
ふくろを ひらく

7

ふくろを つぶす

8 むきを かえる

9

てんせんで
おる

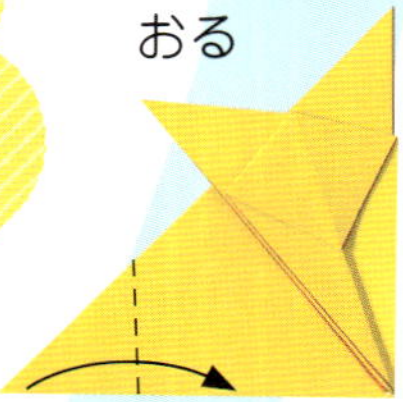

かおを
かく

きつねは ほんとうに
あぶらあげを
たべるんだって。
どうぶつえんでは
あげていないけどね

できあがり

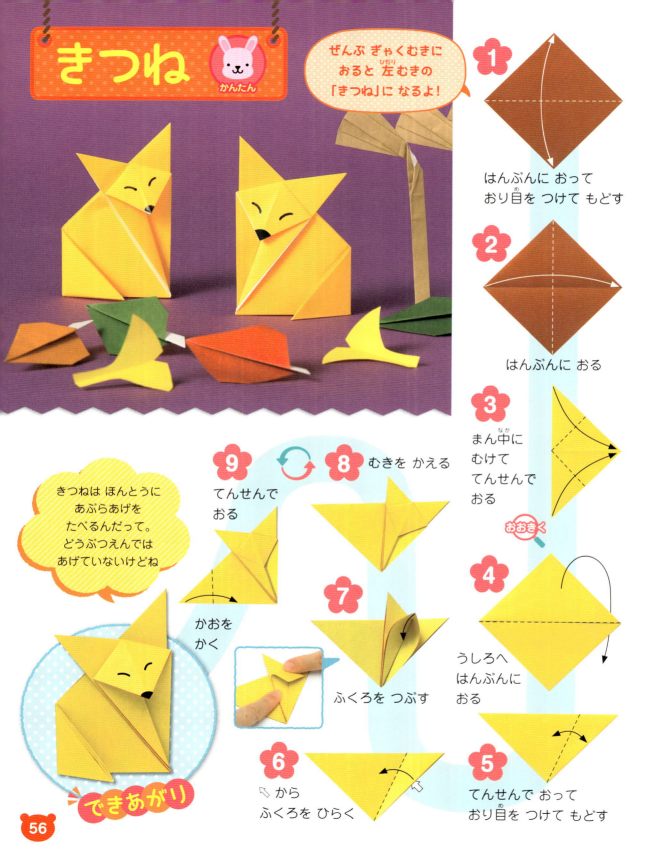

いっしょにつくろう!

「はっぱ」と「いちょう」は 4分《ぶん》の1サイズなど 小《ちい》さめの かみで つくります

はっぱ

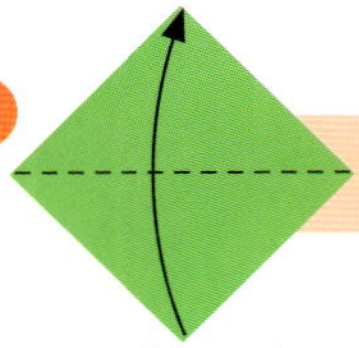

1 はんぶんに おる

おおきく

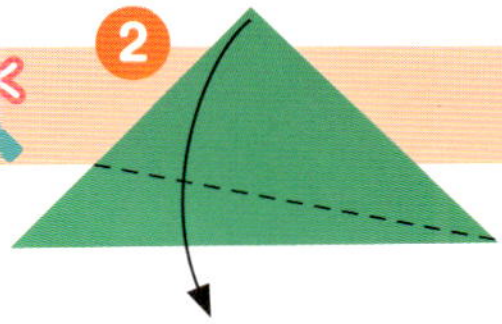

2 てんせんで おる

3 てんせんで おる

4 てんせんで うしろへ おる

できあがり

いちょう

1 はんぶんに おってから 赤《あか》い せんを はさみで きる

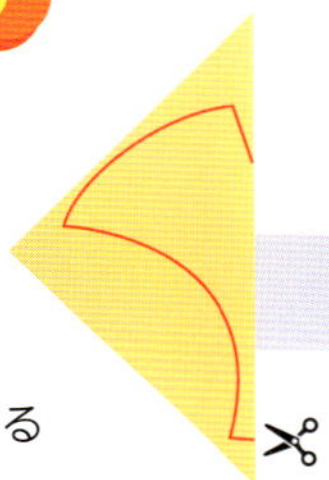

できあがり

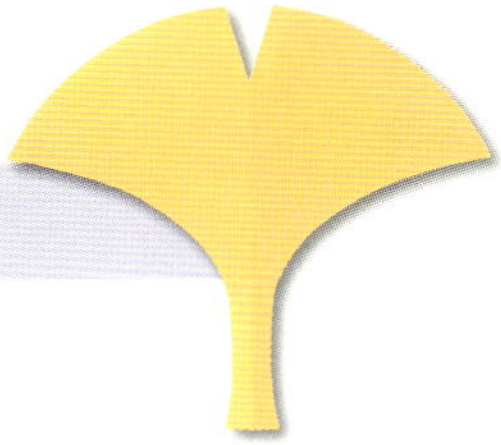

すすき

おりがみを たてに 4分《ぶん》の1サイズに きって つくります

1 はんぶんに おって おり目《め》を つけて もどす

2 まん中《なか》に むけて てんせんで おる

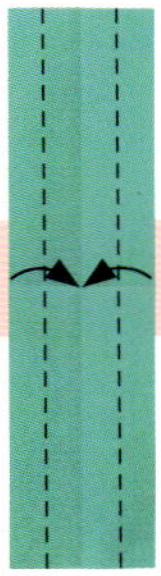

おおきく

3 てんせんで おる

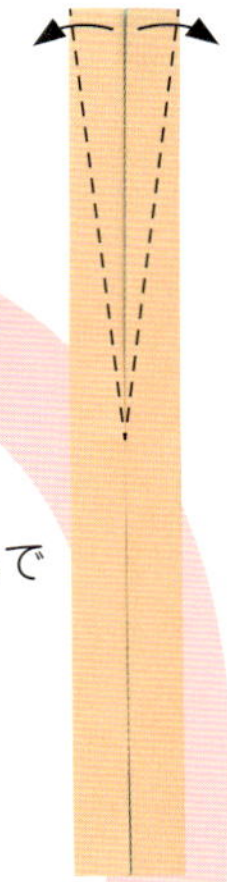

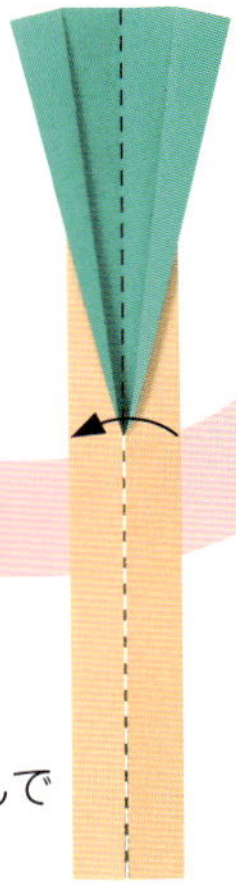

4 てんせんで おる

5 てんせんで おる

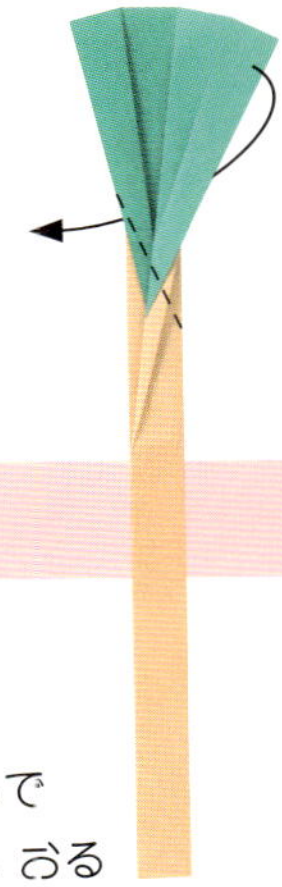

6 てんせんで うしろへ おる

できあがり

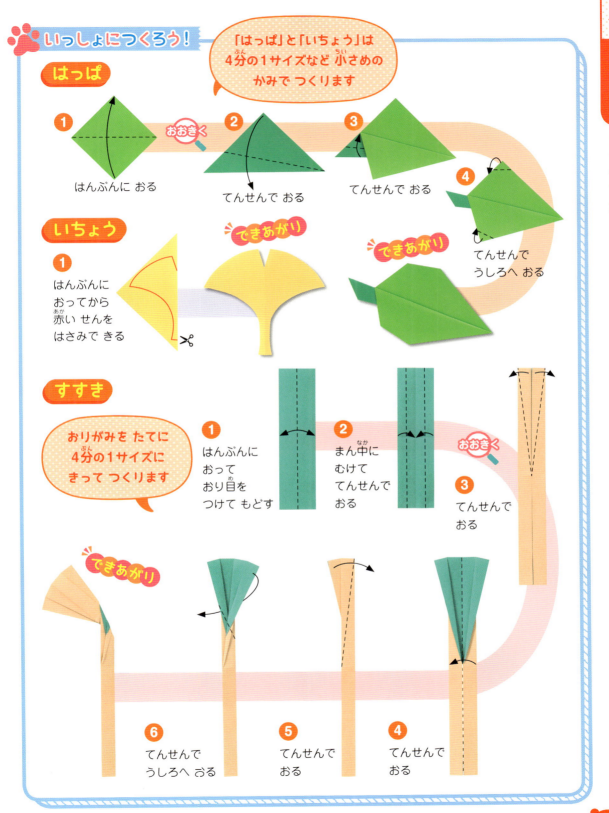

たぬき／りす

たぬき

むずかしい

1

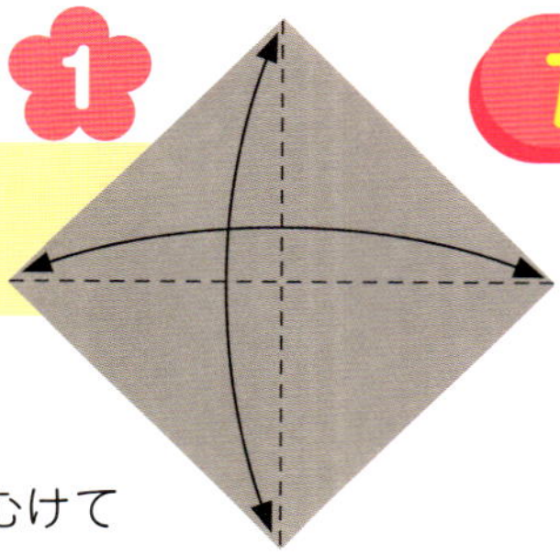

たてよこ はんぶんに
おって おり目《め》を
つけて もどす

2

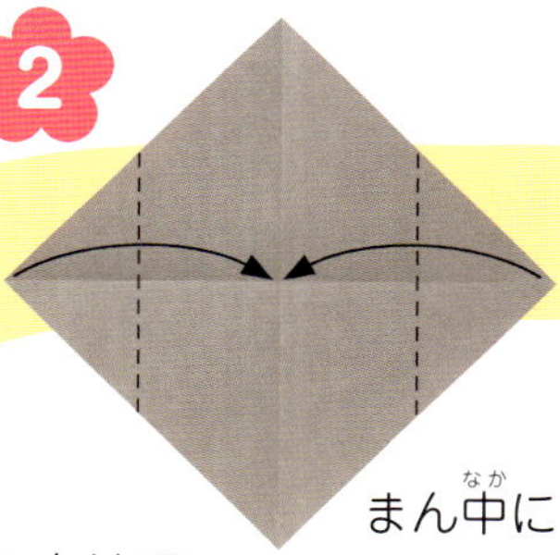

まん中《なか》に むけて
てんせんで おる

3

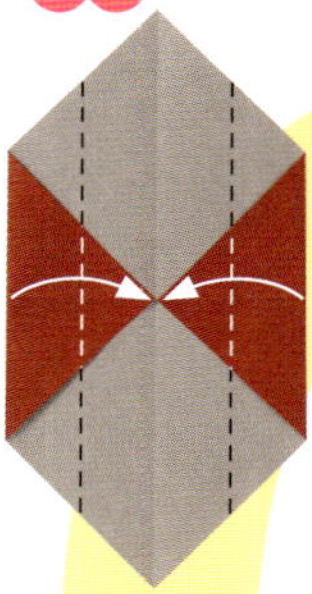

まん中《なか》に むけて
てんせんで おる

4

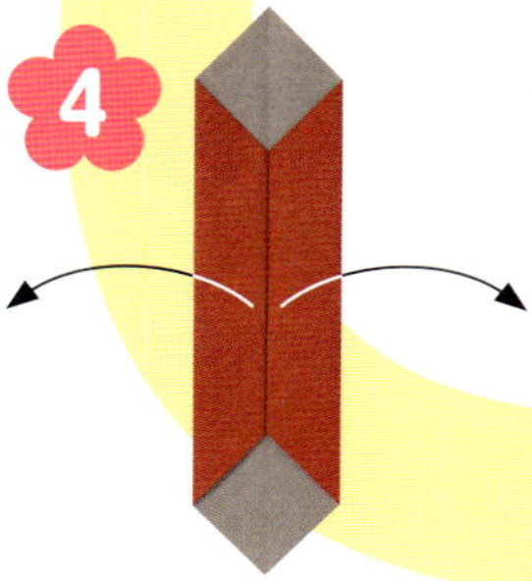

ひらく

5

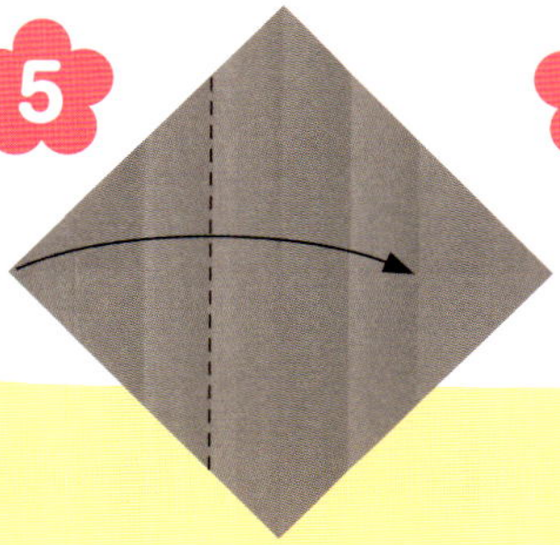

てんせんで おる

6

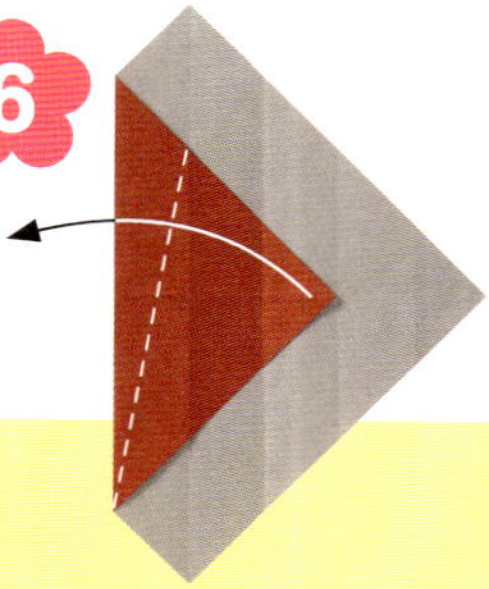

てんせんで おる

7

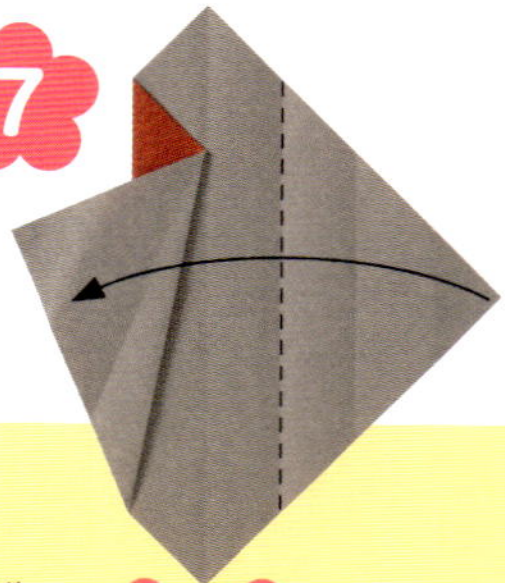

右《みぎ》も 5 6 と
おなじように おる

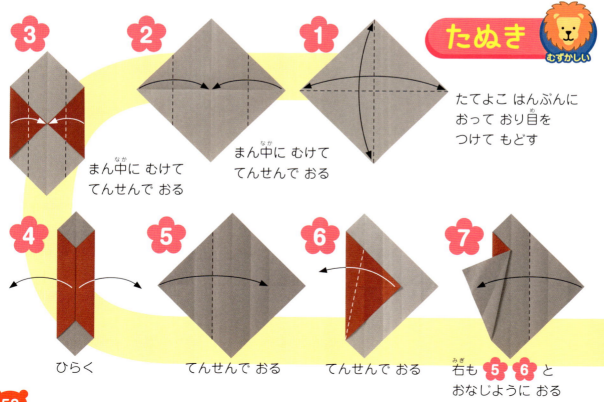

いっしょにつくろう！

やきいも

4分《ぶん》の1
サイズなど
小《ちい》さめの かみで
つくります

1

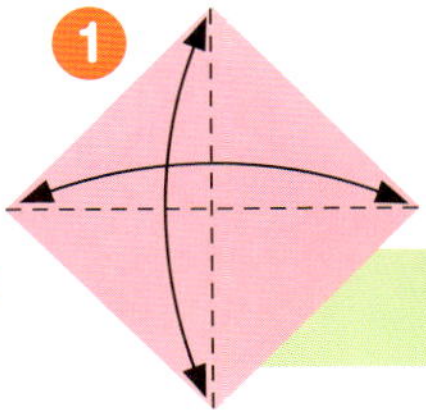

たてよこ はんぶんに
おって おり目《め》を
つけて もどす

2

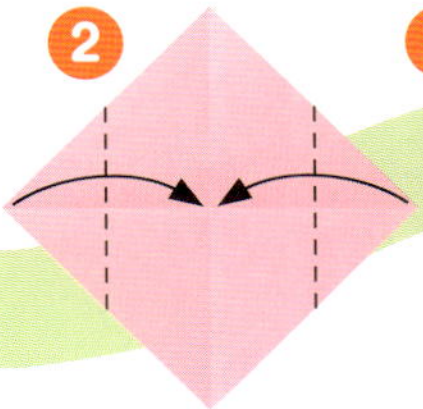

まん中《なか》に むけて
てんせんで おる

3

てんせんで
おる

4

うらがえす

できあがり

8

おおきく

てんせんで おる

9

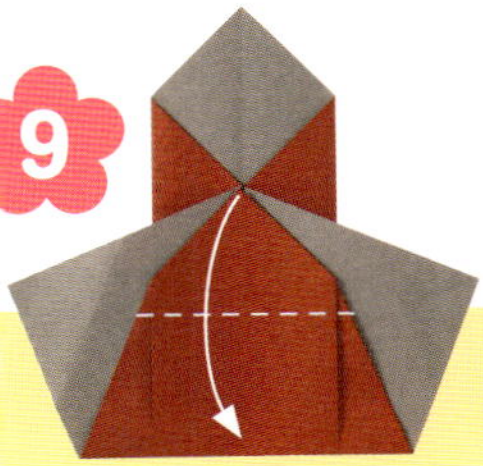

てんせんで おる

10

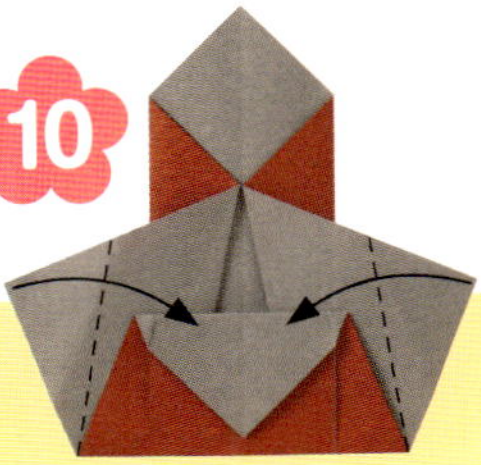

てんせんで おる

11

てんせんで
おって おり目《め》を
つけて もどす

12

⇩⇩ から ふくろを
ひらいて つぶす

13

おおきく

てんせんで おる

14

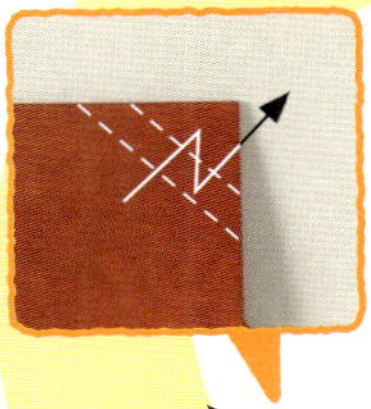

てんせんで
うしろへ だんおり

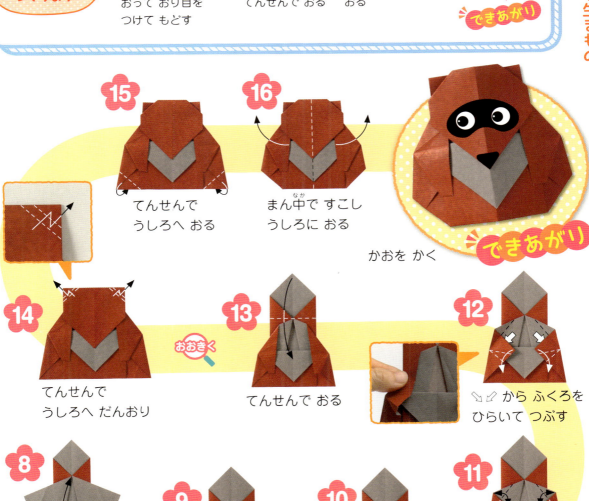

15

てんせんで
うしろへ おる

16

まん中《なか》で すこし
うしろに おる

かおを かく

できあがり

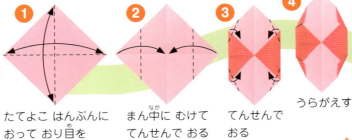

りす

ふつう

1 たてよこ はんぶんに おって おり目《め》を つけて もどす

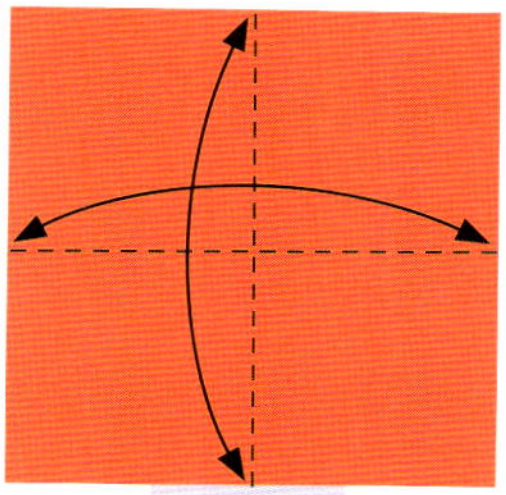

2 まん中《なか》に むけて てんせんで おる

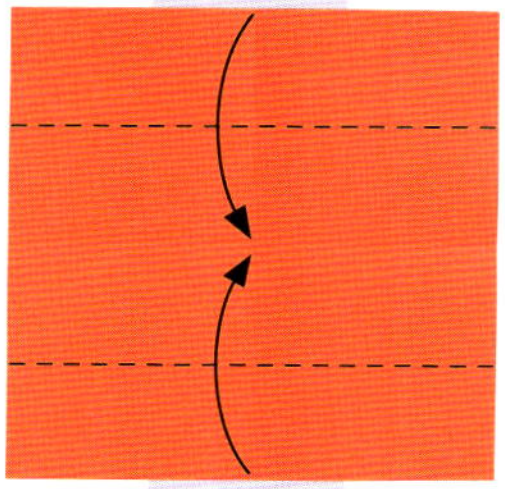

おおきく

3

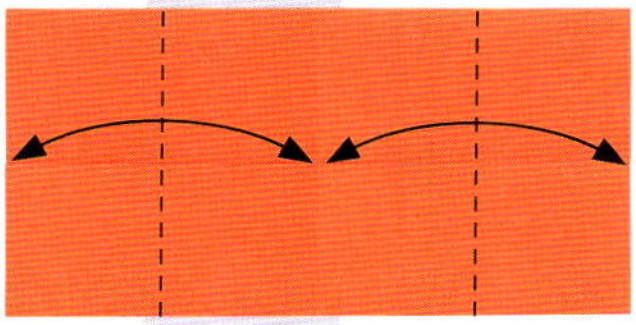

てんせんで おって おり目《め》を つけて もどす

4 まん中《なか》に むけて てんせんで おる

5

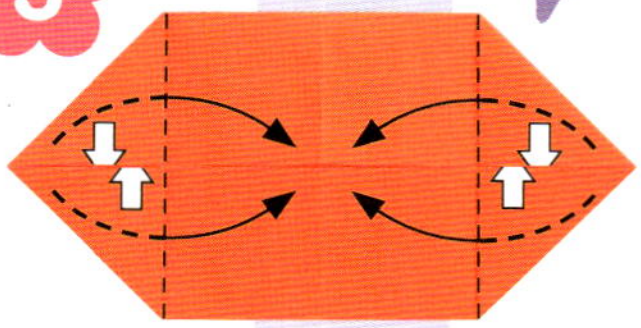

⇩⇧ から ふくろを ひらいて つぶす

6

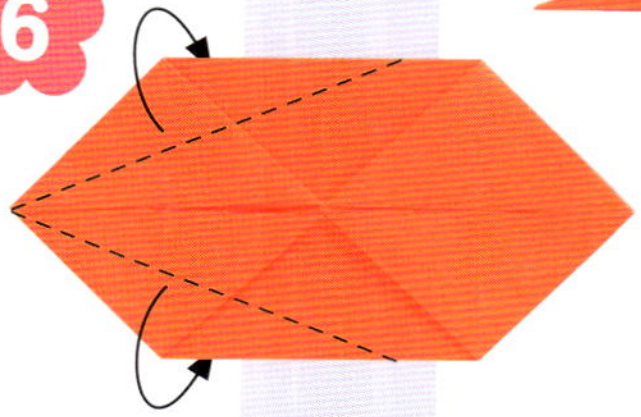

てんせんで うしろへ おる

7

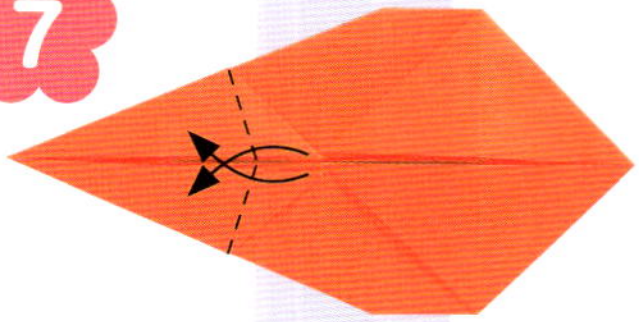

てんせんで おる

8 うしろへ はんぶんに おる

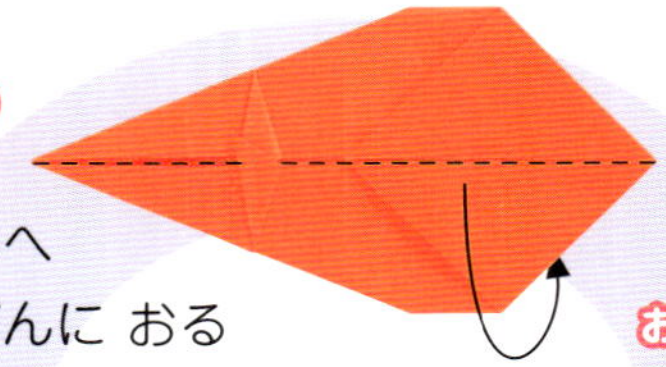

おおきく

9

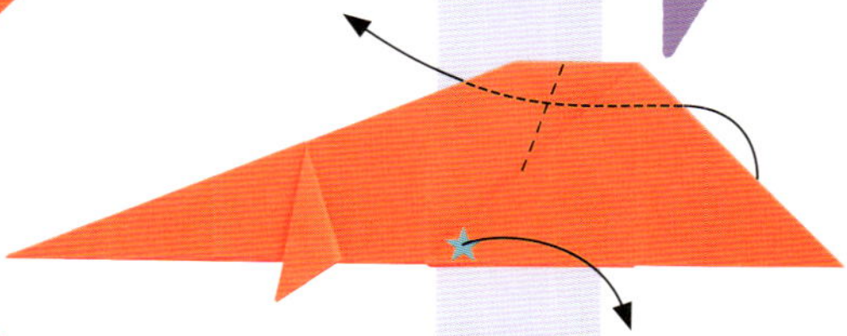

てんせんで なかわりおり。足《あし》（★）は ひっくりかえる

10

むきを かえる

11

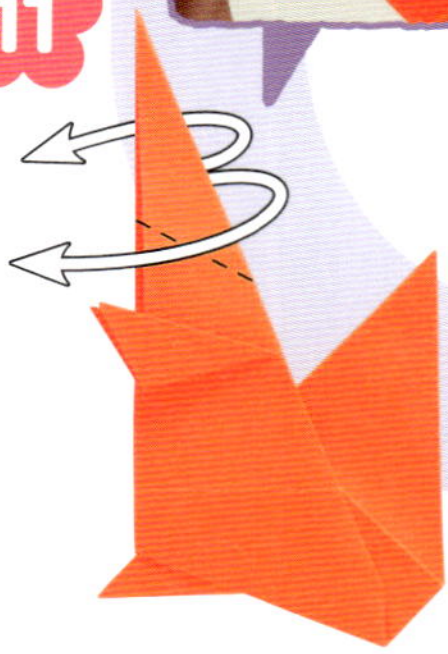

てんせんで かぶせおり

いっしょにつくろう!

くり

4分《ぶん》の1のサイズなど
小《ちい》さめの かみで つくります

1
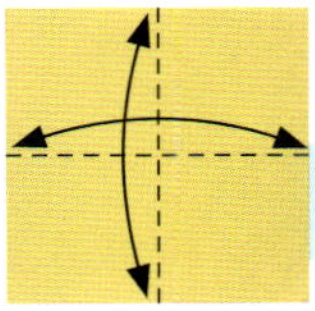
たてよこ はんぶんに
おって おり目《め》を
つけて もどす

2
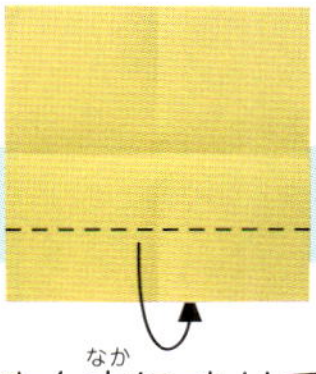
まん中《なか》に むけて
うしろへ おる

3
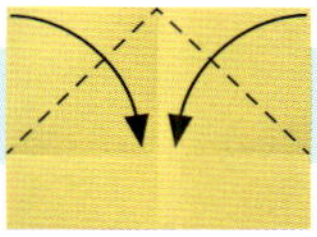
まん中《なか》に むけて
てんせんで おる

おおきく

4
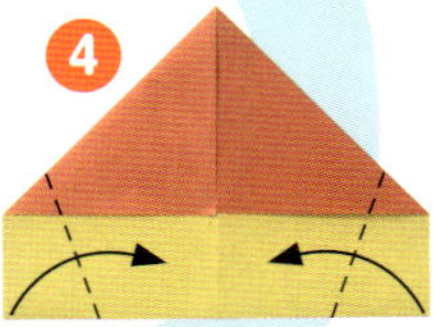
てんせんで
おる

5

うらがえす

できあがり

もようを
かく

どんぐり

1
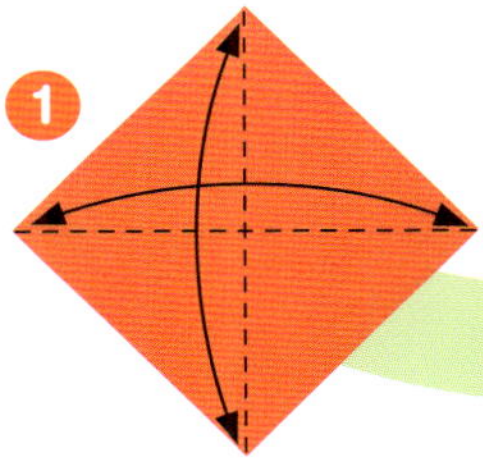
たてよこ はんぶんに おって
おり目《め》を つけて もどす

2
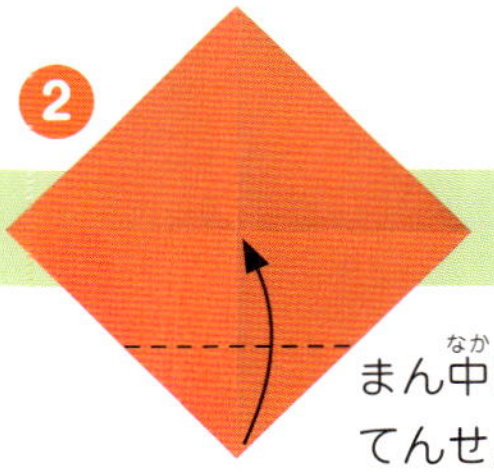
まん中《なか》に むけて
てんせんで おる

3
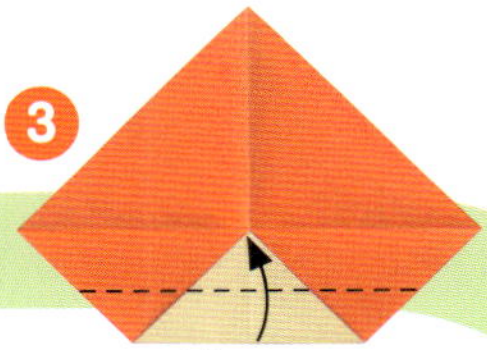
まん中《なか》に むけて
てんせんで おる

4
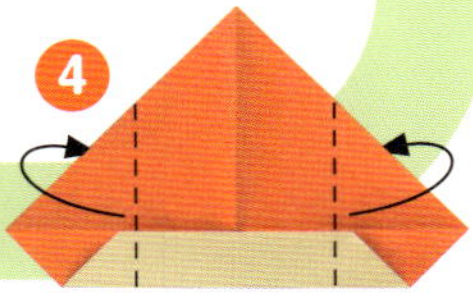
てんせんで
うしろへ おる

おおきく

5

てんせんで
うしろへ おる

できあがり

もようを
かく

12

てんせんで
なかわりおり

13
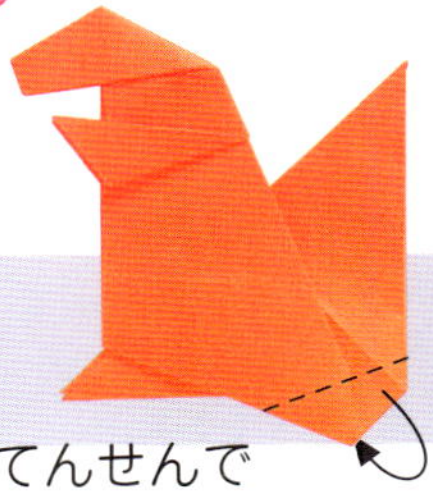
てんせんで
うちがわに おる。
うらも おなじ

できあがり

かおと
もようを かく

ももんが

むずかしい

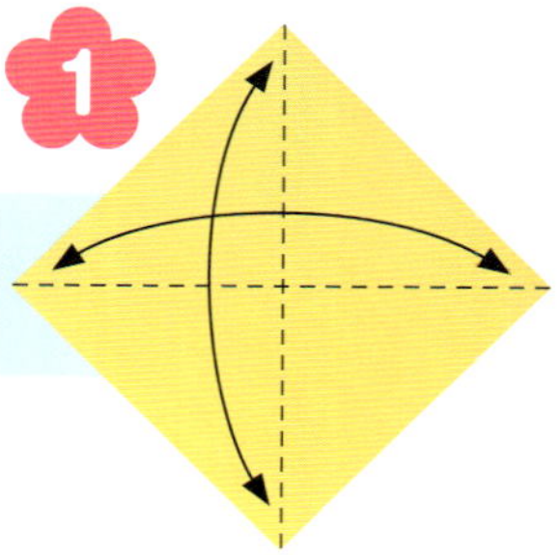

たてよこ はんぶんに おって
おり目《め》を つけて もどす

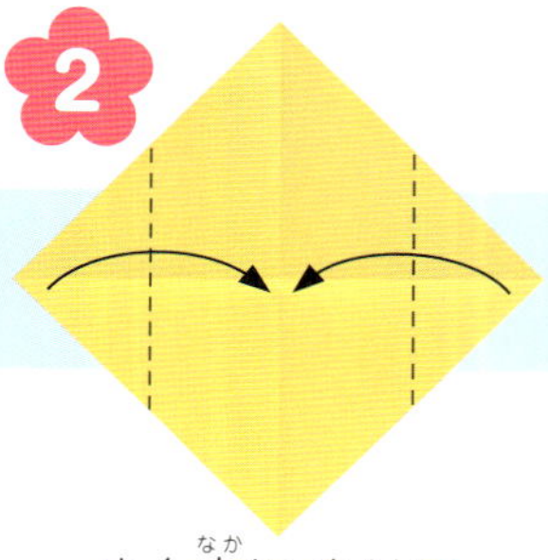

まん中《なか》に むけて
てんせんで おる

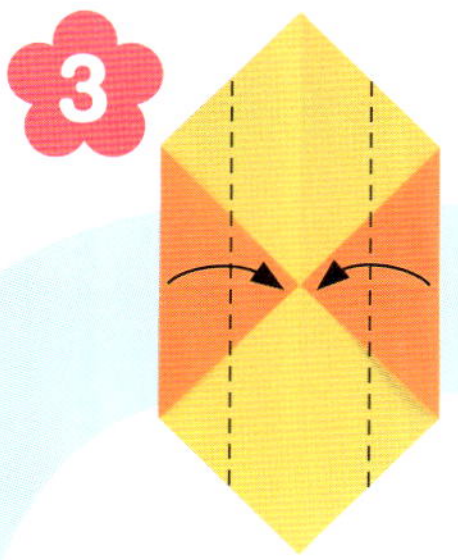

まん中《なか》に むけて
てんせんで おる

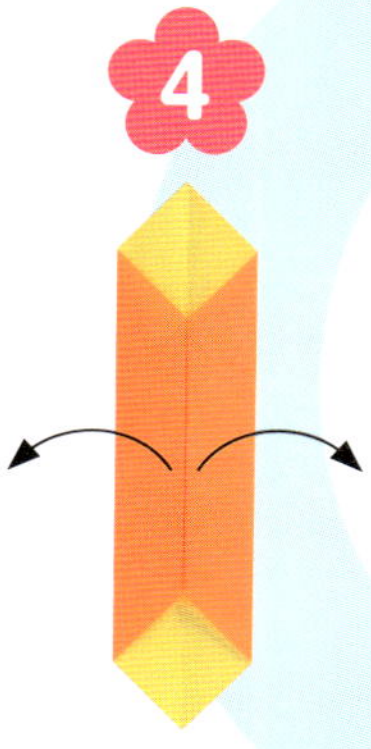

ひろげる

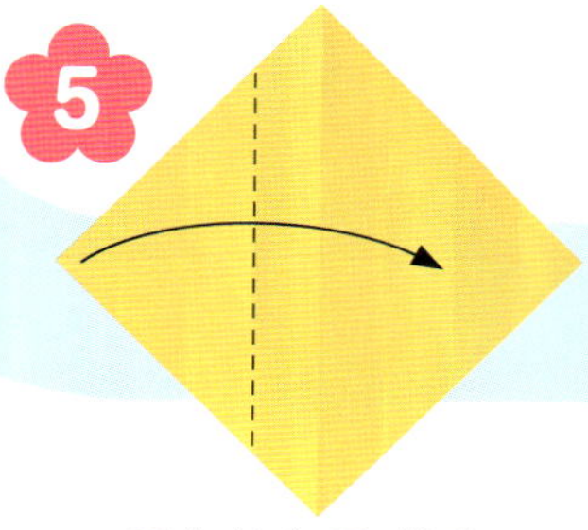

てんせんで おる

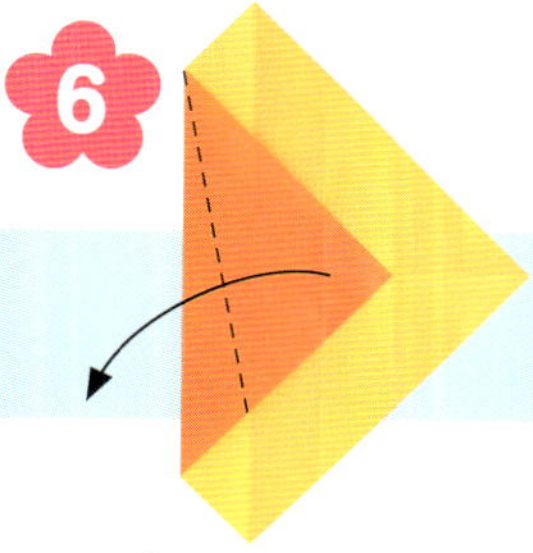

てんせんで おる

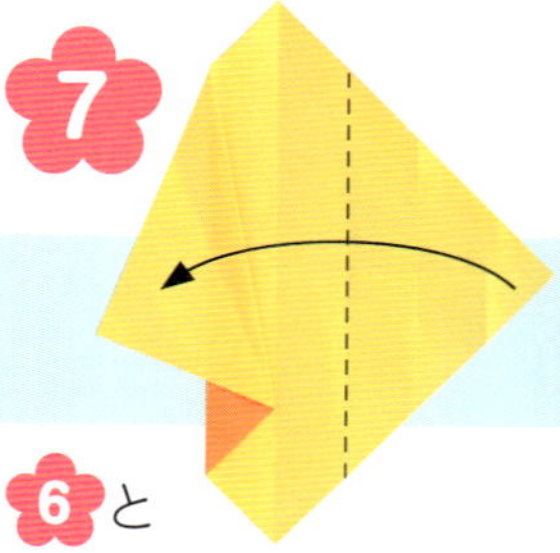

右《みぎ》も
5 6と
おなじように おる

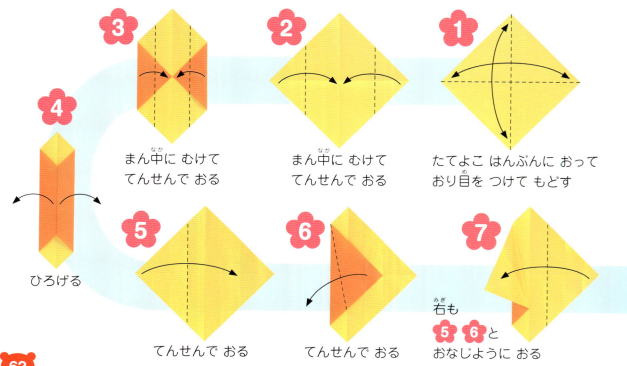

8

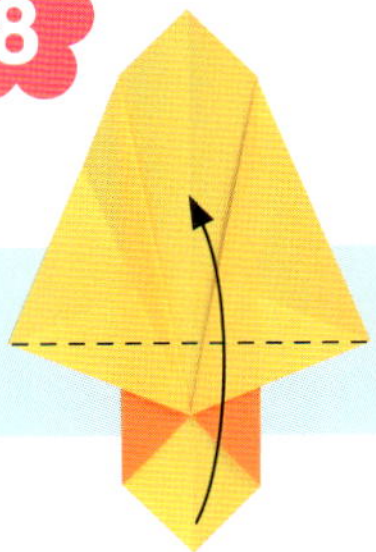

てんせんで おる

おおきく

9

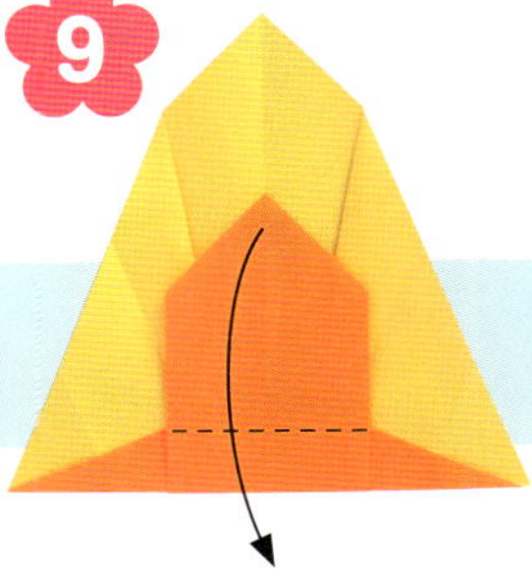

てんせんで おる

10

てんせんで おる

11

てんせんで おる

12

てんせんで
おって おり目《め》を
つけて もどす

13

⇨⇦ から ふくろを
ひらいて つぶす

14

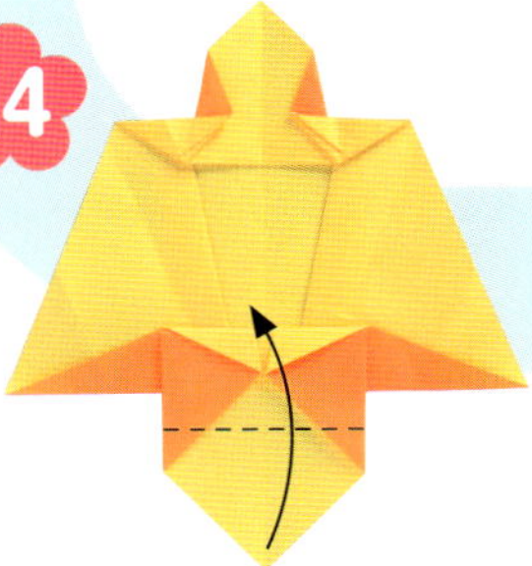

てんせんで おる

15

うらがえす

16

てんせんで おる。
17～19 は ぶぶんず

17

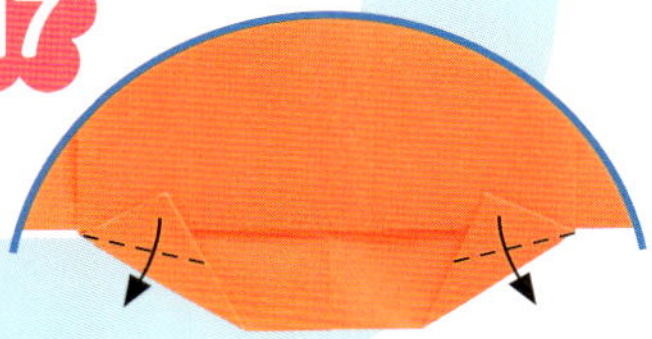

てんせんで おる

18

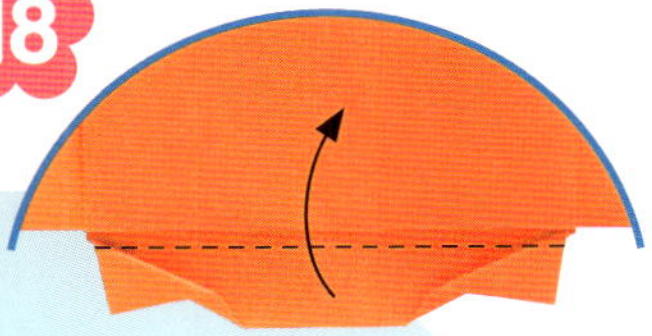

てんせんで おって
かおを まえに 出《だ》す

19

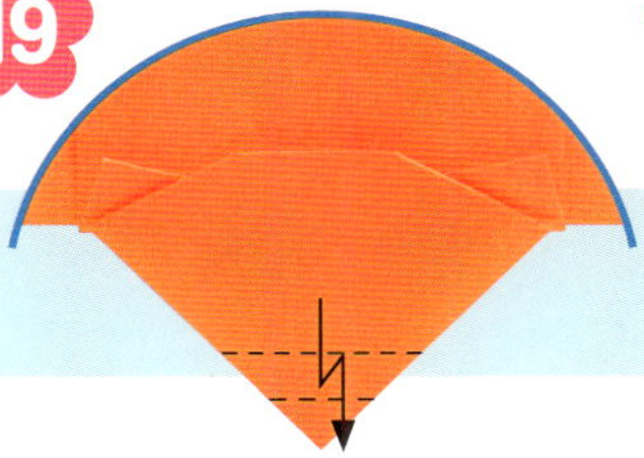

てんせんで だんおり

できあがり

かおを かく

かわうそ

ふつう

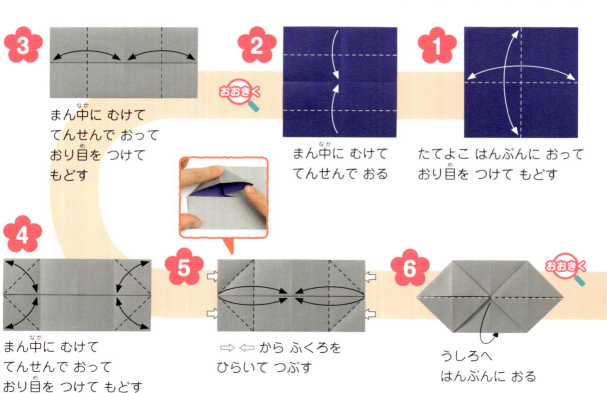

1

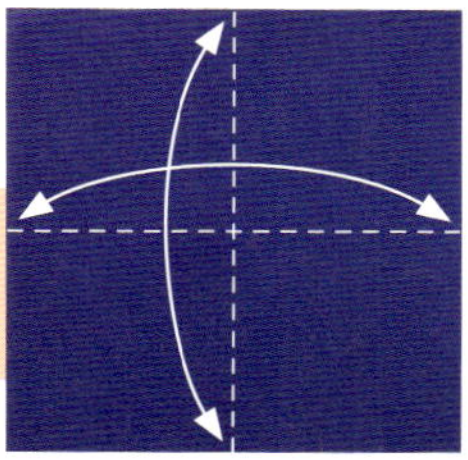

たてよこ はんぶんに おって
おり目《め》を つけて もどす

2

おおきく

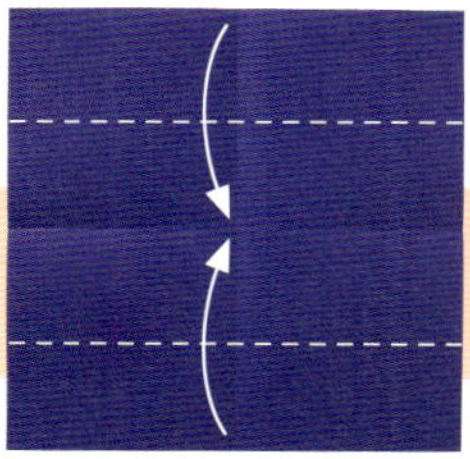

まん中《なか》に むけて
てんせんで おる

3

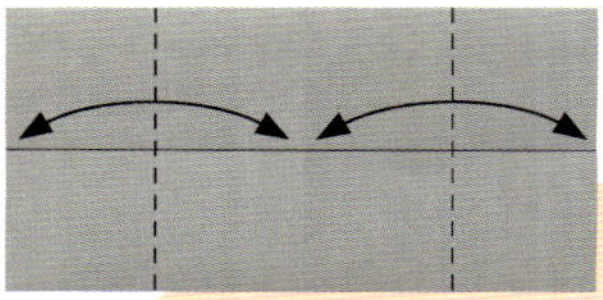

まん中《なか》に むけて
てんせんで おって
おり目《め》を つけて
もどす

4

まん中《なか》に むけて
てんせんで おって
おり目《め》を つけて もどす

5

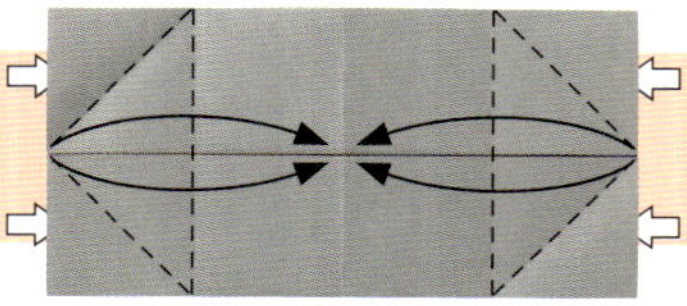

⇨ ⇦ から ふくろを
ひらいて つぶす

6

おおきく

うしろへ
はんぶんに おる

いっしょにつくろう！

さかな

5cm×5cmなど 小《ちい》さめの かみで つくります

1
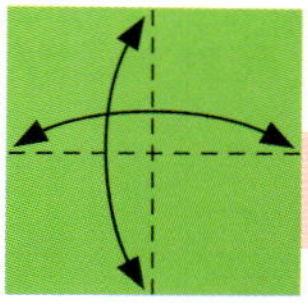
たてよこ はんぶんに おって おり目《め》を つけて もどす

2
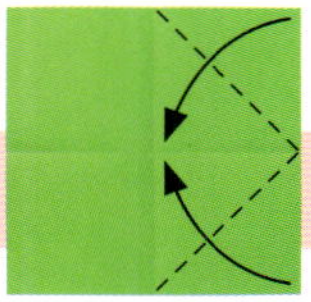
まん中《なか》に むけて てんせんで おる

3
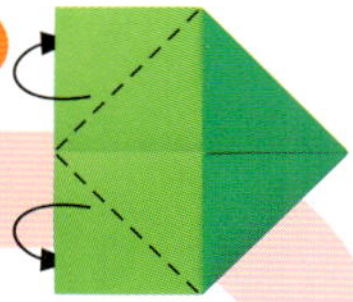
まん中《なか》に むけて うしろへ おる

4
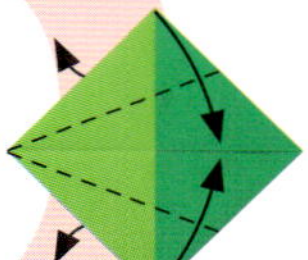
てんせんで おって うしろの かみを 出《だ》す

5
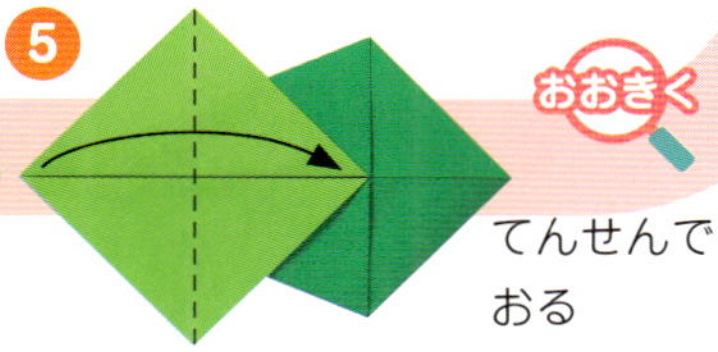

てんせんで おる

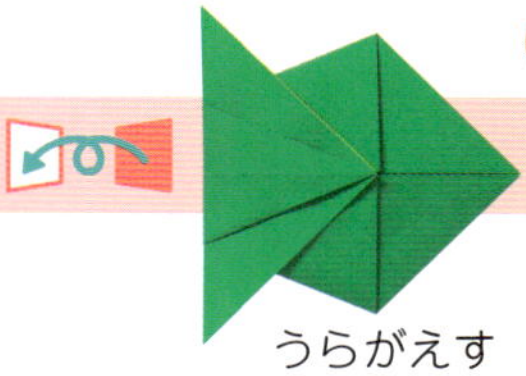
うらがえす

できあがり

目《め》と もようを かく

7

⇨ から ふくろを ひらいて つぶす

8

てんせんで うちがわに おる

9

てんせんで うちがわに おる。うらも おなじ

10

11 は ぶぶんず

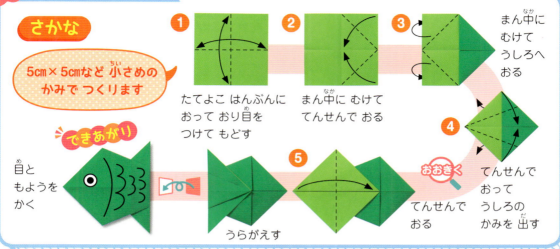

11

うしろの かみを おるせん

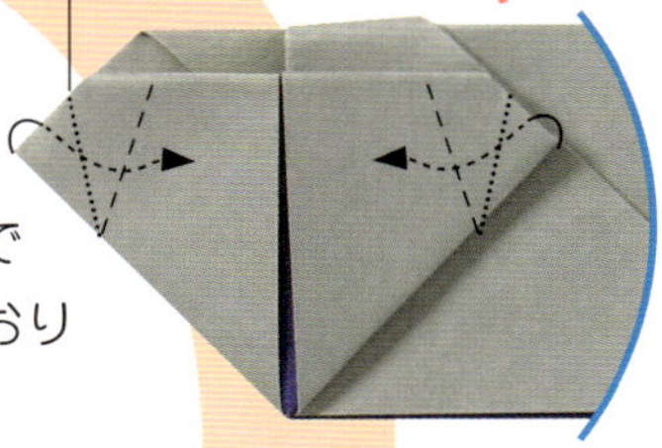
てんせんで なかわりおり

12
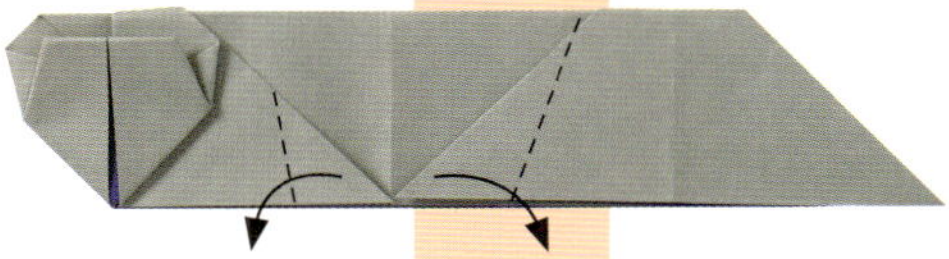
てんせんで おる。うらも おなじ

できあがり

かおを かく

さる

にほんざるは せかいで
いちばん きたに
すんでいる おさるさん。
おながざるの なかまなのに
しっぽが みじかいんだよ！

おんぶさる

ふつう

1

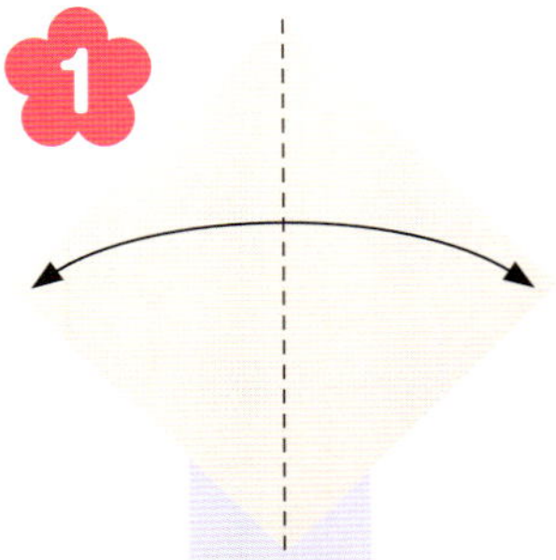

はんぶんに おって
おり目《め》を つけて もどす

2

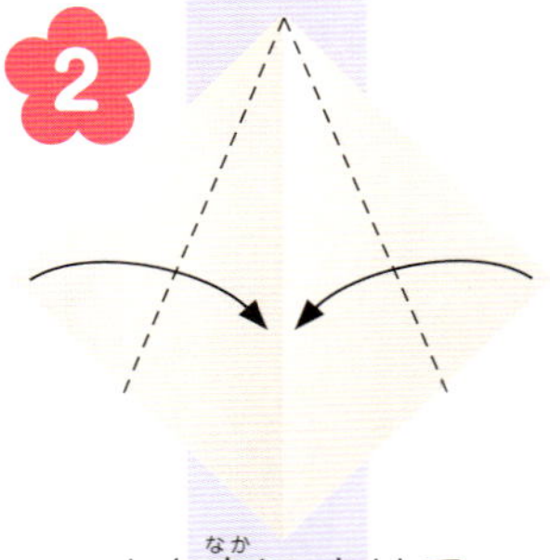

まん中《なか》に むけて
てんせんで おる

3

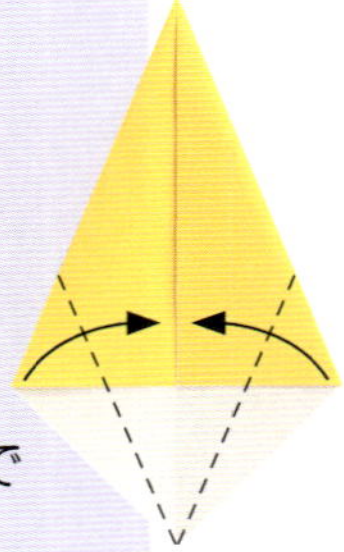

まん中《なか》に
むけて
てんせんで
おる

4

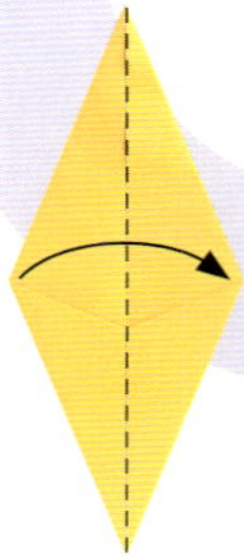

はんぶんに
おる

5

おおきく

むきを
かえる

6

てんせんで
おる

7

⇨ から
ふくろを
ひらく

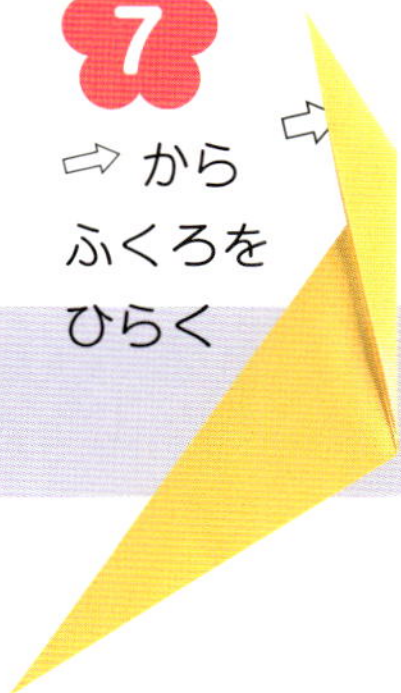

8

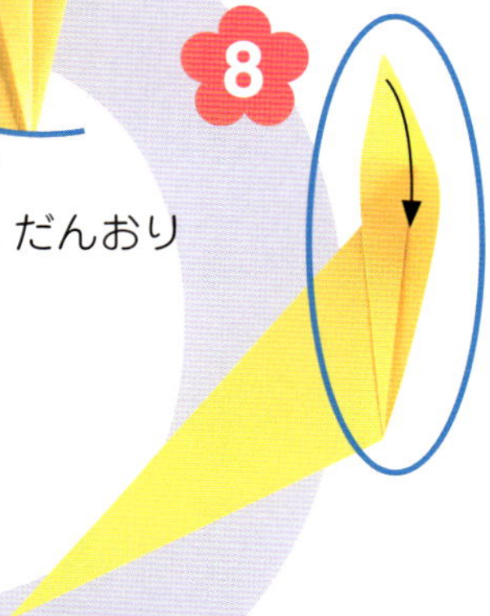

ふくろを つぶす。
9 **10** は ぶぶんず

9

てんせんで
うちがわへ だんおり

10

てんせんで
うちがわに おる

11

てんせんで
かぶせおり

おおきく

12

⇦ から
ふくろを
ひらく

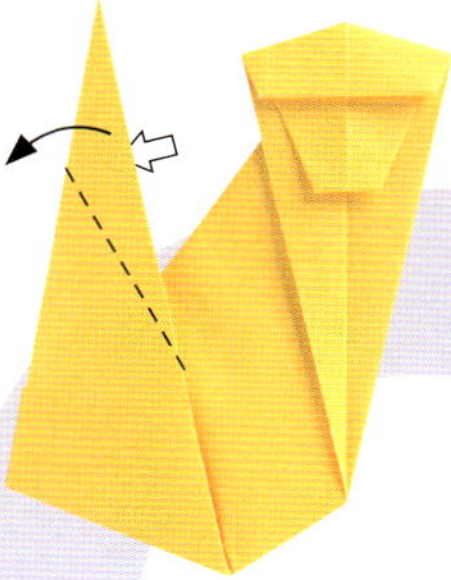

13

ふくろを
つぶす。
14 **15** は
ぶぶんず

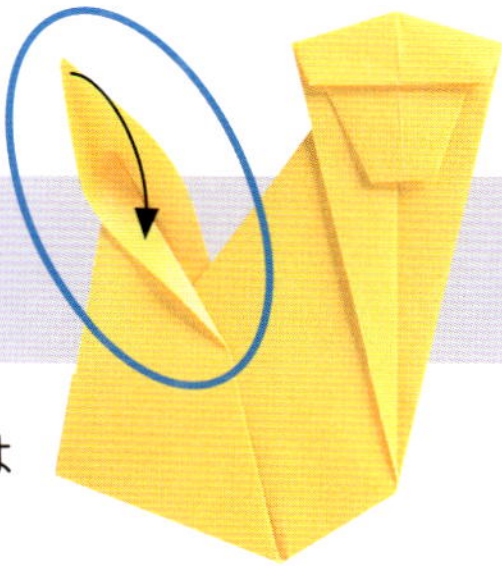

14

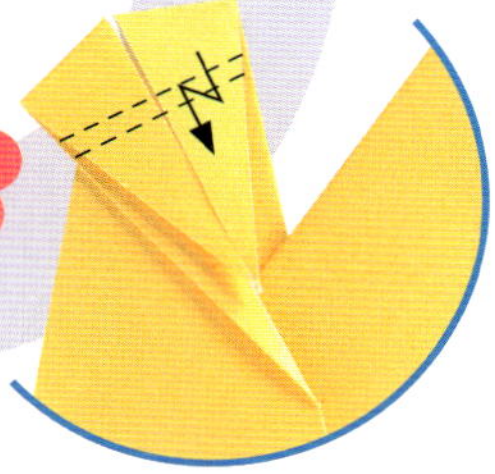

てんせんで
うちがわに だんおり

15 は ぶぶんず

15

てんせんで
うちがわに おる

16

てんせんで うちがわに おる。
うらも おなじ

かおを
かく

できあがり

にほんざる

かんたん

いっしょにつくろう！

やま

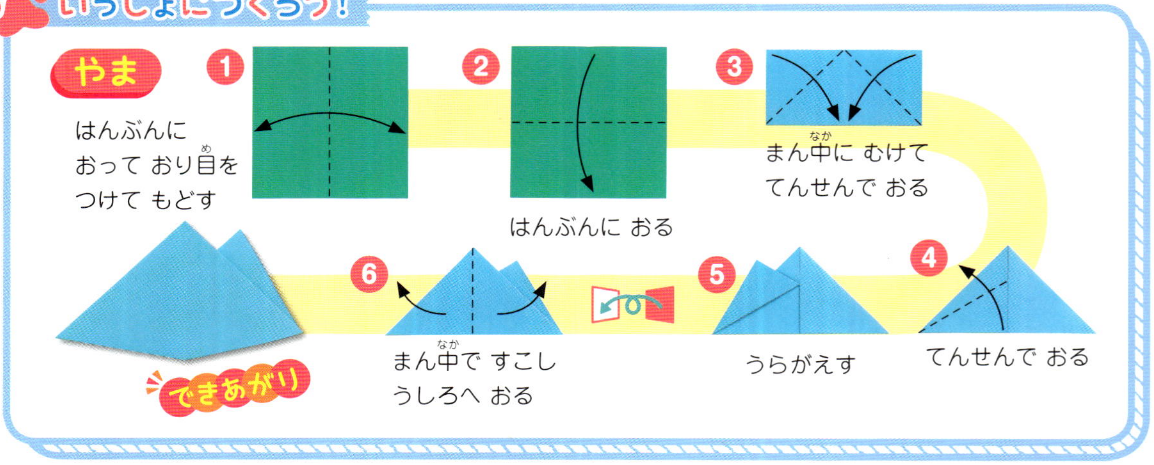

こぐま

むずかしい

「ももんが」（62ページ）の 4 まで おってから はじめます

1 てんせんで おる

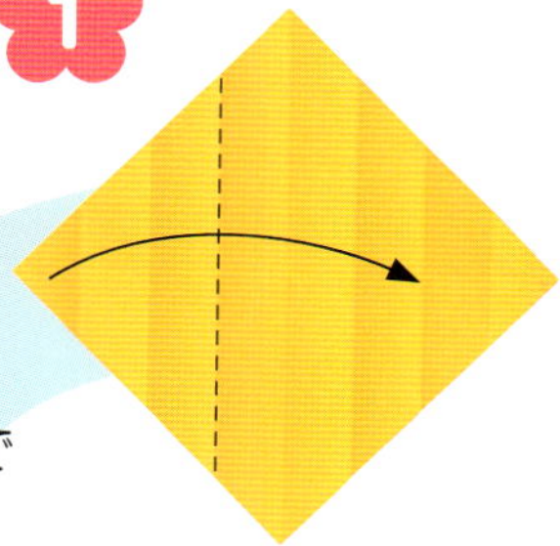

2 てんせんで おる

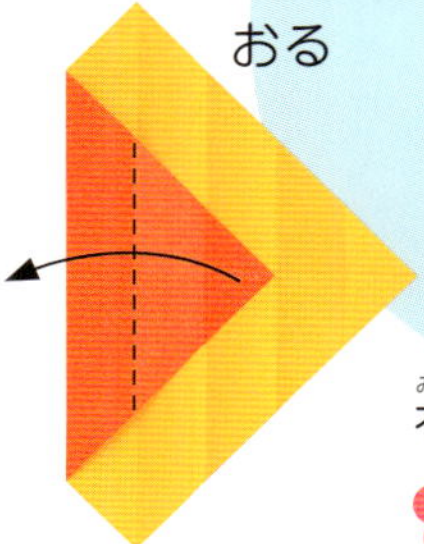

3 右《みぎ》も 1 2 と おなじように おる

おおきく

4

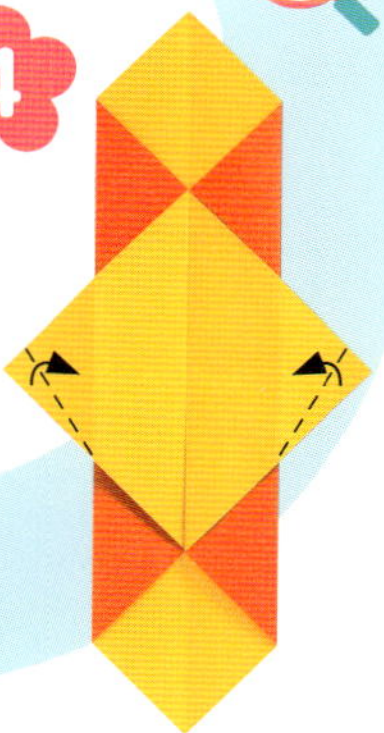

てんせんで おる

5 ⇨⇦ から ふくろを ひらいて つぶす

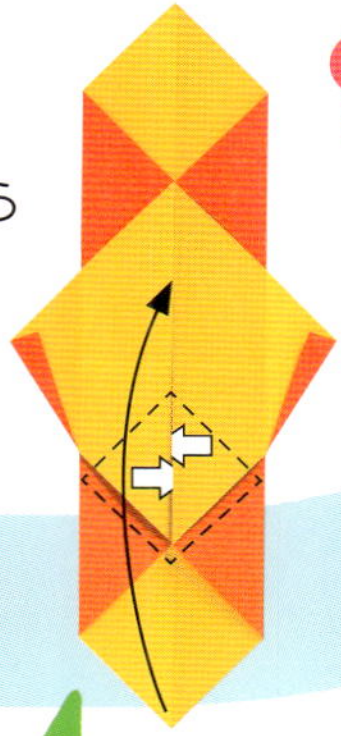

おおきく

6

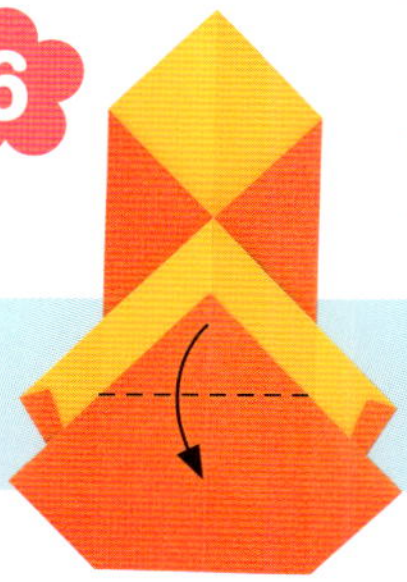

てんせんで おる

7

てんせんで おる

8

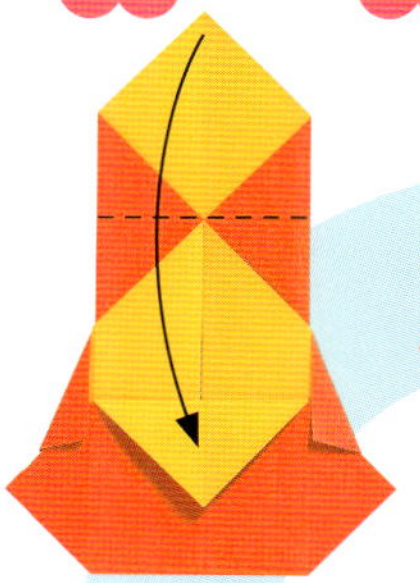

てんせんで おる

9 てんせんで うしろへ おる。 10 は ぶぶんず

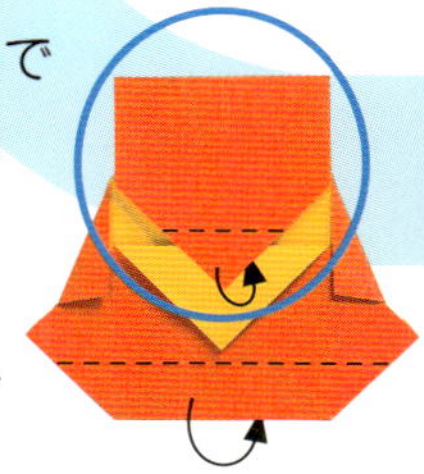

10

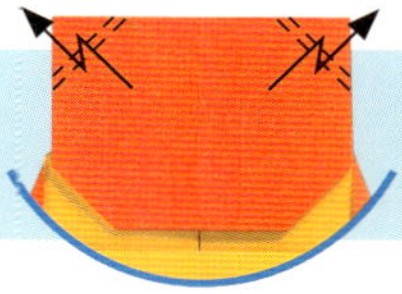

てんせんで うしろへ だんおり

11

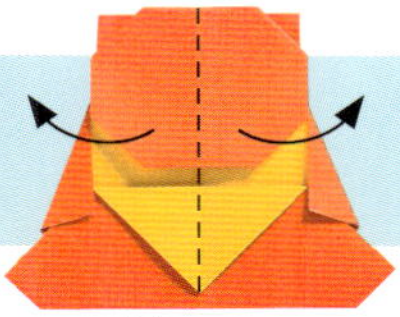

まん中《なか》で すこし うしろへ おる

できあがり

かおを かく

フラミンゴ／ペリカン

フラミンゴ

かんたん

1

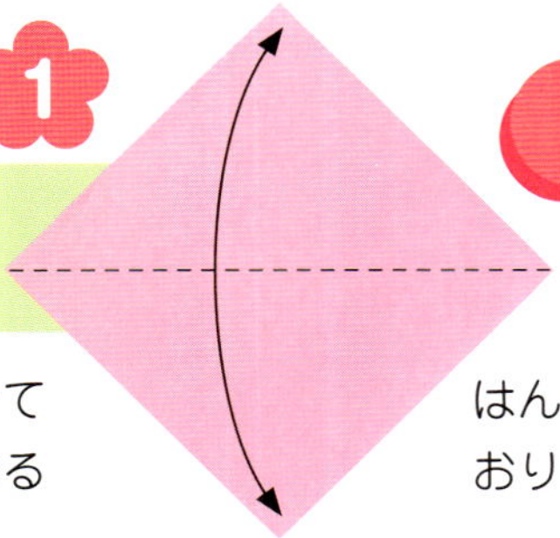

はんぶんに おって
おり目《め》を つけて もどす

2

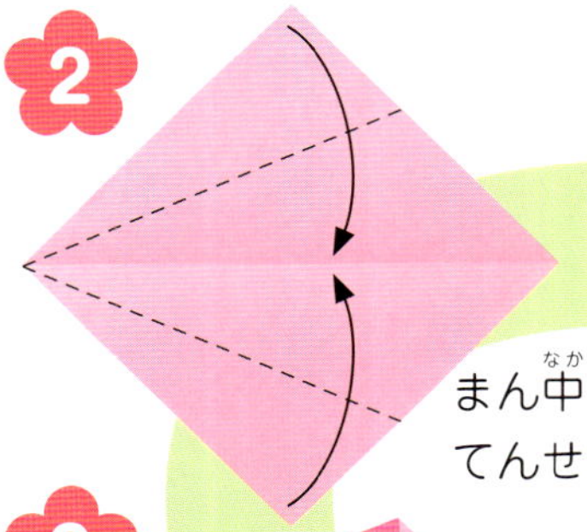

まん中《なか》に むけて
てんせんで おる

3

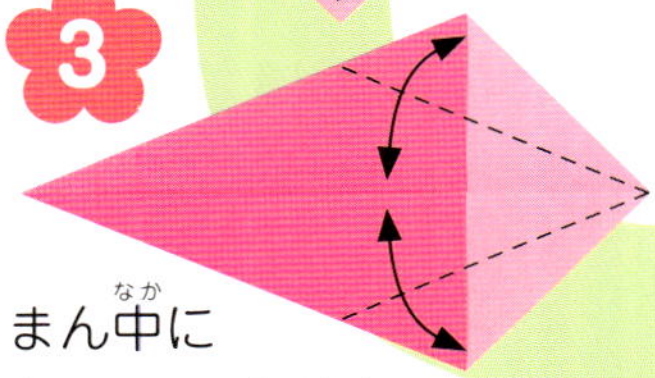

まん中《なか》に
むけて てんせんで おって
おり目《め》を つけて もどす

4

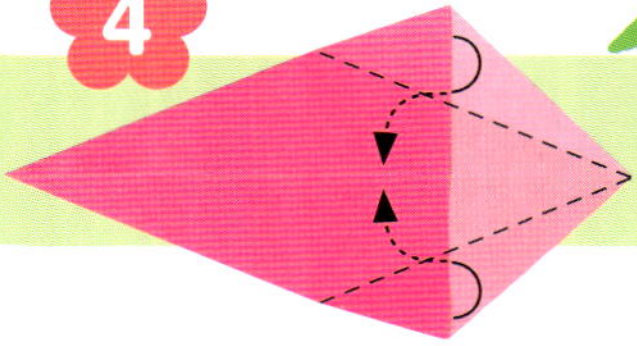

てんせんで なかわりおり

5

おおきく

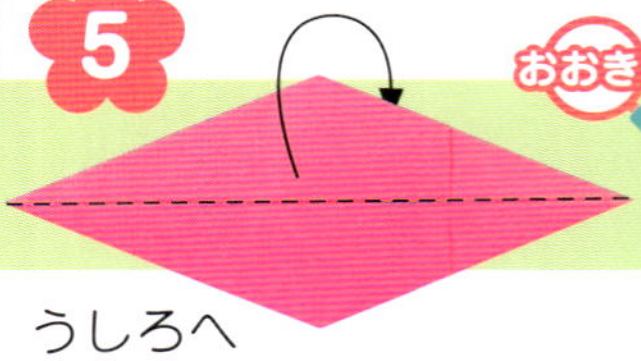

うしろへ
はんぶんに おる

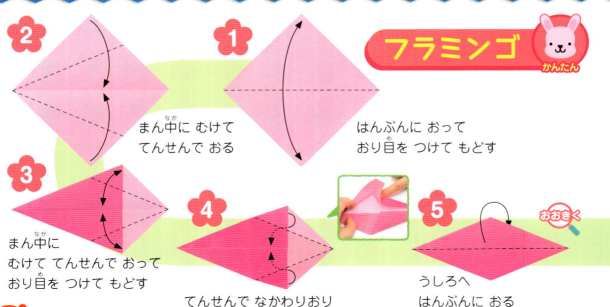

ペリカン

かんたん

1

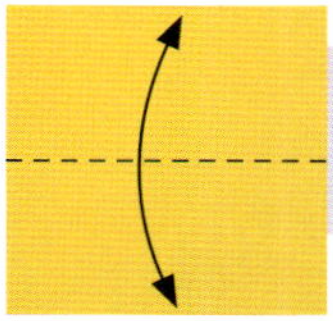

はんぶんに おって
おり目《め》を つけて もどす

2

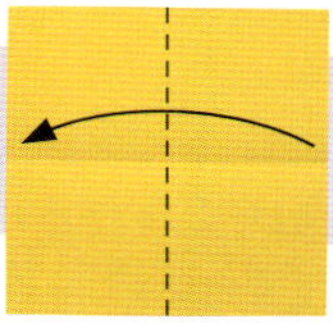

はんぶんに おる

おおきく

3

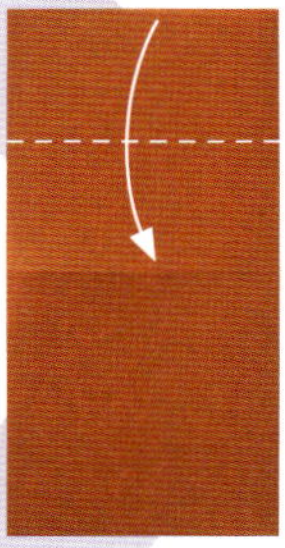

まん中《なか》に
むけて
てんせんで
おる

4

てんせんで おって
おり目《め》を つけて
もどす

5

⇧から ふくろを
ひらいて つぶす

6

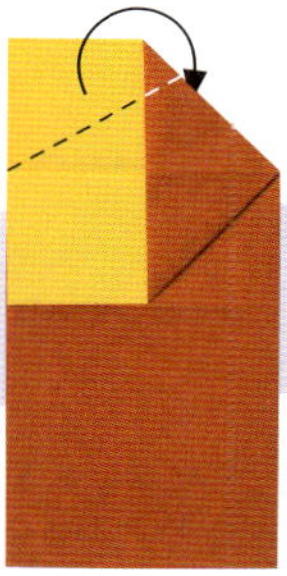

てんせんで
うしろへ おる

7

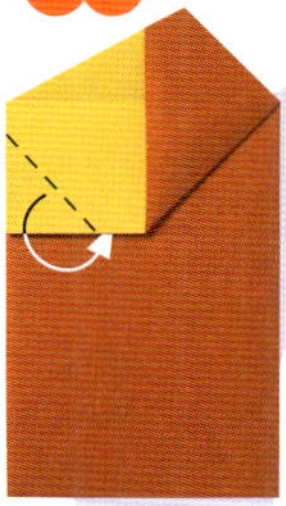

てんせんで
うちがわへ
おる

8

てんせんで
うしろへ
おる

9

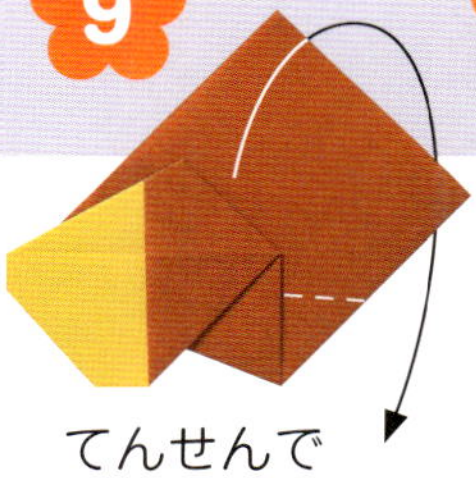

てんせんで
うしろへ おる

10

てんせんで
うちがわに おる。
うらも おなじ

目《め》を かく

6

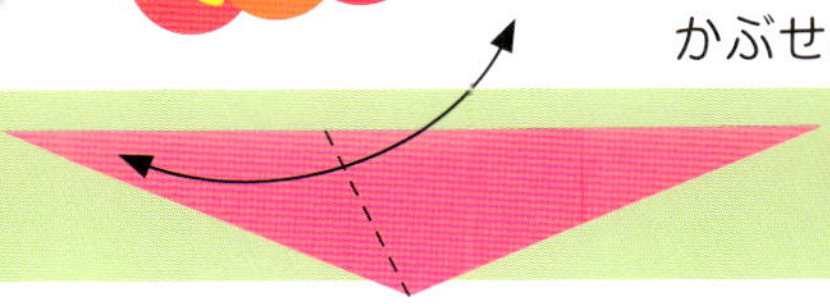

てんせんで おって
おり目《め》を つけて もどす

7

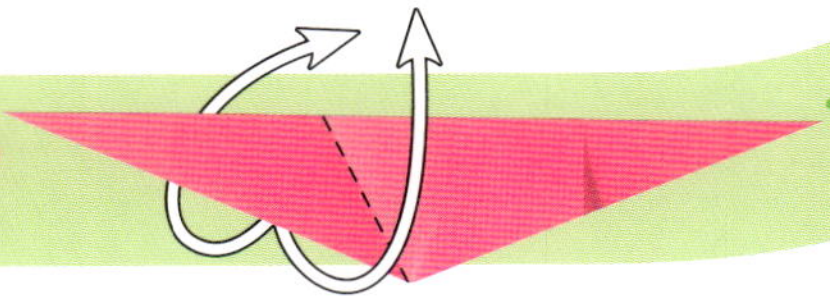

てんせんで かぶせおり

8

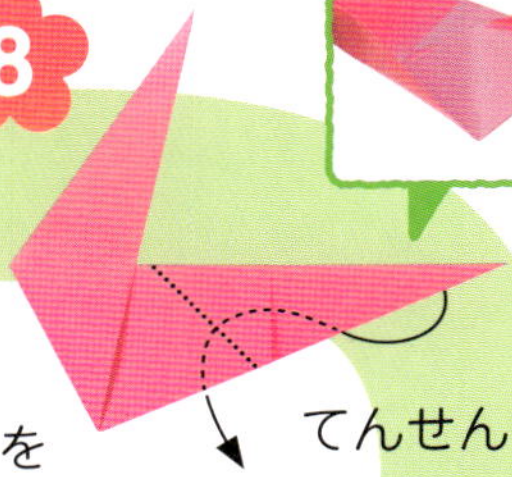

てんせんで
なかわりおり

9

てんせんで
おって おり目《め》を
つけて もどす

10

てんせんで
かぶせおり

かおと
はねを
かく

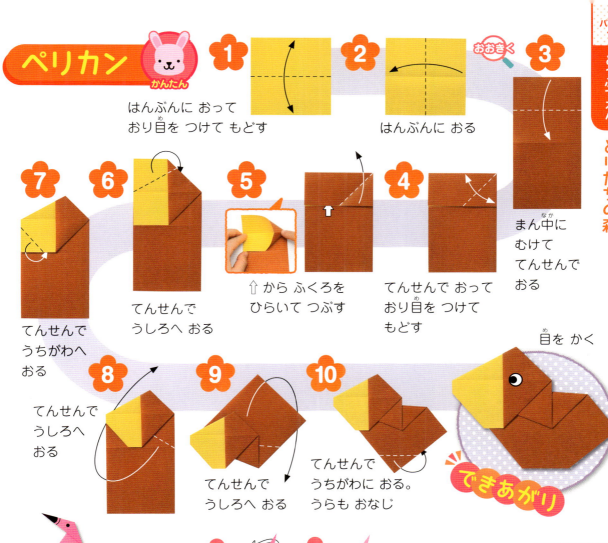

ハシビロコウ

ふつう

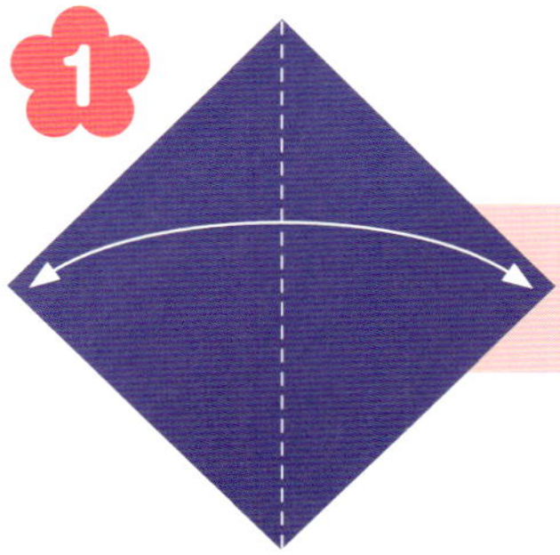

1

はんぶんに おって
おり目《め》を つけて
もどす

8

はんぶんに
おる

おおきく

かざってみよう！

バランを 草《くさ》に、モールや ストローを くきや
つるに、青《あお》い ビニールぶくろを うみに
見立《みた》てて かざっても。みぢかなものを
じゆうに くみあわせてみましょう！ 上《うえ》の
しゃしんでは、バランを つかっています。

目《め》を かく

できあがり

2

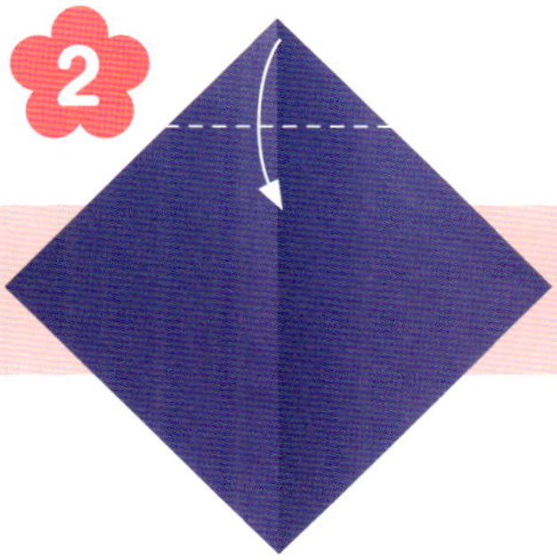

てんせんで おる

3

うらがえす

4

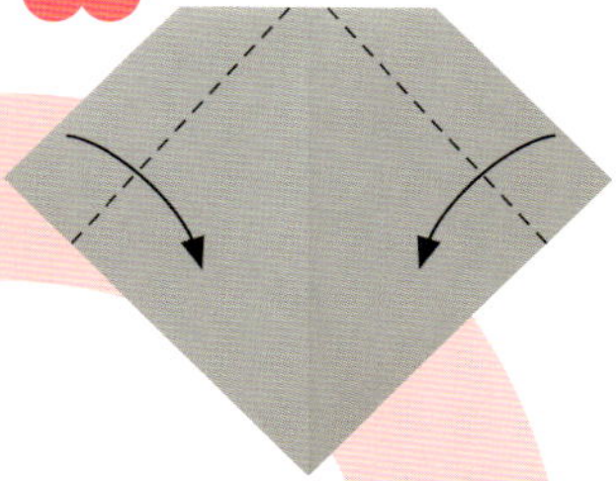

てんせんで おる

5

おおきく

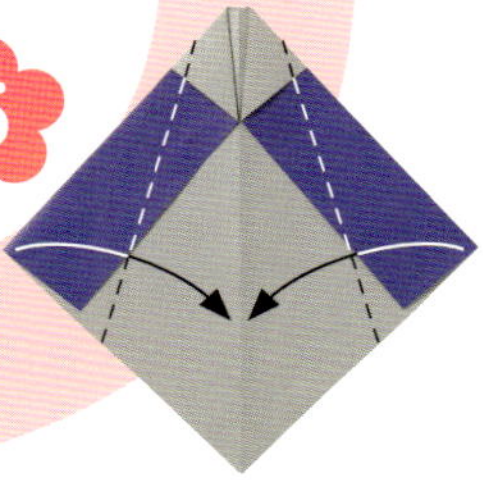

てんせんで おる

6

てんせんで
おる

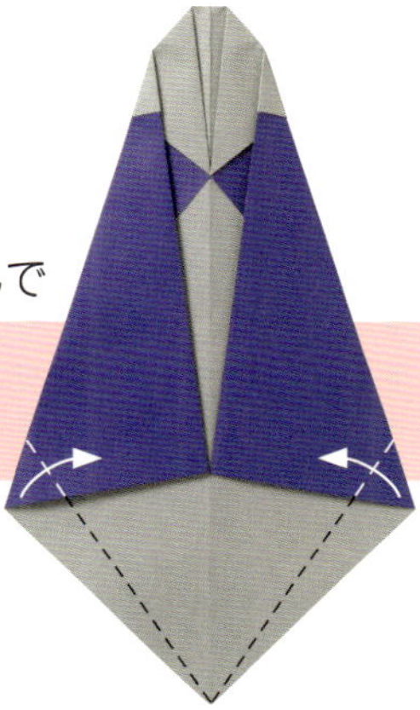

7

てんせんで
おる

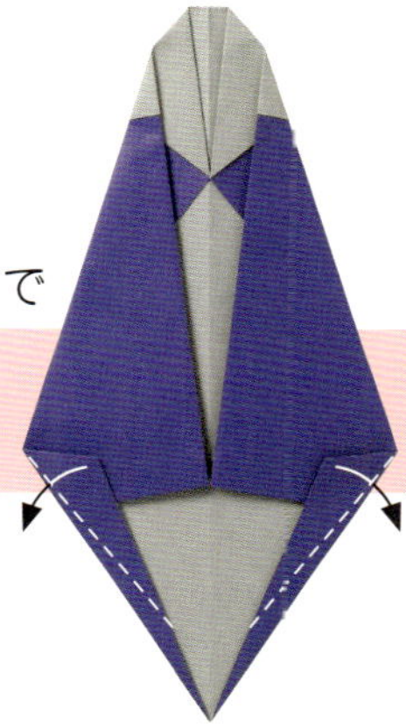

9

むきを
かえる

10

てんせんで
おって
おり目《め》を
つけて もどす

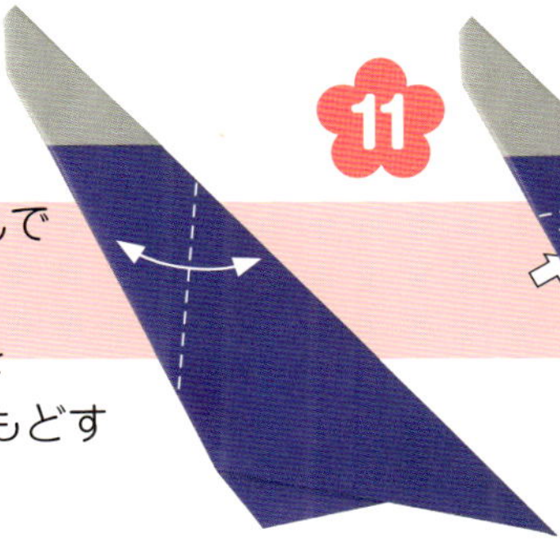

11

から ふくろを
ひらく

12

おおきく

ふくろを
つぶす

13

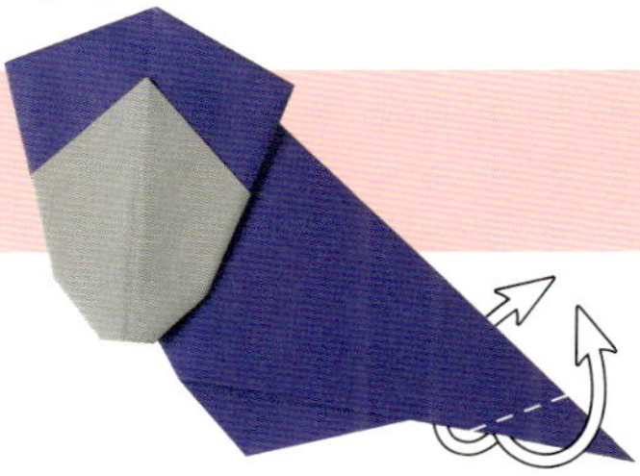

てんせんで かぶせおり

14

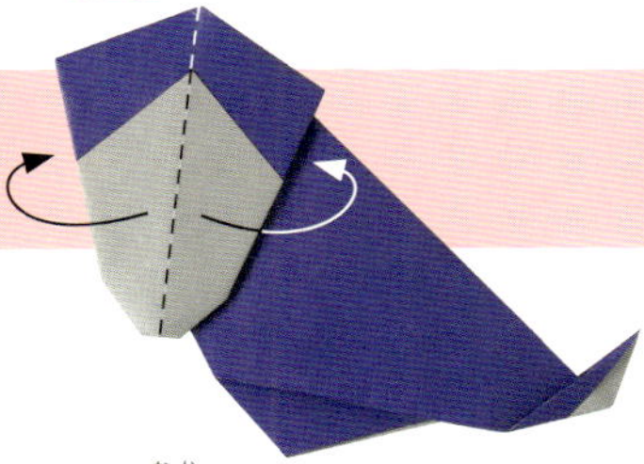

まん中《なか》で すこし うしろへ おる

おおわし

ふつう

1

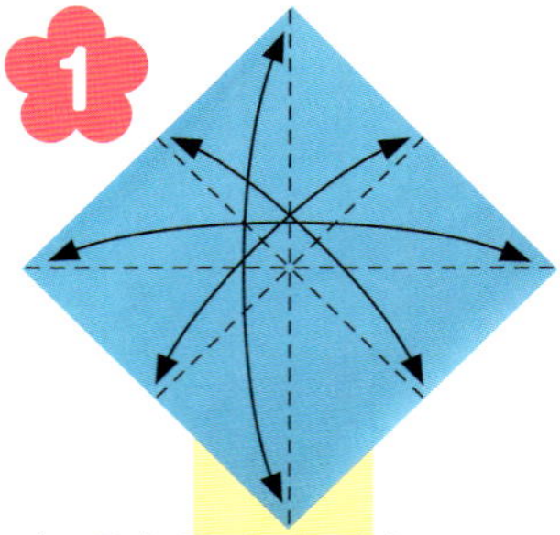

たてよこ ななめに
はんぶんに おって
おり目《め》を つけて もどす

2

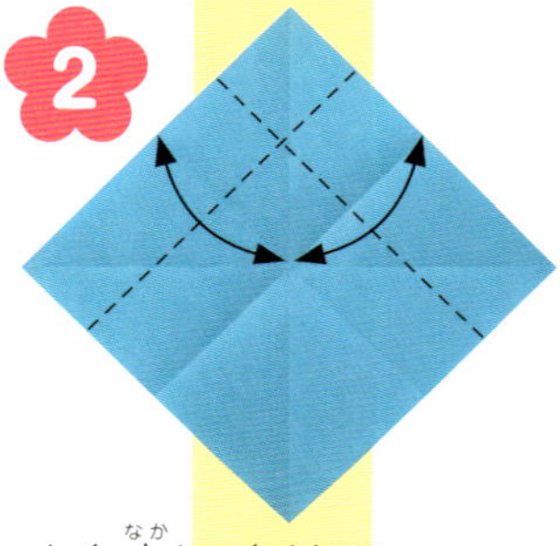

まん中《なか》に むけて
てんせんで おって
おり目《め》を つけて もどす

3

まん中《なか》に むけて
うしろへ おって
おり目《め》を つけて もどす

4

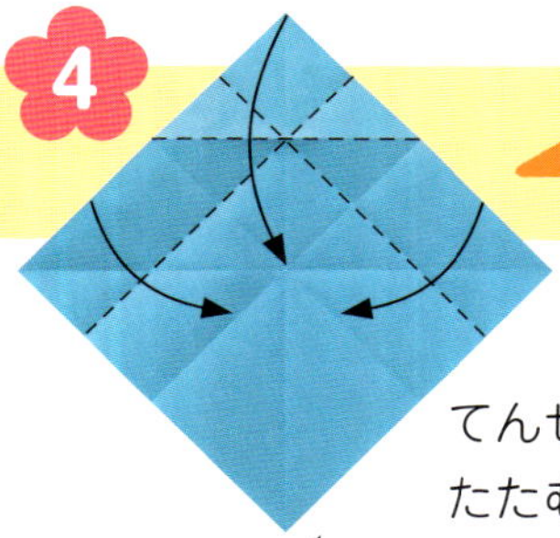

てんせんで
たたむ

5

6 7 は
ぶぶんず

6

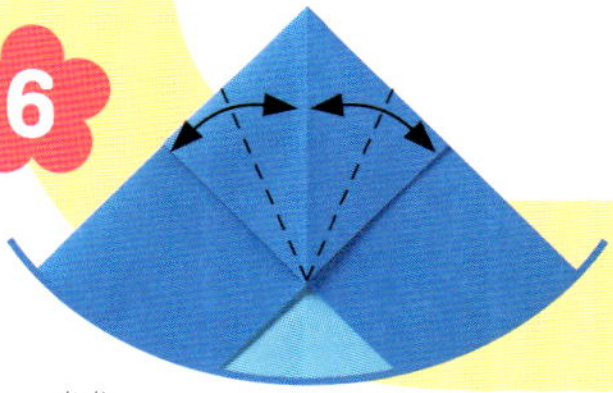

まん中《なか》に むけて てんせんで
おって おり目《め》を つけて もどす

7

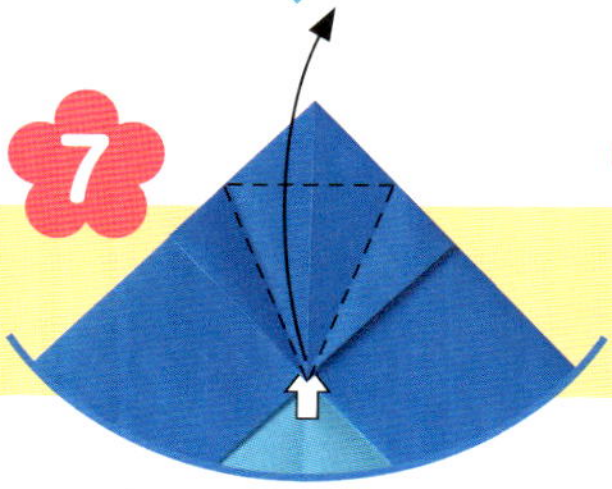

⇧ から ふくろを
ひらいて つぶす

8

うらがえす

9

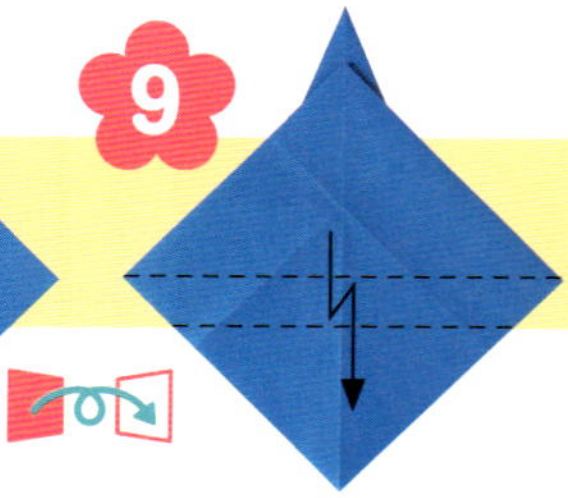

てんせんで だんおり

いっしょにつくろう!

くも

1
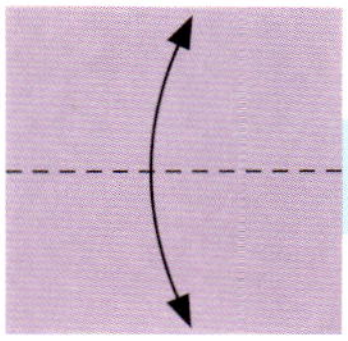
はんぶんに おって
おり目《め》を つけて もどす

2
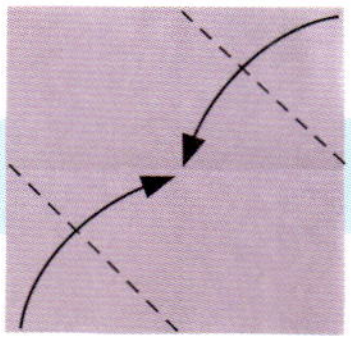
まん中《なか》に むけて
てんせんで おる

3
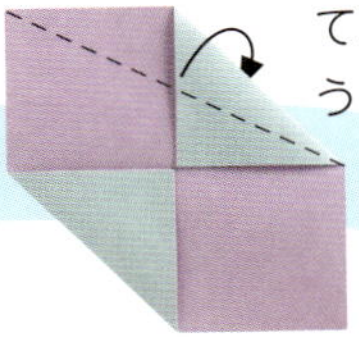
てんせんで
うしろへ おる

4
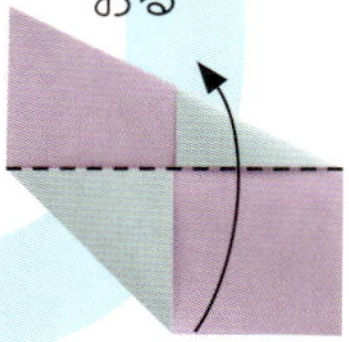
てんせんで
おる

5

てんせんで
うしろへ おる

6

てんせんで
うしろへ おる

できあがり

10
おおきく

てんせんで おる

11

てんせんで おって
おり目《め》を つけて もどす

12

⇗⇖ から ふくろを
ひらいて つぶす

13

はんぶんに おる

14

むきを かえる

15

てんせんで
おる。
うらも おなじ。
16 は
ぶぶんず

16
てんせんで
なかわりおり

17
てんせんで おって 立《た》てる。
うらも おなじ
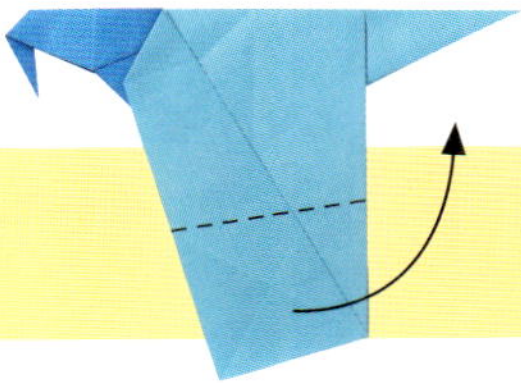

目《め》を
かく

できあがり

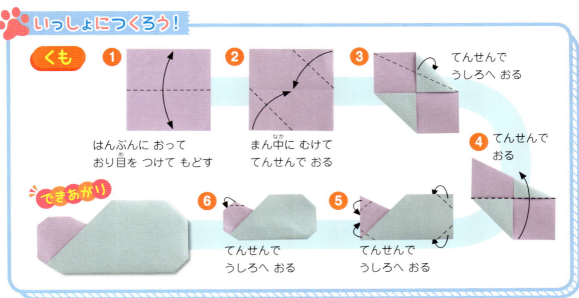

はくちょう

はくちょうのおやこ

ふつう

1

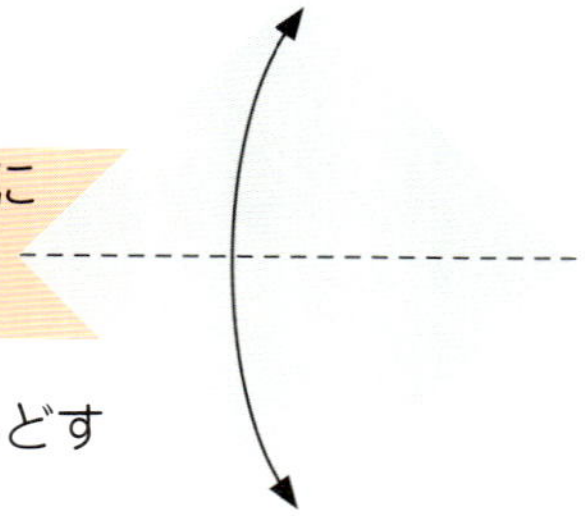

はんぶんに
おって
おり目《め》を
つけて もどす

2

おおきく

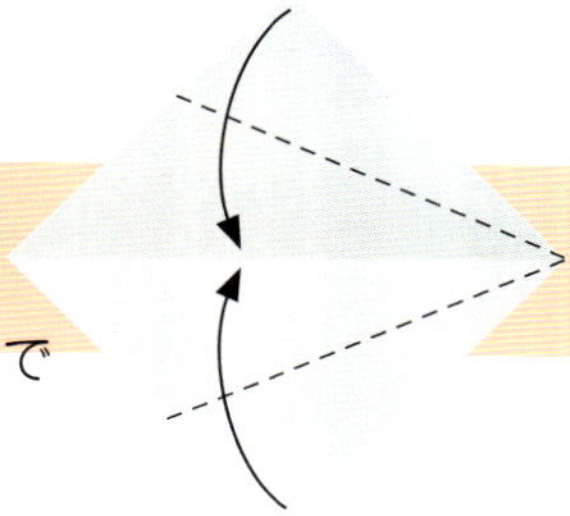

まん中《なか》に
むけて
てんせんで
おる

3

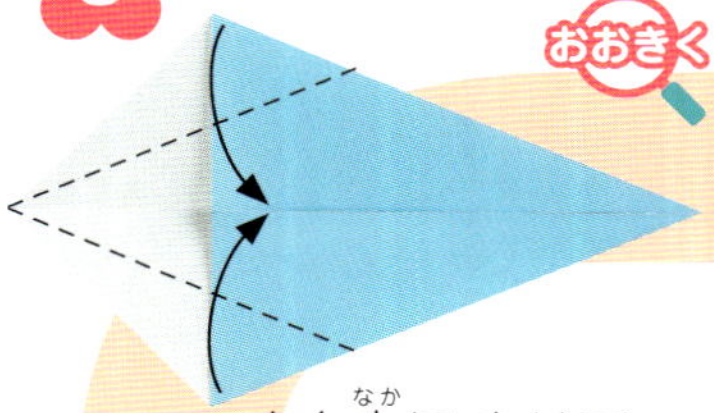

まん中《なか》に むけて
てんせんで おる

4

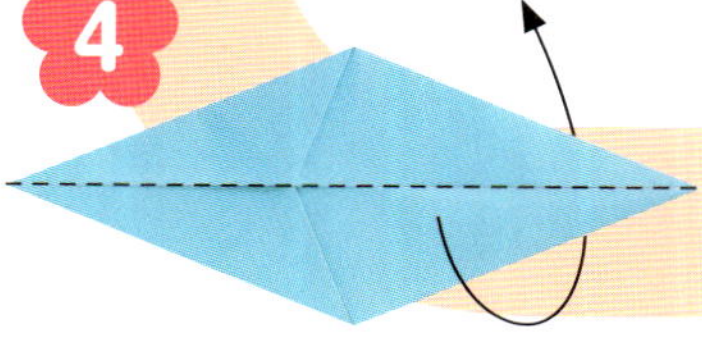

うしろへ はんぶんに おる

5

てんせんで なかわりおり

おおきく

6

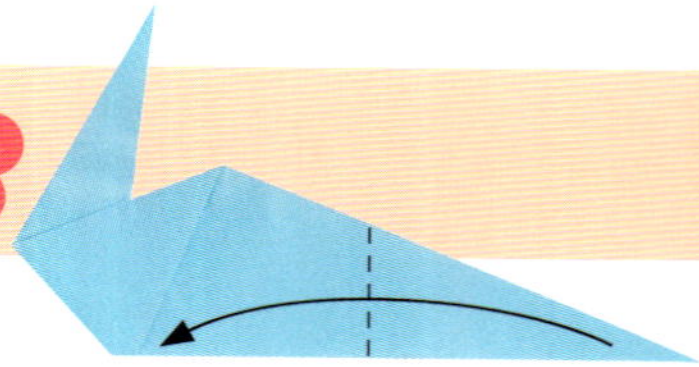

てんせんで おる

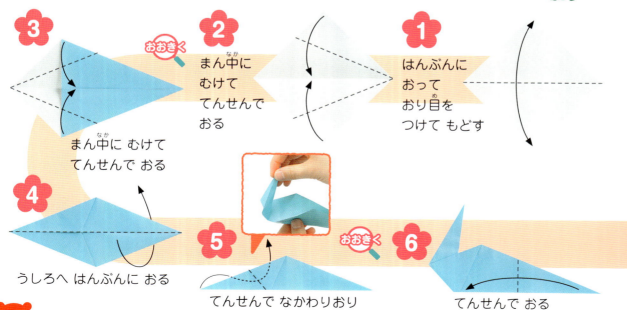

はくちょう

ふつう

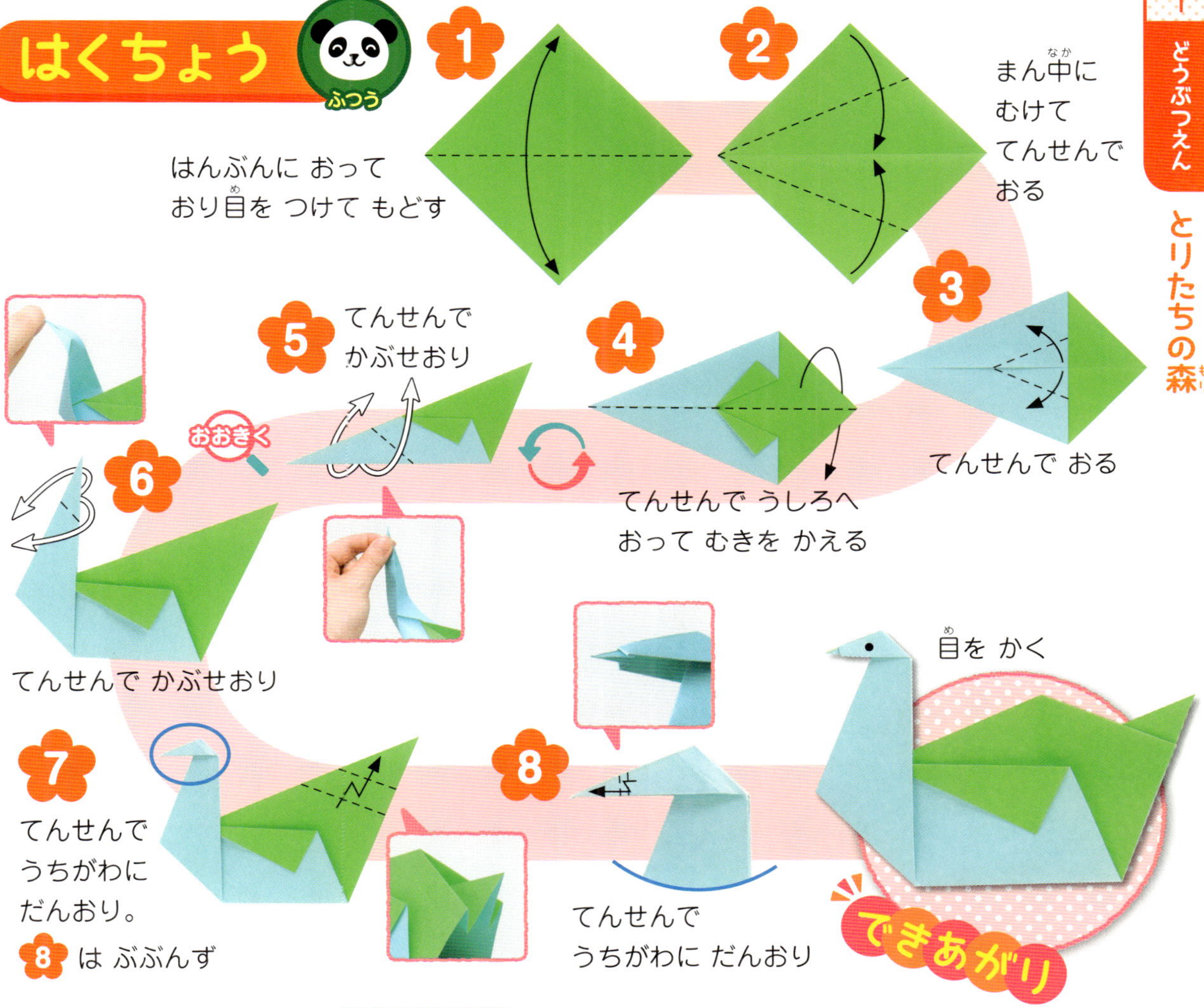

1 はんぶんに おって
おり目《め》を つけて もどす

2 まん中《なか》に
むけて
てんせんで
おる

3 てんせんで おる

4 てんせんで うしろへ
おって むきを かえる

5 てんせんで
かぶせおり

おおきく

6 てんせんで かぶせおり

7 てんせんで
うちがわに
だんおり。
8 は ぶぶんず

8 てんせんで
うちがわに だんおり

目《め》を かく

できあがり

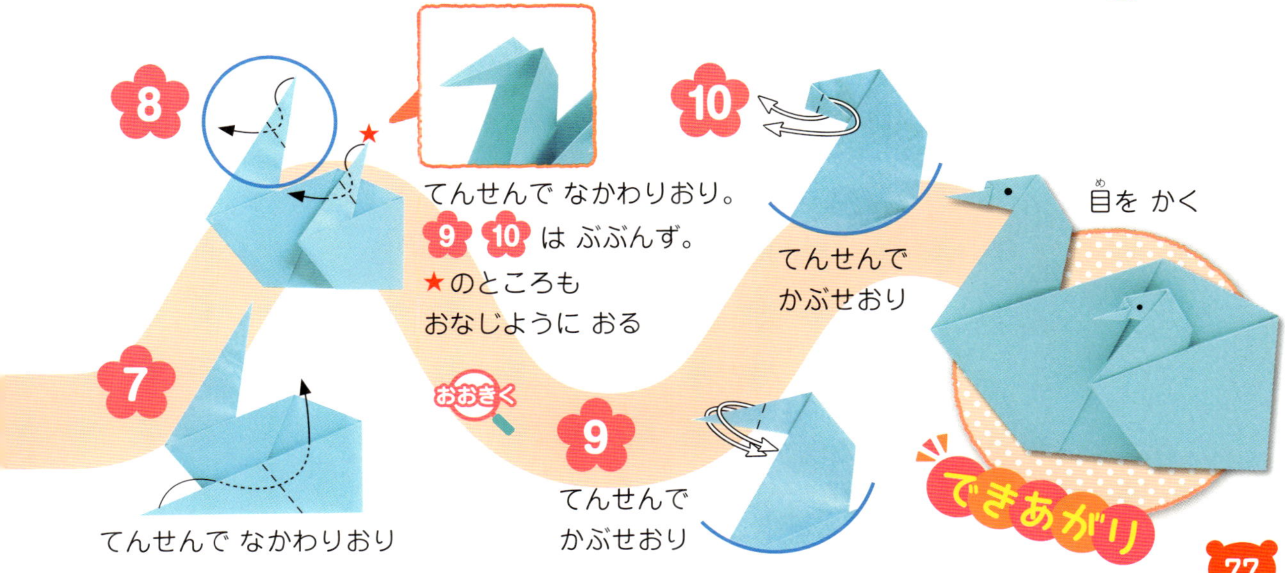

7 てんせんで なかわりおり

8 てんせんで なかわりおり。
9 10 は ぶぶんず。
★のところも
おなじように おる

おおきく

9 てんせんで
かぶせおり

10 てんせんで
かぶせおり

目《め》を かく

できあがり

ふくろう／みみずく

ふくろう

ふつう

1

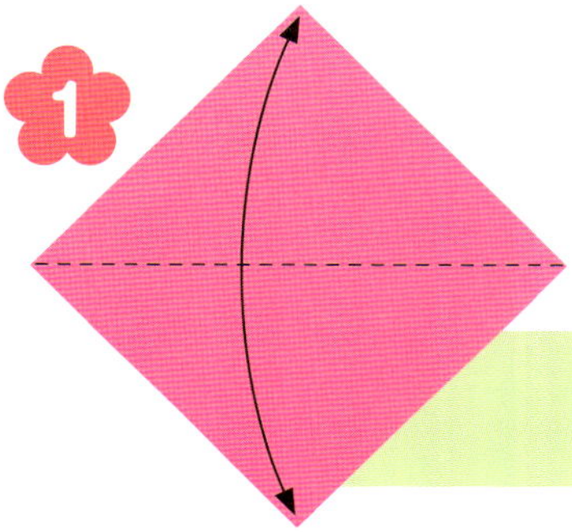

はんぶんに おって
おり目《め》を つけて もどす

2

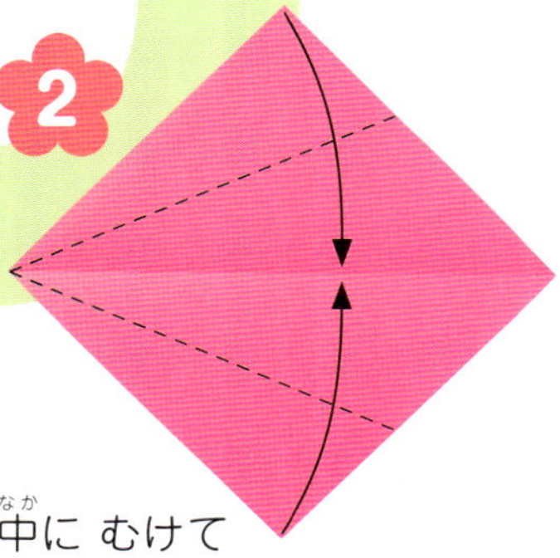

まん中《なか》に むけて
てんせんで おる

3

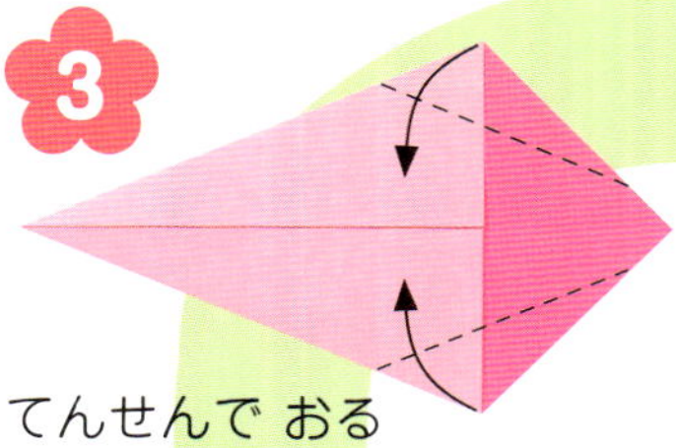

てんせんで おる

4

てんせんで うしろへ おって
おり目《め》を つけて もどす

5

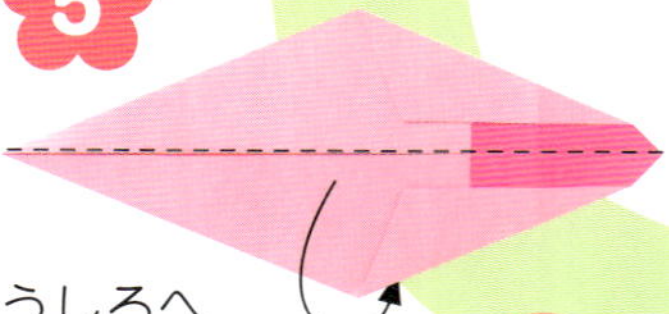

うしろへ
はんぶんに おる

おおきく

6

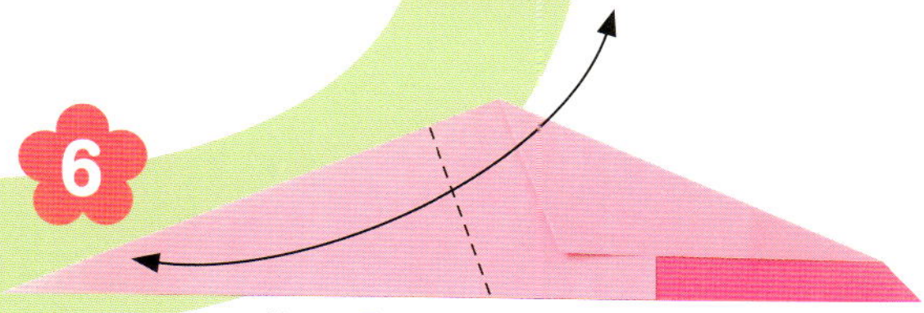

てんせんで おって
おり目《め》を つけて もどす

7

⇩ から ふくろを
ひらいて つぶす

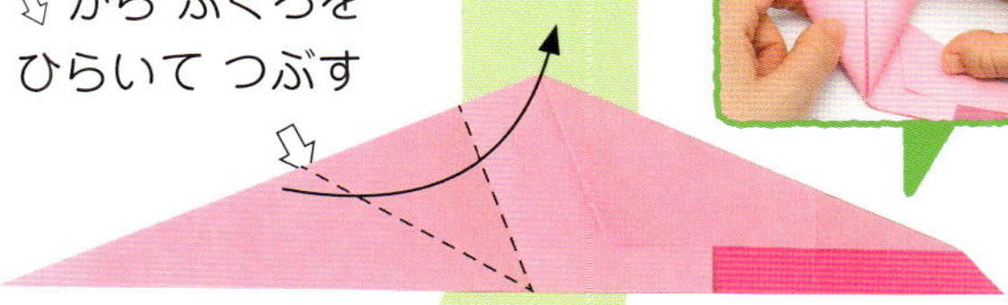

8

てんせんで
おる

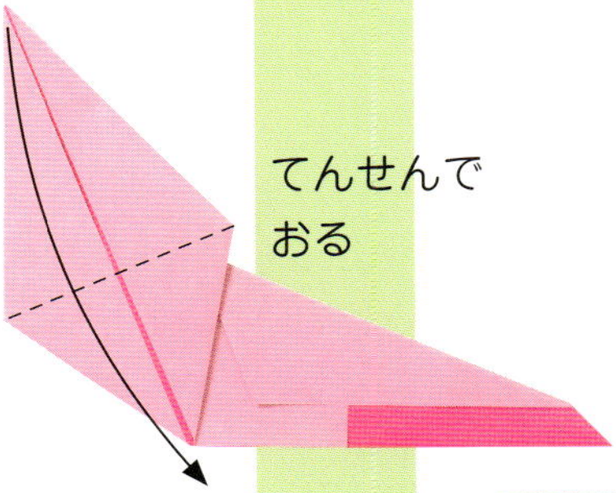

9 てんせんで おる

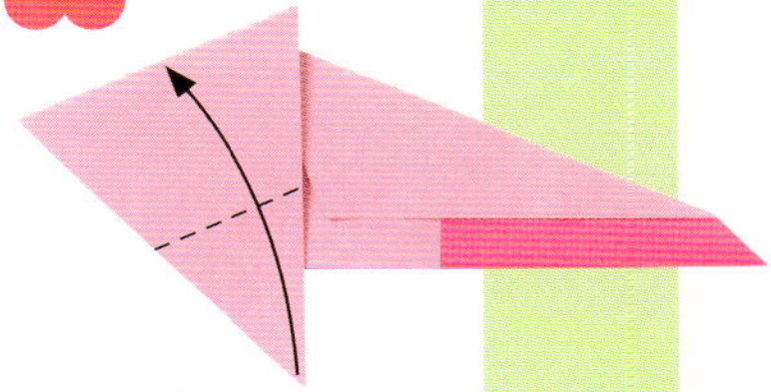

10

11 てんせんで
おる

11〜13 は
ぶぶんず

12 てんせんで
うちがわに おる

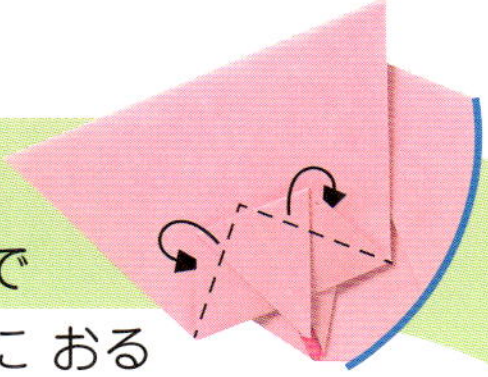

13

てんせんで
うしろへ おる

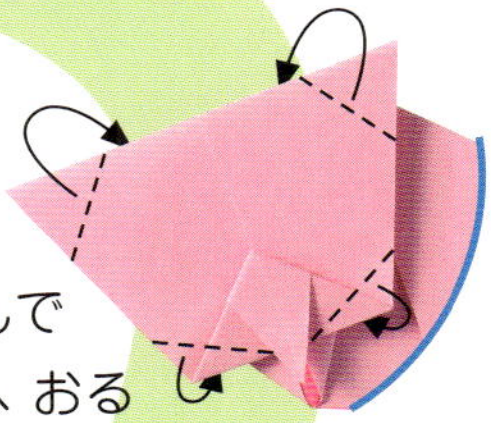

14

青《あお》い せんを はさみで きる。

15〜17 は ぶぶんず

15

てんせんで
かぶせおり

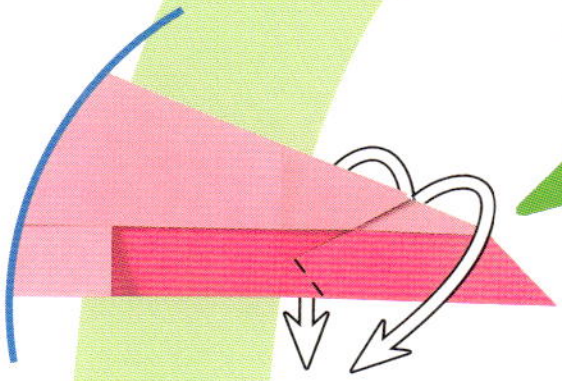

16

てんせんで
かぶせおり

17

てんせんで
うちがわへ
だんおり。
うらも おなじ

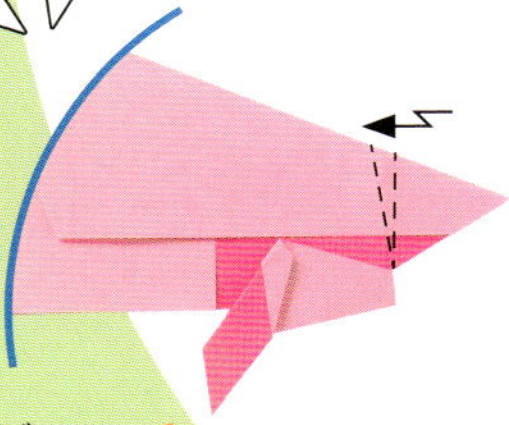

目《め》と
もようを かく

みみずく

ふつう

1
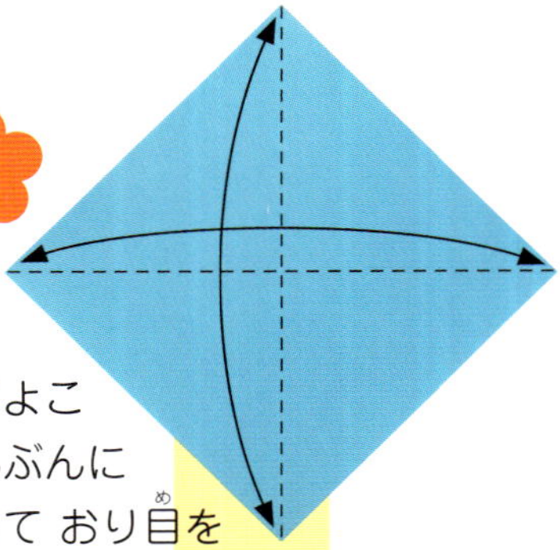
たてよこ
はんぶんに
おって おり目《め》を
つけて もどす

2
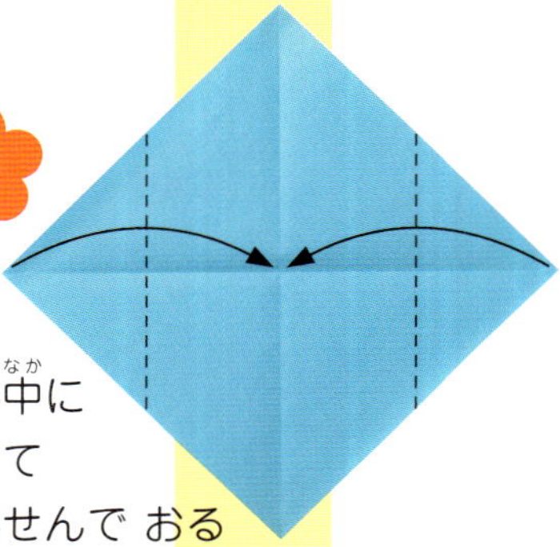
まん中《なか》に
むけて
てんせんで おる

3
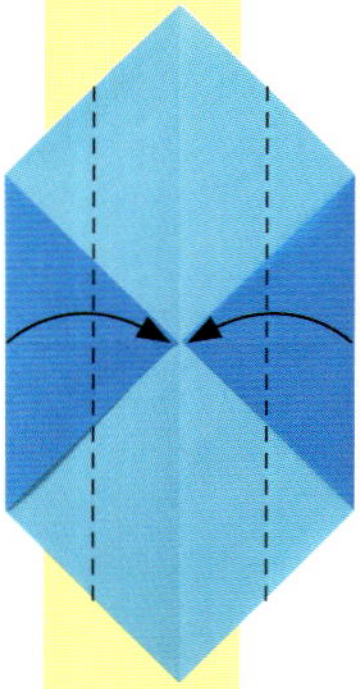
まん中《なか》に
むけて
てんせんで
おる

4
ひろげる
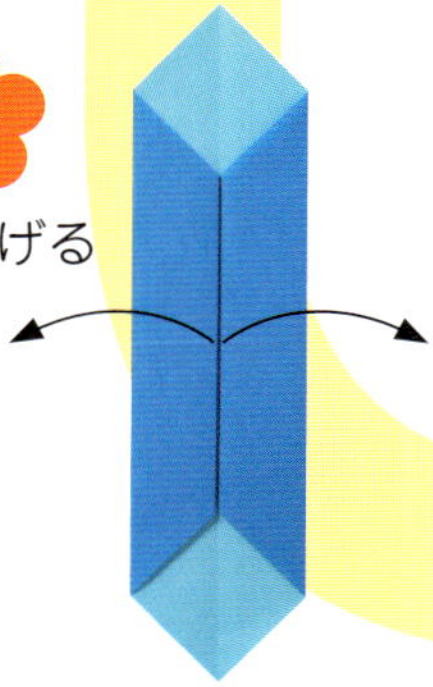

5
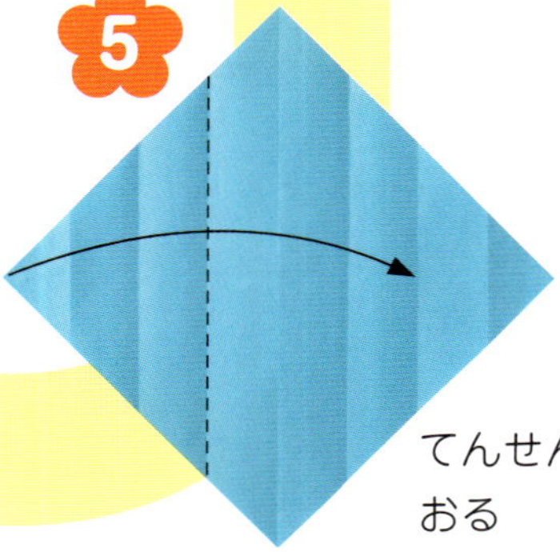
てんせんで
おる

6
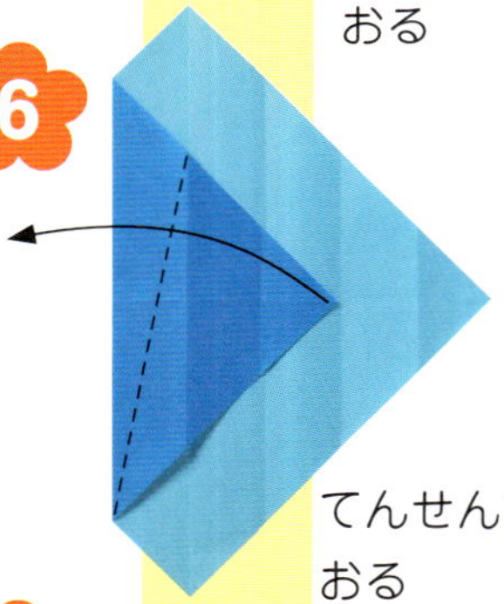
てんせんで
おる

7
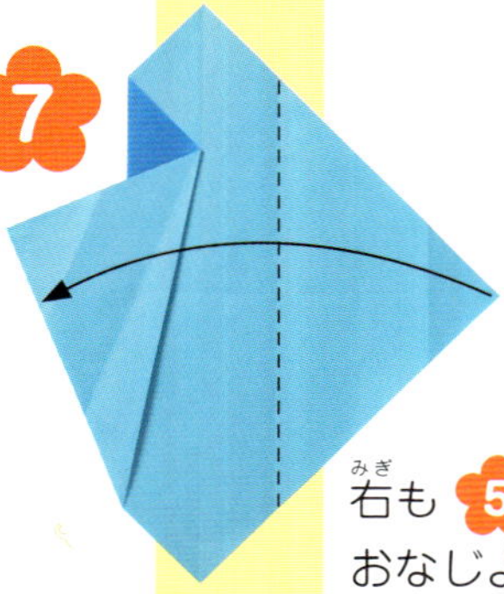
右《みぎ》も 5 6 と
おなじように
おる

8

てんせんで
おる。
9 ～ 13 は
ぶぶんず

9
てんせんで
おる
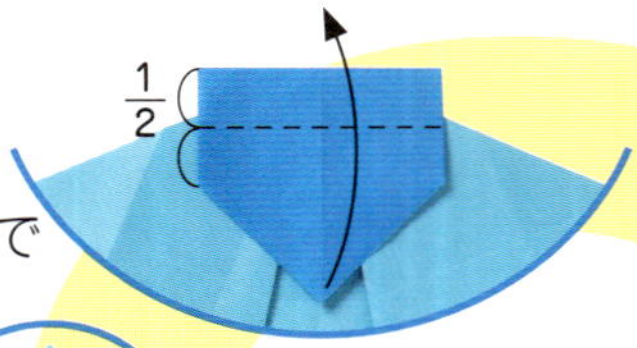

10
上《うえ》の かどを
むこうに たおす
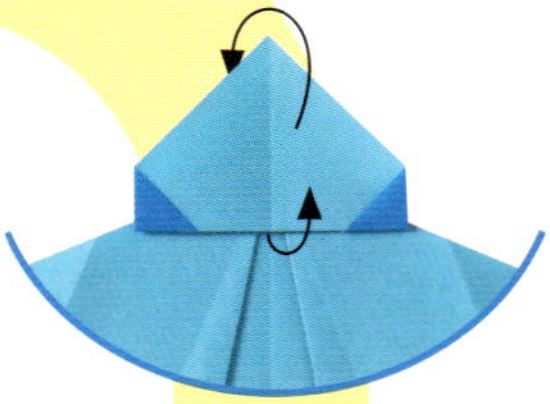

11

てんせんで おって
おり目《め》を つけて もどす

12
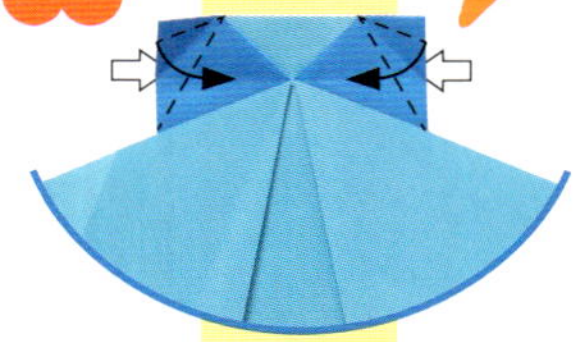
⇨ ⇦ から ふくろを
ひらいて つぶす

13

てんせんで おる

14

うらがえす

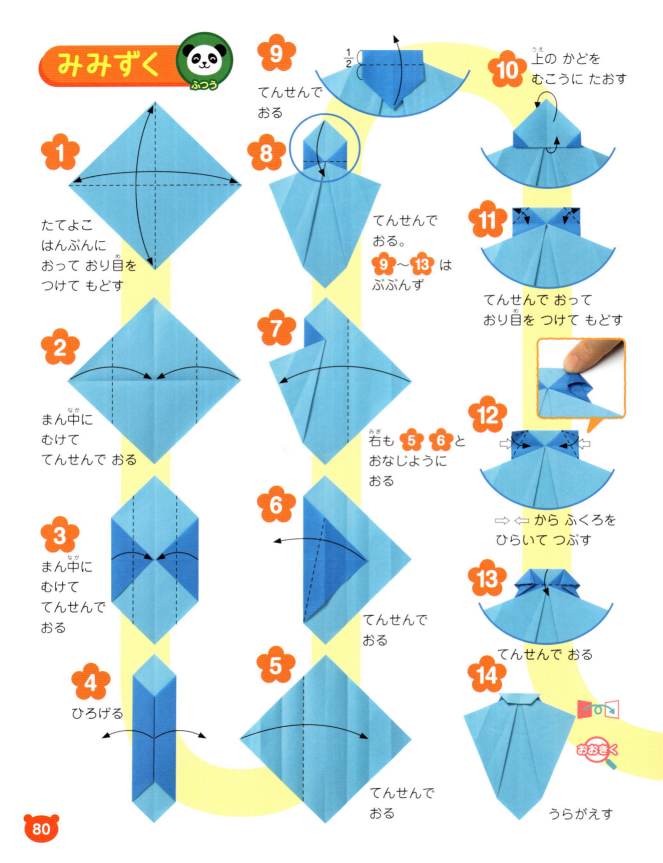

いっしょにつくろう！

木《き》②

●はっぱ

1
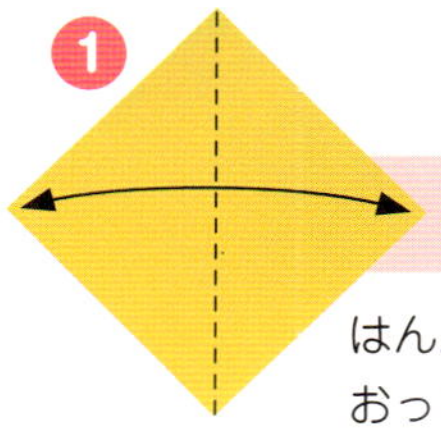
はんぶんに おって おり目《め》を つけて もどす

2
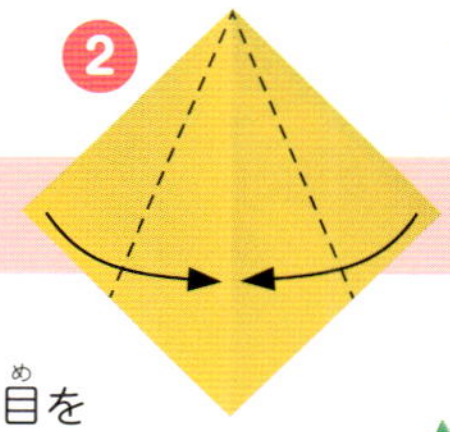
まん中《なか》に むけて てんせんで おる

3
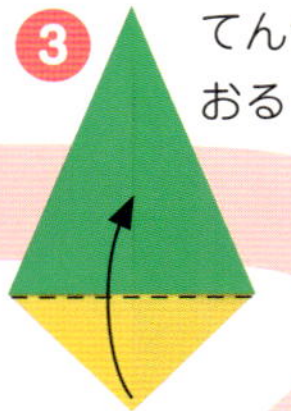
てんせんで おる

4
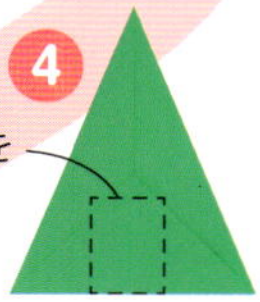
みきを はる

うらがえす

●みき

1
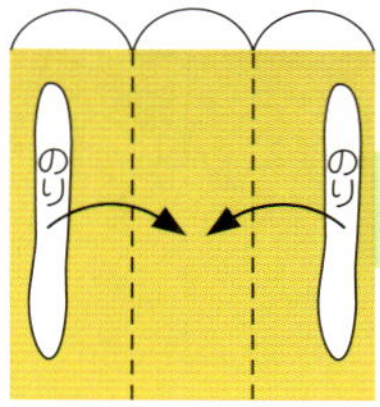

のりを つけて てんせんで おる

2

のりを つけて「はっぱ」に はる

できあがり

15
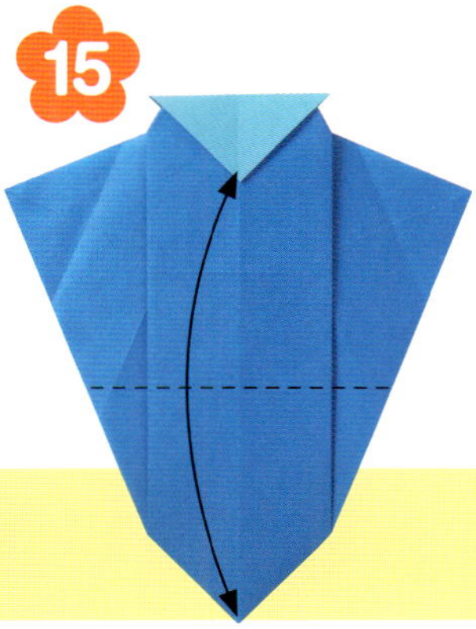
てんせんで おって おり目《め》を つけて もどす

16
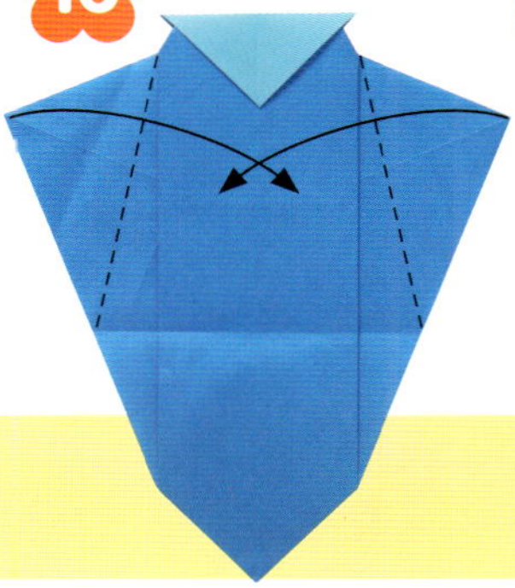
てんせんで おる

17
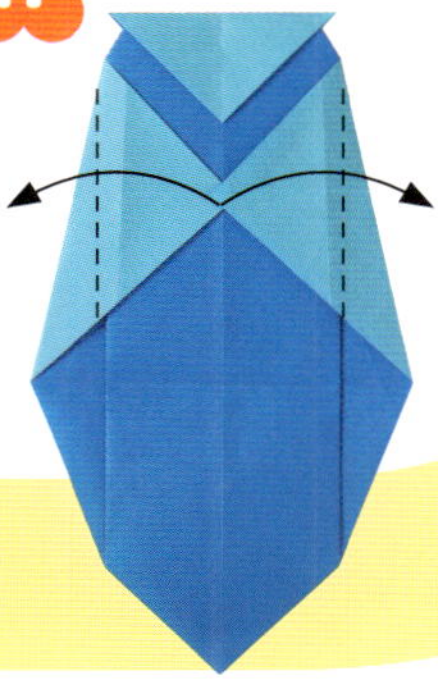
てんせんで おる

18
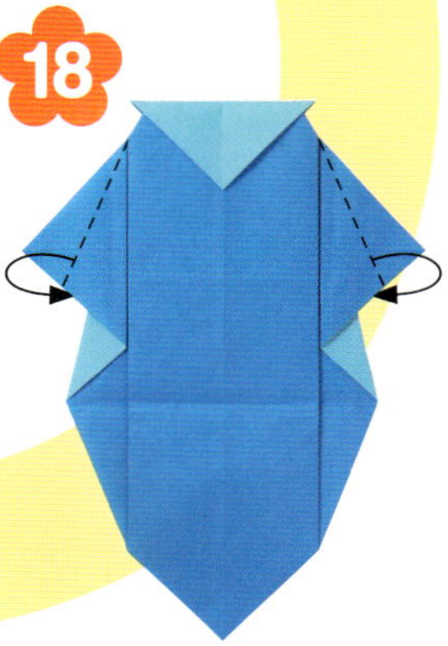
てんせんで うしろへ おる

19
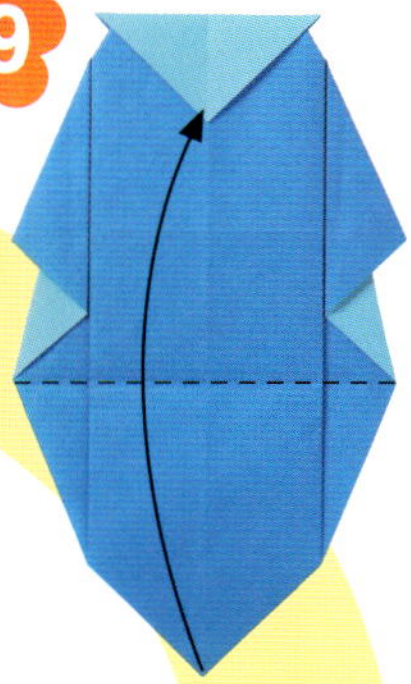
てんせんで おる

20

てんせんで おる

21

てんせんで うしろへ おる

目《め》と もようを かく

できあがり

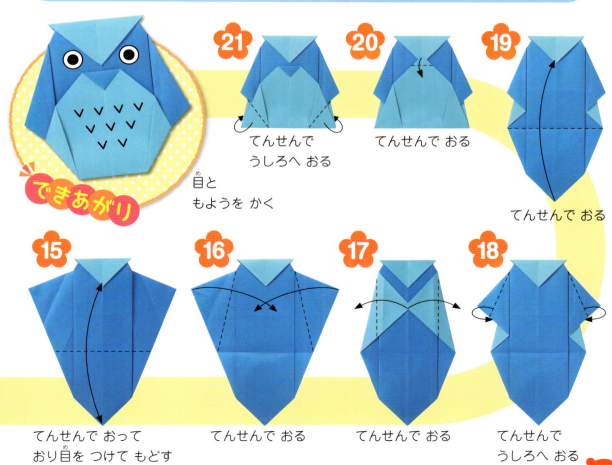

くじゃく／インコ

くじゃく

ふつう

1

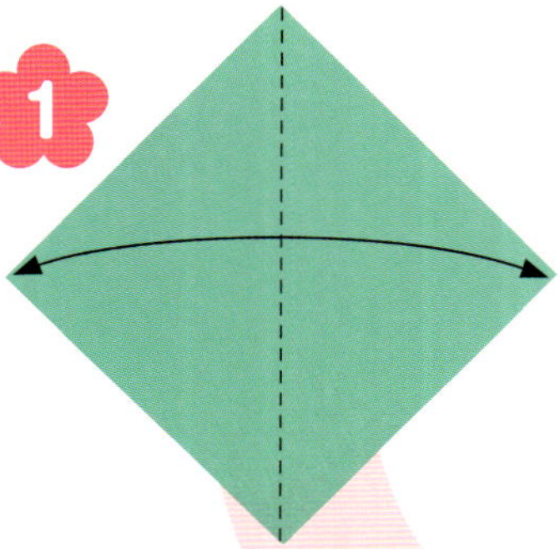

はんぶんに おって
おり目《め》を つけて もどす

2

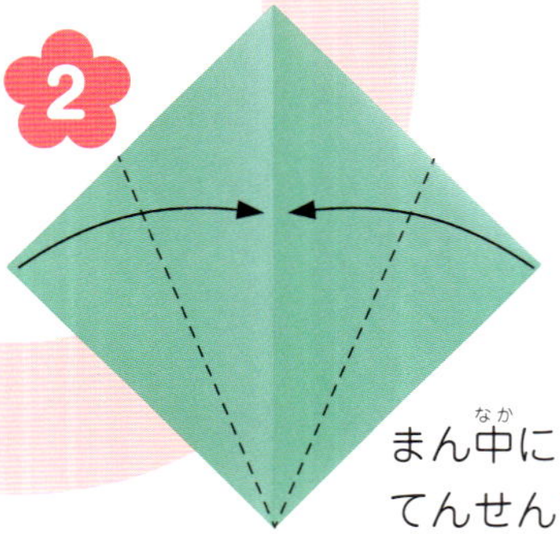

まん中《なか》に むけて
てんせんで おる

3

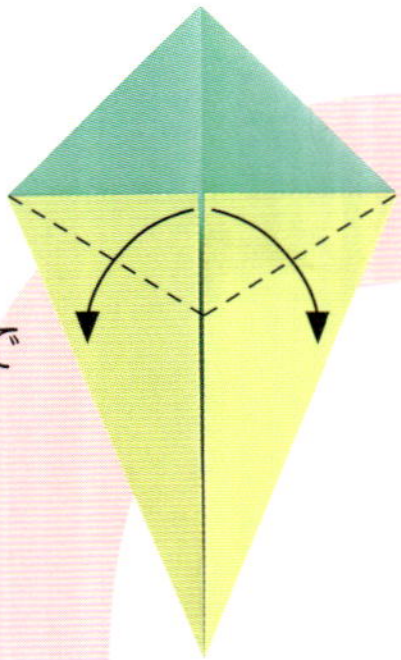

てんせんで
おる

4

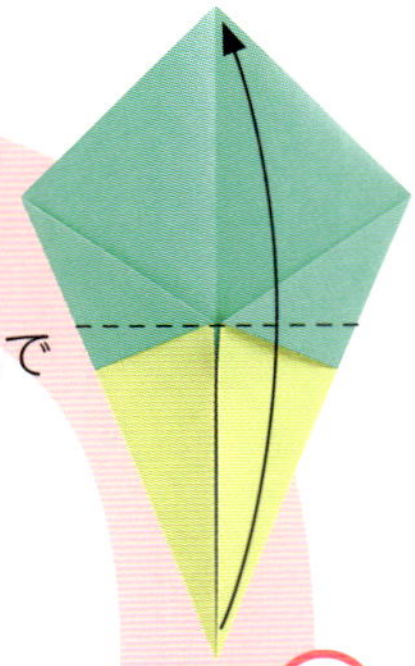

てんせんで
おる

おおきく

5

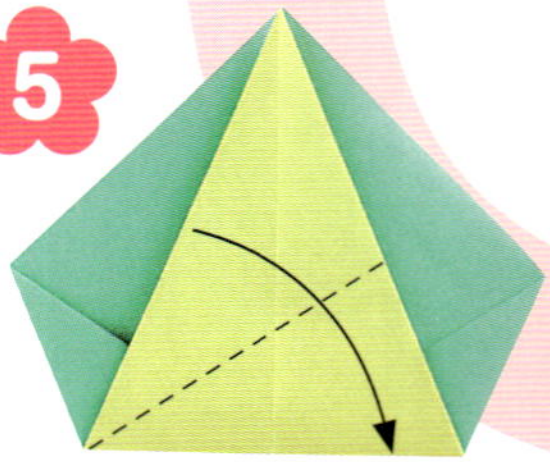

てんせんで おる

6

てんせんで うしろへ おる

7

てんせんで おって
おり目《め》を つけて
もどす

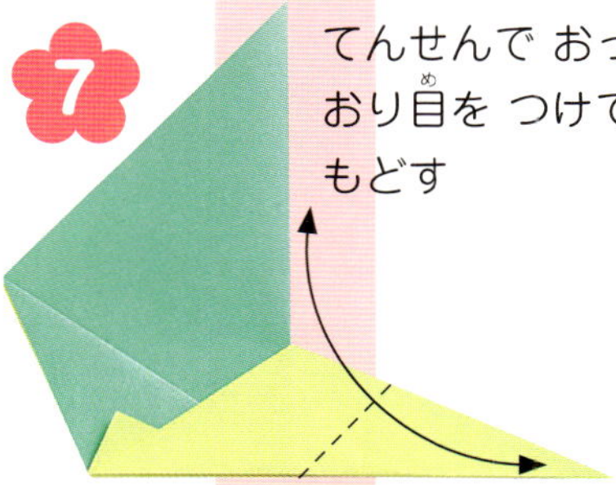

8

てんせんで かぶせおり

9

てんせんで かぶせおり

10

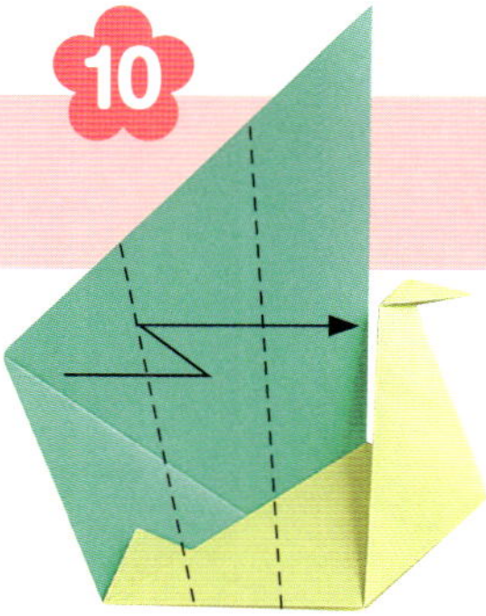

てんせんで だんおり

11

うらがえす

12

てんせんで
だんおり

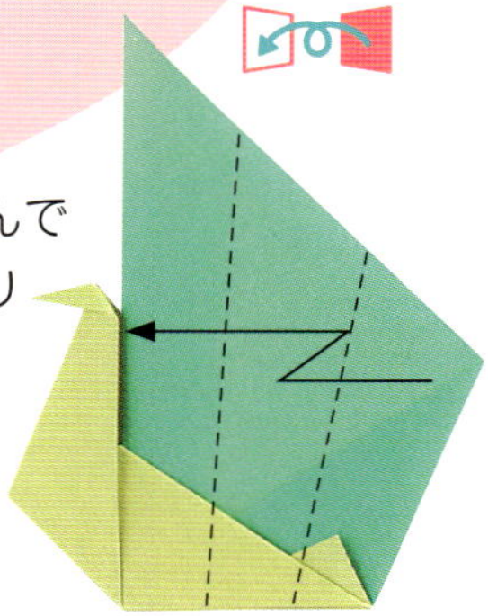

13

ひろげる

14

てんせんで
うしろへ おる

できあがり

きれいな はねを
ひろげているのは
おすの くじゃく
なんだよ

目玉《めだま》みたいな
もようが たくさん
あるほうが めすに
もてるんだって!?

目《め》と
もようを かく

インコ

ふつう

1 はんぶんに おって おり目《め》を つけて もどす

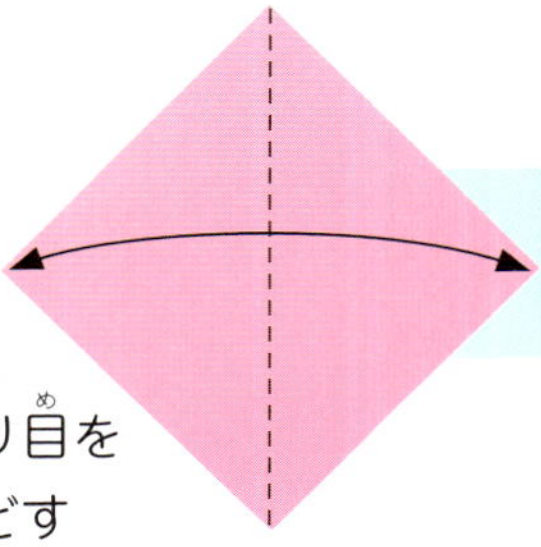

2 まん中《なか》に むけて てんせんで おる

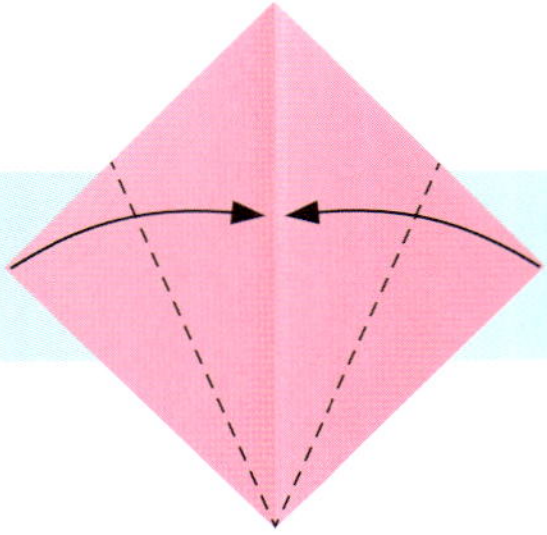

3 まん中《なか》に むけて てんせんで おる

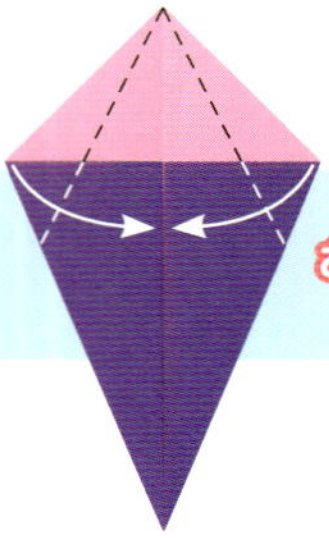

4 うちがわの かみを ⇨ ⇦ から ひき出《だ》して つぶす

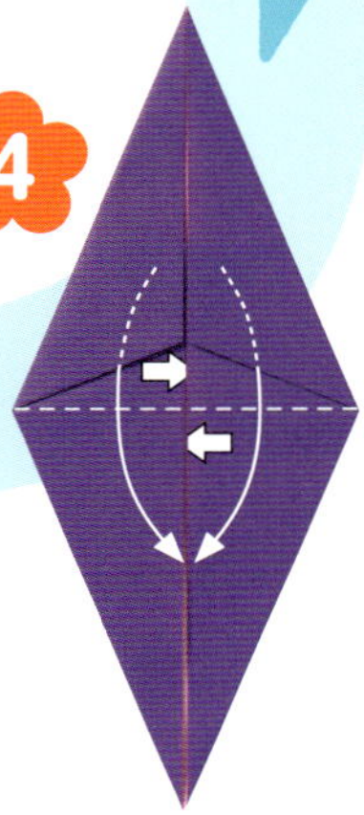

5 てんせんで だんおり

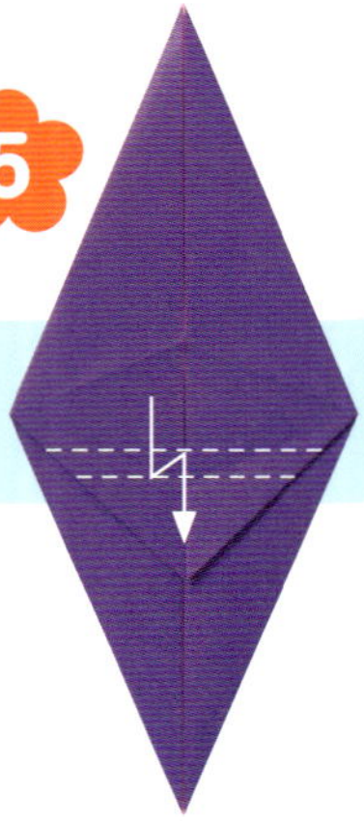

6 てんせんで おる

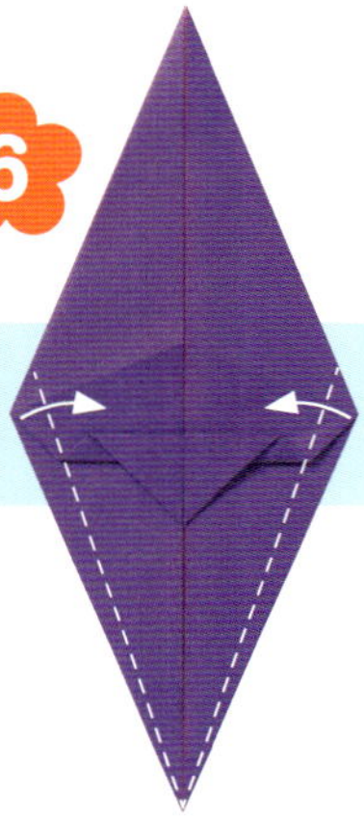

7 てんせんで うしろへ だんおり

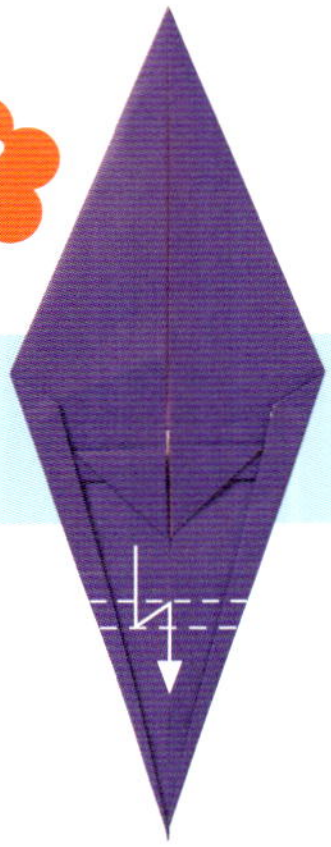

8 てんせんで おる

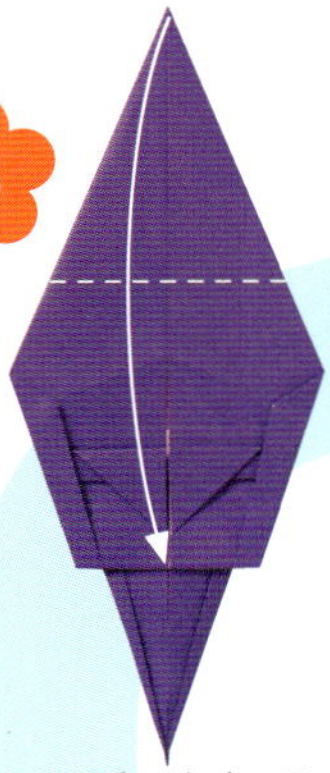

9 てんせんで おる

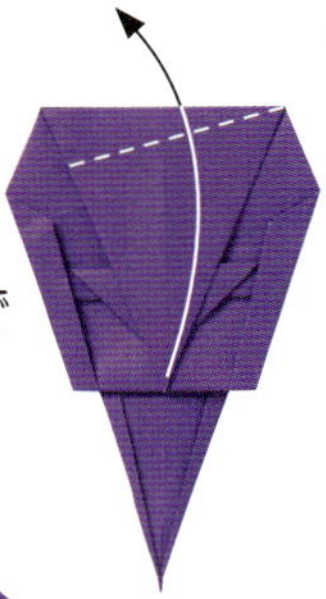

10 てんせんで おる

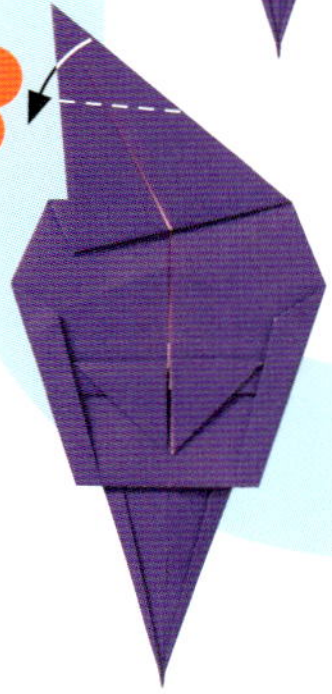

できあがり

目《め》を かく

かざってみよう！

木《き》の えだや プランターの ネーム プレートなどに とまらせると かわいい インテリアに！

だちょう

かんたん

1

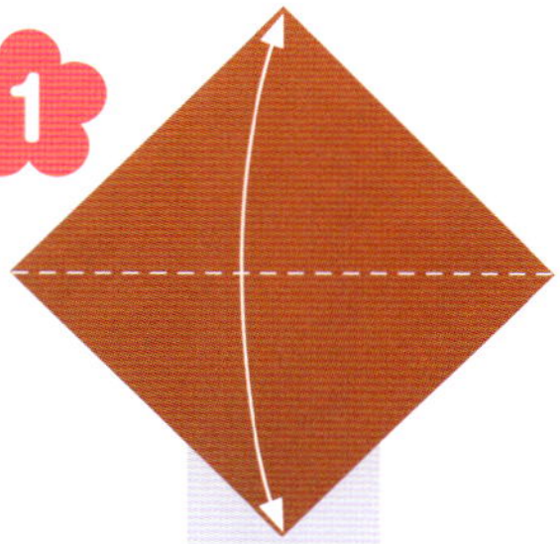

はんぶんに おって
おり目《め》を つけて もどす

2

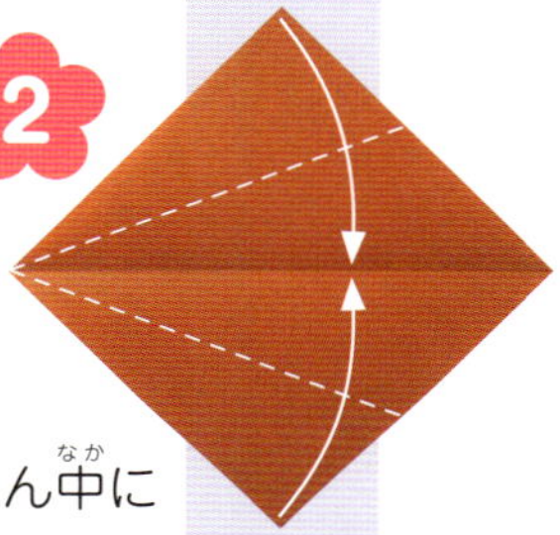

まん中《なか》に
むけて てんせんで おる

3

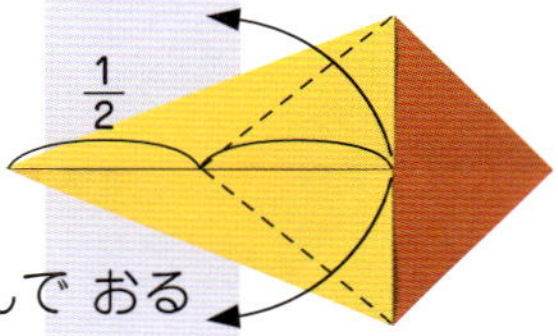

てんせんで おる

4

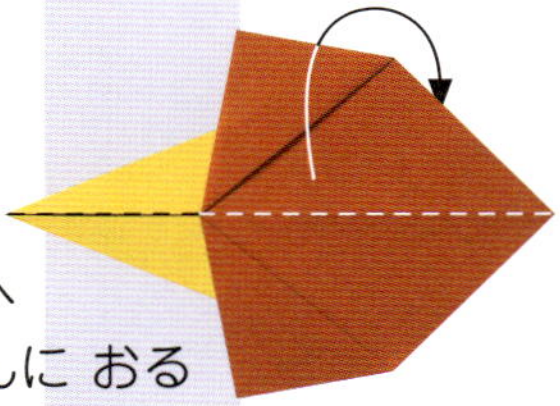

うしろへ
はんぶんに おる

5

てんせんで かぶせおり

6

てんせんで なかわりおり

7 むきを
かえる

8 てんせんで
かぶせおり

できあがり

目《め》を かく

いぬ

ちん ふつう

1
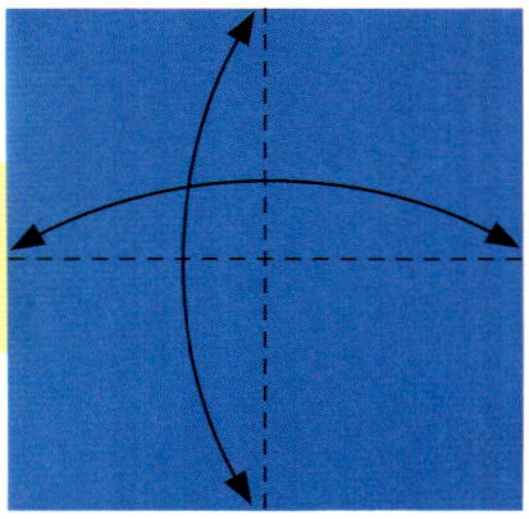

たてよこ はんぶんに
おって おり目《め》を
つけて もどす

2
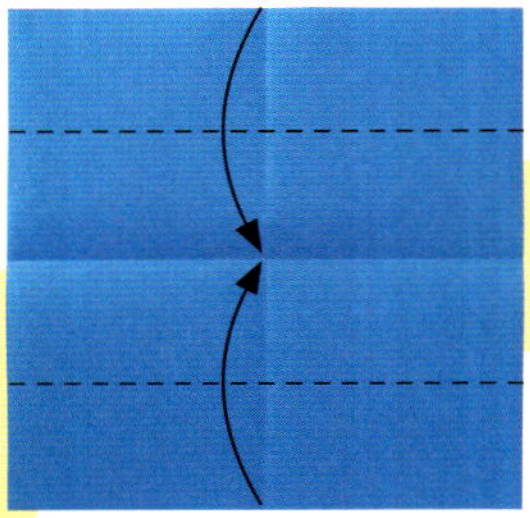

まん中《なか》に
むけて
てんせんで
おる

3
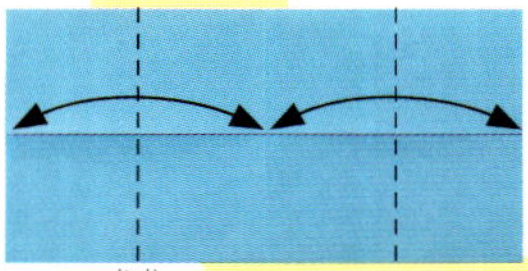

まん中《なか》に むけて
てんせんで おって
おり目《め》を つけて もどす

4
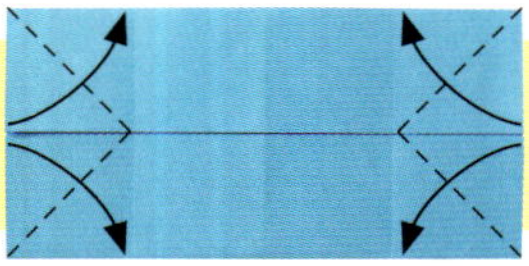

てんせんで おる

5
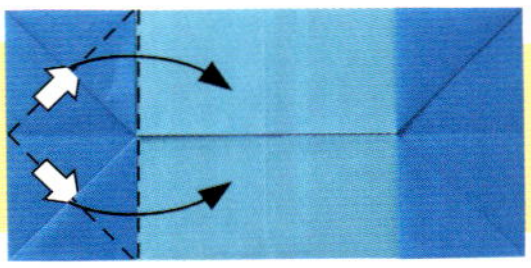

⇗⇘ から ふくろを
ひらいて つぶす

6
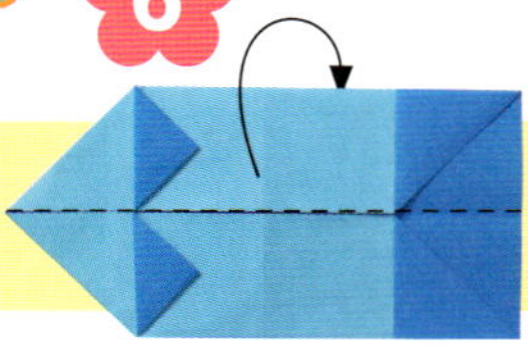

うしろへ
はんぶんに おる

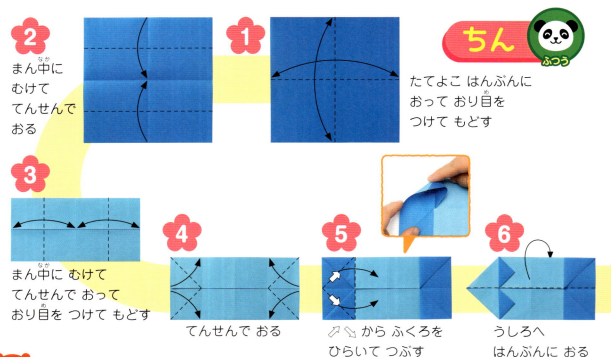

7 てんせんで おって
おり目《め》を つけて もどす

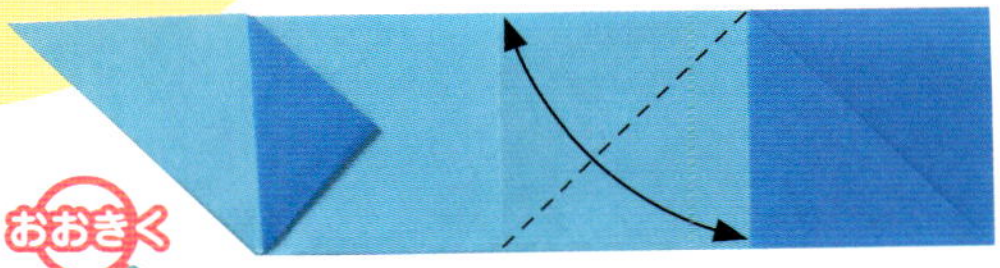

8 てんせんで
かぶせおり

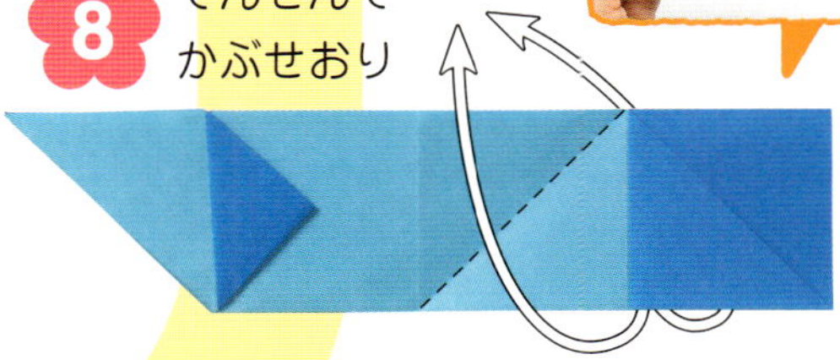

9 三《さん》かくを 左《ひだり》に たおす(①)。
うらも おなじ。⇧ から
ふくろを
ひらく(②)

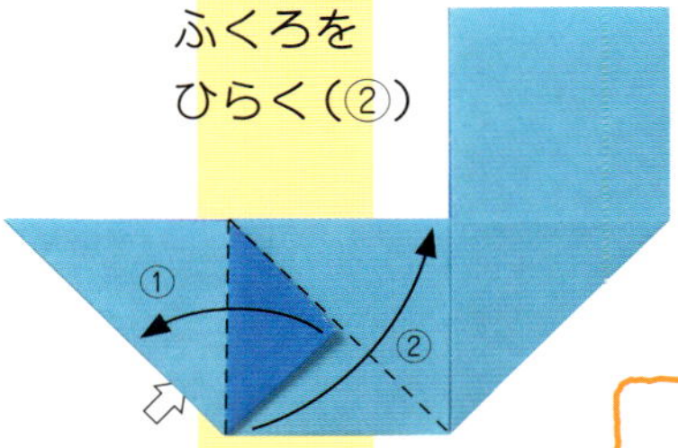

10 ふくろを
つぶす

11 むきを
かえる

12

13～**15** は
ぶぶんず

13 てんせんで
なかわりおり

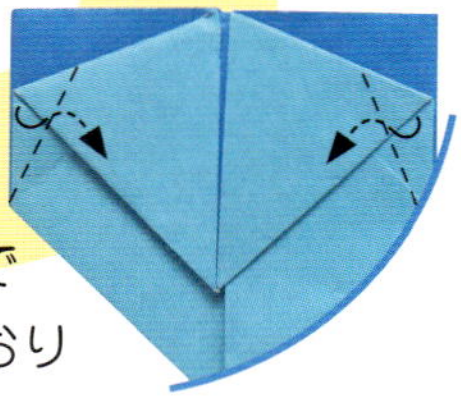

14 てんせんで
おる

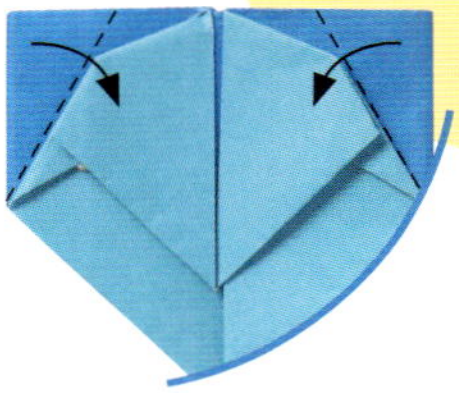

15 てんせんで
うしろへ おる

16 てんせんで おる。
うらも おなじ

17

右《みぎ》は てんせんで なかわりおり。
左《ひだり》は てんせんで おる

かおを かく

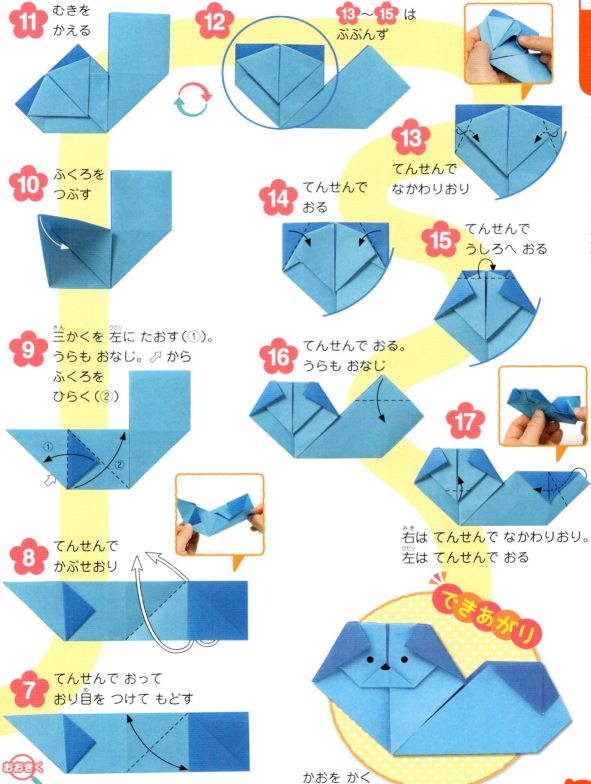

ポメラニアン

ふつう

1

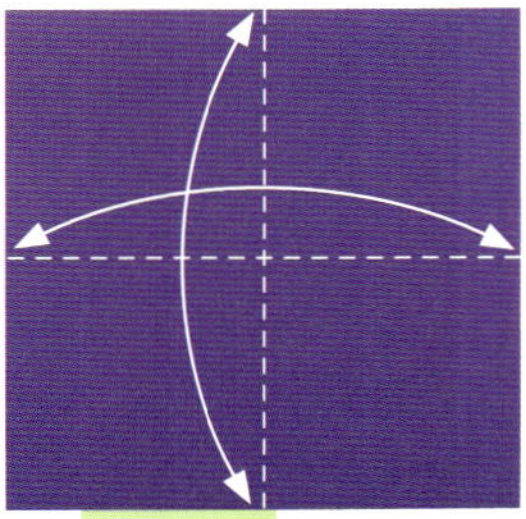

たてよこ はんぶんに おって
おり目《め》を つけて もどす

2

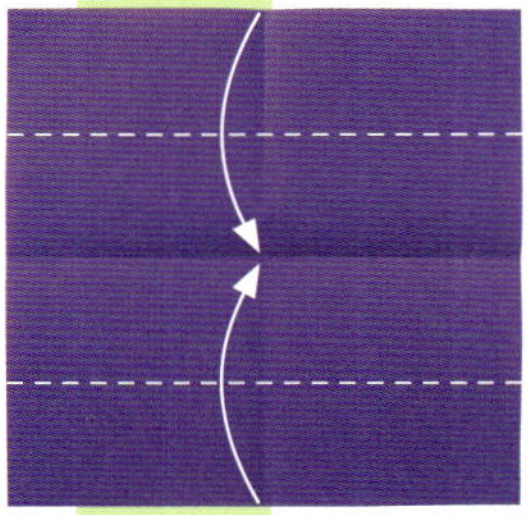

まん中《なか》に むけて
てんせんで おる

3

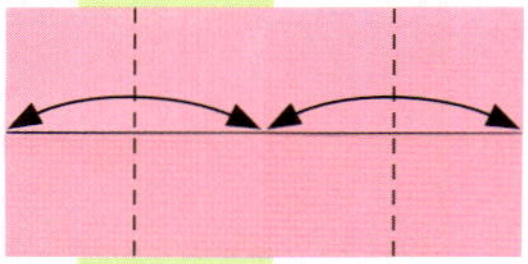

まん中《なか》に むけて
てんせんで おって
おり目《め》を つけて もどす

4

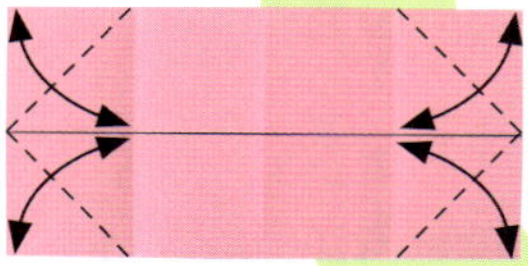

てんせんで おって
おり目《め》を つけて もどす

5

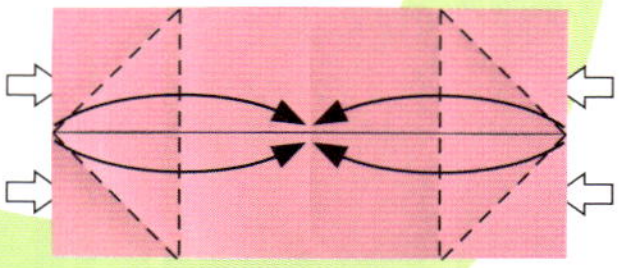

⇨ ⇦ から ふくろを
ひらいて つぶす

おおきく

6 てんせんで
おる

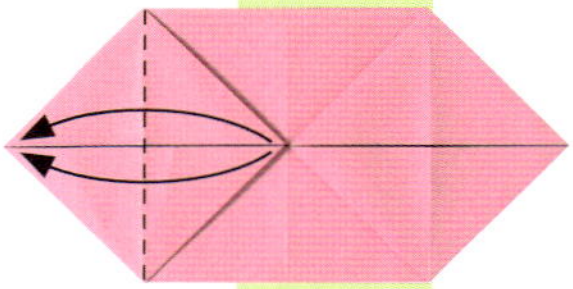

7 てんせんで
おる

8 てんせんで
うしろへ おる

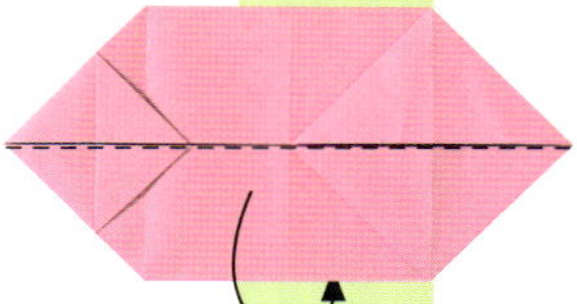

おおきく

9 ⇦ から ふくろを
ひらいて つぶす

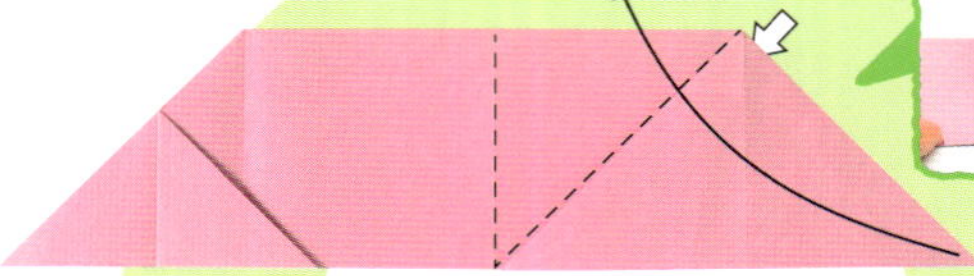

10 てんせんで
おる

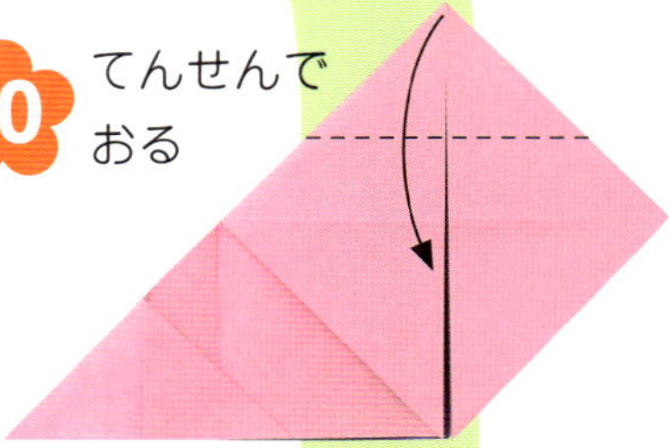

11

てんせんで おる

12

てんせんで なかわりおり

13

てんせんで うちがわへ おる

できあがり

かおを
かく

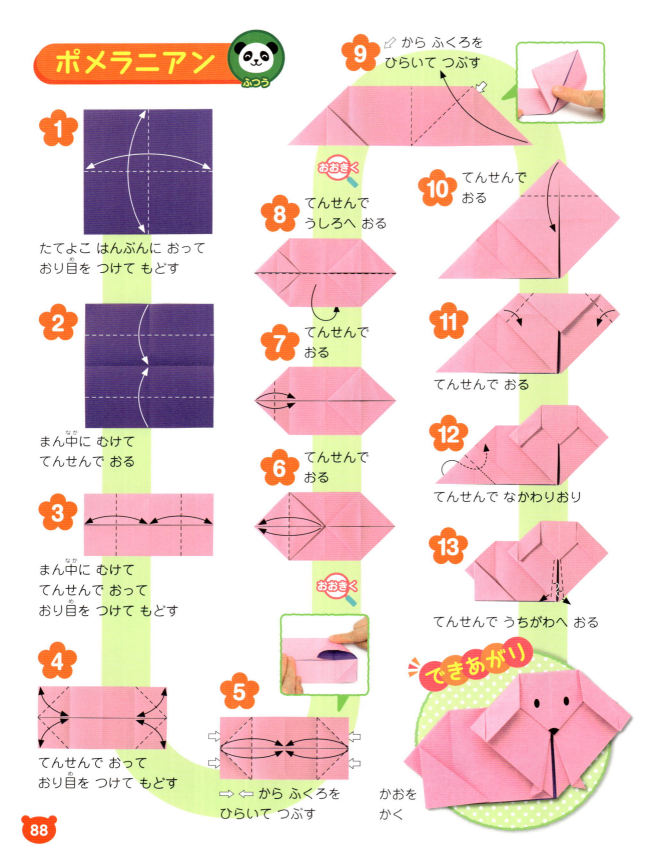

いぬ

ふつう

1
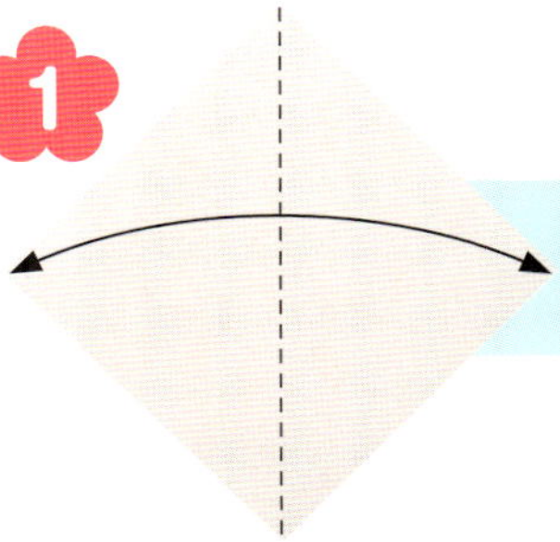
はんぶんに おって
おり目《め》を つけて もどす

2
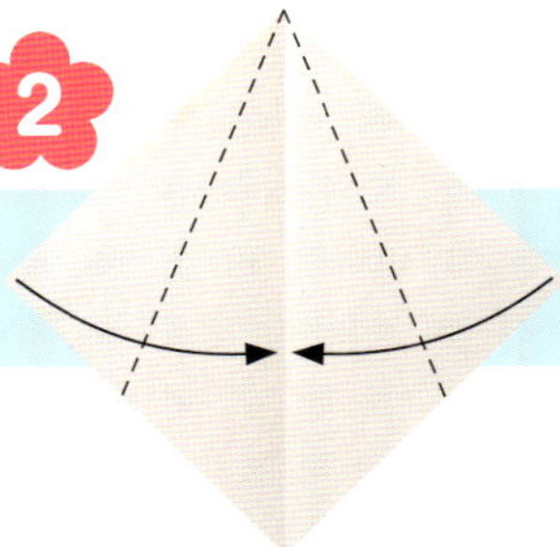
まん中《なか》に むけて
てんせんで おる

3

てんせんで
おる

4
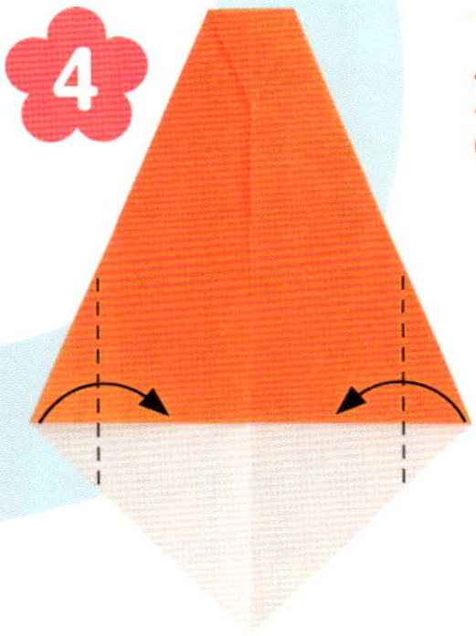
てんせんで おる

5
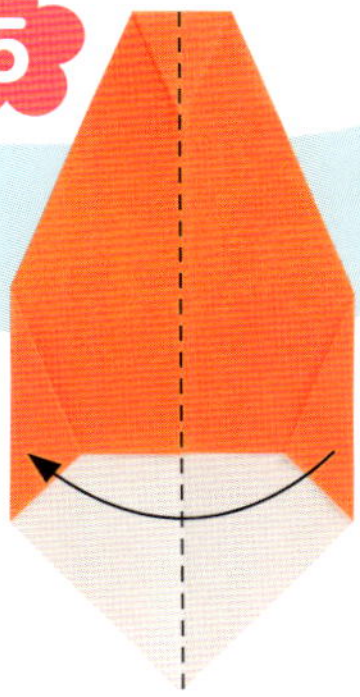
はんぶんに おる

6

てんせんで おって
おり目《め》を つけてから
てんせんで かぶせおり

7

てんせんで
かぶせおり

8
むきを
かえる

9
てんせんで おる。
うらも おなじ
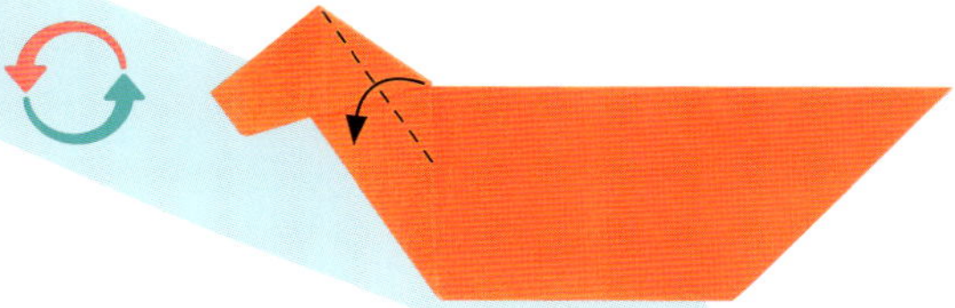

10
てんせんで おる
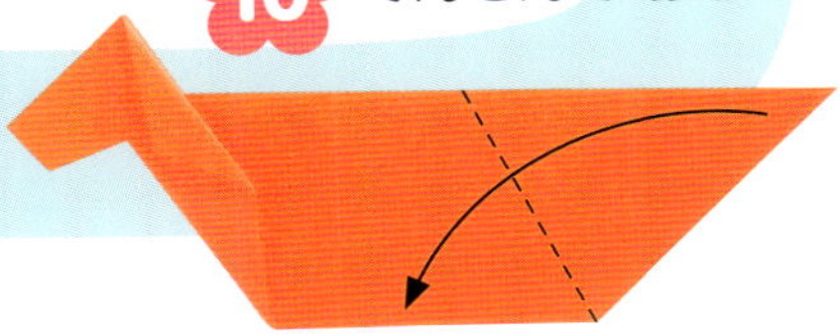

かおと
もようを かく

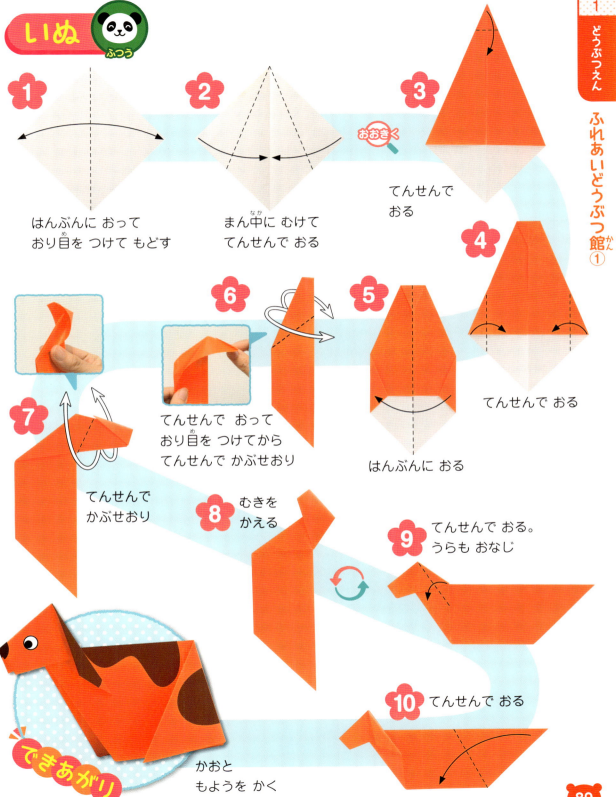

ねこ

ねこ
ふつう

1

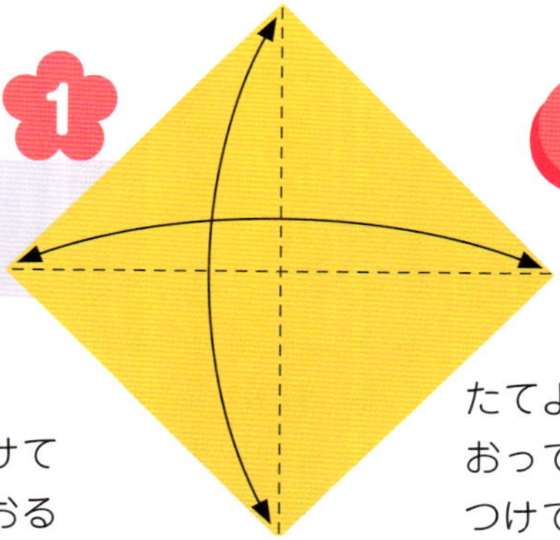

たてよこ はんぶんに
おって おり目《め》を
つけて もどす

2

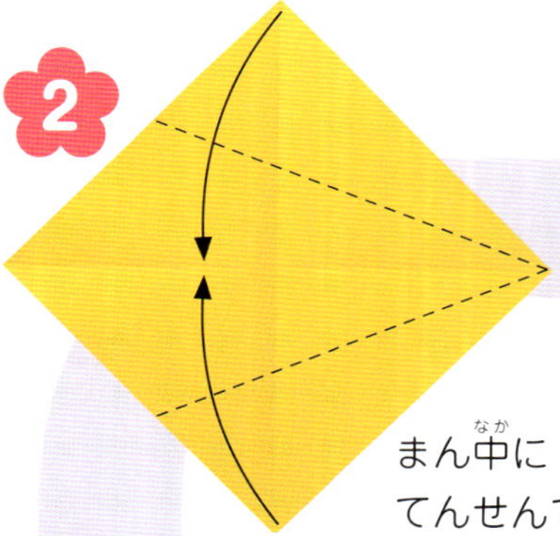

まん中《なか》に むけて
てんせんで おる

3

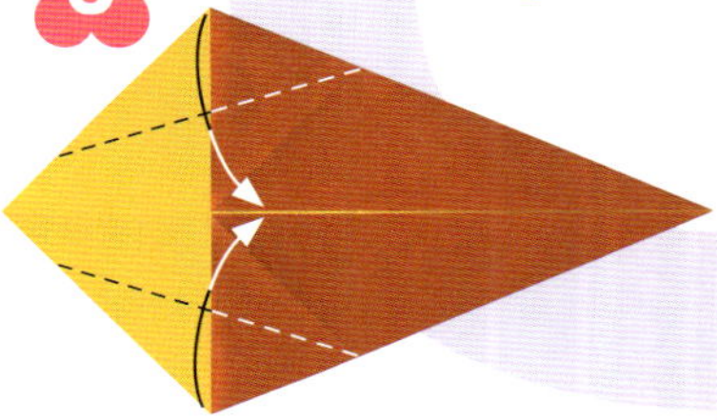

てんせんで おる

4

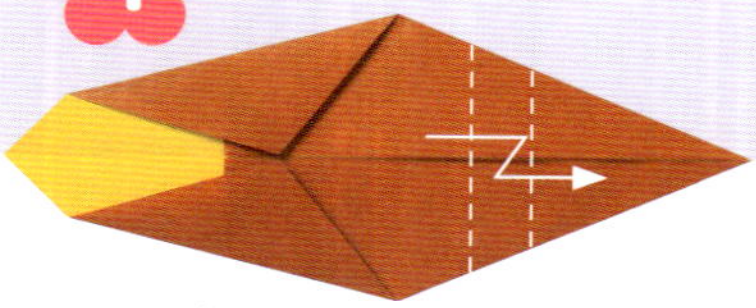

てんせんで だんおり

5

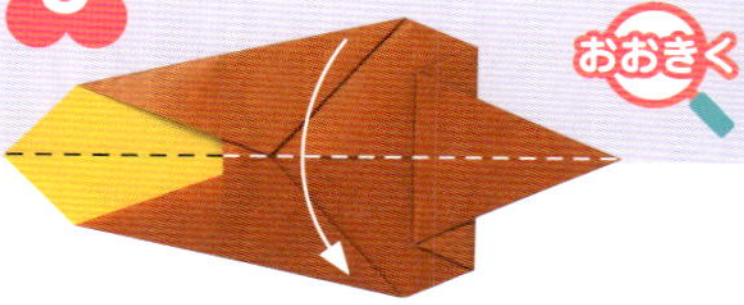

はんぶんに おる

6 てんせんで おって
おり目《め》を つけて もどす

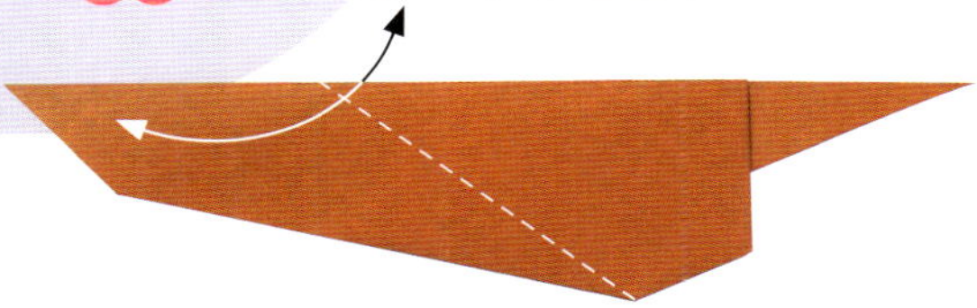

7 ⇧ から
ふくろを ひらく

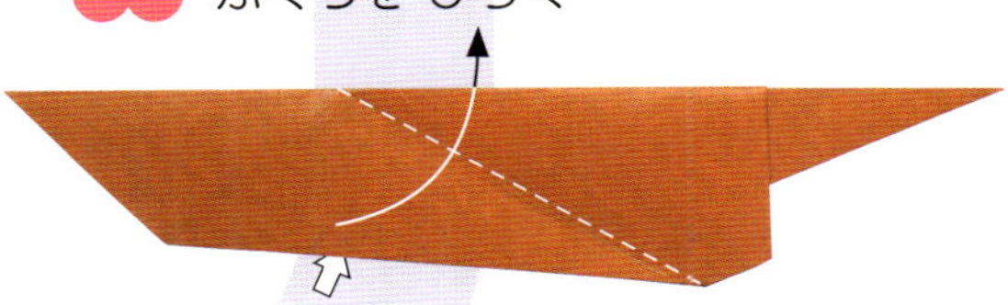

8 ふくろを
つぶす

9 むきを
かえる

10 てんせんで
おる。
11 12 は
ぶぶんず

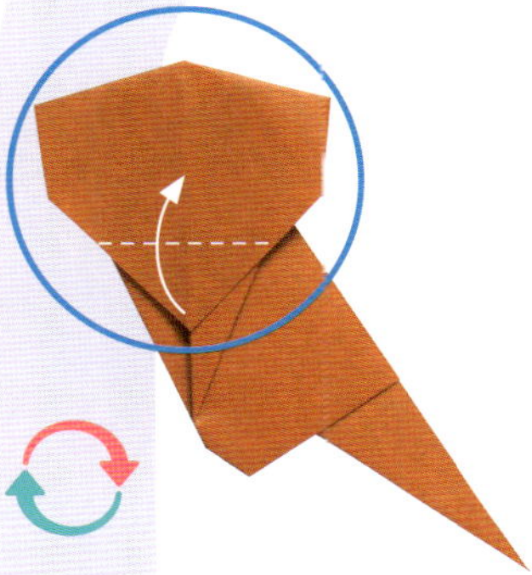

11

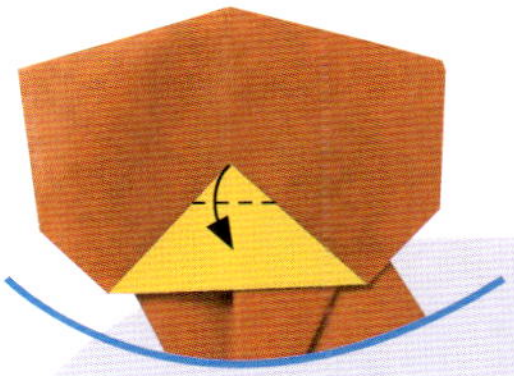

てんせんで おる

12

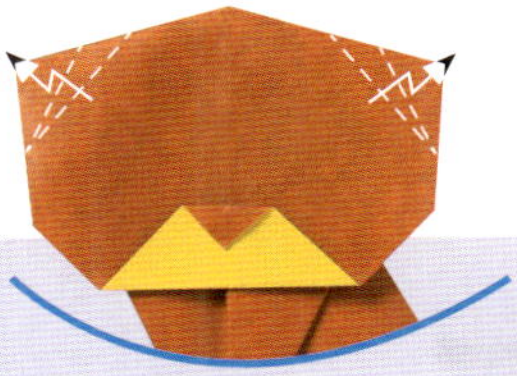

てんせんで
うしろへ だんおり

13 てんせんで
かぶせおり

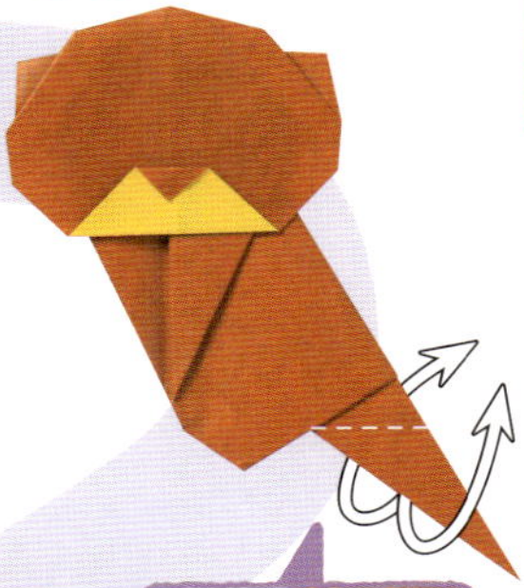

14

てんせんで
うちがわに おる。
うらも おなじ

目《め》を かく

かざってみよう！

くろい かみで おった「ねこ」と いっしょに
「こうもり」（44ページ）や かぼちゃなどを
かざれば ハロウィンの かざりに ぴったり！

こねこ

ふつう

1

はんぶんに
おって おり目《め》を
つけて もどす

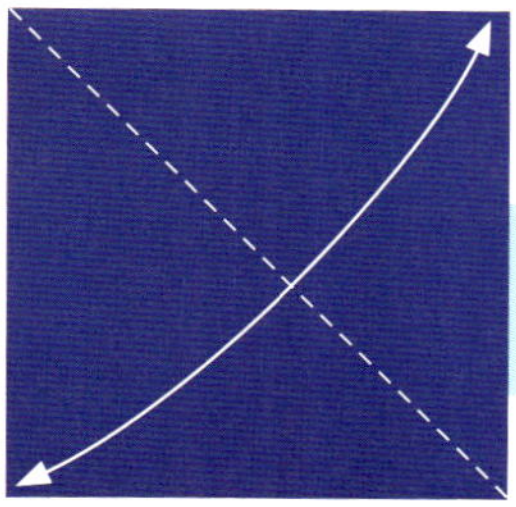

2

まん中《なか》に
むけて
てんせんで
おる

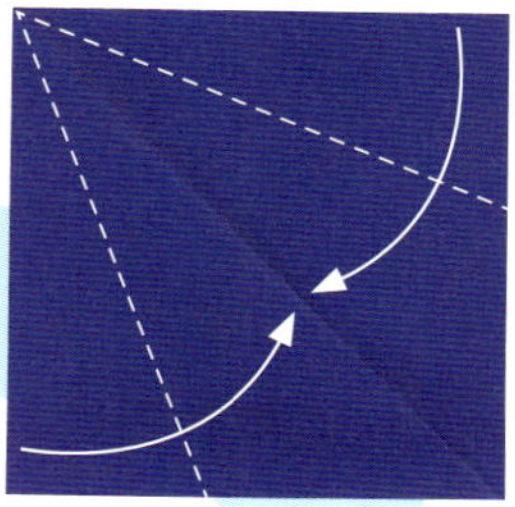

3

てんせんで
おる

4

おおきく

はんぶんに
おる

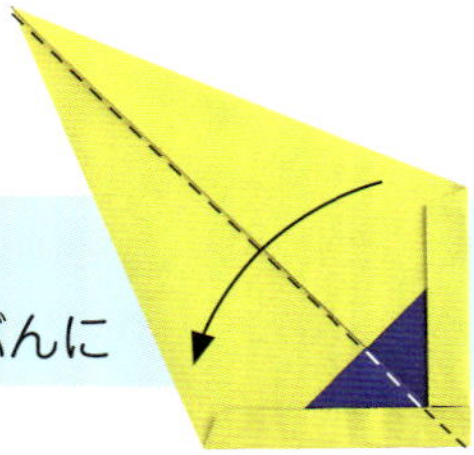

5

てんせんで
おる

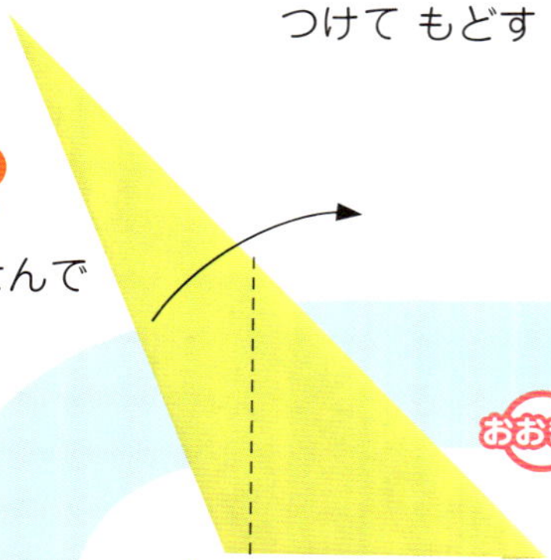

6

⇦ から ふくろを
ひらいて つぶす

7

てんせんで
うちがわに おる

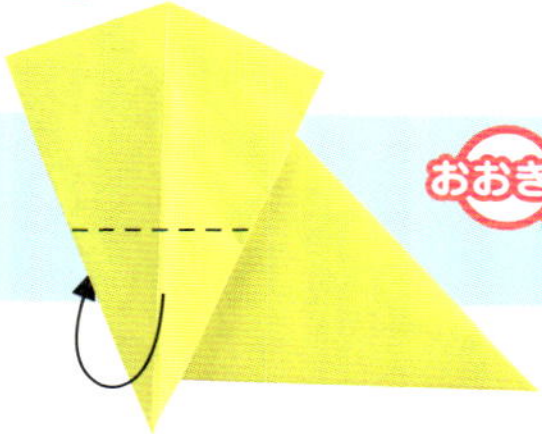

おおきく

8

てんせんで
うしろへ
だんおり

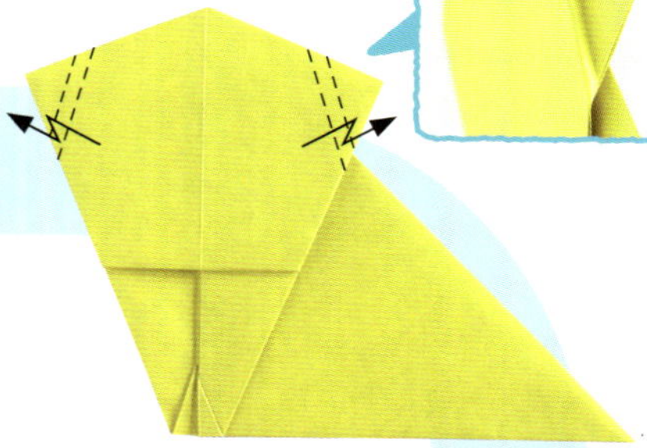

9

てんせんで
なかわりおり

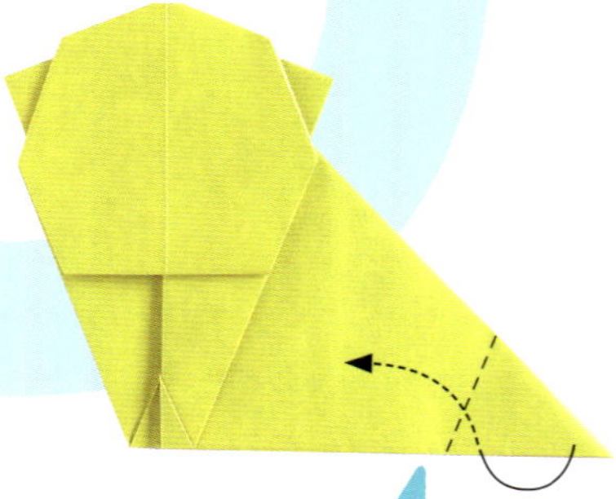

10

もう いちど
なかわりおりして
かどを ひき出す

できあがり

かおを かく

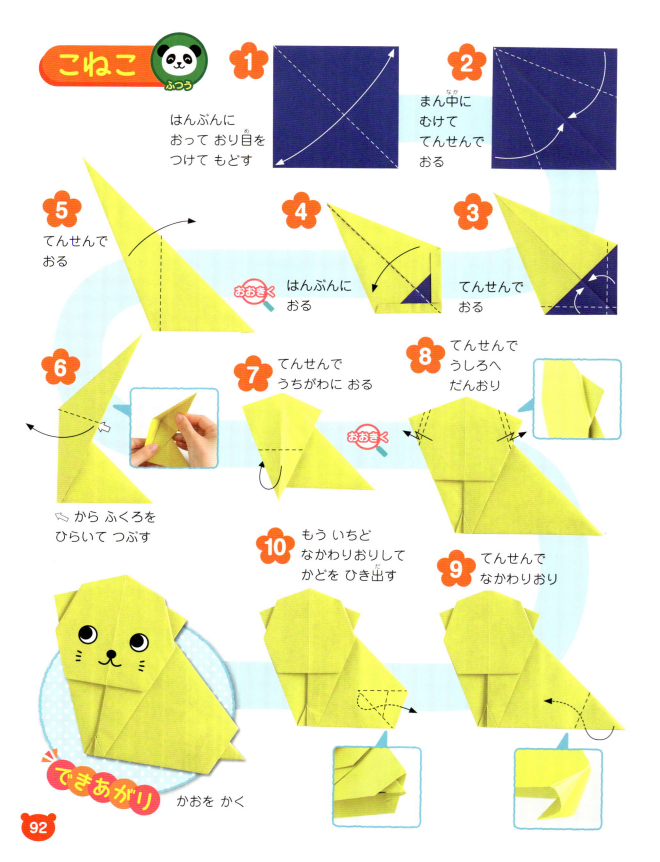

ペルシャねこ

ふつう

「みみずく」(80ページ)の 3 まで おって むきを かえてから はじめます

1 上《うえ》の 1まいを ひらく

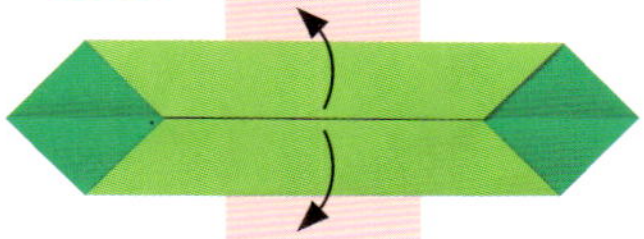

2 はんぶんに おる

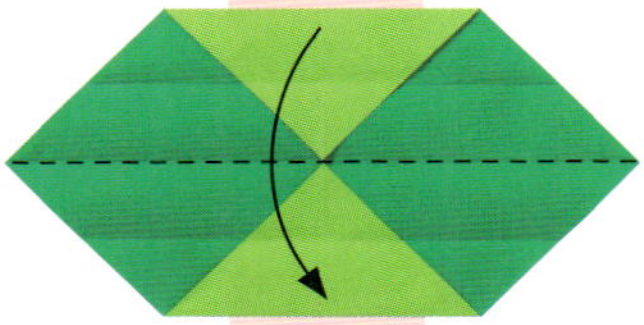

3 ⇖ から ふくろを ひらいて つぶす

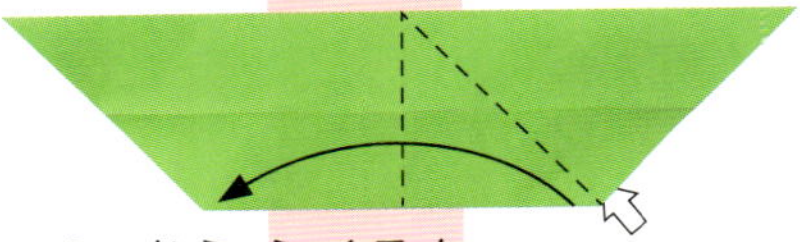

4 てんせんで おって おり目《め》を つけて もどす

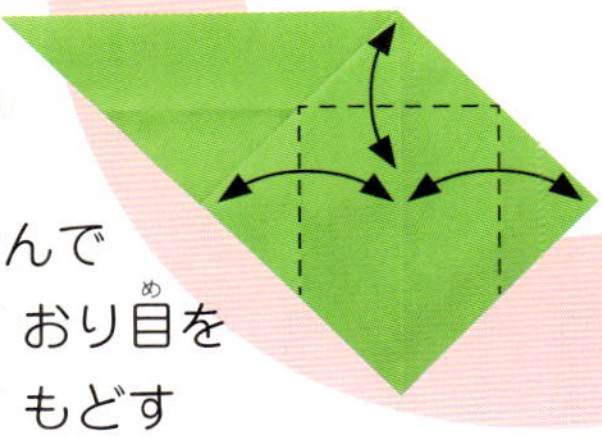

5 ⇧から ふくろを ひらいて つぶす

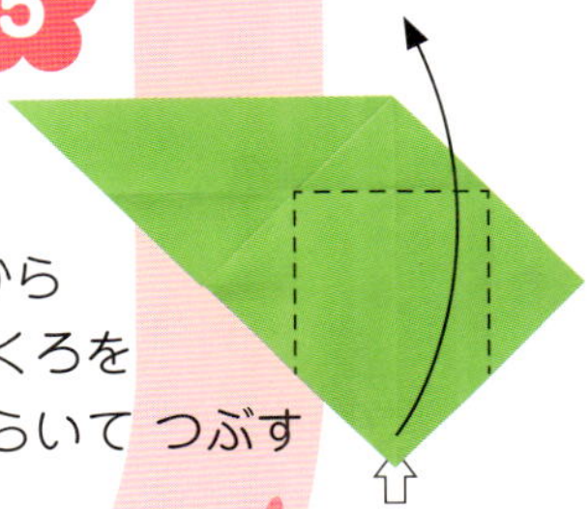

6 てんせんで おる。 7 8 は ぶぶんず

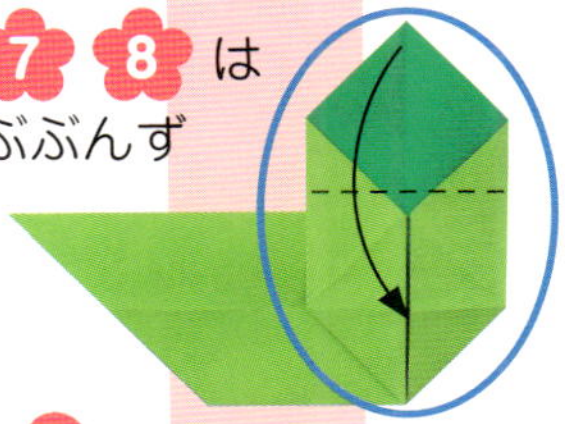

7 てんせんで うしろへ だんおり

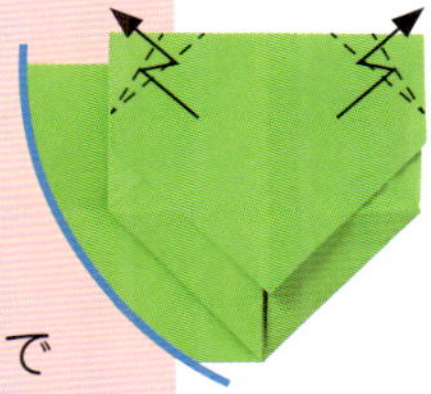

8 てんせんで だんおり

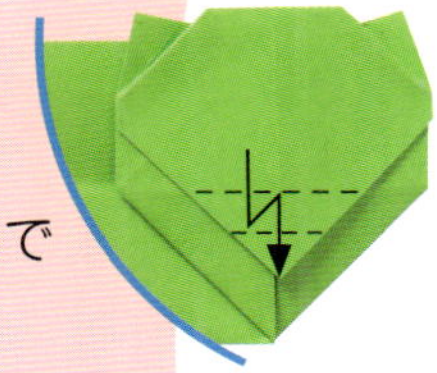

9 てんせんで おって おり目《め》を つけて もどす

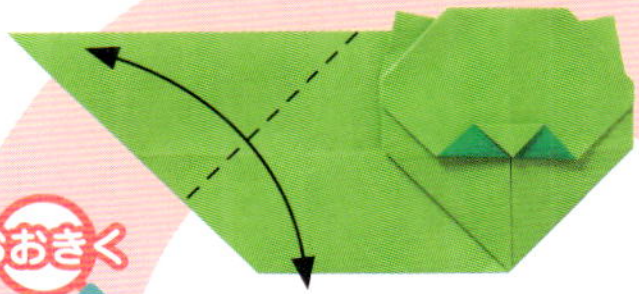

10 てんせんで なかわりおり

11 もう いちど てんせんで なかわりおり

12 てんせんで うちがわに おる。 うらも おなじ

できあがり

かおを かく

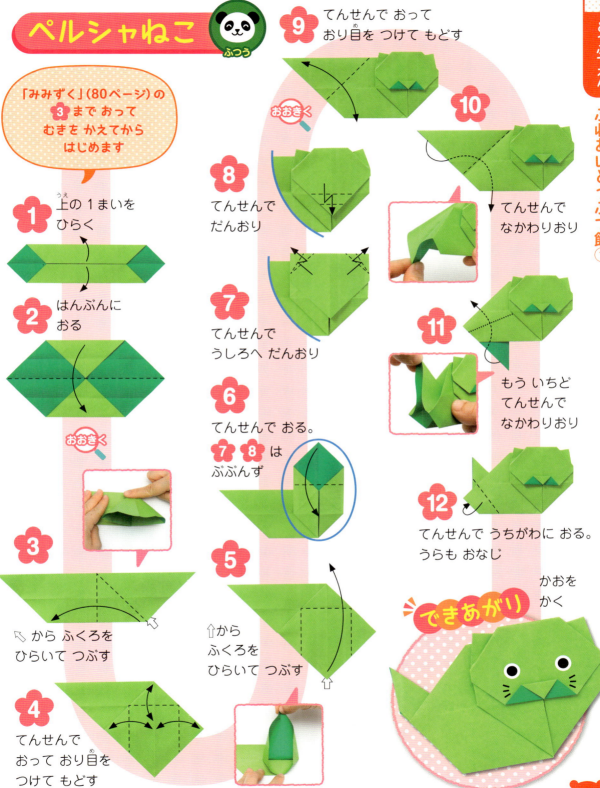

うさぎのきょうだい

むずかしい

1

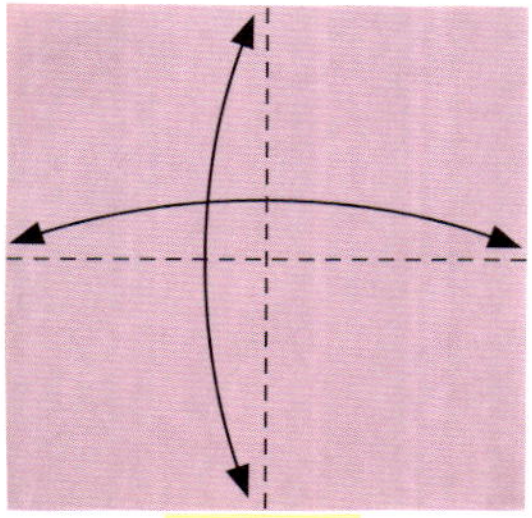

たてよこ はんぶんに おって
おり目《め》を つけて もどす

2

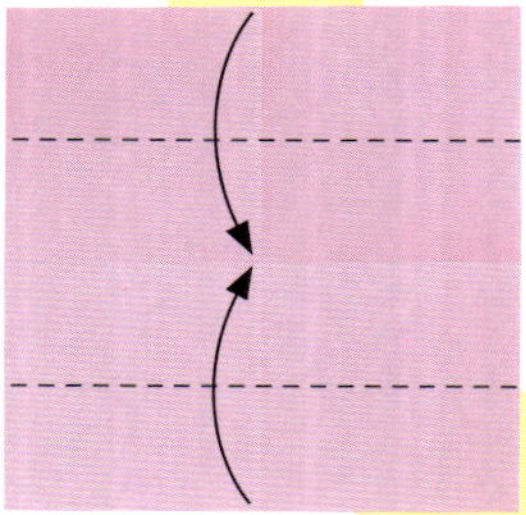

まん中《なか》に むけて
てんせんで おる

3

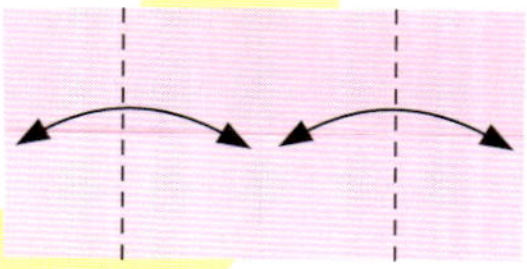

まん中《なか》に むけて
てんせんで おって
おり目《め》を つけて もどす

4

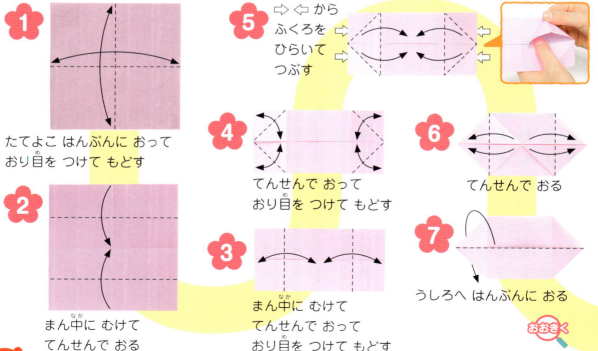

てんせんで おって
おり目《め》を つけて もどす

5

⇨ ⇦ から
ふくろを
ひらいて
つぶす

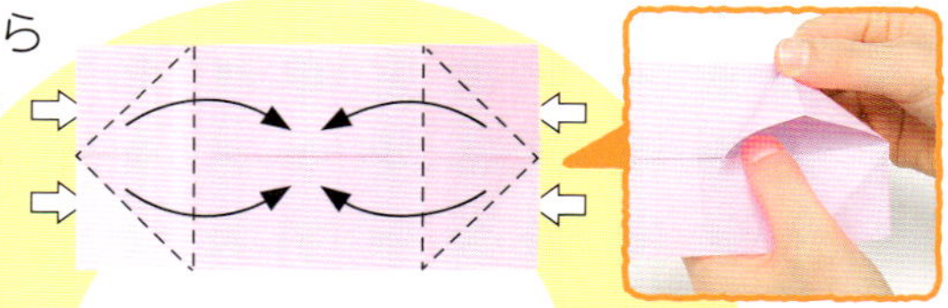

6

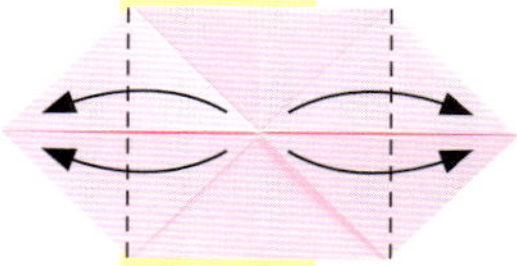

てんせんで おる

7

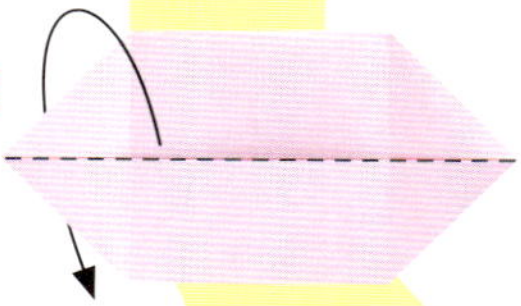

うしろへ はんぶんに おる

おおきく

いっしょにつくろう！

にんじん

おりがみを
はんぶんに
きってから
はじめます

1

はんぶんに
おって おり目《め》を
つけて もどす

2

すこし
かさなるように
てんせんで おる

3
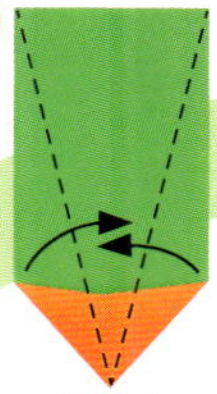
てんせんで
おる

4
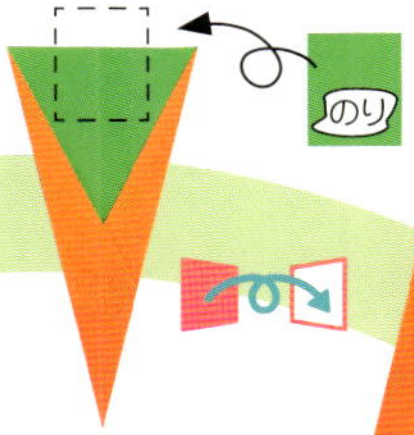

みどりいろの
かみを しかくく
きって のりで
はり、うらがえす

できあがり

8

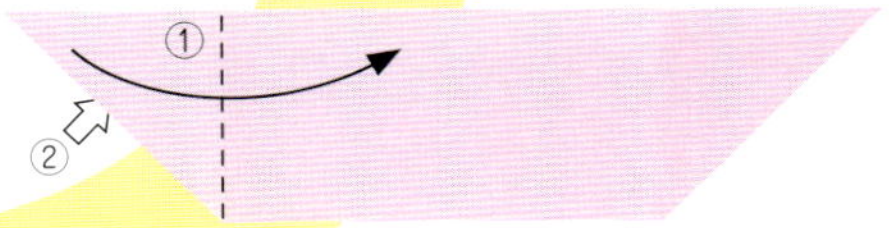
⇗ から まん中《なか》の ふくろ（②）を
ひらいて つぶす

9 てんせんで おる
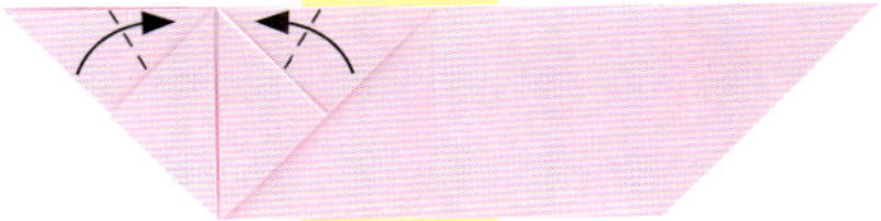

10 てんせんで うちがわに おる

11 うらがえす
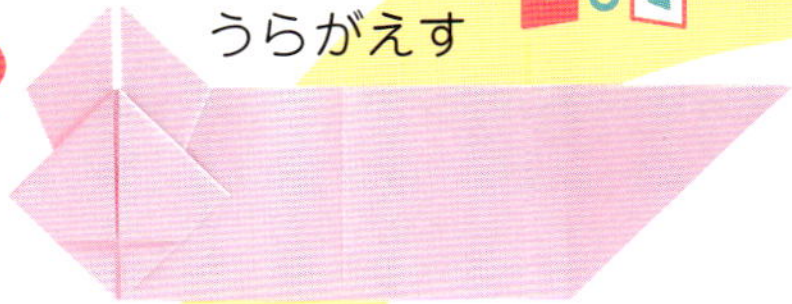

12
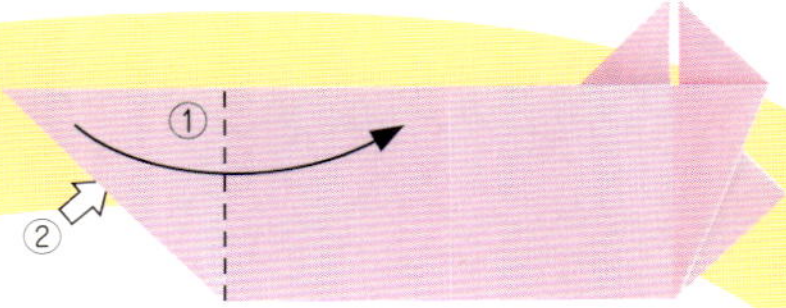
8 と
おなじように
ふくろ（②）を
ひらいて つぶす

13 9 10 と
おなじように おる
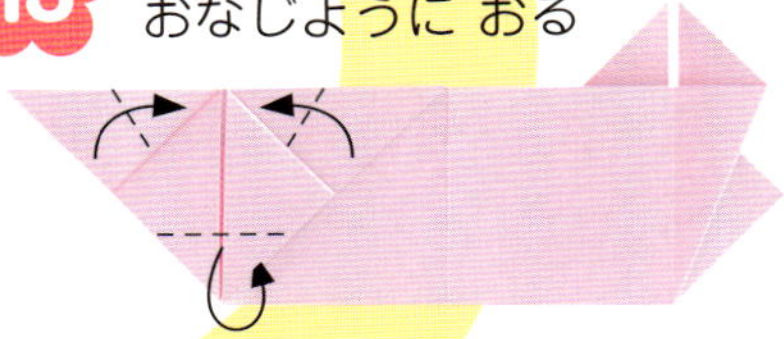

14
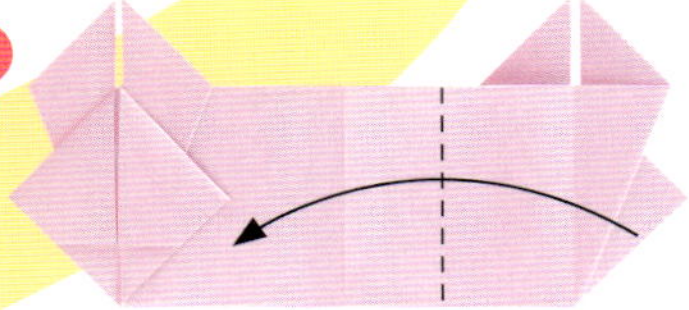
てんせんで おる

15

てんせんで
なかわりおり

かおを かく

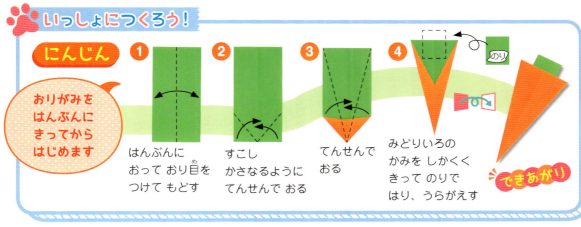

ハムスター

かんたん

1

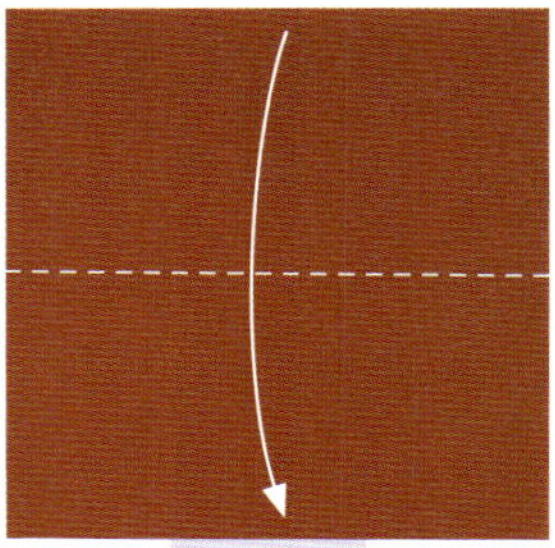

はんぶんに おる

2

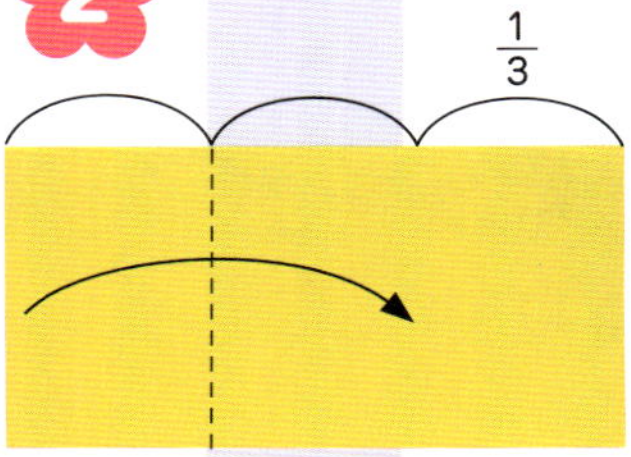

てんせんで おる

3

おおきく

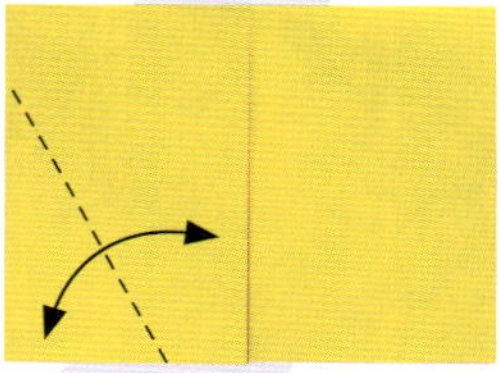

てんせんで おって
おり目《め》を つけて もどす

4 てんせんで
なかわりおり

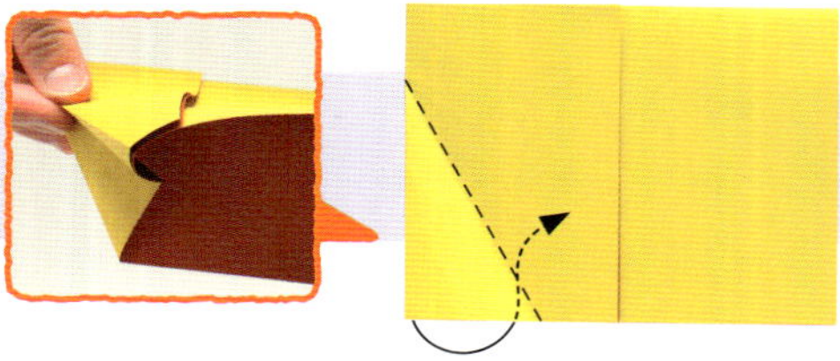

5 てんせんで
おる

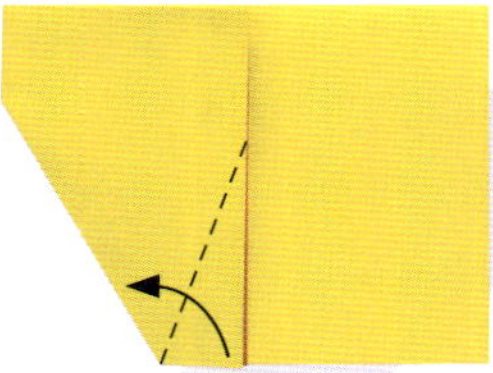

6 てんせんで
おる

7 てんせんで
なかわりおり

かおと
もようを
かく

できあがり

にわとり／ぞうがめ

ひよこ

かんたん

1

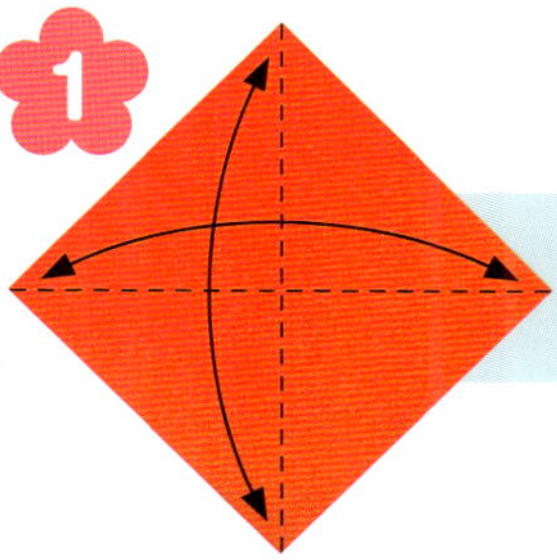

たてよこ はんぶんに
おって おり目《め》を
つけて もどす

2

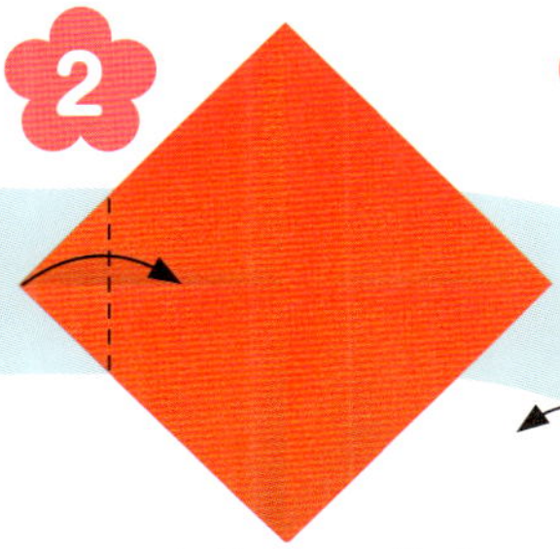

てんせんで おる

3 てんせんで
おる

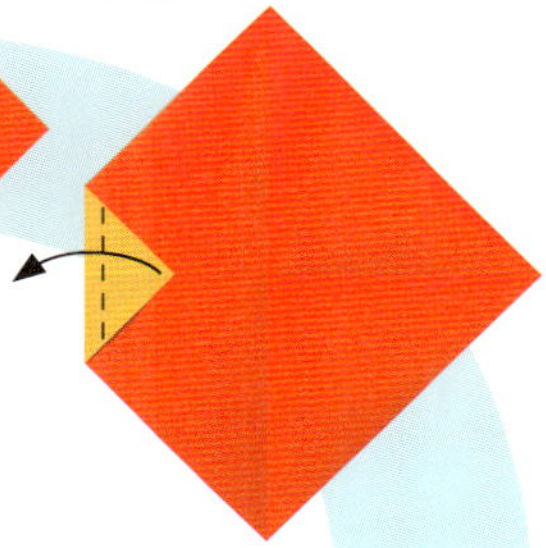

4 はんぶんに
おる

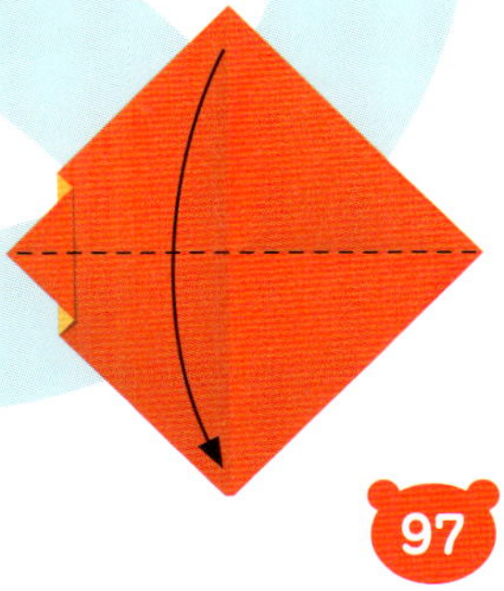

5

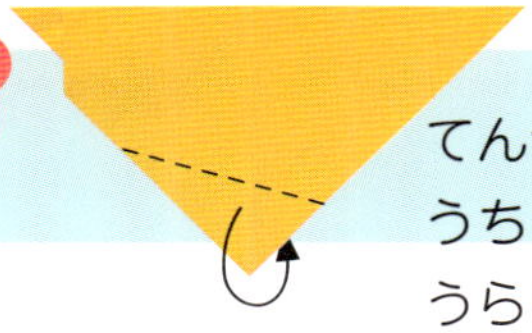

てんせんで
うちがわに おる。
うらも おなじ

5

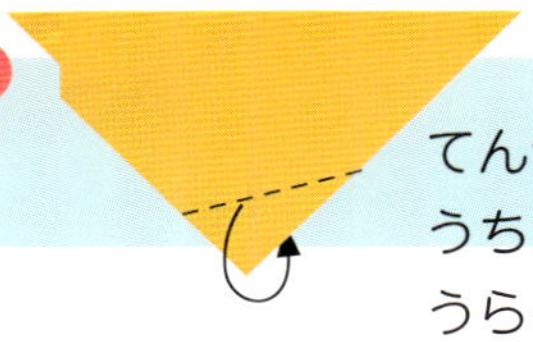

てんせんで
うちがわに おる。
うらも おなじ

できあがり

目《め》を かく

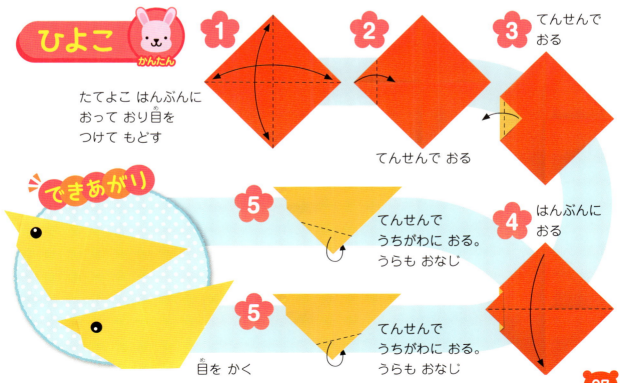

にわとり

ふつう

1

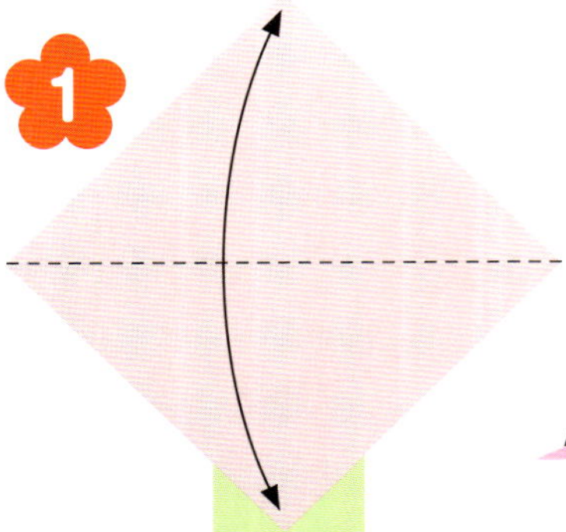

はんぶんに おって
おり目《め》を つけて もどす

2

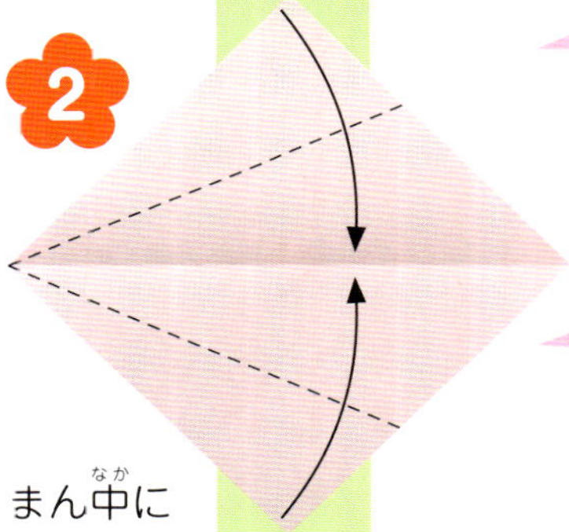

まん中《なか》に
むけて てんせんで おる

3

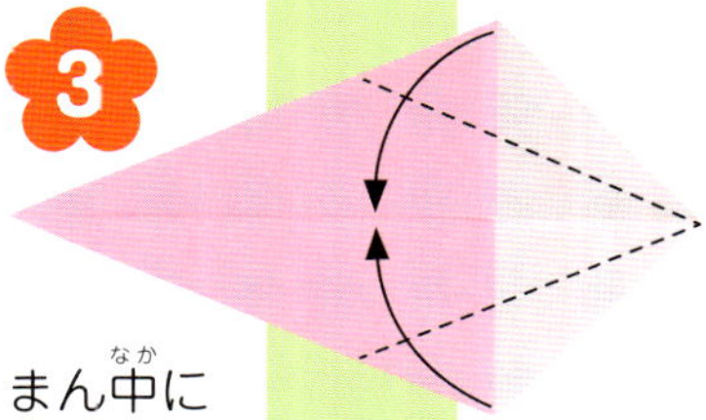

まん中《なか》に
むけて てんせんで おる

4

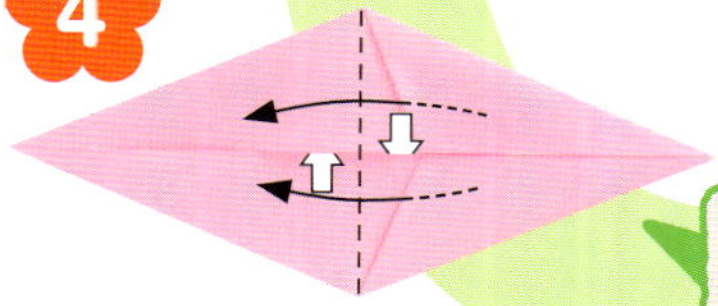

うちがわの かみを
⇩⇧ から ひき出《だ》して つぶす

5 てんせんで おる

おおきく

6 うしろへ
はんぶんに おる

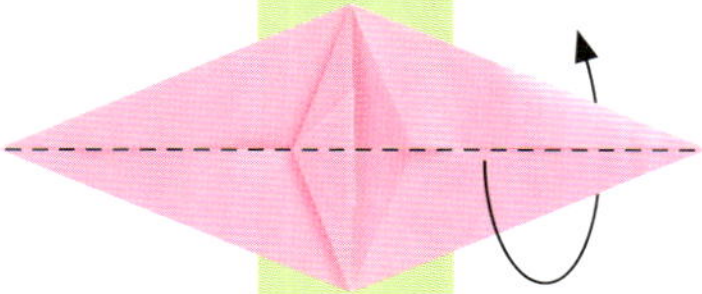

7

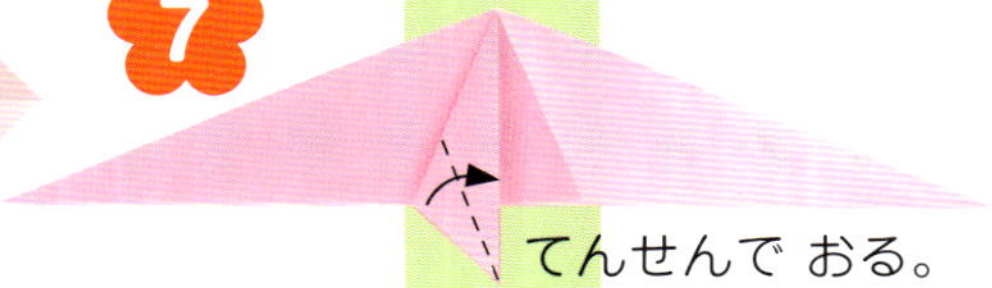

てんせんで おる。
うらも おなじ

8

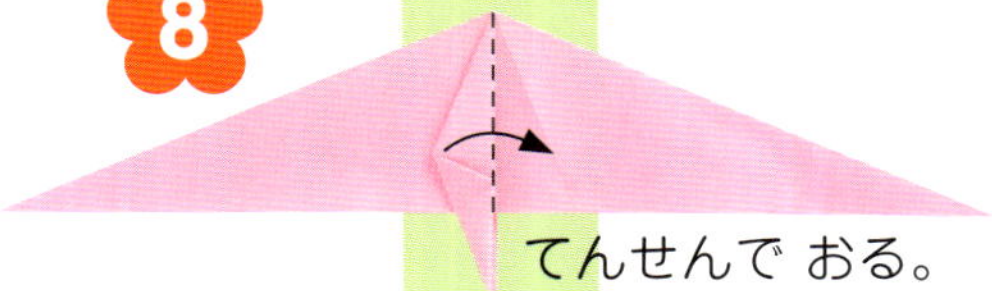

てんせんで おる。
うらも おなじ

9

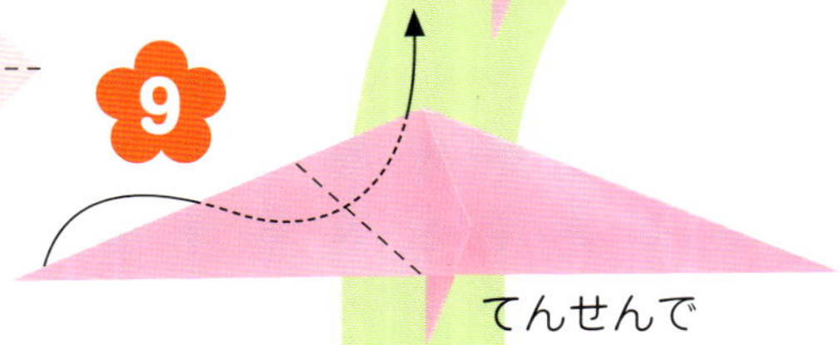

てんせんで
なかわりおり

10 てんせんで
なかわりおり

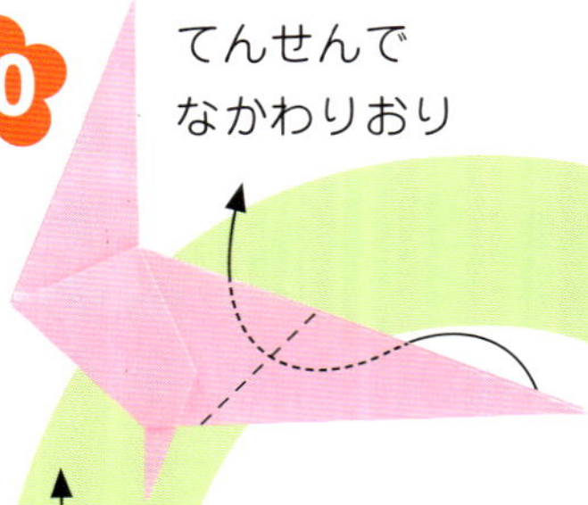

11 てんせんで
なかわりおり

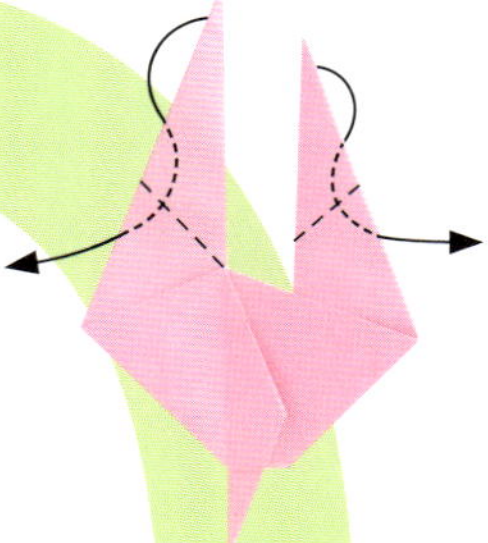

12 てんせんで
なかわりおり。
13 は
ぶぶんず

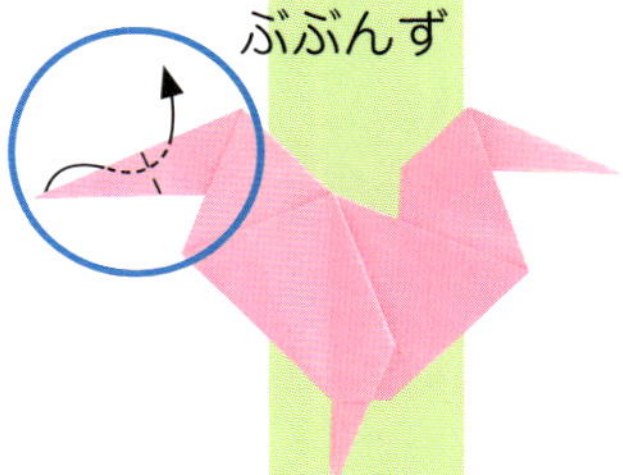

13

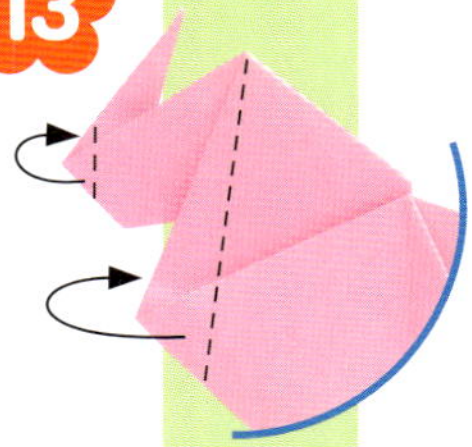

てんせんで うちがわに
おる。うらも おなじ

できあがり

目《め》と
とさかを
かく

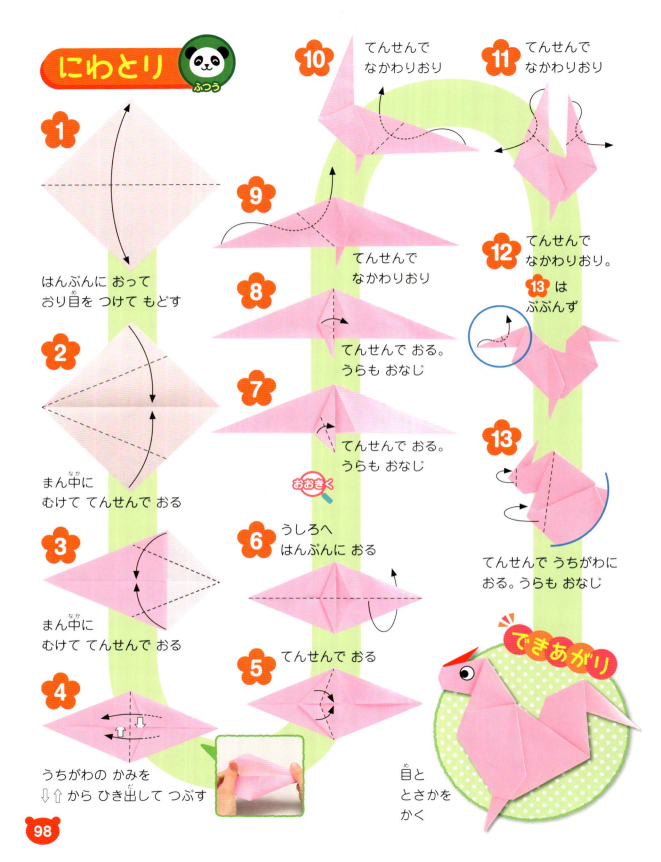

ぞうがめ

ふつう

1 はんぶんに おる

2 はんぶんに おる

3 ⇧ から ふくろを ひらいて つぶす

4 うらも おなじように ふくろを ひらいて つぶす

おおきく

5 てんせんで うちがわに おる。うらも おなじ

6 てんせんで なかわりおり

7 ⇧ から ふくろを ひらいて つぶす

8 てんせんで うちがわに おる

9 てんせんで うしろへ おる

10

11 は ぶぶんず

11 てんせんで なかわりおり

12 下《した》に むける

できあがり

目《め》と もようを かく

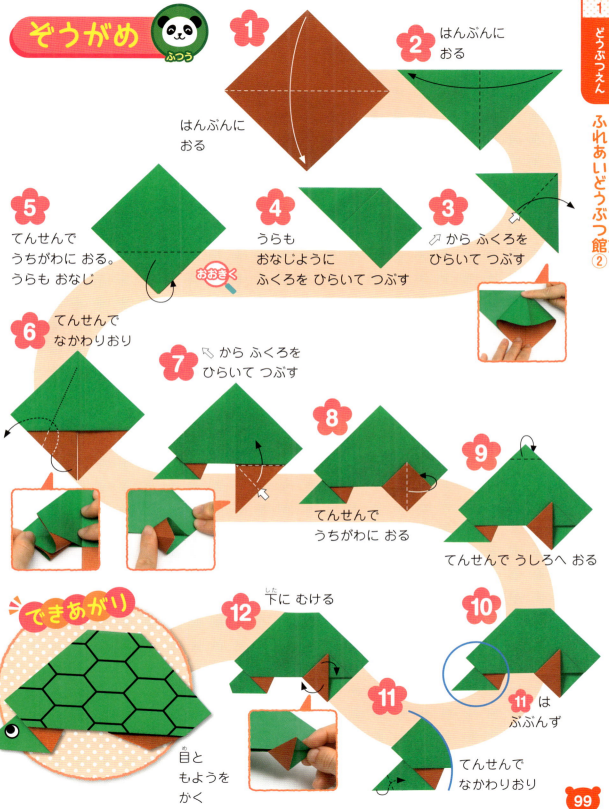

アルパカ／やぎ／ひつじ

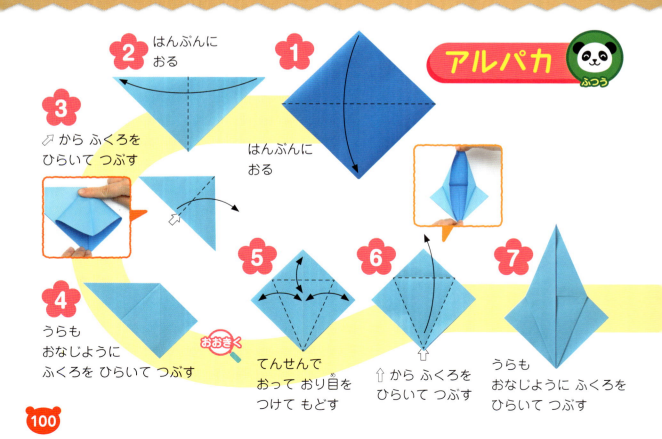

アルパカ

ふつう

1 はんぶんに おる

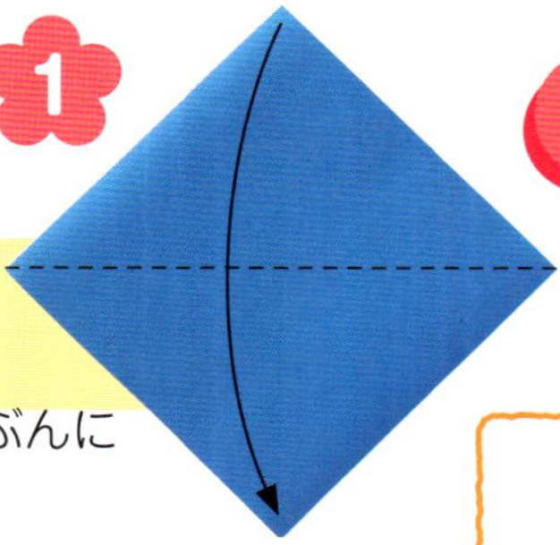

2 はんぶんに おる

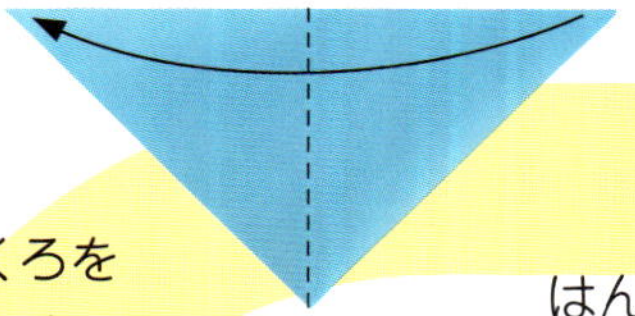

3 ⇗ から ふくろを ひらいて つぶす

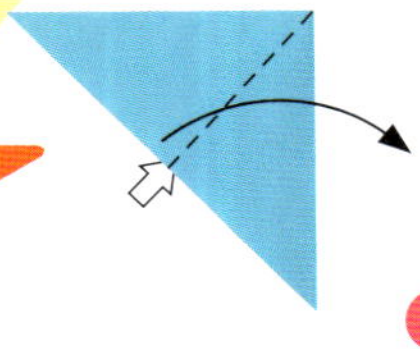

4 うらも おなじように ふくろを ひらいて つぶす

おおきく

5 てんせんで おって おり目《め》を つけて もどす

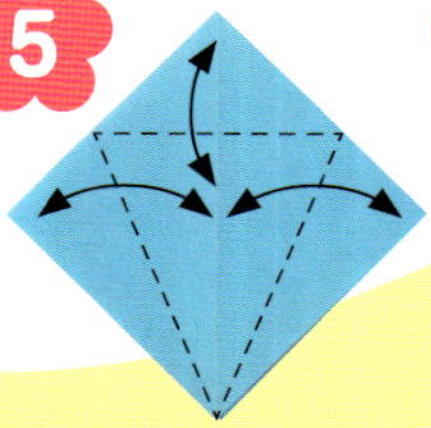

6 ⇧ から ふくろを ひらいて つぶす

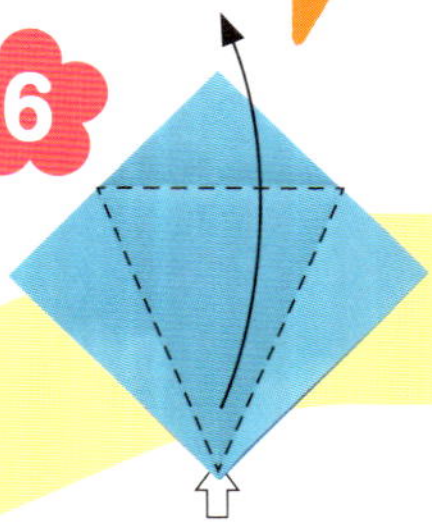

7 うらも おなじように ふくろを ひらいて つぶす

ふれあいどうぶつ館《かん》②

8

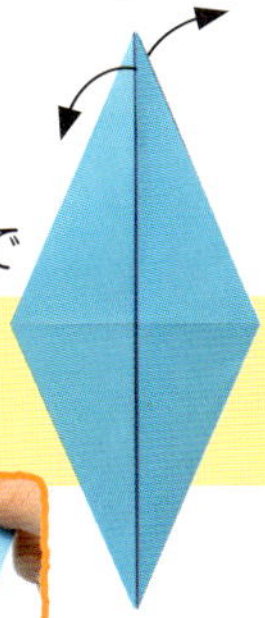

先《さき》を つまんで ひらく

9

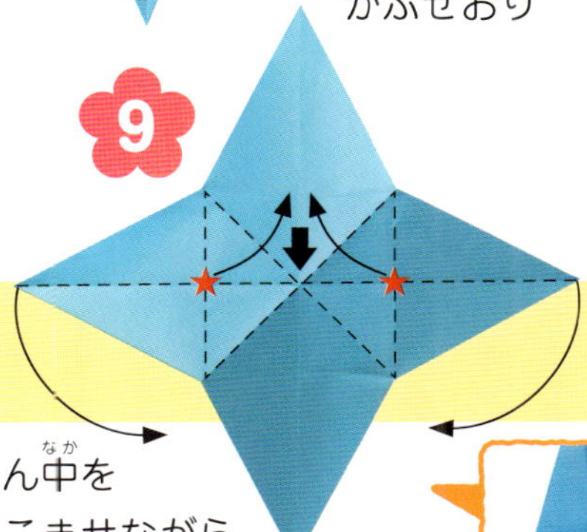

まん中《なか》を へこませながら ★と★を くっつける ようにして たたむ

10

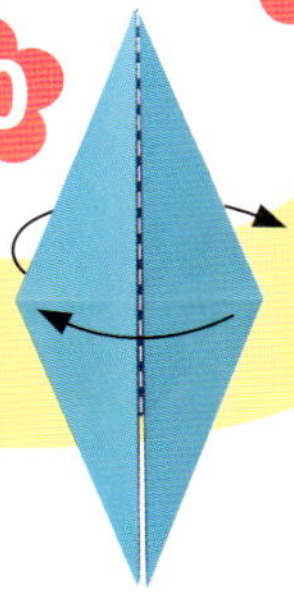

1まいずつ めくる

11

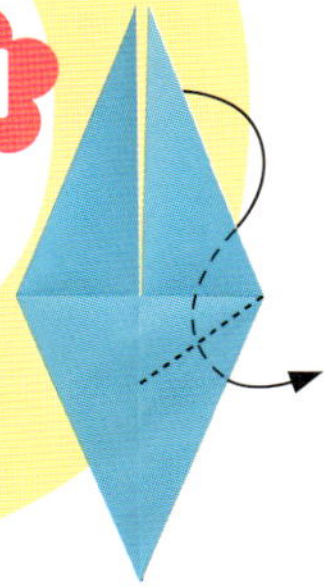

てんせんで なかわりおり

12

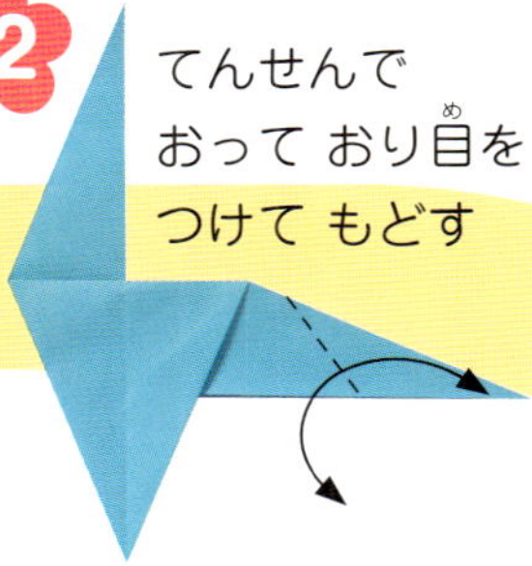

てんせんで おって おり目《め》を つけて もどす

13

おおきく

てんせんで かぶせおり

14

てんせんで おる。うらも おなじ

15

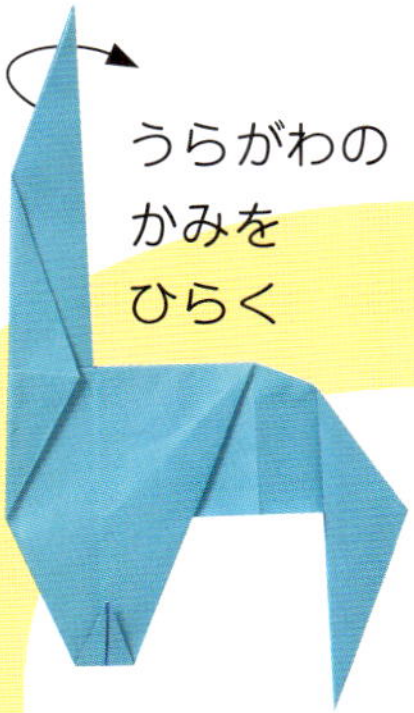

うらがわの かみを ひらく

16

てんせんで うしろへ おる。17 ～ 19 は ぶぶんず

17

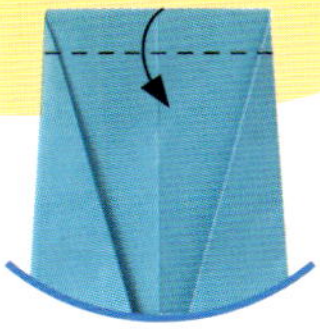

てんせんで おる

18

てんせんで おる

19

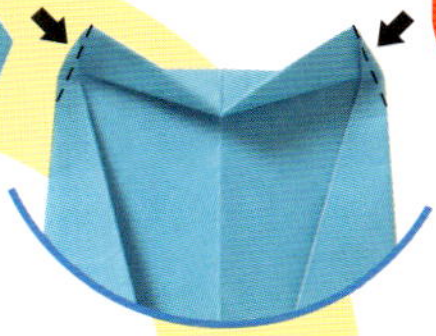

かどを おしつぶす

20

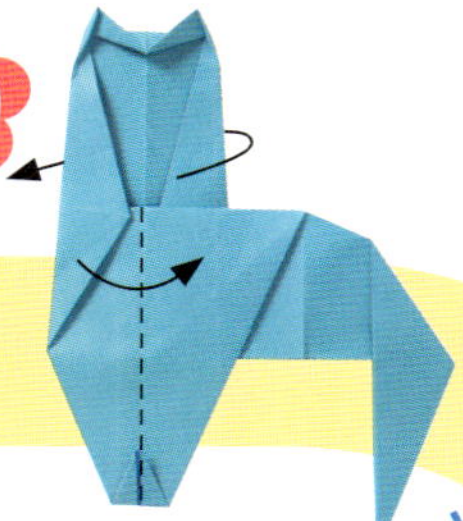

てんせんで おって ぐるりと まえに むける

21

かおは てんせんで うちがわに おる。あしは てんせんで なかわりおり

かおを かく

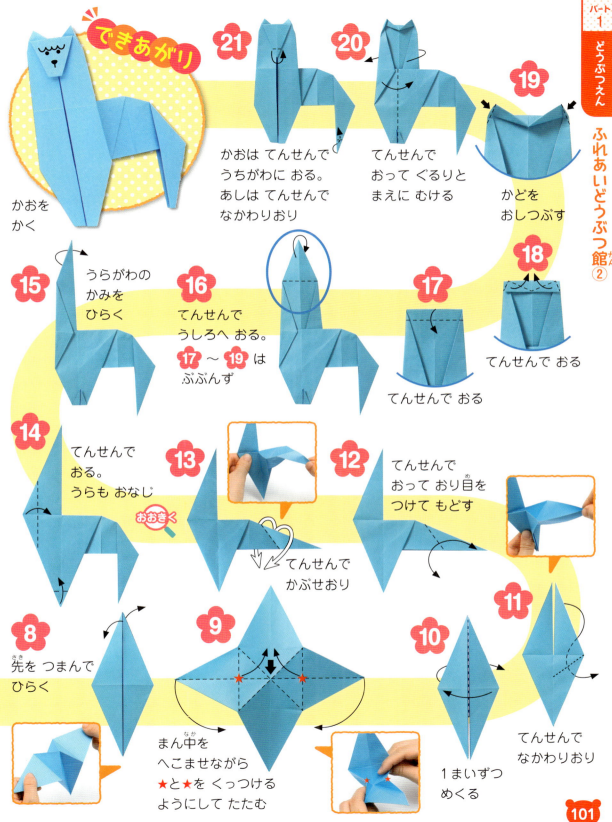

やぎ

ふつう

1 たてよこ はんぶんに おって おり目《め》を つけて もどす

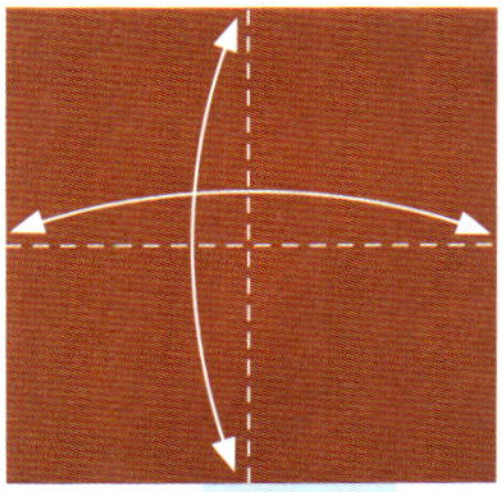

2 まん中《なか》に むけて てんせんで おる

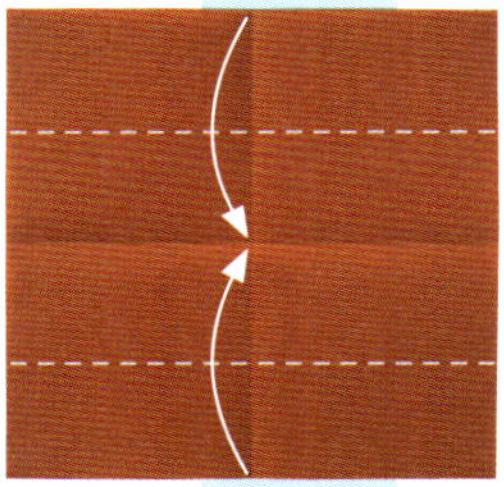

3

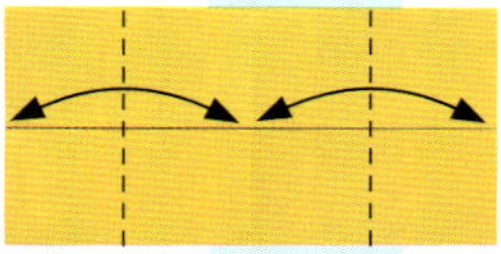

まん中《なか》に むけて てんせんで おって おり目《め》を つけて もどす

4

てんせんで おって おり目《め》を つけて もどす

5

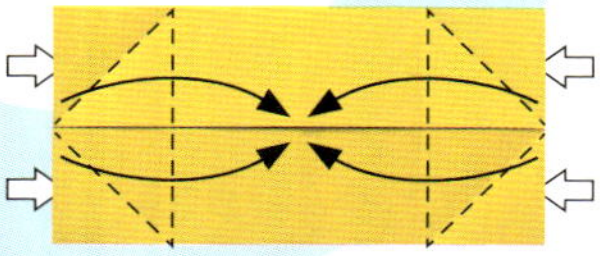

⇨ ⇦ から ふくろを ひらいて つぶす

おおきく

6

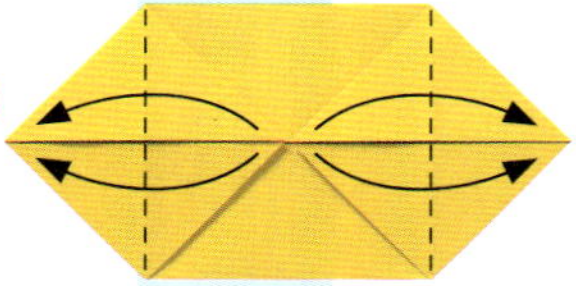

てんせんで おる

7

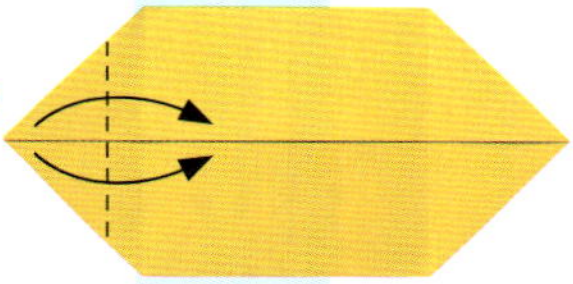

てんせんで おる

8

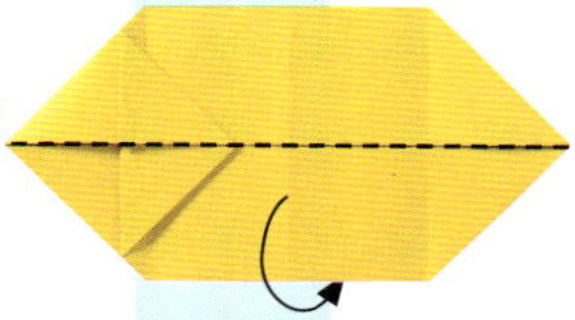

うしろへ はんぶんに おる

おおきく

9

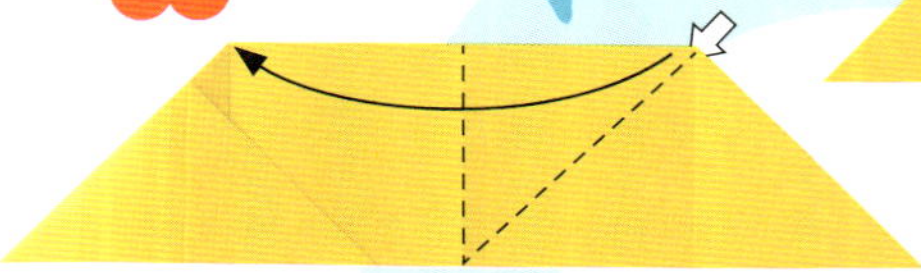

⇙ から ふくろを ひらいて つぶす

10 てんせんで おる

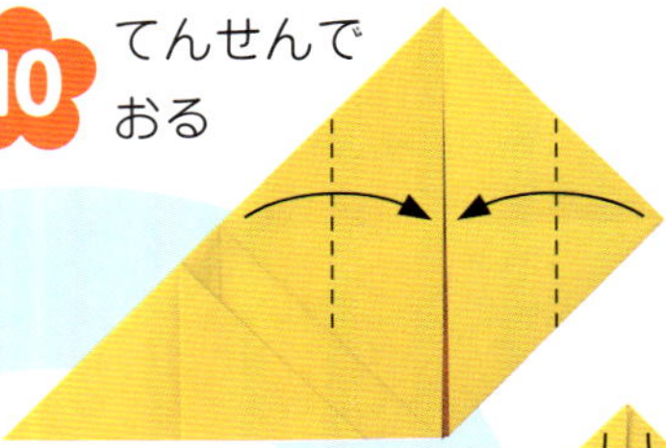

11

てんせんで おる

12

てんせんで おる

13

てんせんで なかわりおり

できあがり

かおを かく

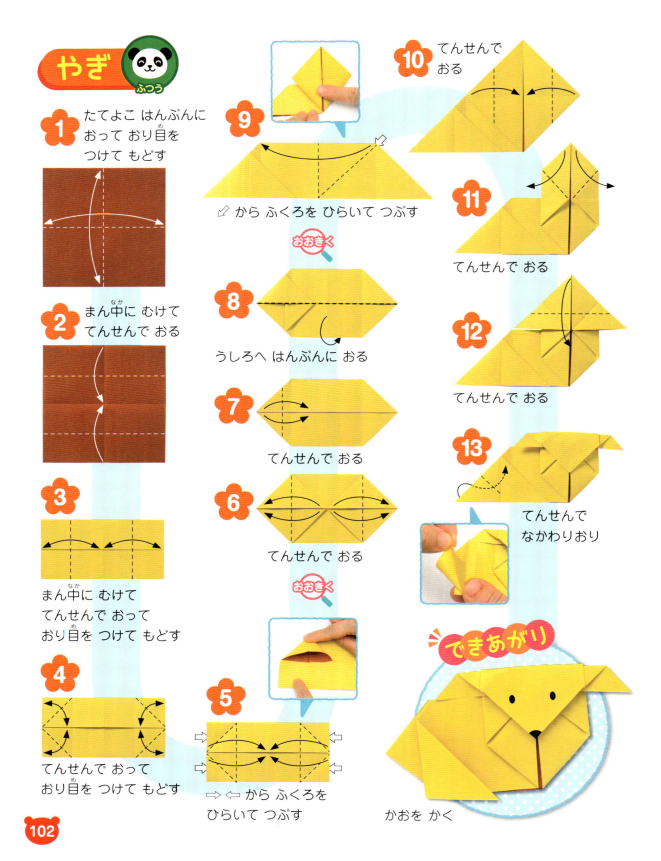

ひつじ

ふつう

かざってみよう！

アルパカや やぎは、いろんな いろが あるよ。
ずかんなどで しらべてみよう！

1
はんぶんに
おって おり目《め》を
つけて もどす

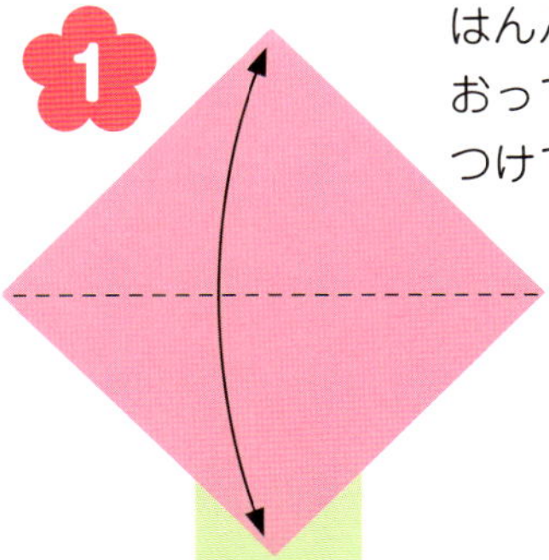

2
まん中《なか》に むけて
てんせんで おる

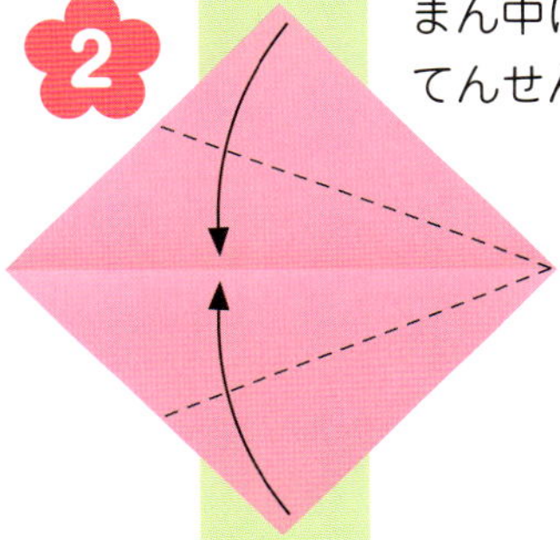

3
てんせんで おる

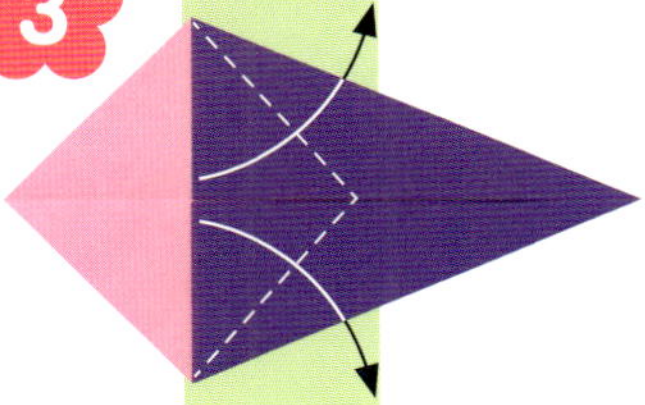

4
うしろへ
はんぶんに おる

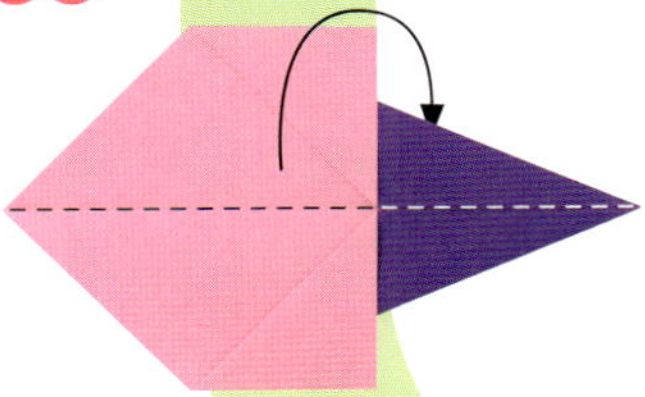

5
てんせんで
おって おり目《め》を
つけて もどす

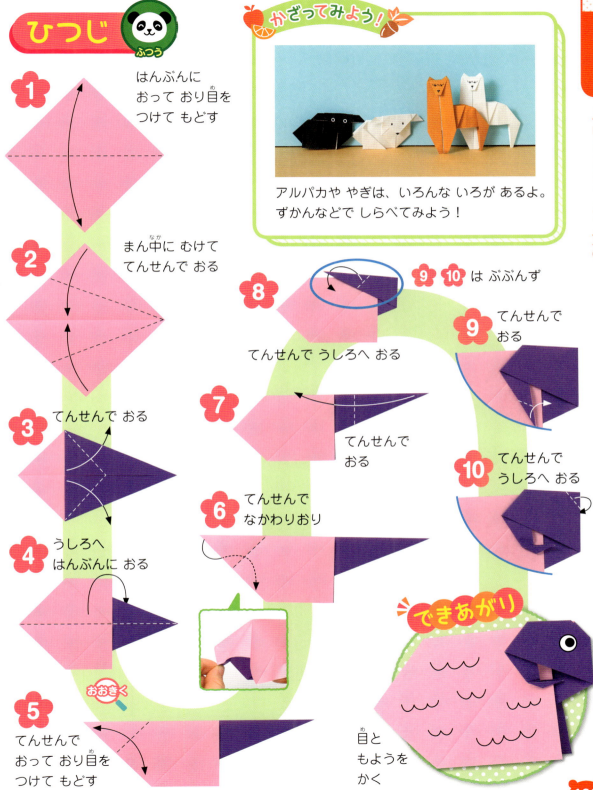

おおきく

6
てんせんで
なかわりおり

7
てんせんで
おる

8
てんせんで うしろへ おる

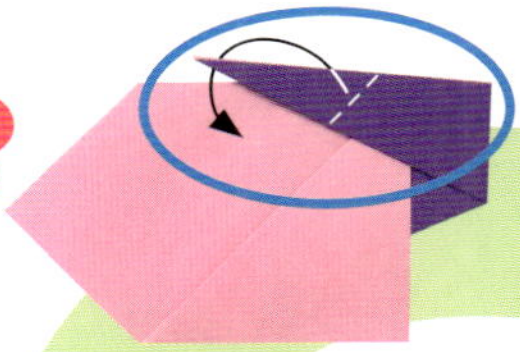

9 **10** は ぶぶんず

9
てんせんで
おる

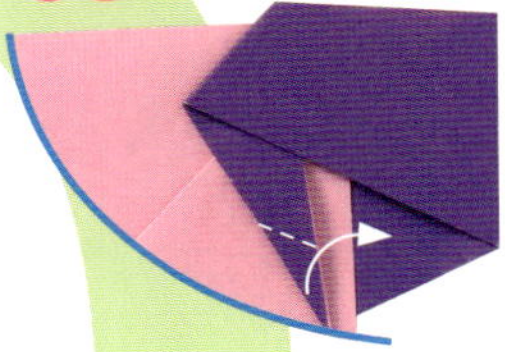

10
てんせんで
うしろへ おる

できあがり

目《め》と
もようを
かく

パート2
すいぞくかん

ペンギン

ペンギン①

ふつう

1

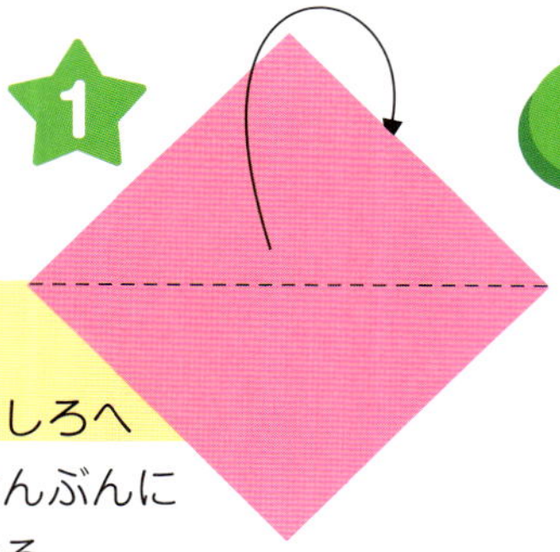

うしろへ
はんぶんに
おる

2

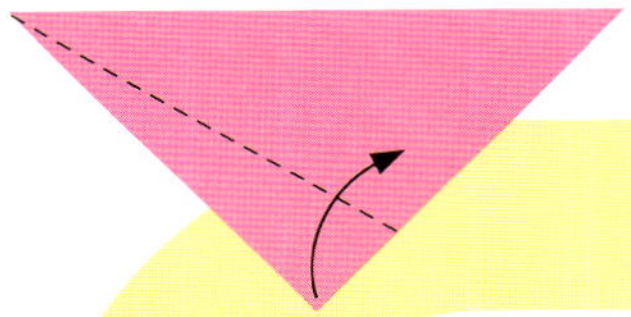

てんせんで おる。
うらも おなじ

おおきく

3

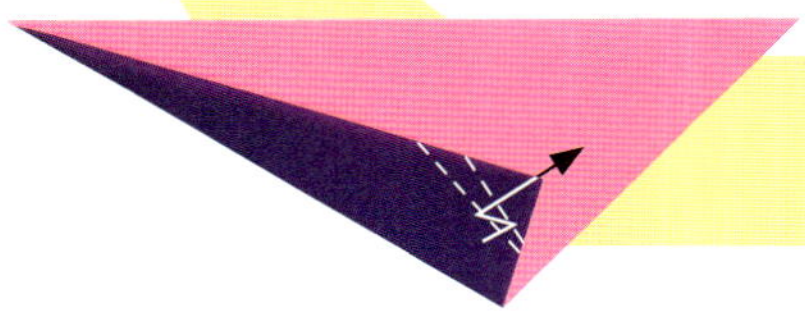

てんせんで だんおり。
うらも おなじ

4

むきを かえる

5

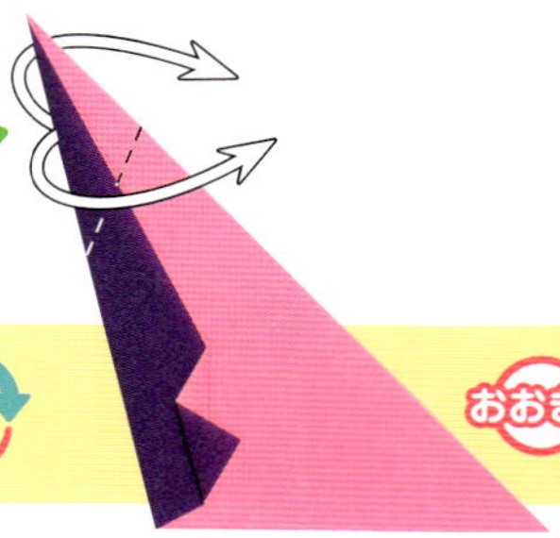

おおきく

てんせんで
かぶせおり

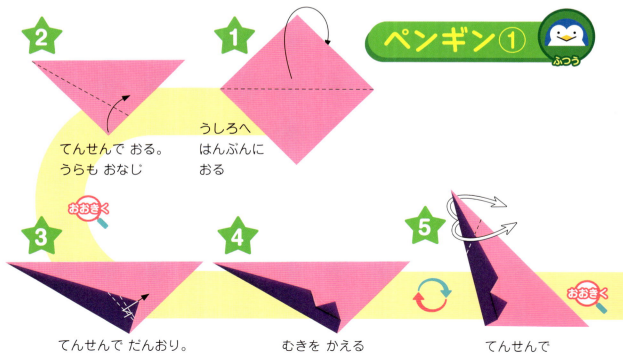

ペンギン館《かん》

いっしょにつくろう！

バケツ

1 たてに はんぶんに おって おり目《め》を つけてから はんぶんに おる

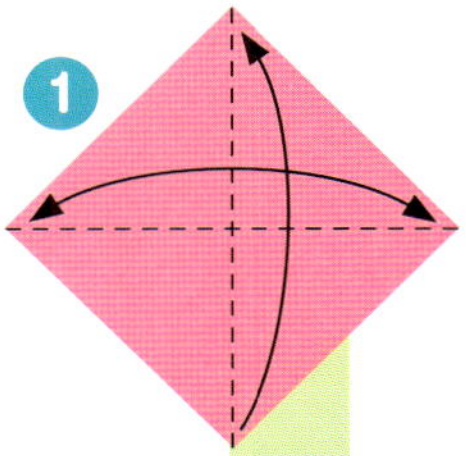

2 てんせんで おる

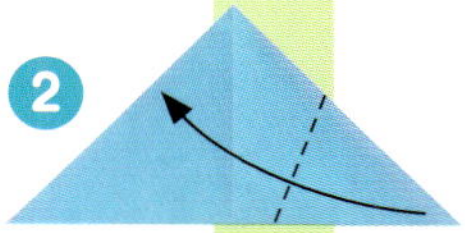

3 てんせんで おる

おおきく

4 てんせんで おる。うらも おなじ

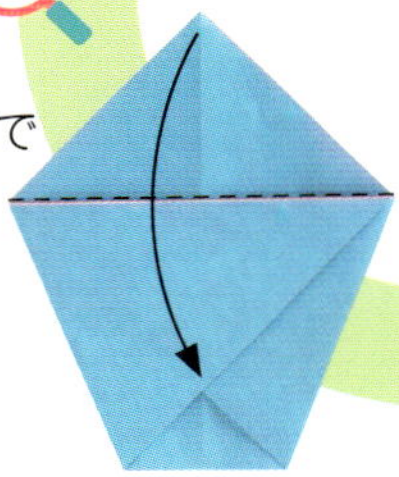

5 てんせんで おって おり目《め》を つけて もどす

6 上《うえ》から ひらいて そこを つぶす

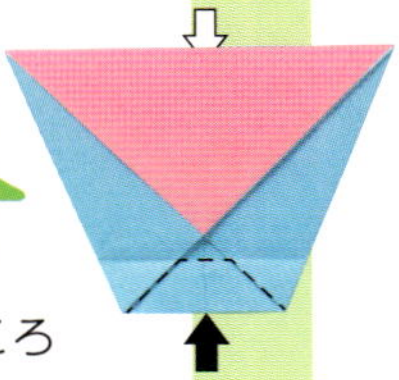

下《した》から見《み》たところ

7 ほそく きった かみを てんせんで おって はる

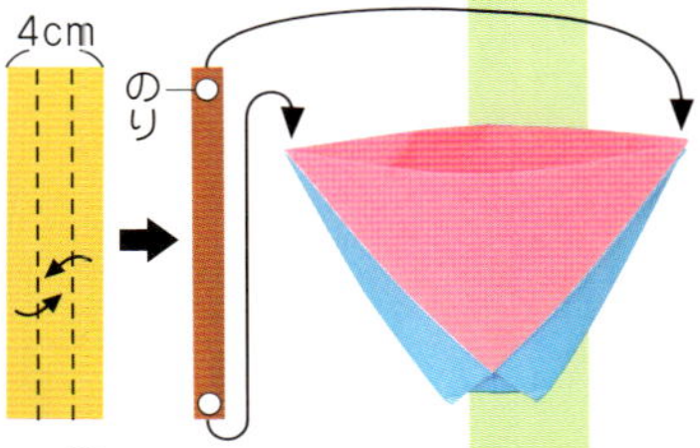

できあがり

小《ちい》さくおった「さかな」（65ページ）などを いれてみよう

ペンギン

6 てんせんで なかわりおり

7 もういちど てんせんで なかわりおり

8 てんせんで うちがわに おる。うらも おなじ

9 てんせんで なかわりおりの だんおり

できあがり

目《め》を かく

ペンギン②

ふつう

1

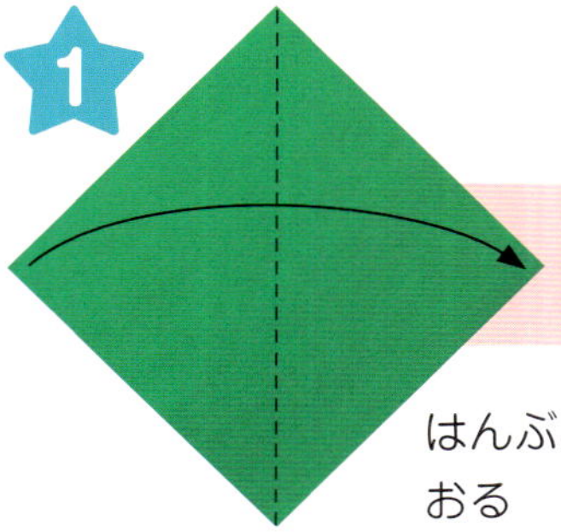

はんぶんに
おる

おおきく

2

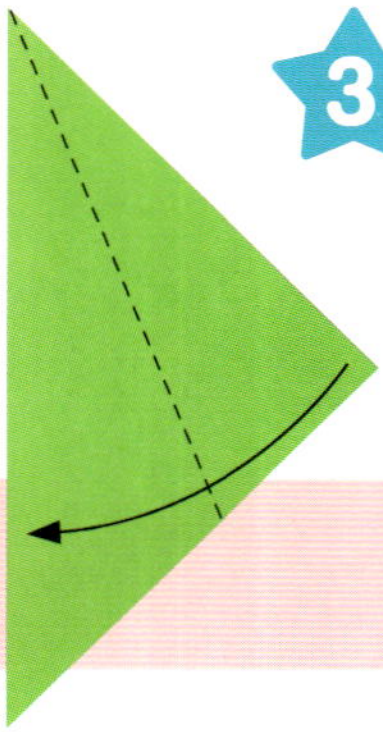

てんせんで
おる。
うらも おなじ

3

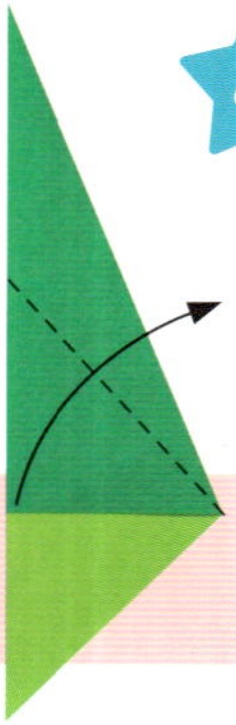

てんせんで
おる。
うらも おなじ

4

てんせんで
おる。
うらも おなじ

5

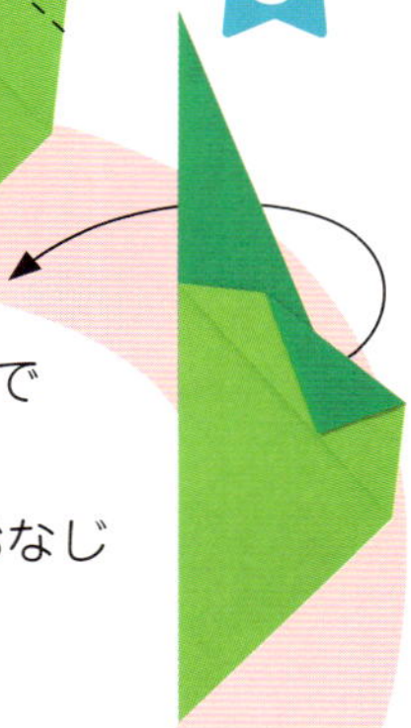

むこうがわを
ひらく

おおきく

6

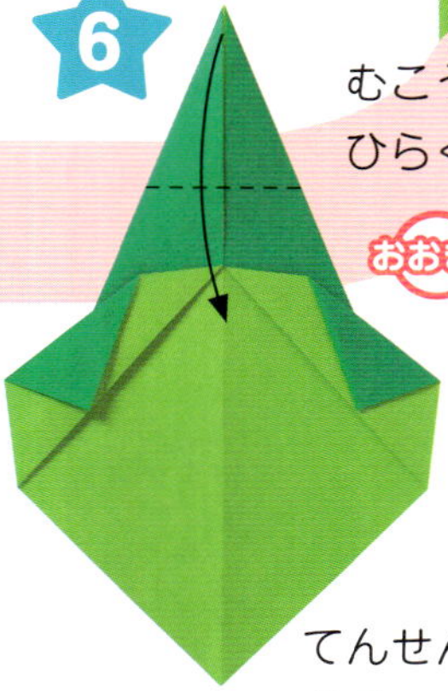

てんせんで
おる

7

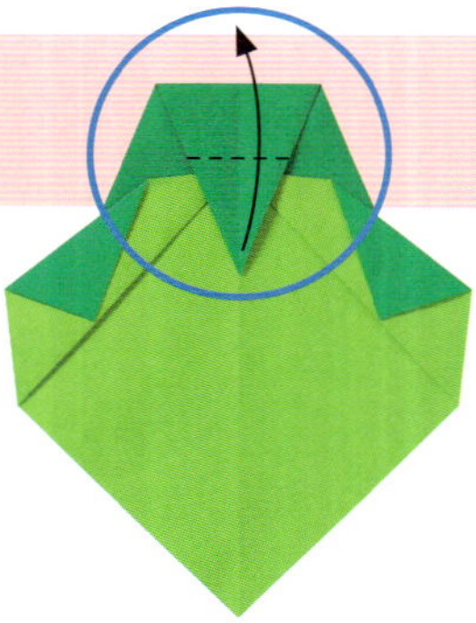

てんせんで おる。

8〜10 は ぶぶんず

8

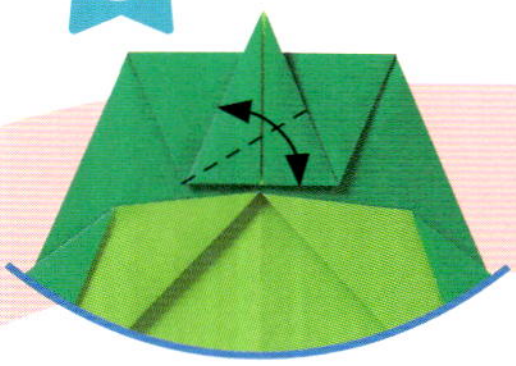

てんせんで おって
おり目《め》を つけて
もどす

9

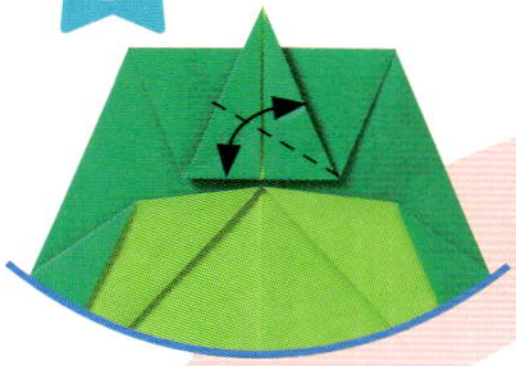

てんせんで おって
おり目《め》を つけて
もどす

10

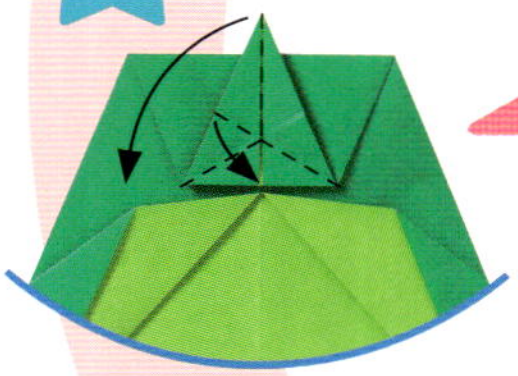

てんせんで おって
たたむ

11

てんせんで
うしろへ おる

12

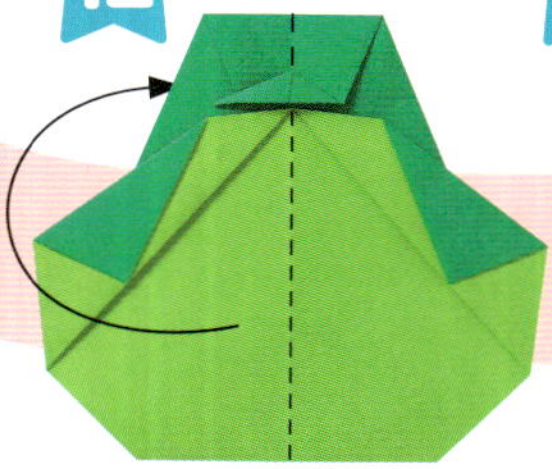

うしろへ
はんぶんに おる

13

かどを うちがわに おる。
うらも おなじ。
むこうがわを すこし ひらく

目《め》を
かく

できあがり

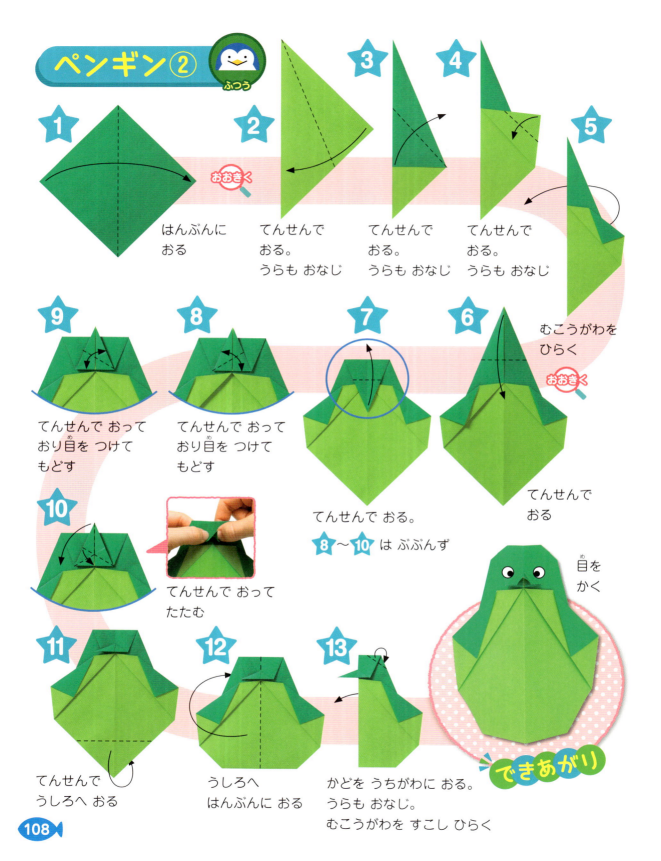

ペンギンのおやこ

ふつう

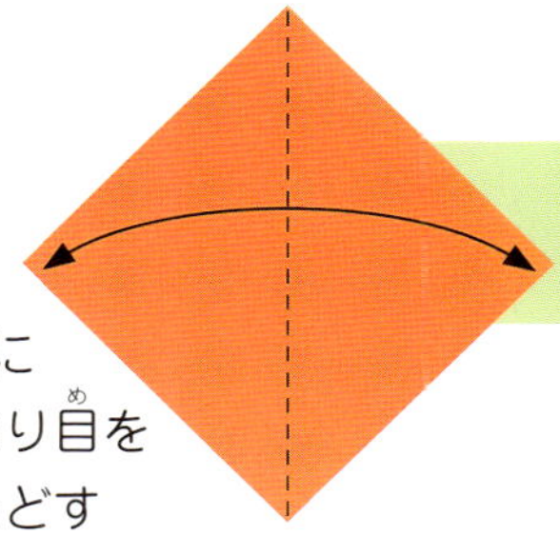

1
はんぶんに
おって おり目《め》を
つけて もどす

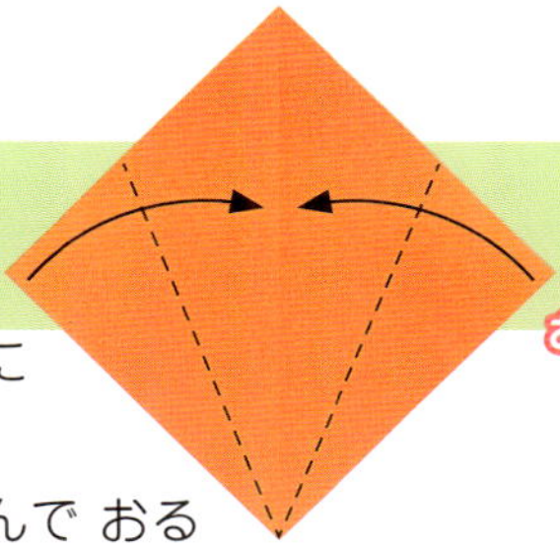

2
まん中《なか》に
むけて
てんせんで おる

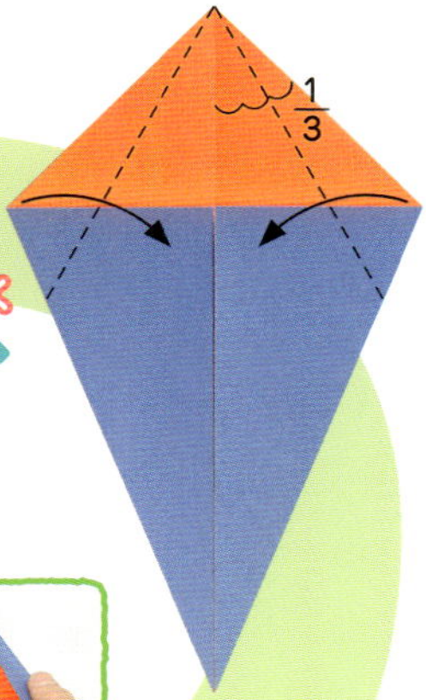

3
てんせんで
おる

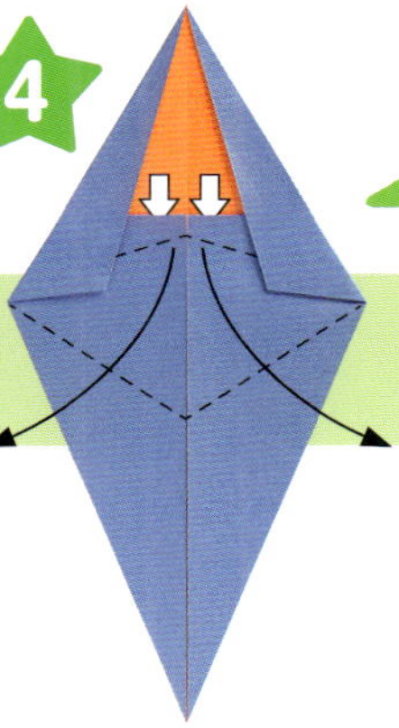

4
⇩ から ふくろを
ひらいて つぶす

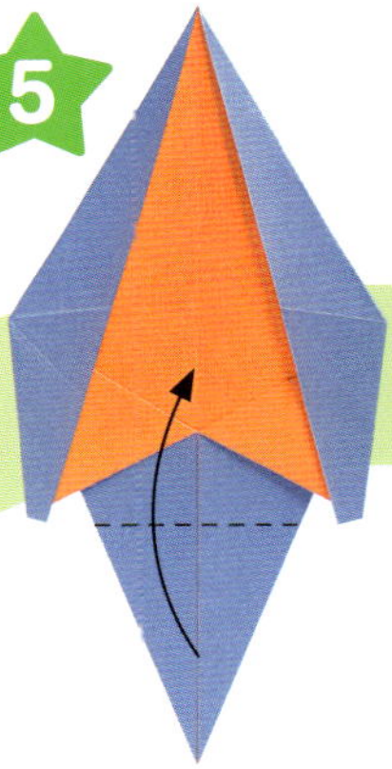

5
てんせんで おる

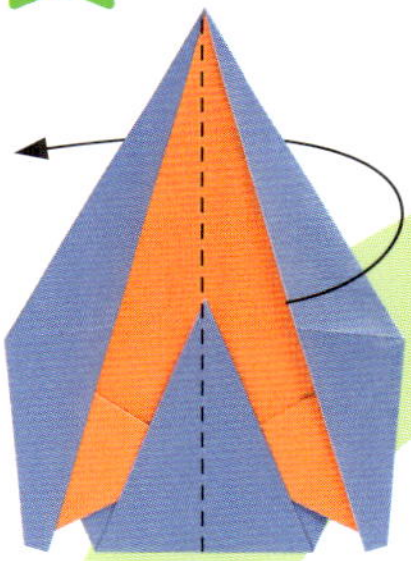

6
うしろへ
はんぶんに おる

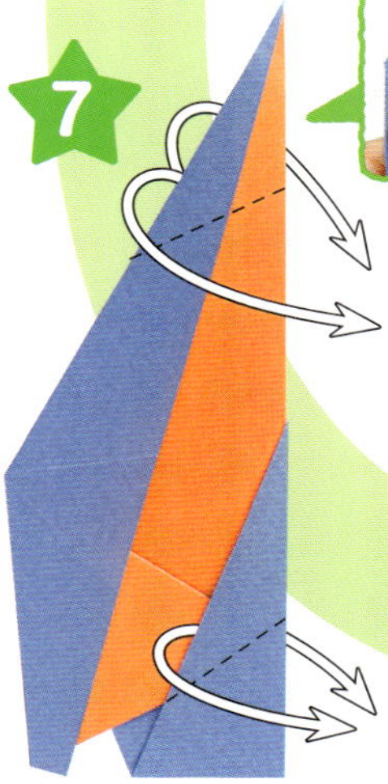

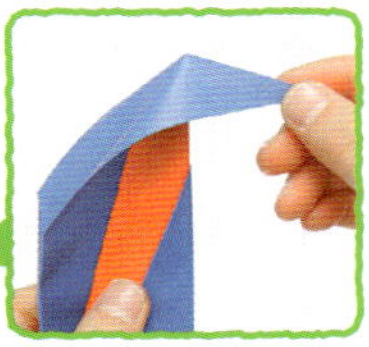

7
てんせんで
かぶせおり

8
てんせんで
なかわりおりの
だんおり

さむい ちいきに すむ
コウテイペンギンは、
あかちゃんペンギンを
足《あし》の上《うえ》に のせて
さむさから まもって
あげるんだよ

目《め》を
かく

できあがり

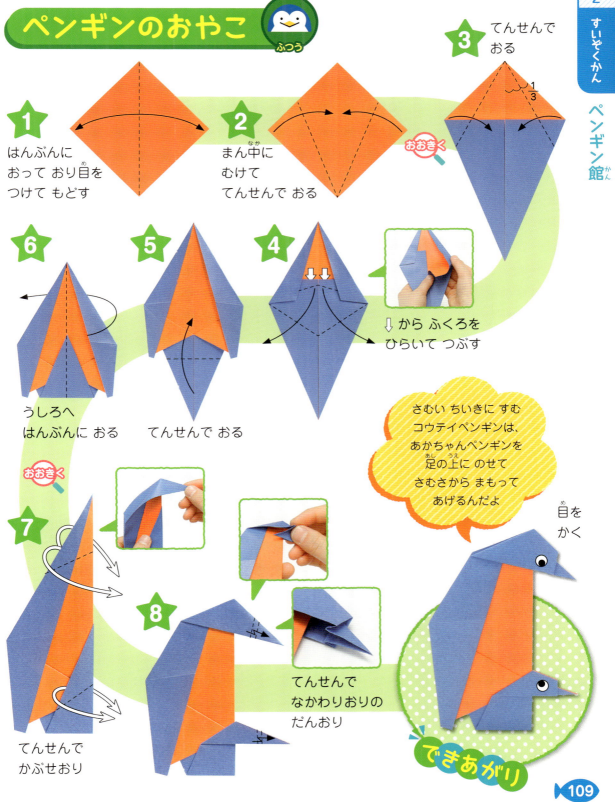

らっこ／しろくま

らっこ

かんたん

1

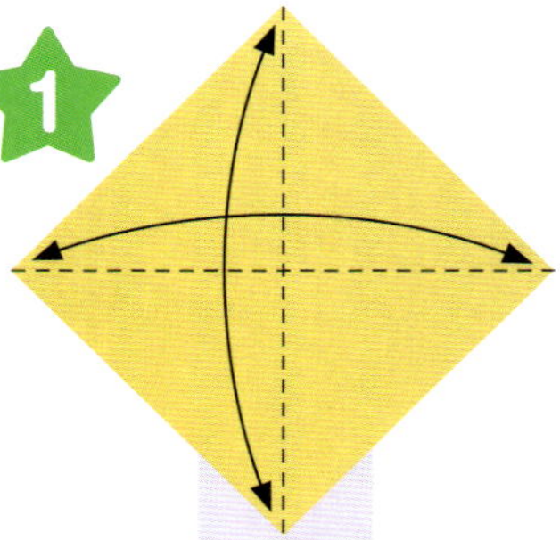

たてよこ はんぶんに おって
おり目《め》を つけて もどす

2

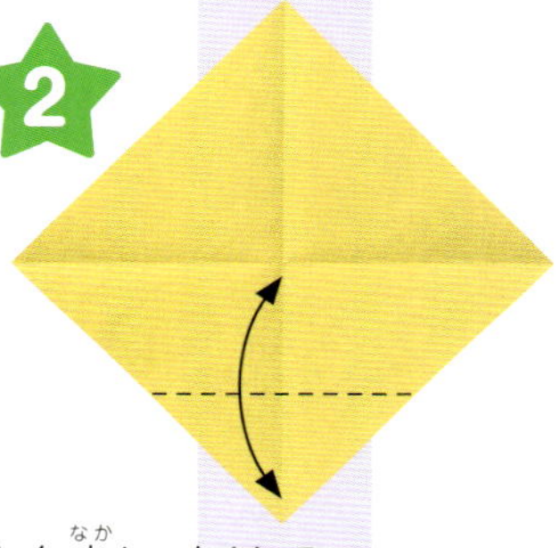

まん中《なか》に むけて
てんせんで おって もどす

3

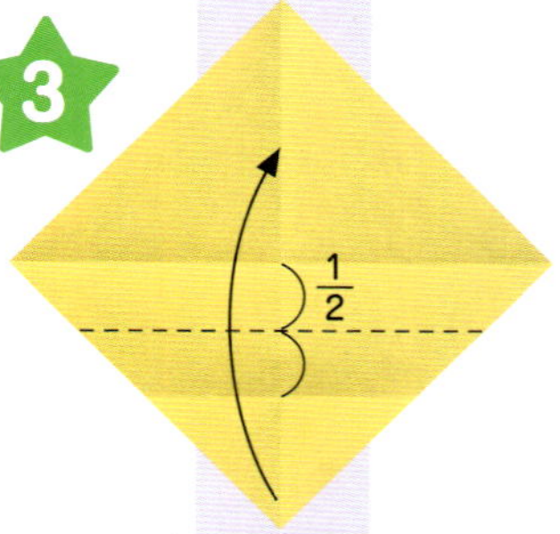

てんせんで おる

4

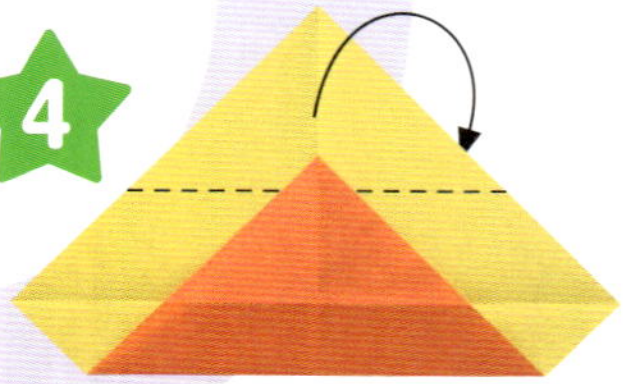

おおきく

てんせんで
うしろに おる

5

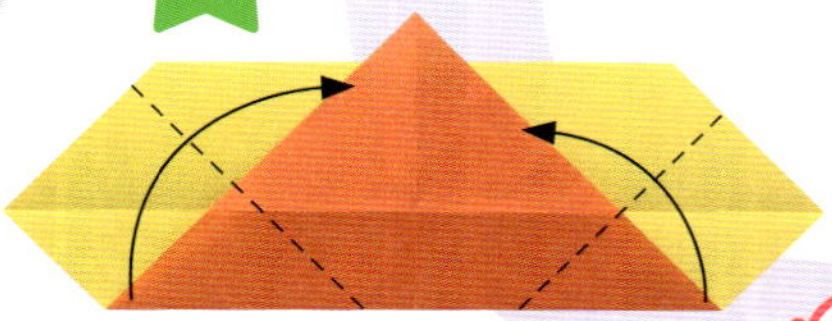

てんせんで おる

6

左《ひだり》は うしろに おる。
上《うえ》は まえに おる

できあがり

かおを かく

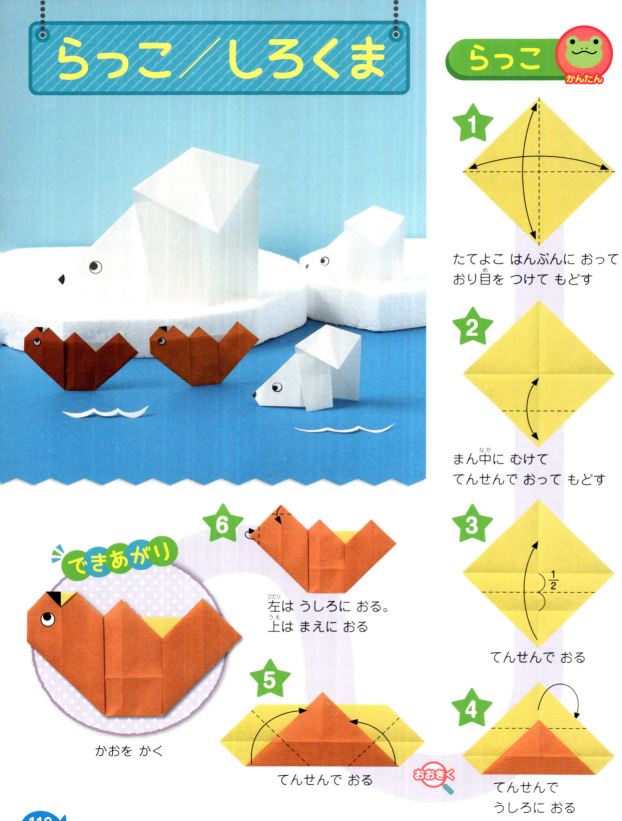

しろくま

ふつう

1

たてよこ
はんぶんに
おって おり目《め》を
つけて もどす

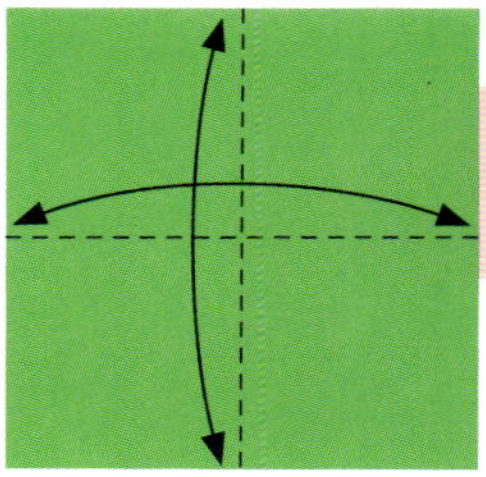

2

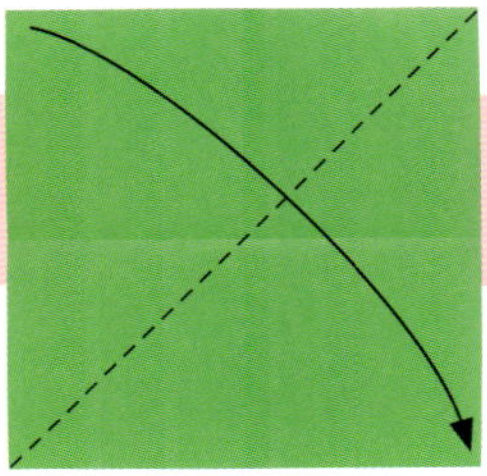

はんぶんに おる

3

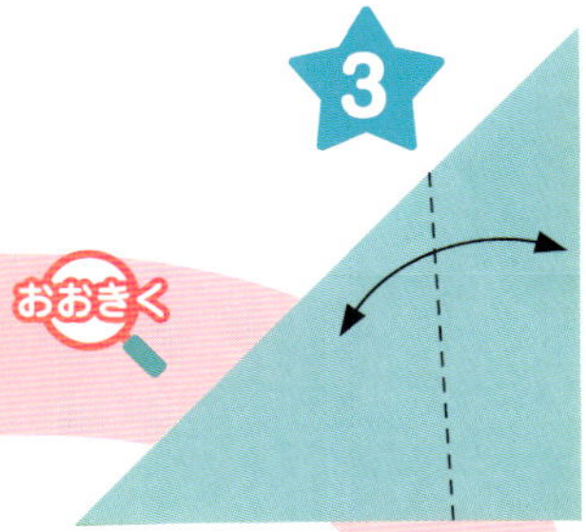

てんせんで おって
おり目《め》を つけて もどす

4

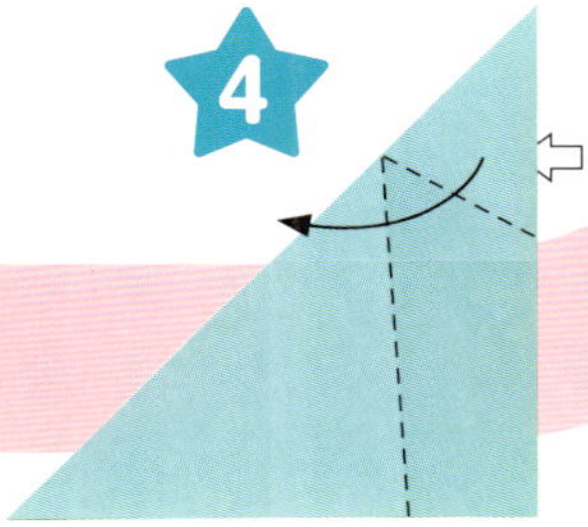

⇦ から ふくろを
ひらいて つぶす

5

てんせんで
おって おり目《め》を
つけて もどす

6

てんせんで
なかわりおり

どうぶつえんに いる
白《しろ》い くまさん、
ほんとうの 名《な》まえは
「ホッキョクグマ」
って いうんだよ

かおを かく

できあがり

かざってみよう！

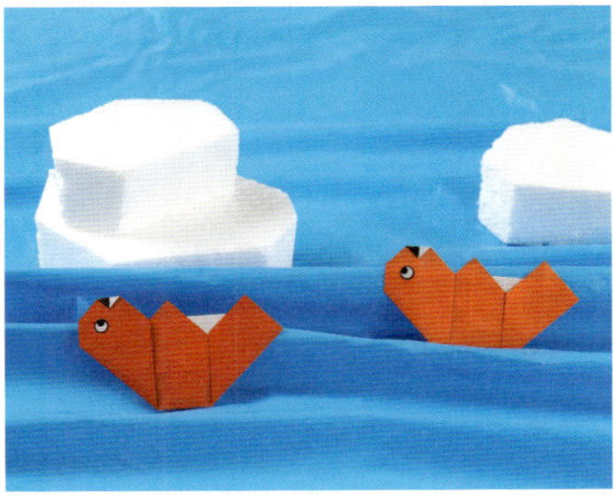

ビニールシートや カラービニール
ぶくろを うみに みたてて、うみの
生《い》きものを かざりましょう。

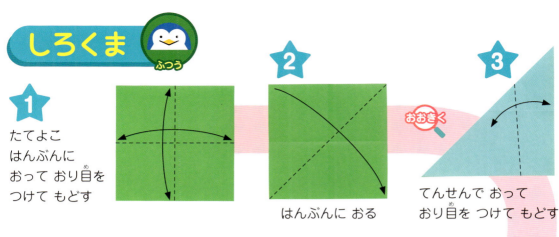

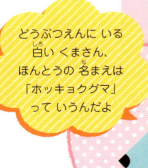

あざらし／オットセイ

あざらしのあかちゃん

ふつう

1

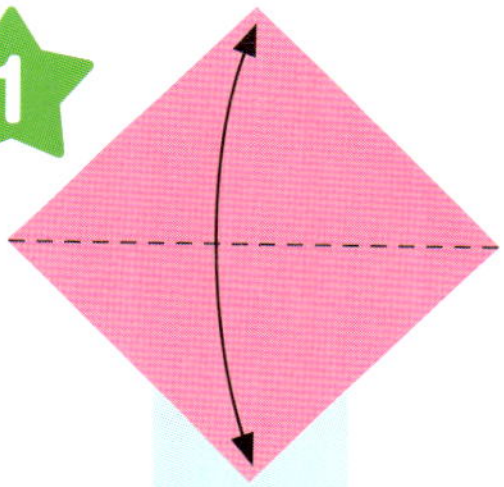

はんぶんに おって
おり目《め》を つけて もどす

2

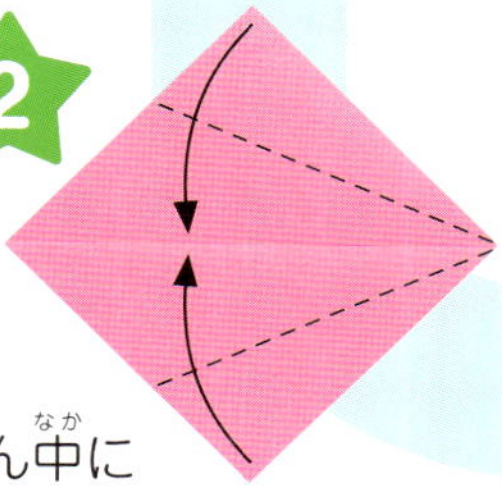

まん中《なか》に
むけて てんせんで おる

3

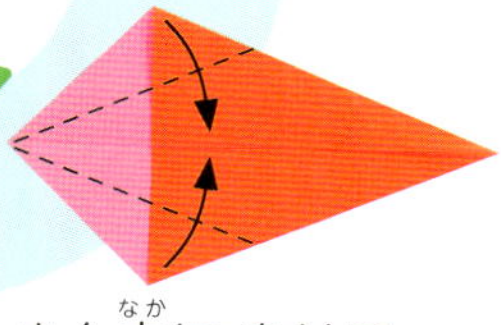

まん中《なか》に むけて
てんせんで おる

4

うちがわの
かみを ⇧⇩ から
ひき出《だ》して
つぶす

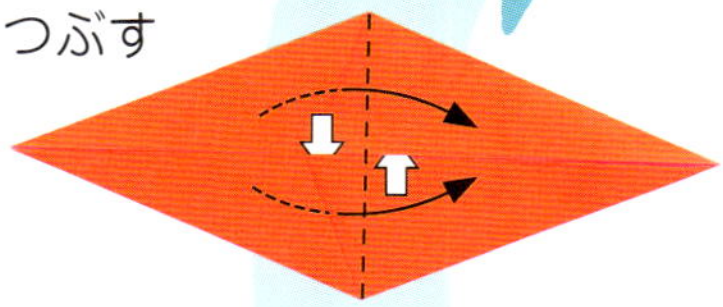

5

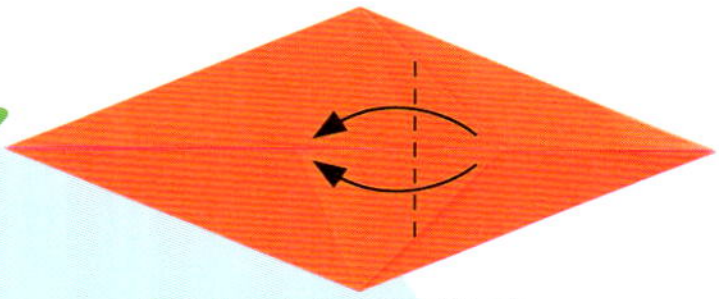

てんせんで おる

6

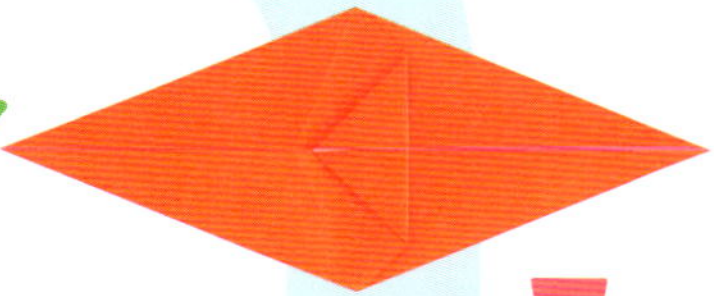

うらがえす

7

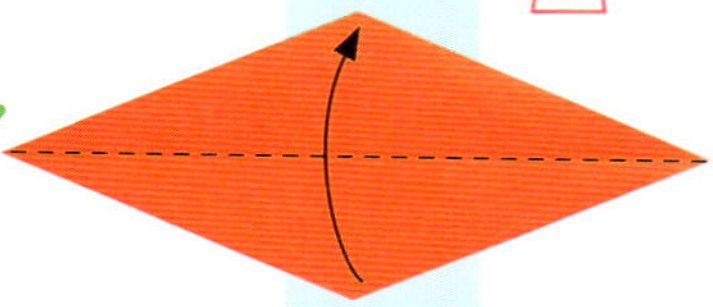

はんぶんに おる

8

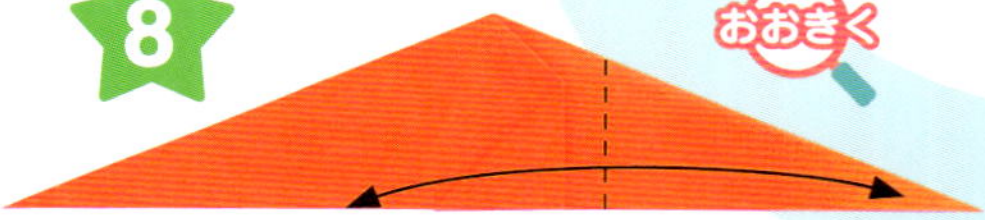

てんせんで おって
おり目《め》を つけて もどす

あざらし

ふつう

「あざらしのあかちゃん」（112ページ）の4まで おってから はじめます

1
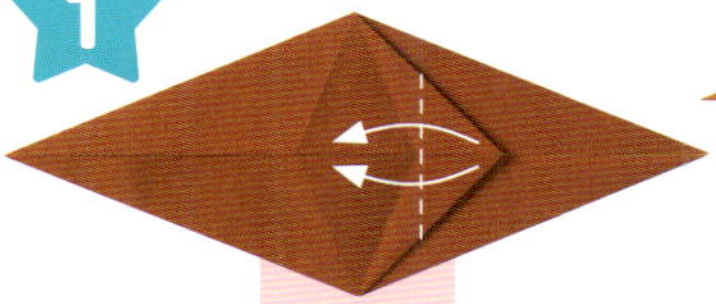
てんせんで おる

2

うらがえす

3

てんせんで だんおり

4
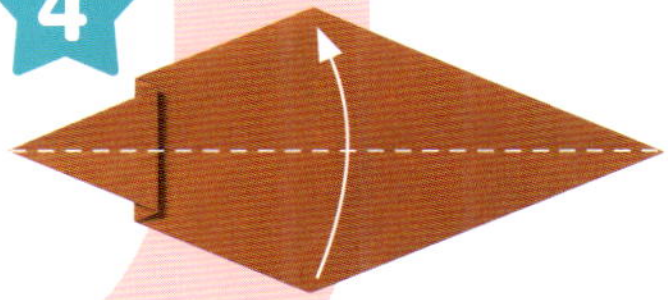
はんぶんに おる

おおきく

5

てんせんで おって おり目《め》を つけて もどす

6

⇩から ふくろを ひらいて つぶす

7

てんせんで おる

8

てんせんで うちがわに おる

かおを かく

できあがり

9
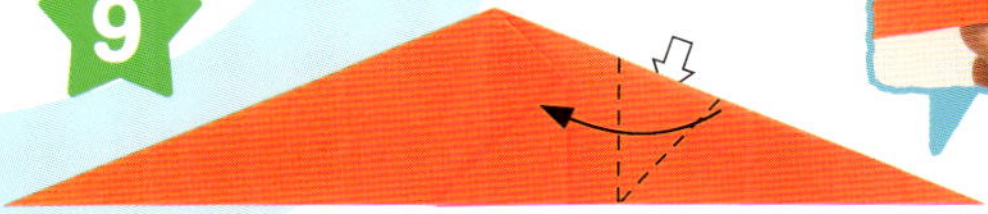
⇩から ふくろを ひらいて つぶす

10

てんせんで おる

11

まくように うちがわに おる

12

あたまの 小《ちい》さな かどは うしろへ おる。しっぽは てんせんで なかわりおり

かおを かく

できあがり

オットセイ

ふつう

「あざらしのあかちゃん」（112ページ）の 4まで おってから はじめます

1

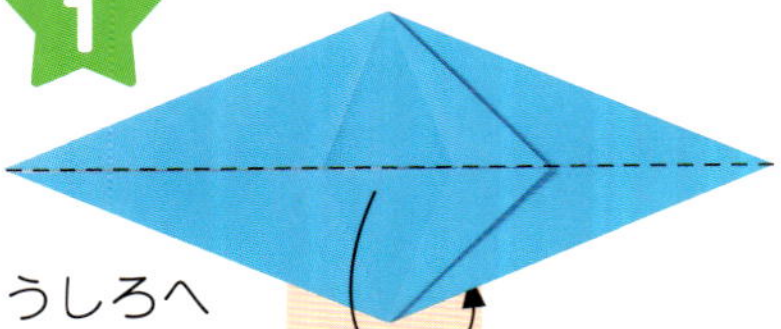

うしろへ はんぶんに おる

2

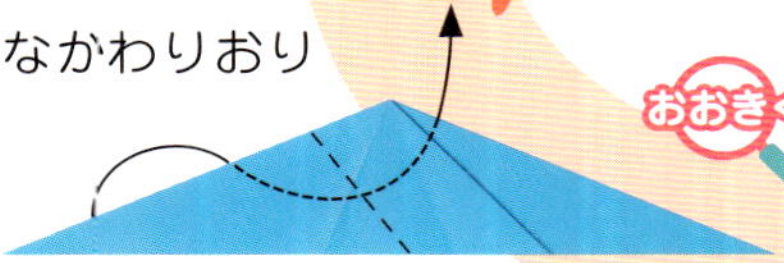

てんせんで なかわりおり

3

おおきく

てんせんで なかわりおり。

4 は ぶぶんず

4

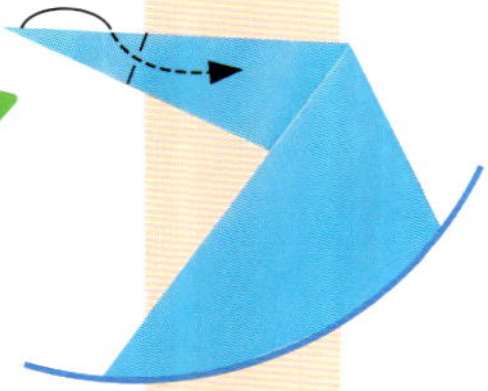

てんせんで なかわりおり

5

てんせんで おる。 うらも おなじ

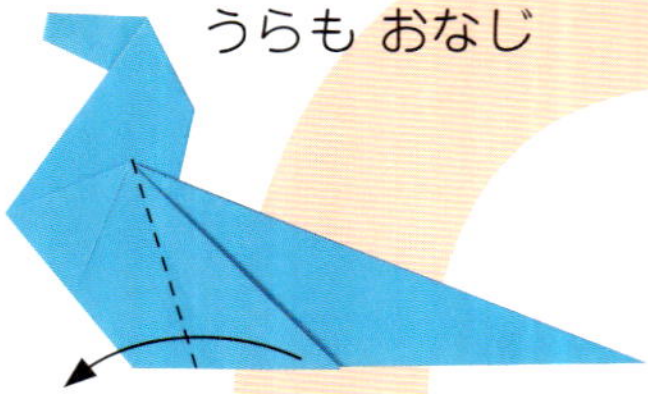

6

てんせんで なかわりおり

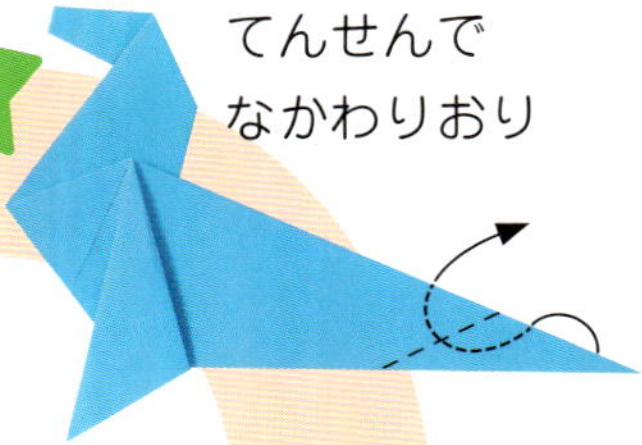

7

てんせんで おって 立《た》てる。 うらも おなじ

目《め》を かく

できあがり

いっしょにつくろう！

ふうせん

1 はんぶんに おる

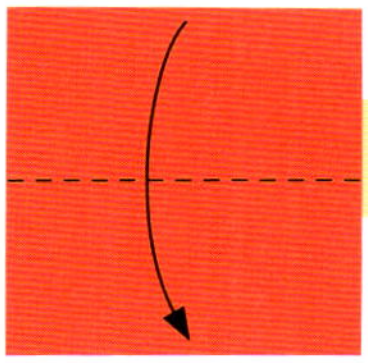

2

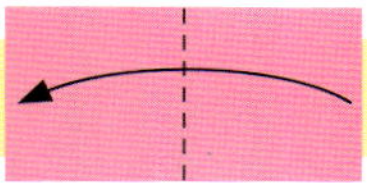

はんぶんに おる

3

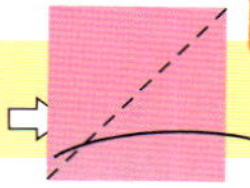

⇨ から ふくろを ひらいて つぶす

4

うらも おなじように ふくろを ひらいて つぶす

5

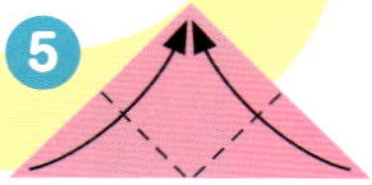

まん中《なか》に むけて てんせんで おる。 うらも おなじ

おおきく

6

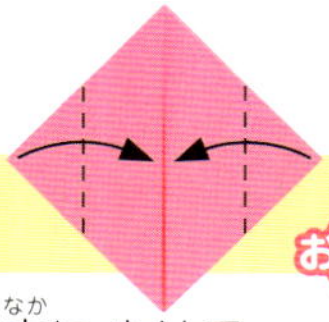

まん中《なか》に むけて てんせんで おる。 うらも おなじ

7

てんせんで おって 三《さん》かくの ふくろに さしこむ。 うらも おなじ

8

下《した》から くうきを ふきこんで ふくらませる

できあがり

しゃち

かんたん

1

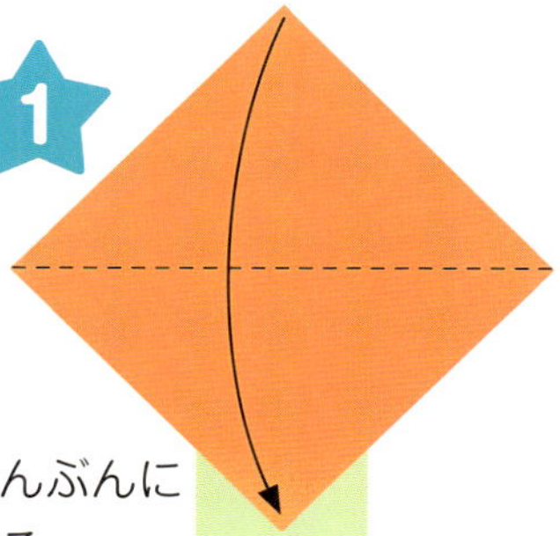

はんぶんに
おる

2

おおきく

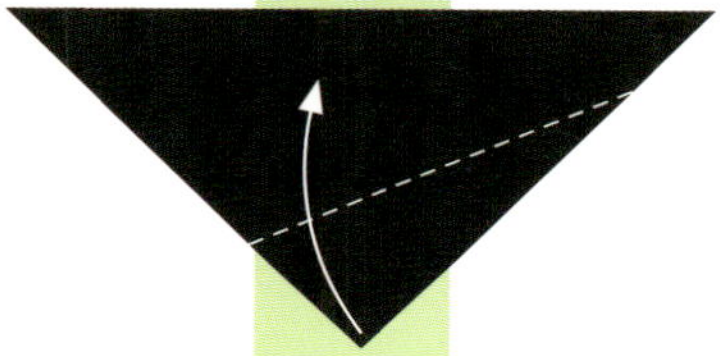

てんせんで おる。
うらも おなじ

3

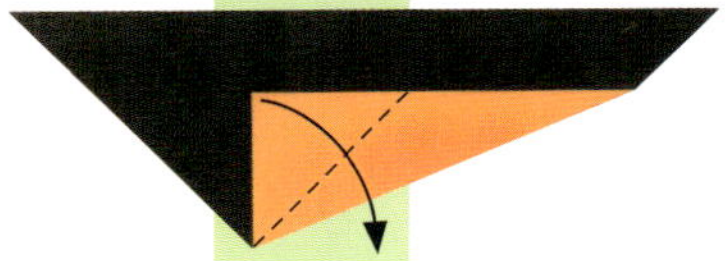

てんせんで おる。
うらも おなじ

4

むこうがわを ひらく

5

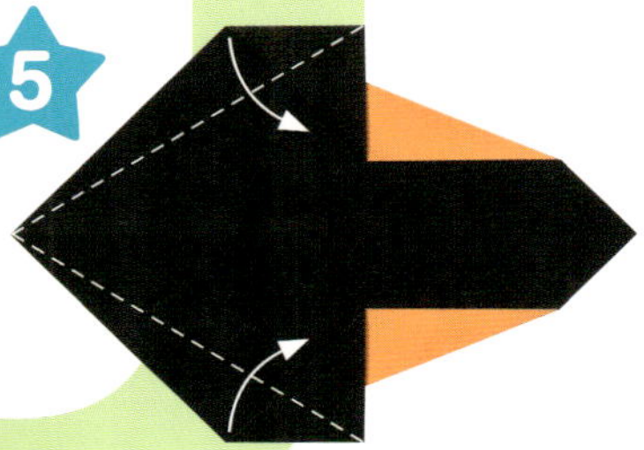

てんせんで おる

6

てんせんで
うしろへ おる

7

おおきく

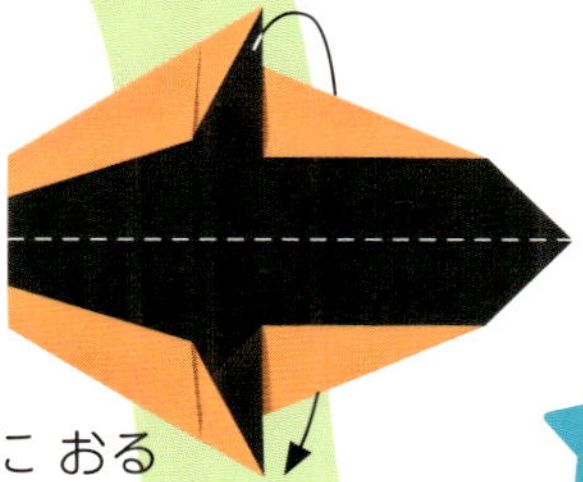

うしろへ
はんぶんに おる

8

てんせんで
うしろへ おる。
9 は ぶぶんず

9

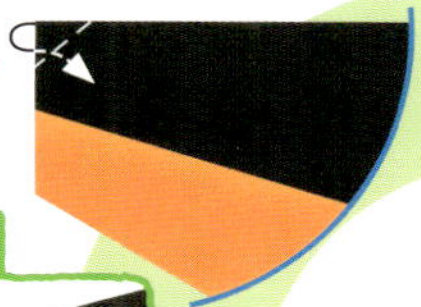

てんせんで
なかわりおり

できあがり

目《め》を かく

いるか

しろいるか

1

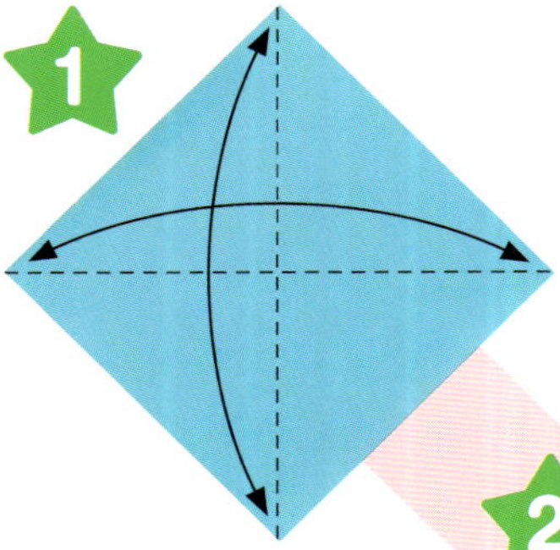

たてよこ はんぶんに
おって おり目《め》を
つけて もどす

2

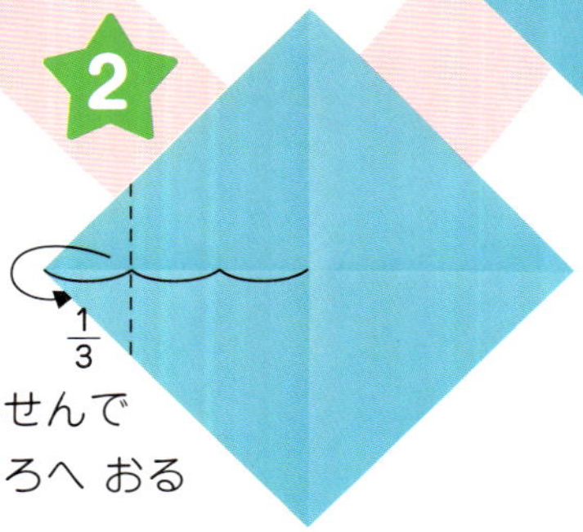

てんせんで
うしろへ おる

3

まん中《なか》に
むけて
てんせんで
おる

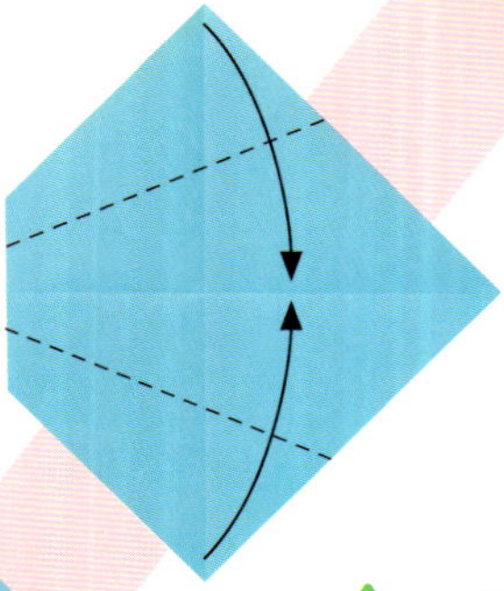

4

まん中《なか》に むけて
てんせんで
おる

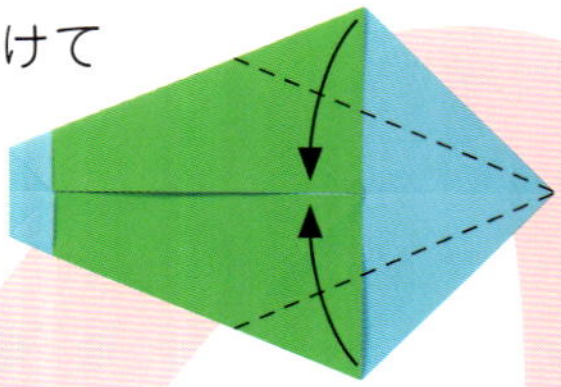

5

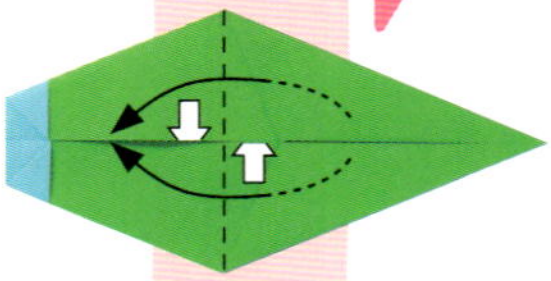

うちがわの かみを
⇧⇩ から ひき出《だ》して つぶす

6

てんせんで
おる

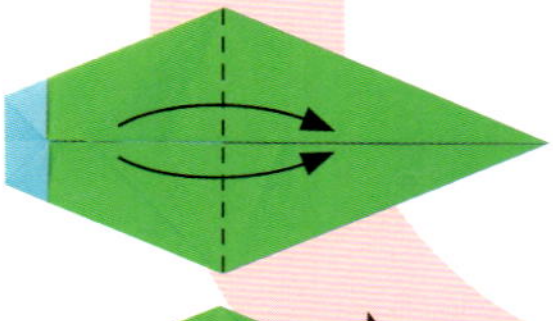

7

うしろへ
はんぶんに
おる

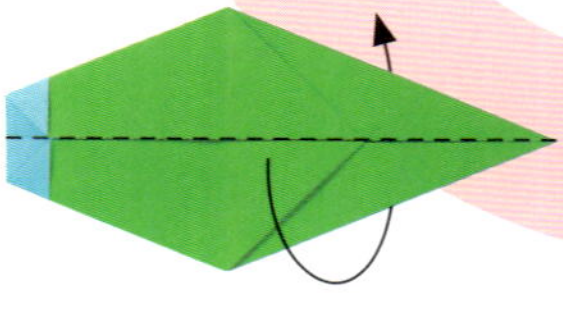

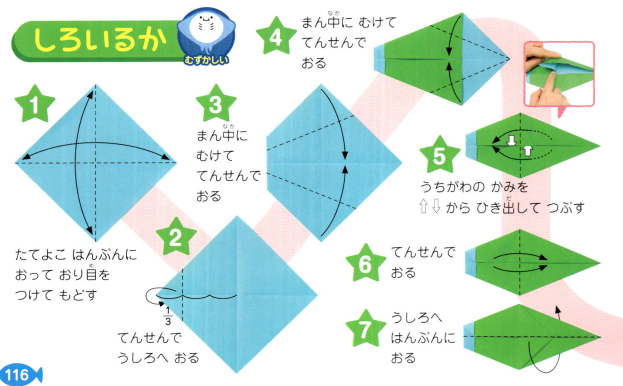

8

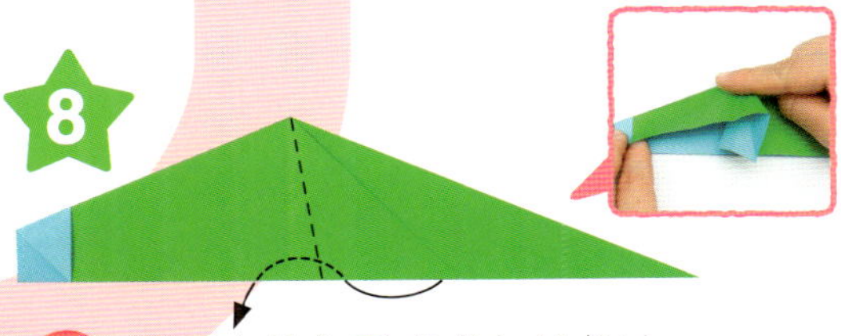

おおきく

てんせんで なかわりおり

9

①
つまむ

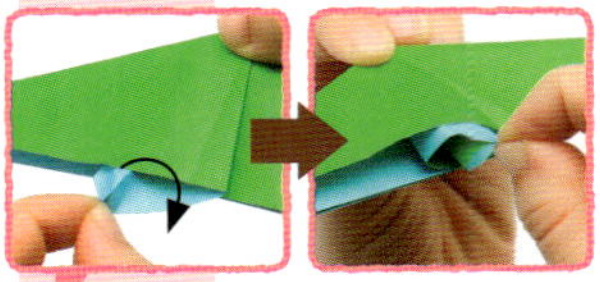

②
まわして
つぶす

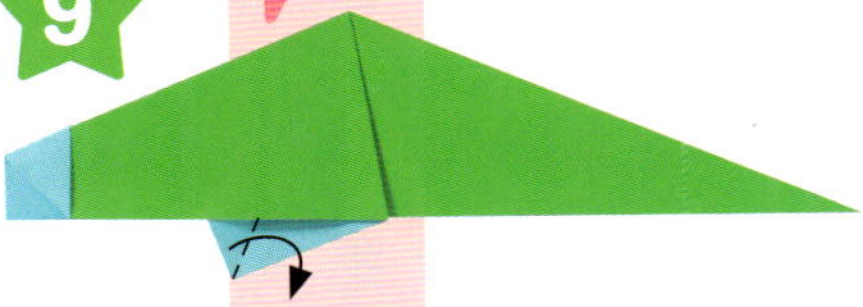

①のように かどを つまんで
ひねるようにして（②） おる

10

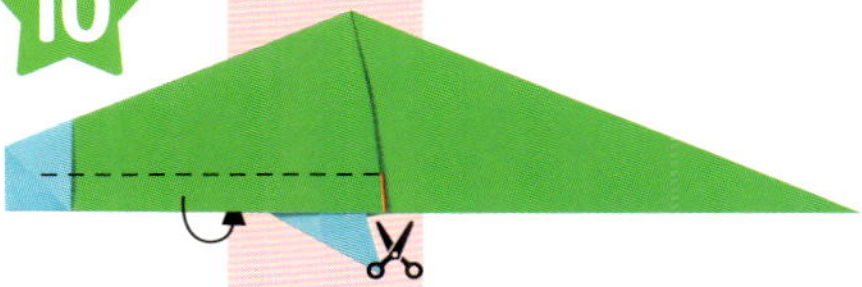

赤《あか》い せんを はさみで きってから
てんせんで うちがわに おる

11

てんせんで おる。うらも
8～11 と おなじように おる

12

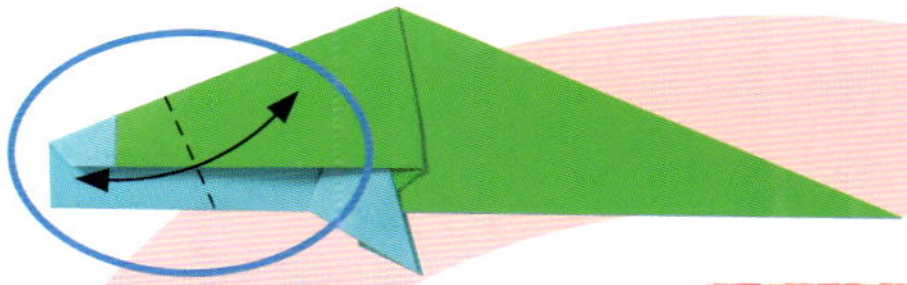

てんせんで
おって おり目《め》を つけて もどす。
13 14 は ぶぶんず

13

てんせんで なかわりおり

14

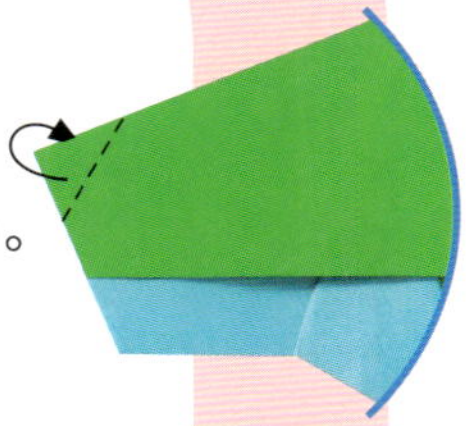

てんせんで
うちがわに おる。
うらも おなじ

15

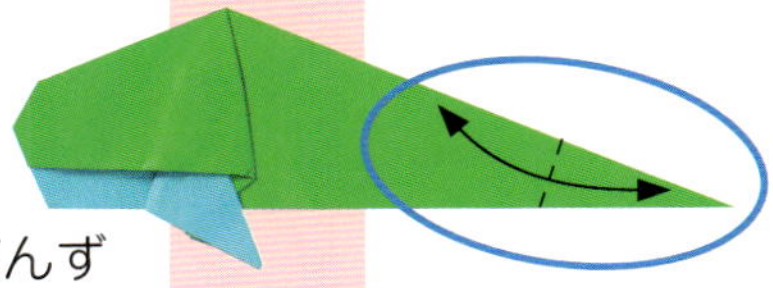

てんせんで
おって おり目《め》を
つけて もどす。
16 17 は ぶぶんず

16

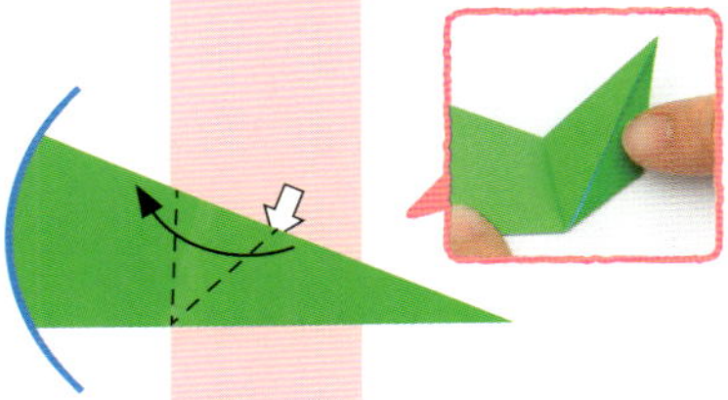

⇩ から ふくろを
ひらいて つぶす

17

てんせんで
うしろへ おる

目《め》を
かく

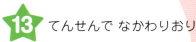

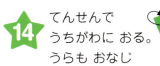

いるか

ふつう

1

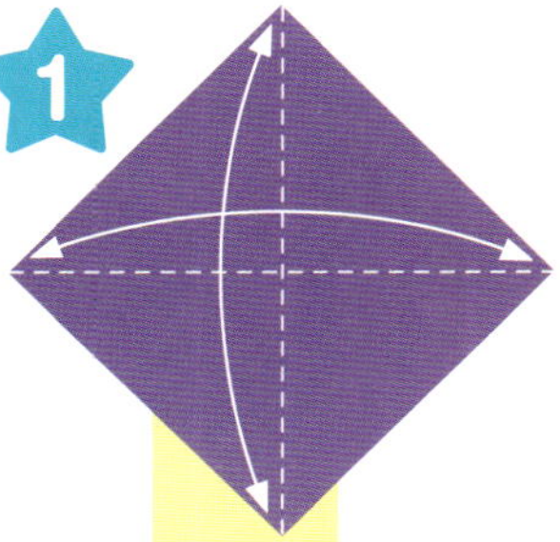

たてよこ はんぶんに おって
おり目《め》を つけて もどす

2

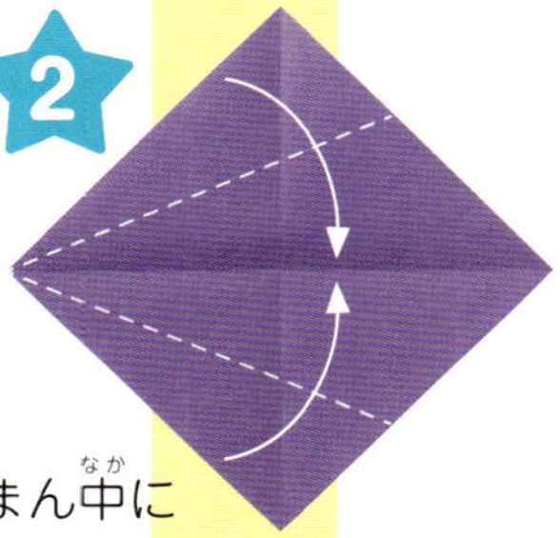

まん中《なか》に
むけて てんせんで おる

3

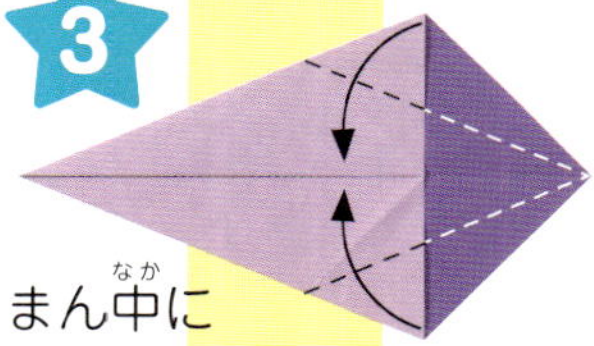

まん中《なか》に
むけて てんせんで おる

4

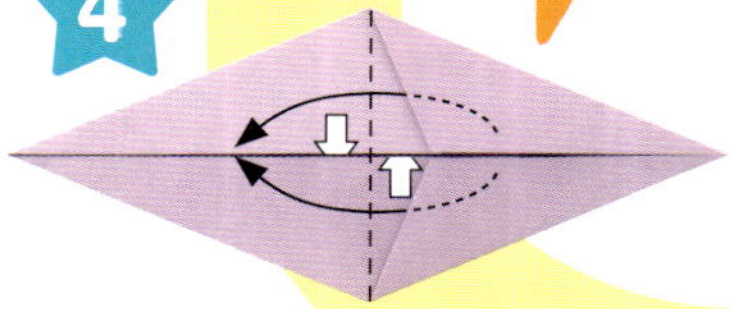

うちがわの かみを
⇧⇩ から ひき出《だ》して つぶす

5

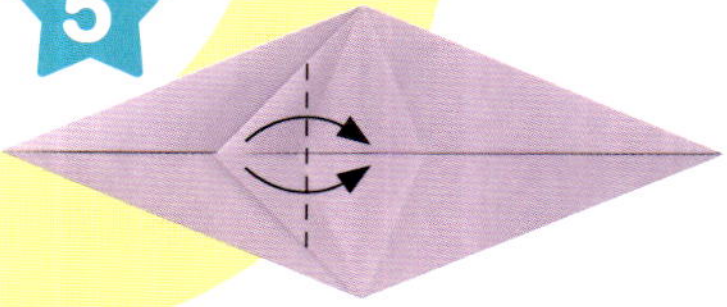

てんせんで おる

6

うらがえす

7

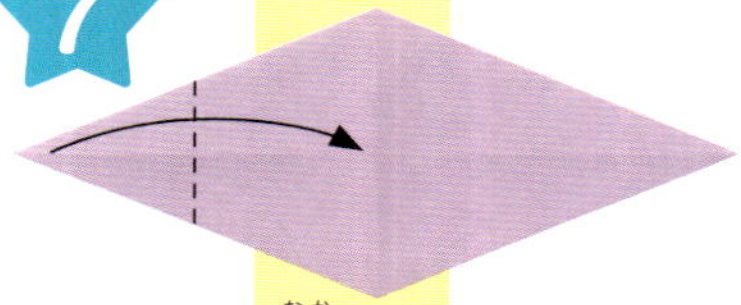

まん中《なか》に むけて
てんせんで おる

8

てんせんで おる

9

てんせんで おる

10

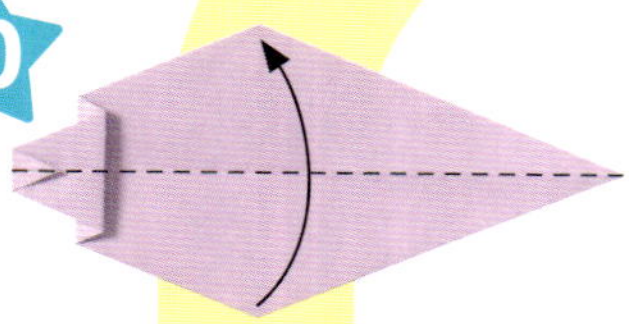

はんぶんに おる

11

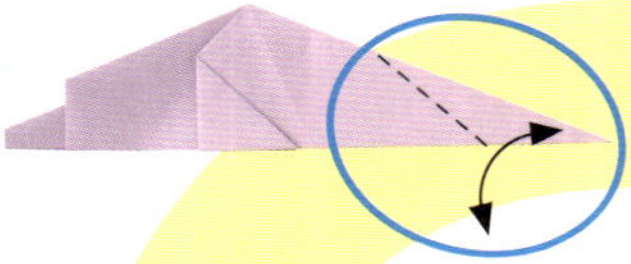

てんせんで おって
おり目《め》を つけて もどす。
12 〜 14 は ぶぶんず

12

てんせんで
かぶせおり

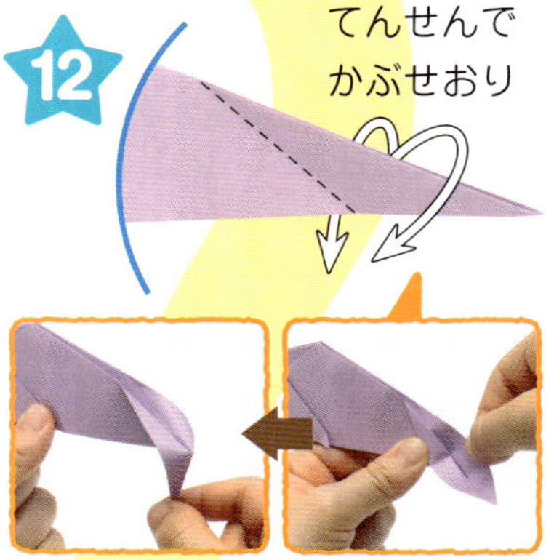

13

てんせんで
なかわりおり

14

赤《あか》い せんを
はさみで
きって 上《うえ》の
1まいを
てんせんで おる

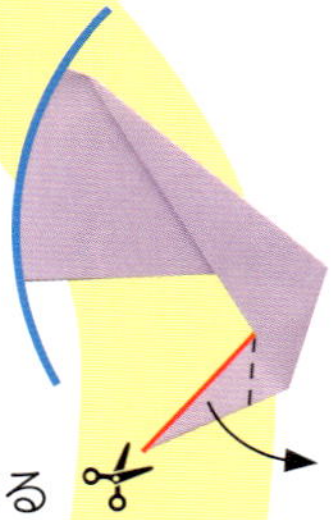

目《め》を
かく

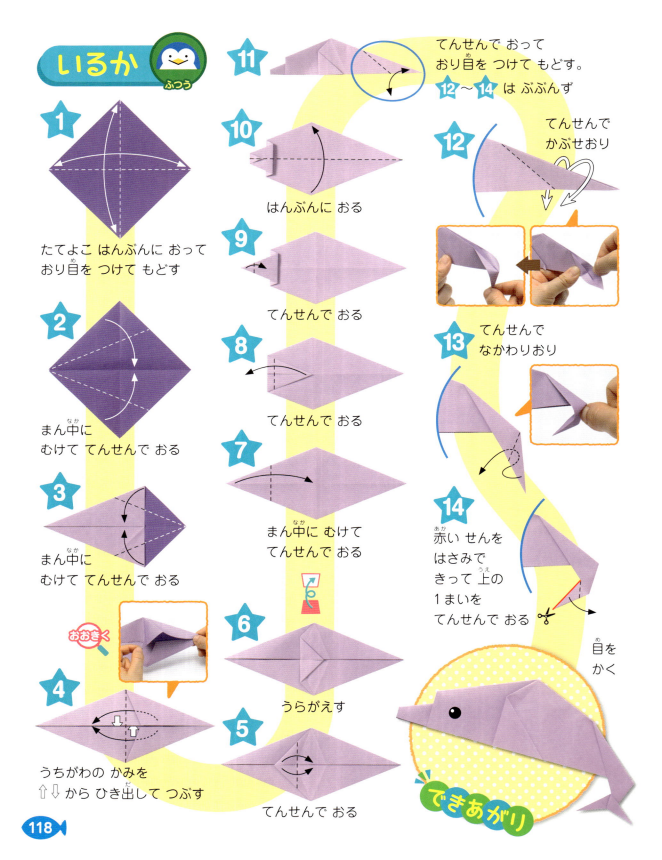

2ひきのいるか

ふつう

1

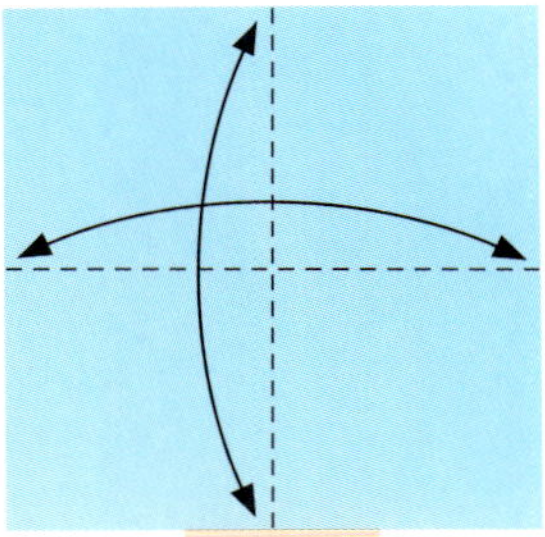

たてよこ はんぶんに おって
おり目《め》を つけて もどす

2

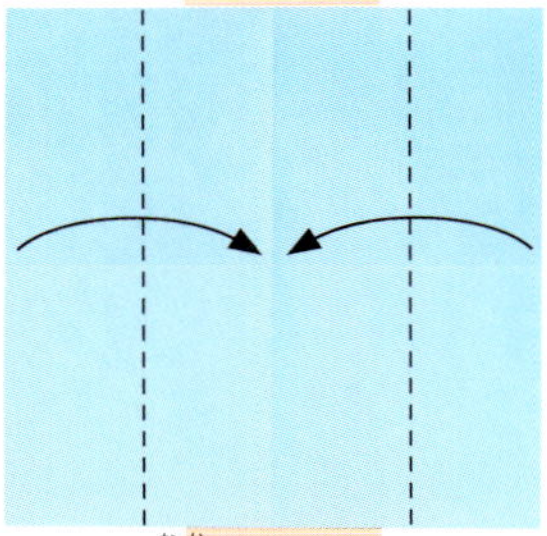

まん中《なか》に むけて
てんせんで おる

3

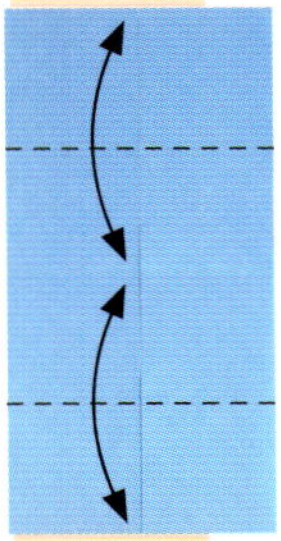

まん中《なか》に むけて
てんせんで おって
おり目《め》を
つけて もどす

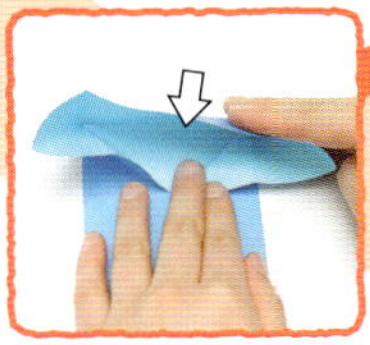

4

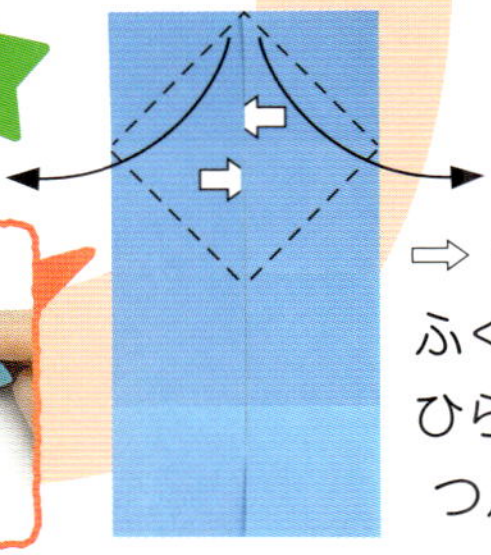

⇨ ⇦ から
ふくろを
ひらいて
つぶす

5

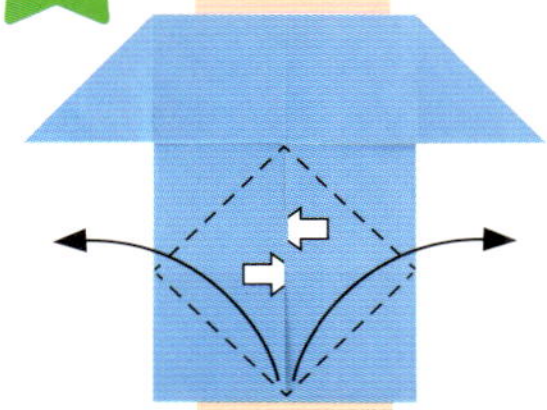

下《した》も おなじように
ふくろを ひらいて つぶす

6

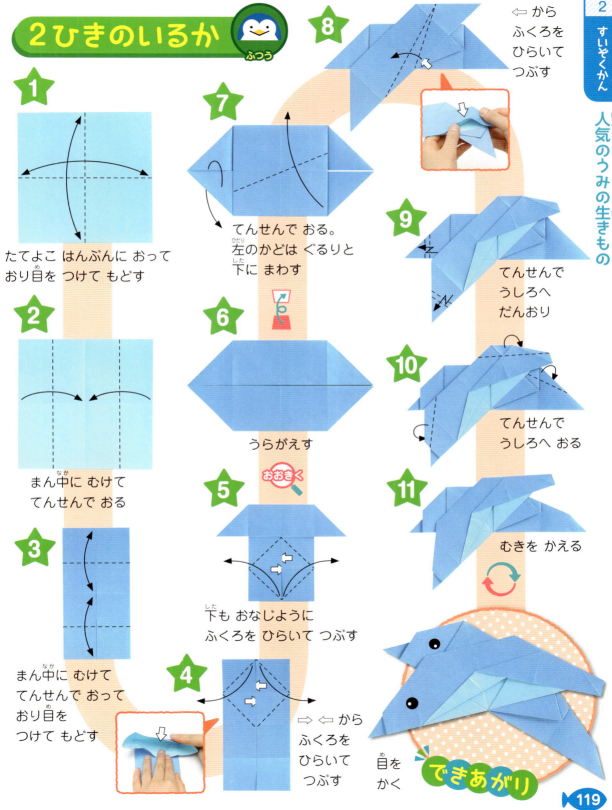

うらがえす

7

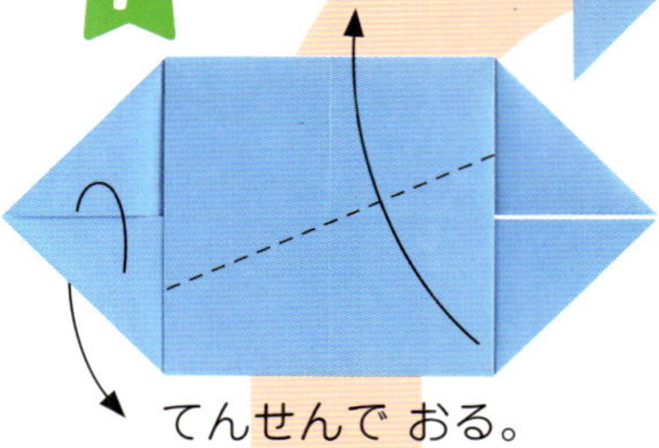

てんせんで おる。
左《ひだり》のかどは ぐるりと
下《した》に まわす

8

⇦ から
ふくろを
ひらいて
つぶす

9

てんせんで
うしろへ
だんおり

10

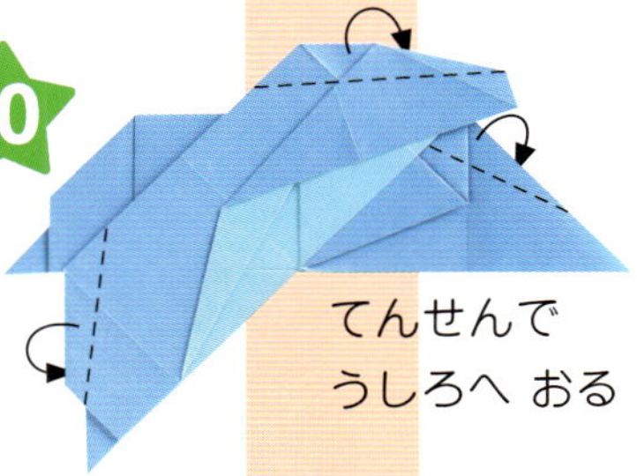

てんせんで
うしろへ おる

11

むきを かえる

目《め》を
かく

できあがり

カメレオン

ふつう

1

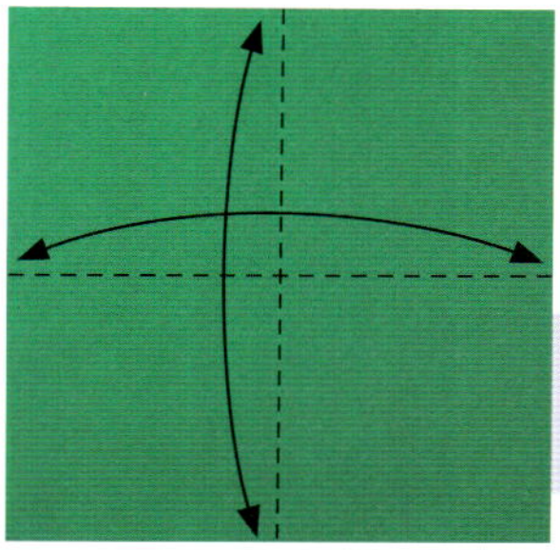

たてよこ はんぶんに おって
おり目《め》を つけて もどす

2

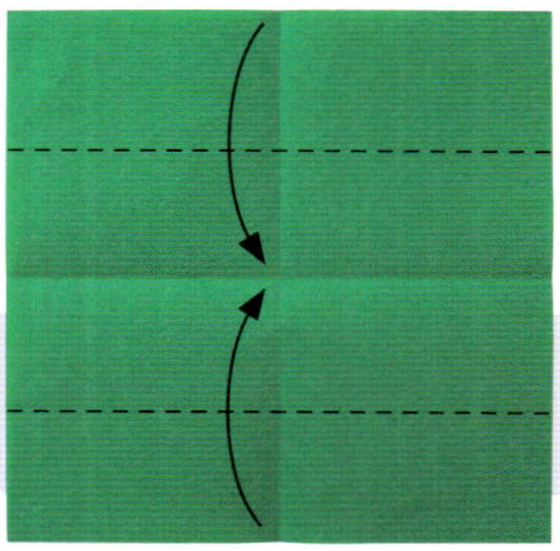

まん中《なか》に むけて
てんせんで おる

おおきく

3

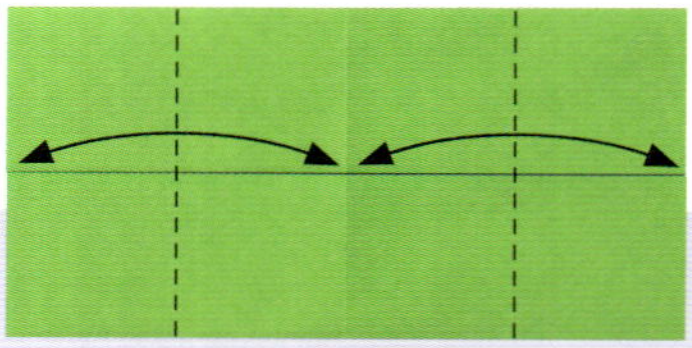

まん中《なか》に むけて
てんせんで おって
おり目《め》を つけて もどす

4
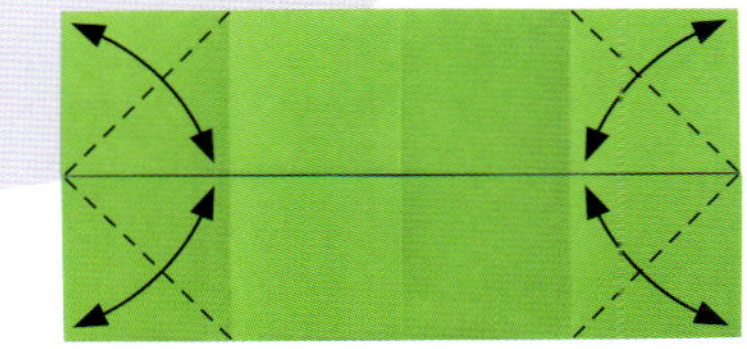
てんせんで おって
おり目《め》を つけて もどす

5
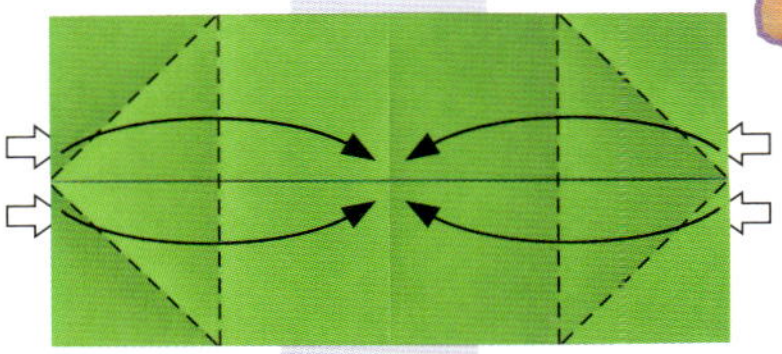
⇨ ⇦ から ふくろを
ひらいて つぶす

6

うらがえす

7
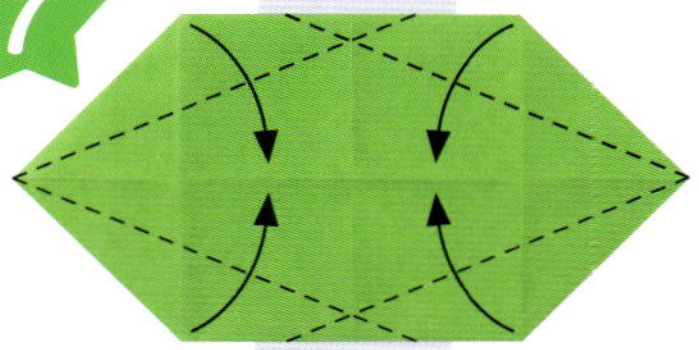
まん中《なか》に むけて
てんせんで おる

おおきく

8
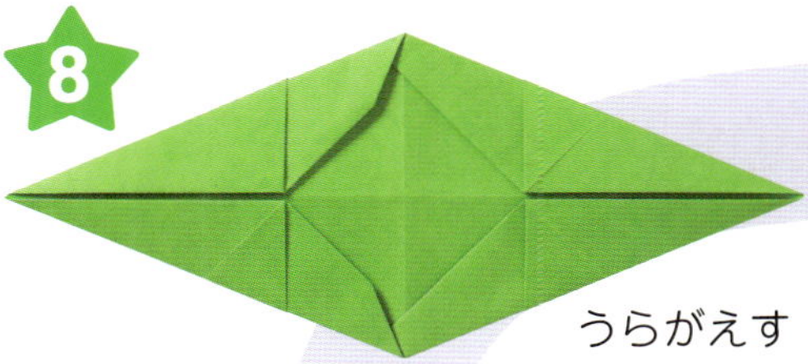
うらがえす

9
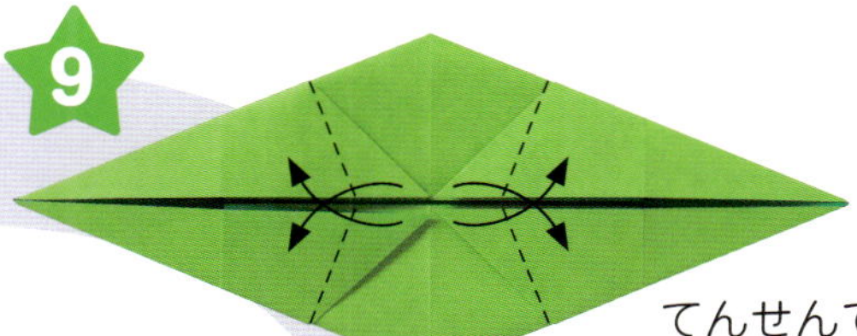
てんせんで
おる

10
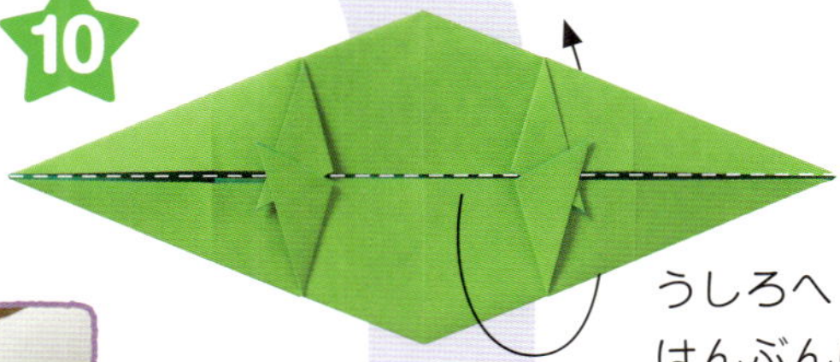
うしろへ
はんぶんに
おる

おおきく

11

てんせんで なかわりおり

12
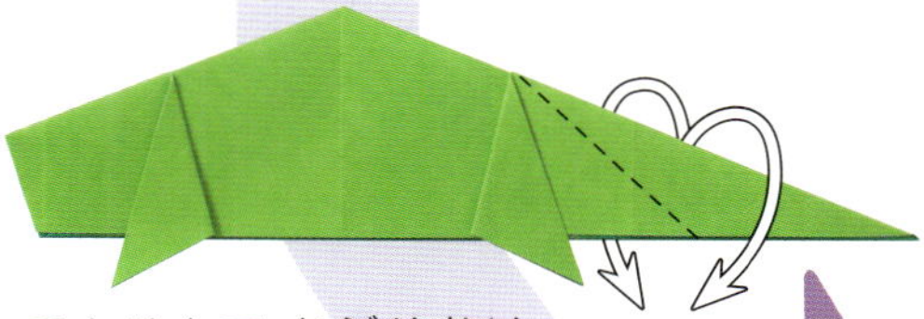
てんせんで かぶせおり

13
てんせんで
なかわりおり
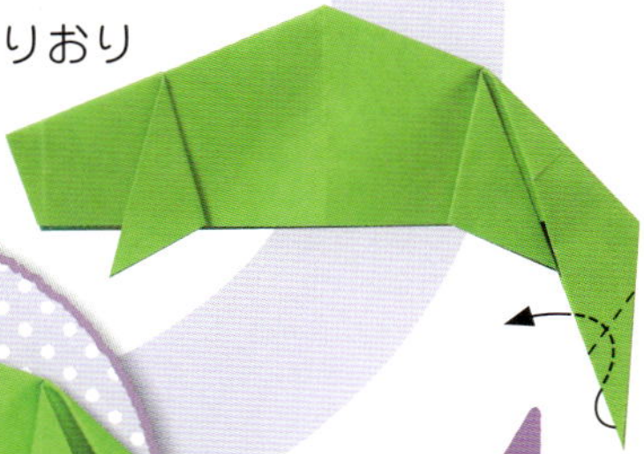

目《め》を
かく

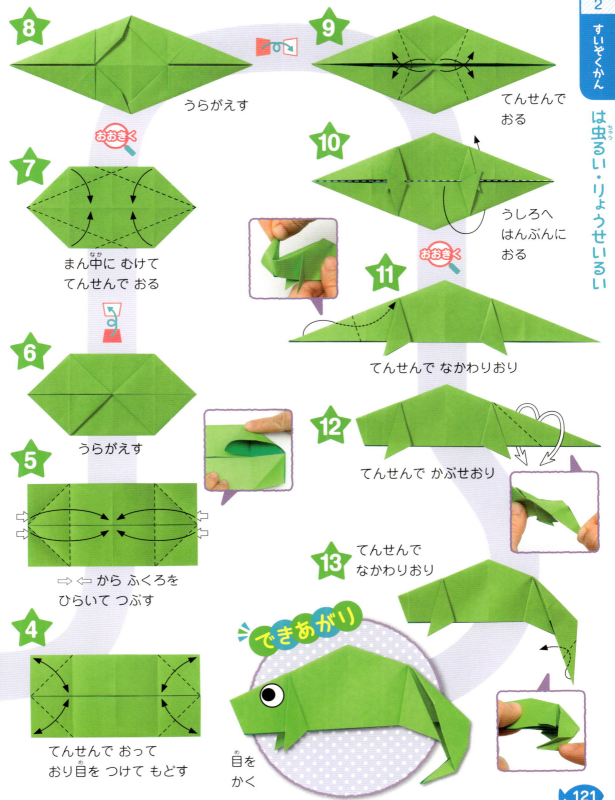

えりまきとかげ

むずかしい

1

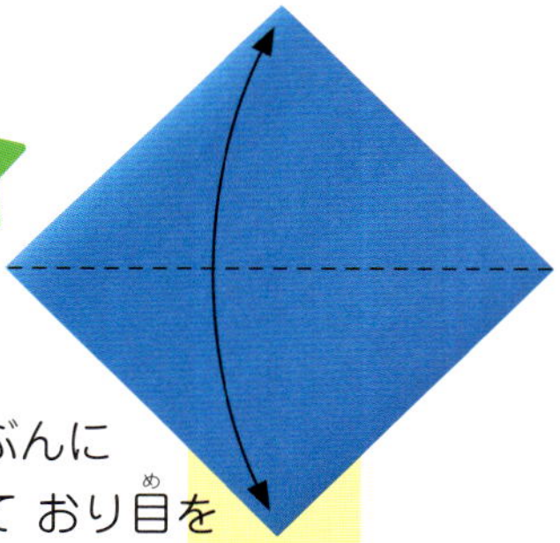

はんぶんに
おって おり目《め》を
つけて もどす

2

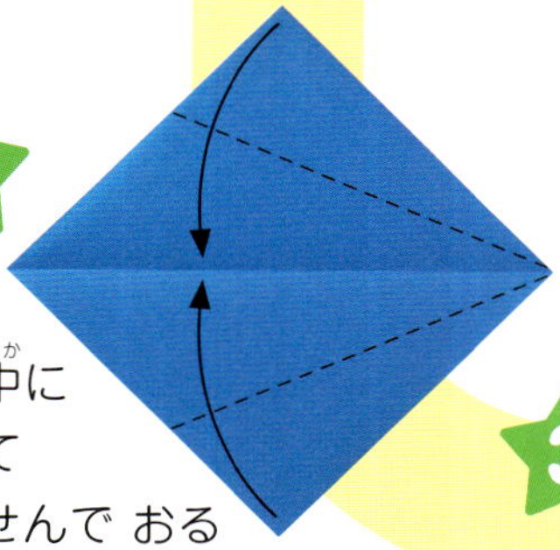

まん中《なか》に
むけて
てんせんで おる

3

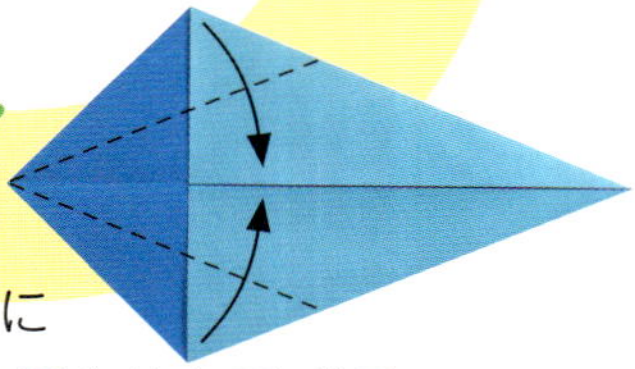

まん中《なか》に
むけて てんせんで おる

4

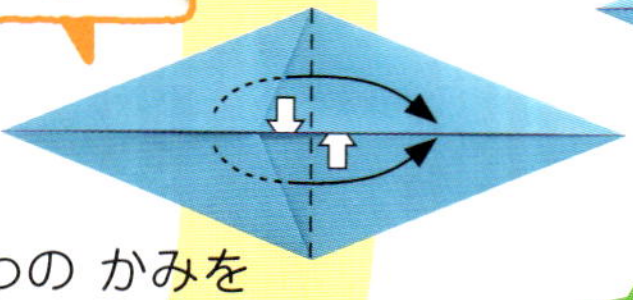

うちがわの かみを
⇧⇩ から ひき出《だ》して つぶす

5

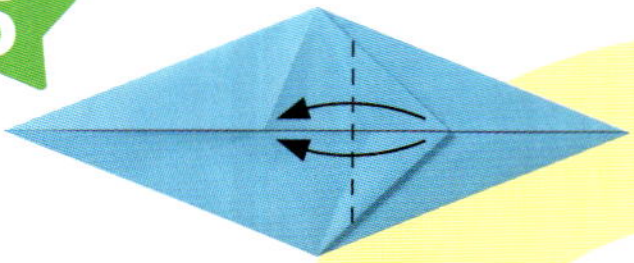

てんせんで おる

6

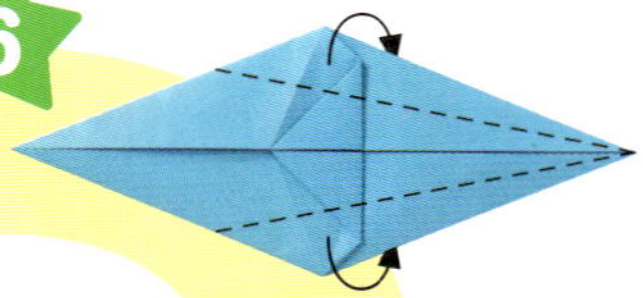

てんせんで うしろへ おる

7

おおきく

てんせんで
うしろへ だんおり

8

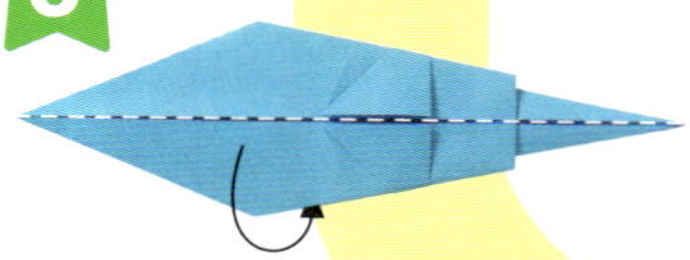

うしろへ はんぶんに
おる

おおきく

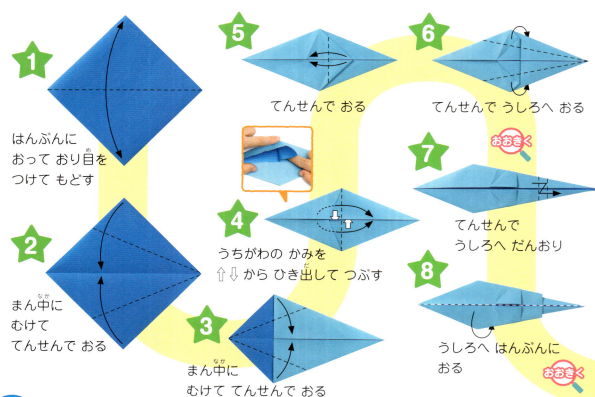

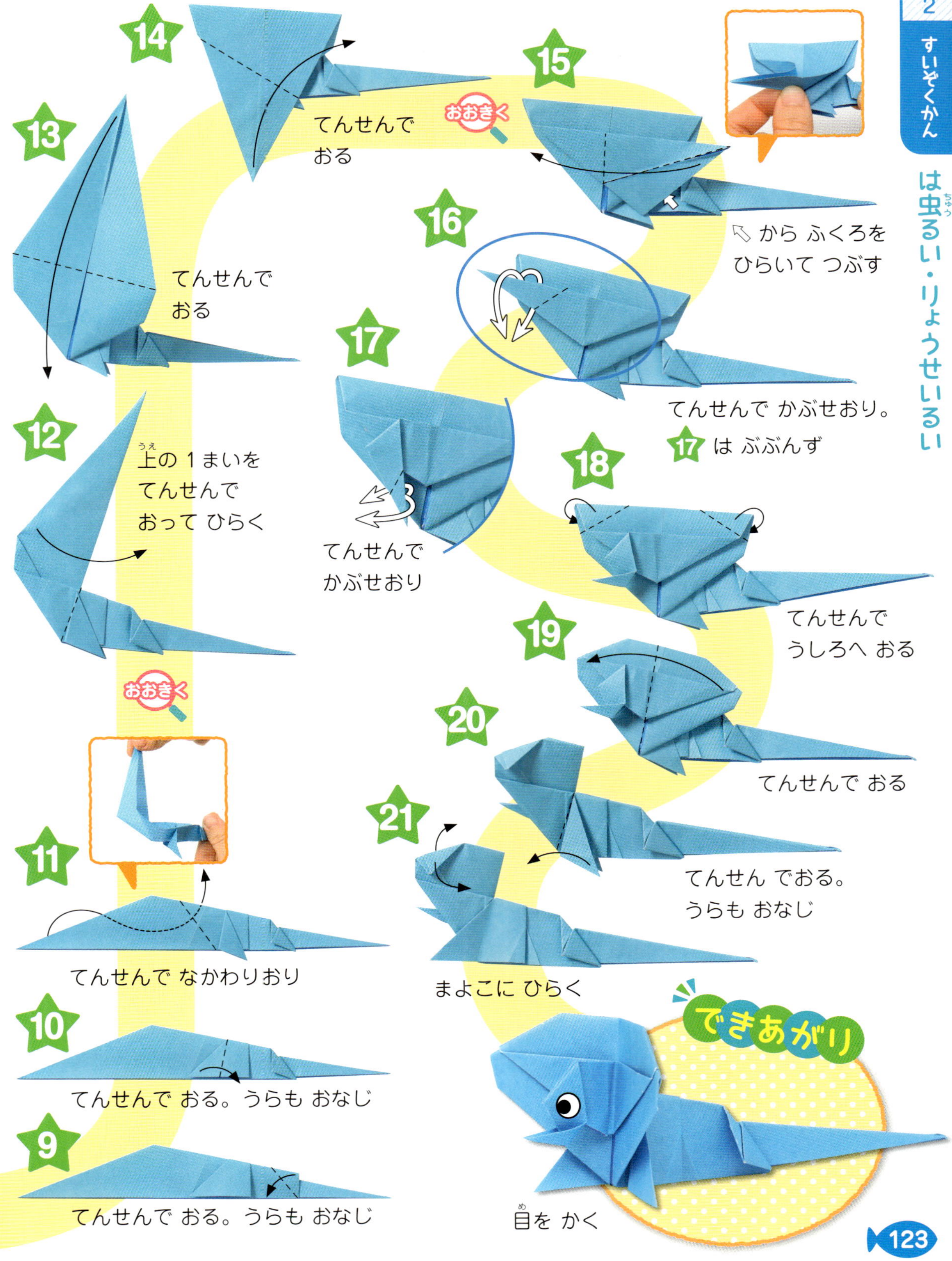
9
てんせんで おる。うらも おなじ
10
てんせんで おる。うらも おなじ
11
てんせんで なかわりおり
おおきく
12
上《うえ》の 1 まいを
てんせんで
おって ひらく
13
てんせんで
おる
14
てんせんで
おる
おおきく
15
⇦ から ふくろを
ひらいて つぶす
16
てんせんで かぶせおり。
17 は ぶぶんず
17
てんせんで
かぶせおり
18
てんせんで
うしろへ おる
19
てんせんで おる
20
てんせん でおる。
うらも おなじ
21
まよこに ひらく
できあがり
目《め》を かく

わに

むずかしい

いっしょにつくろう！

ことり

1
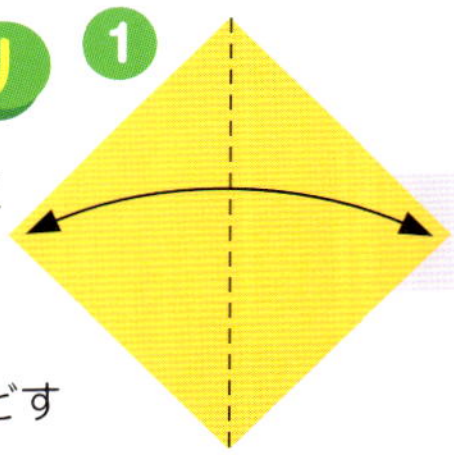
はんぶんに おって おり目《め》を つけて もどす

2
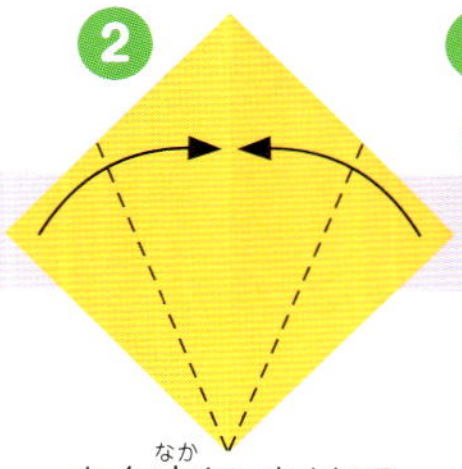
まん中《なか》に むけて てんせんで おる

3

てんせんで うしろへ おる

4

まん中《なか》に むけて てんせんで おって おり目《め》を つけて もどす

おおきく

5
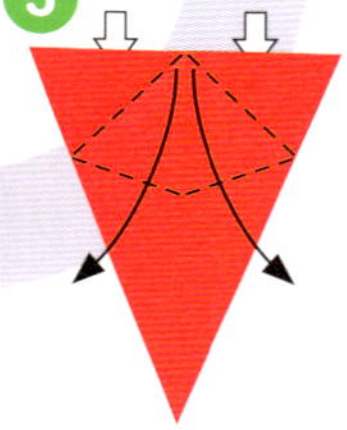
⇩ から ふくろを ひらいて つぶす

6
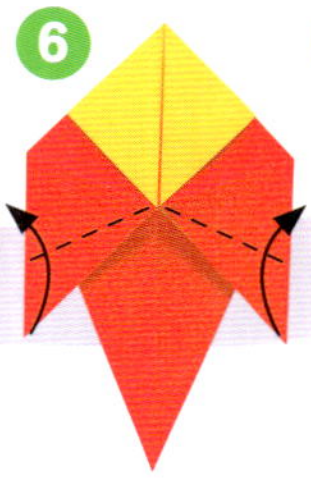
てんせんで おる

7
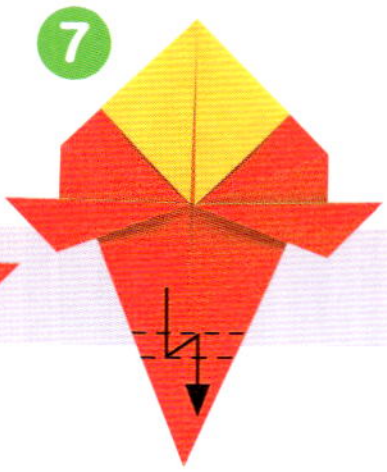
てんせんで だんおり

8
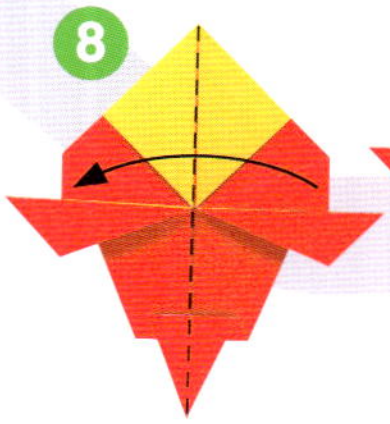
はんぶんに おって むきを かえる

9

てんせんで なかわりおり

目《め》を かく

できあがり

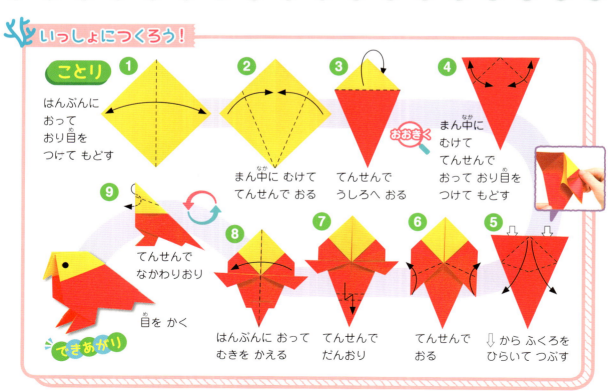

1
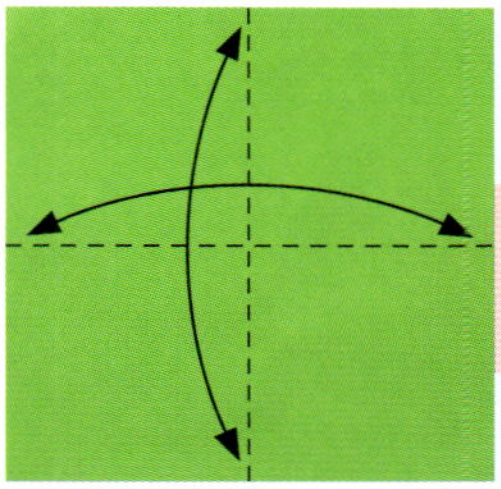
たてよこ はんぶんに おって
おり目《め》を つけて もどす

2

まん中《なか》に むけて
てんせんで おる

3

てんせんで おる

4

てんせんで おる

⇖⇗⇙⇘ から ふくろを
ひらいて つぶす

5
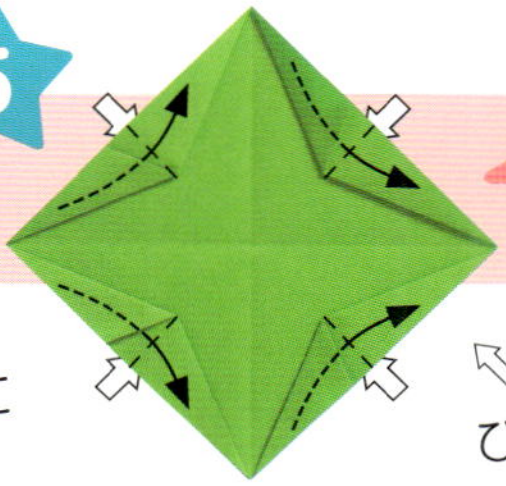

6
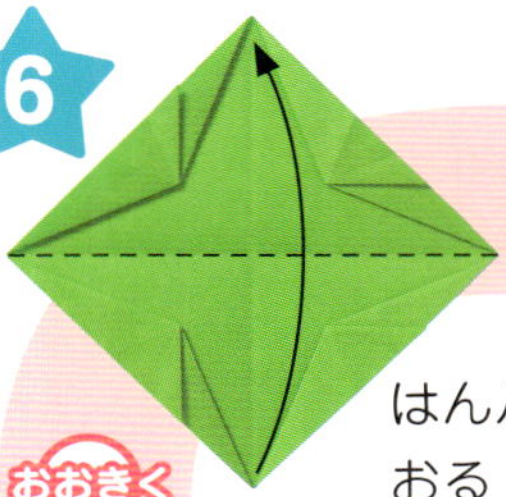
はんぶんに
おる

おおきく

7
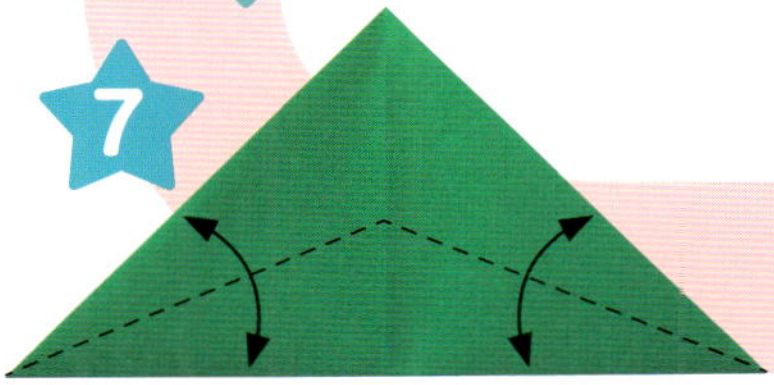
てんせんで おって
おり目《め》を つけて もどす

8
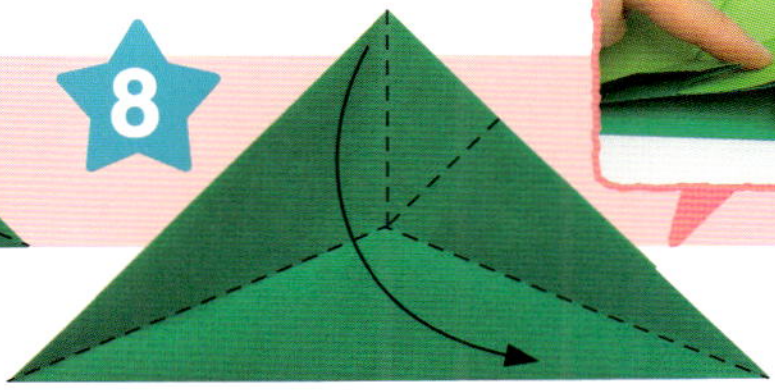
てんせんで おって たたむ

9
うらも 7 8 と
おなじように おる

おおきく

10

てんせんで おって
おり目《め》を つけて もどす

11

てんせんで なかわりおり

12
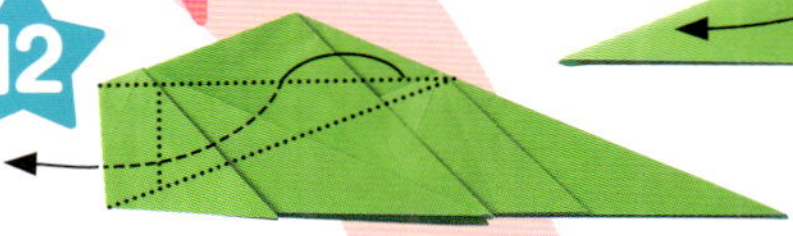
もう いちど
てんせんで なかわりおり

13

てんせんで おる。うらも おなじ

できあがり
目《め》を かく

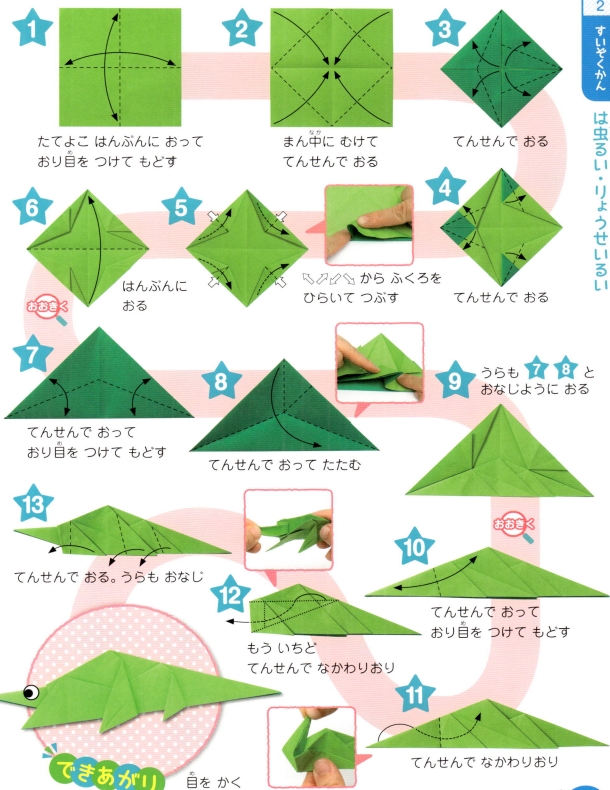

コブラ／へび

コブラ

ふつう

1 たてよこ はんぶんに おって おり目《め》を つけて もどす

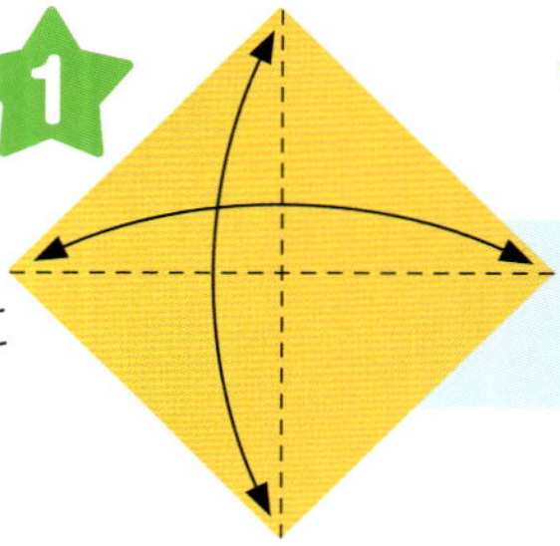

2 まん中《なか》に むけて てんせんで おる

3 まん中《なか》に むけて てんせんで おる

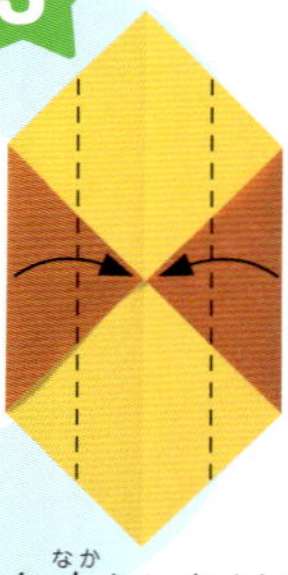

4 ひろげる

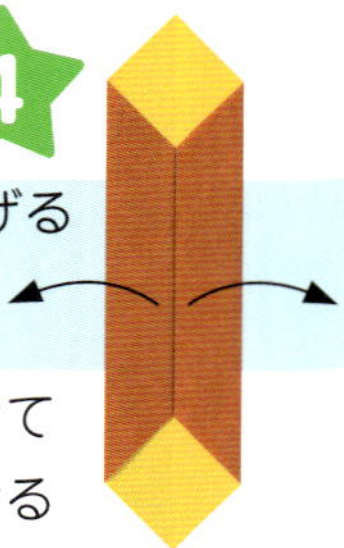

5 まん中《なか》に むけて てんせんで おる

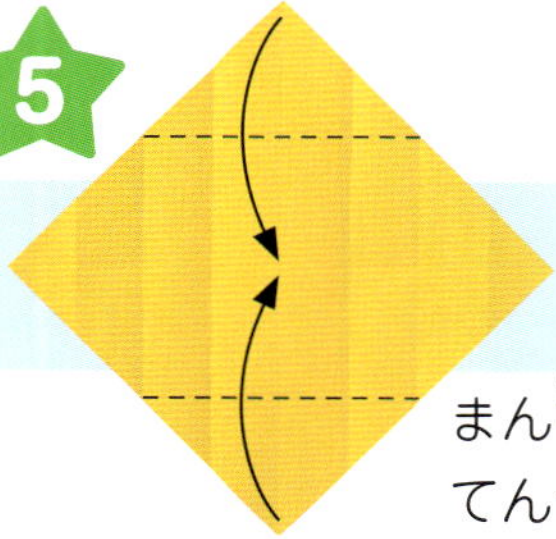

6 まん中《なか》に むけて てんせんで おる

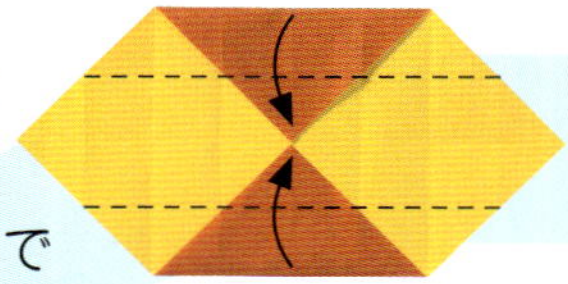

7 はんぶんに おる

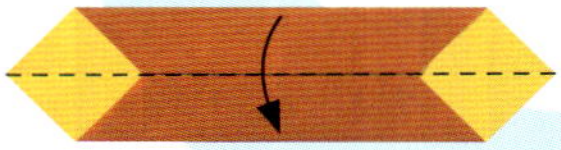

8 ⇧ から ふくろを ひらく

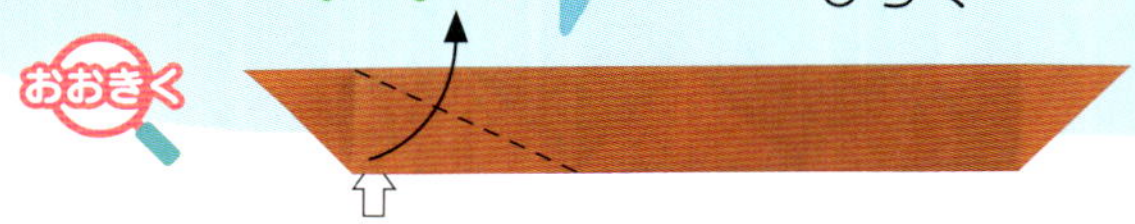

9 てんせんで だんおり

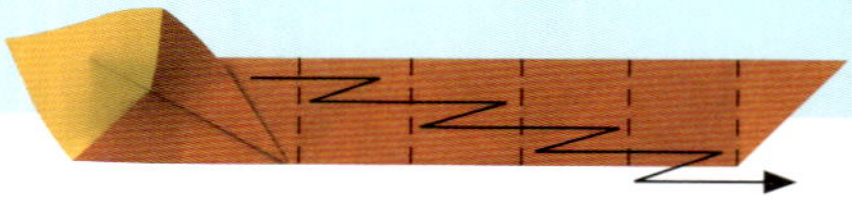

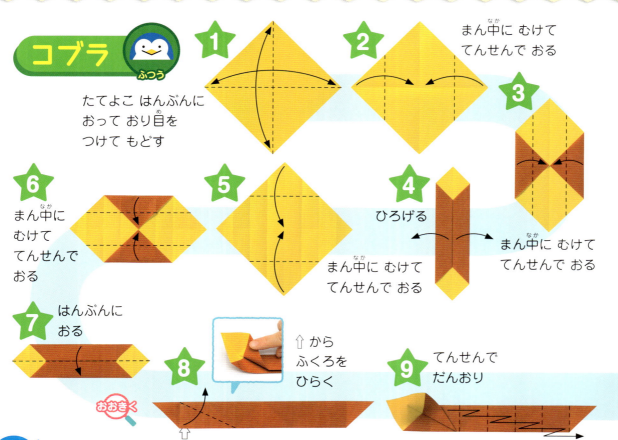

へび

ふつう

1

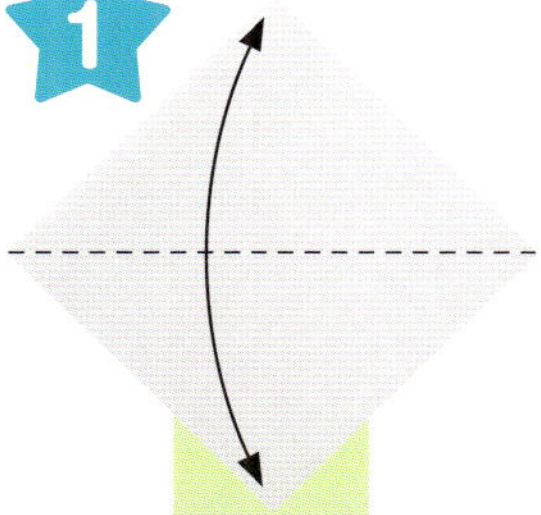

はんぶんに おって
おり目《め》を つけて もどす

2

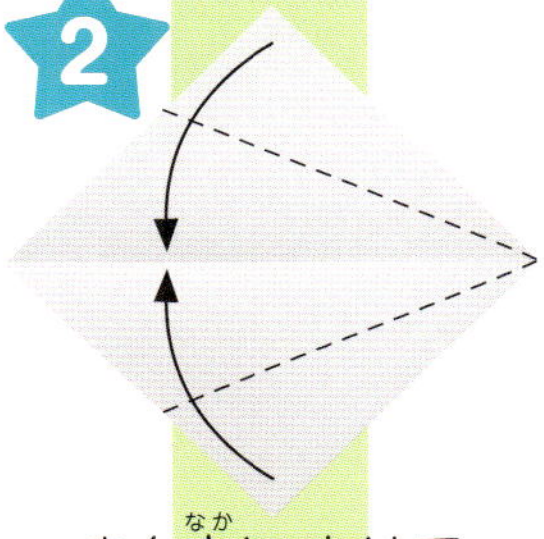

まん中《なか》に むけて
てんせんで おる

3

おおきく

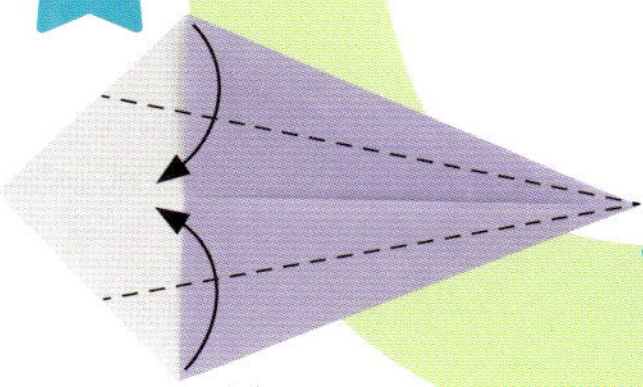

まん中《なか》に むけて
てんせんで おる

4

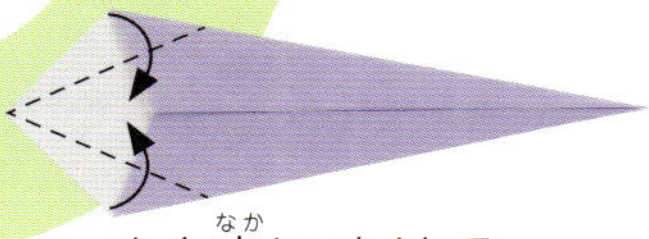

まん中《なか》に むけて
てんせんで おる

5

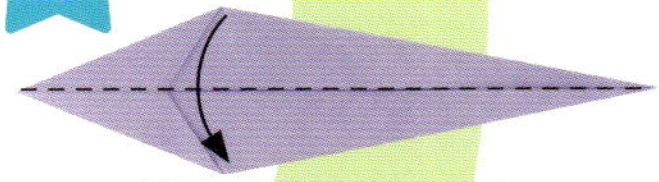

はんぶんに おる

6

おおきく

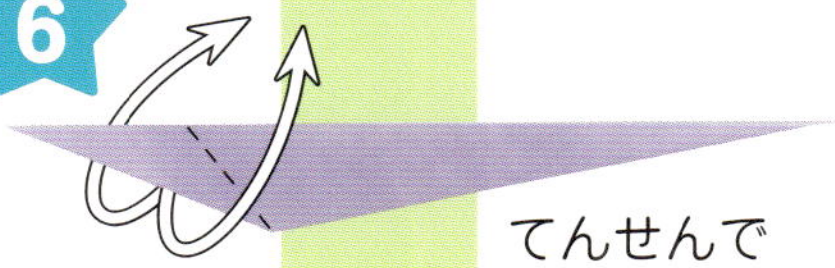

てんせんで
かぶせおり

7

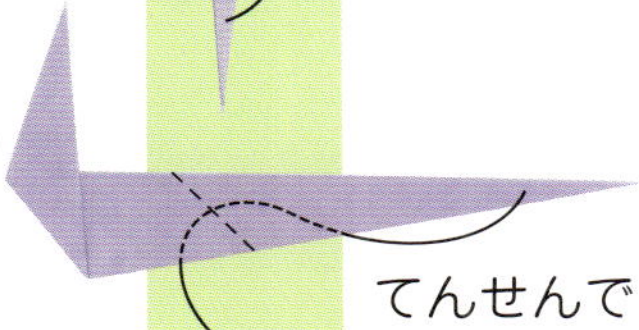

てんせんで
なかわりおり

8

おおきく

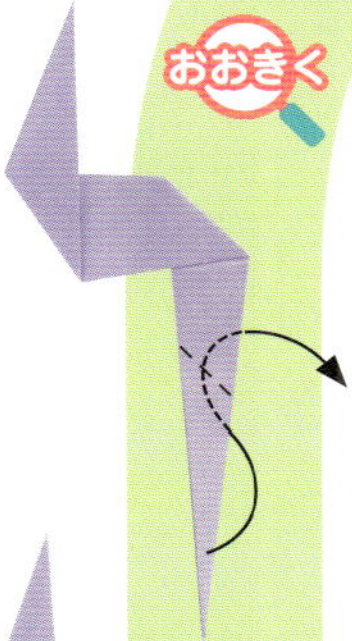

てんせんで
なかわりおり

9

てんせんで
なかわりおり

10

てんせんで
なかわりおり

11

てんせんで
かぶせおり。
12は ぶぶんず

12

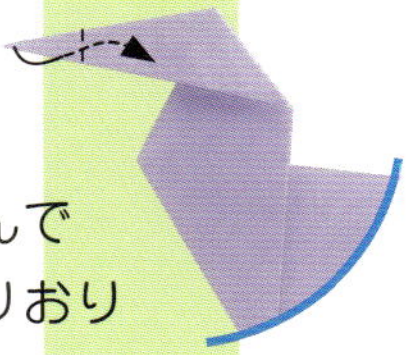

てんせんで
なかわりおり

目《め》を
かく

10

おおきく

先《さき》を まく

11

ひろげる

目《め》を
かく

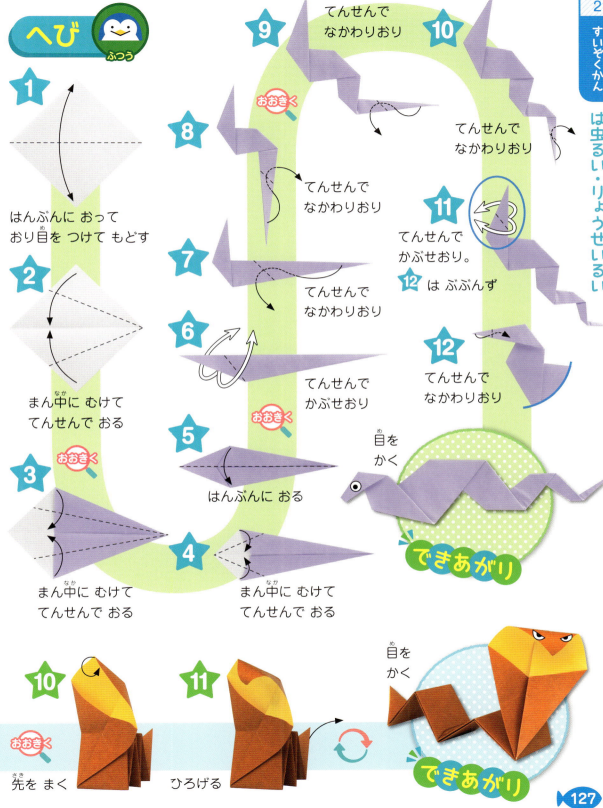

かえる

むずかしい

1 はんぶんに おって おり目《め》を つけて もどす

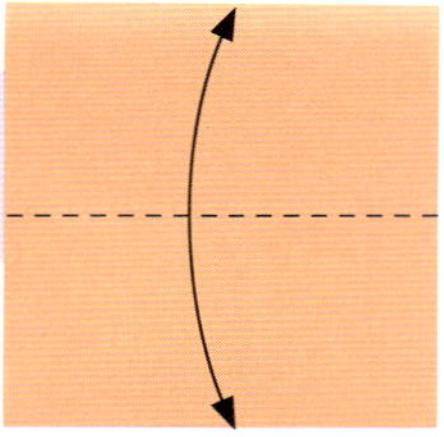

2 はんぶんに おる

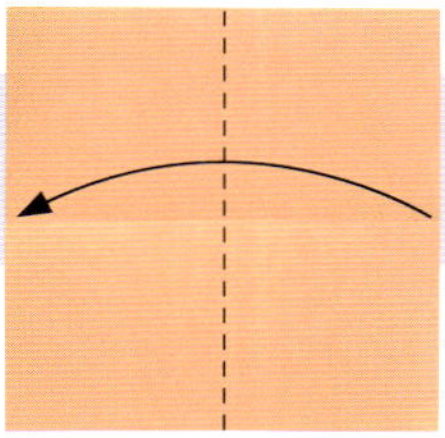

おおきく

3

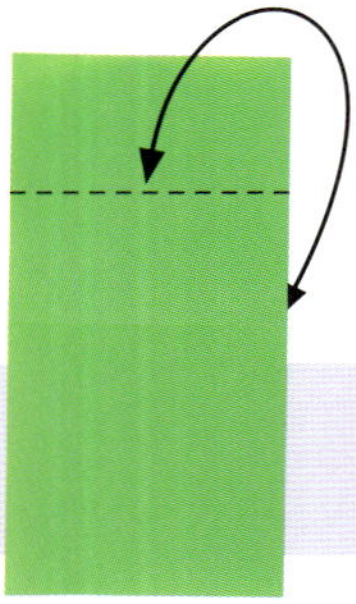

まん中《なか》に むけて うしろへ おって おり目《め》を つけて もどす

4

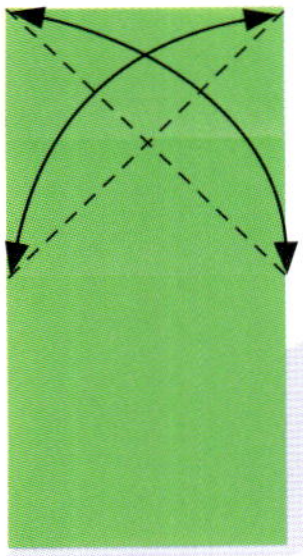

てんせんで おって おり目《め》を つけて もどす

5 おり目《め》を つかって たたむ

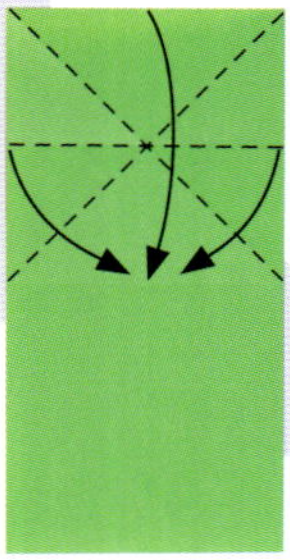

おおきく

6

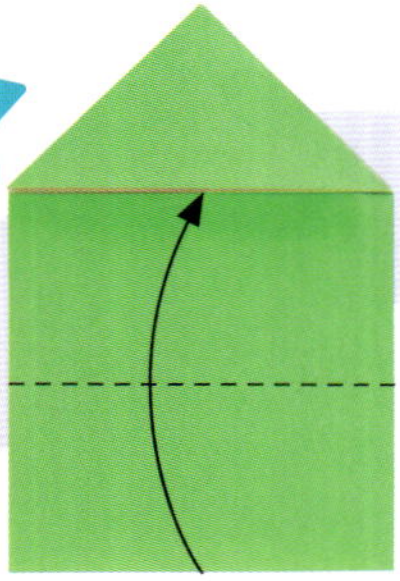

てんせんで おる

7

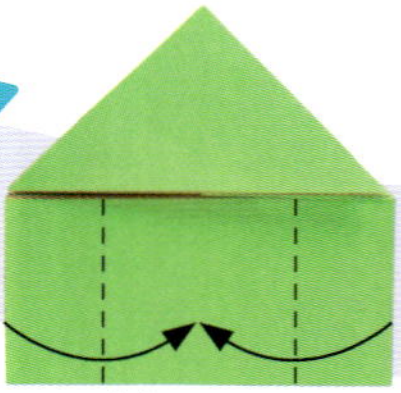

おおきく

まん中《なか》に むけて てんせんで おる

いっしょにつくろう！

はすのは

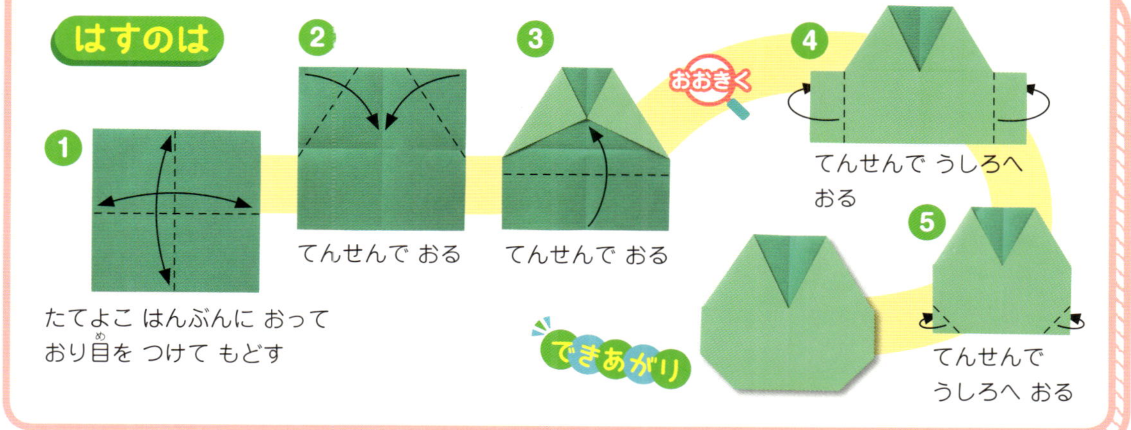

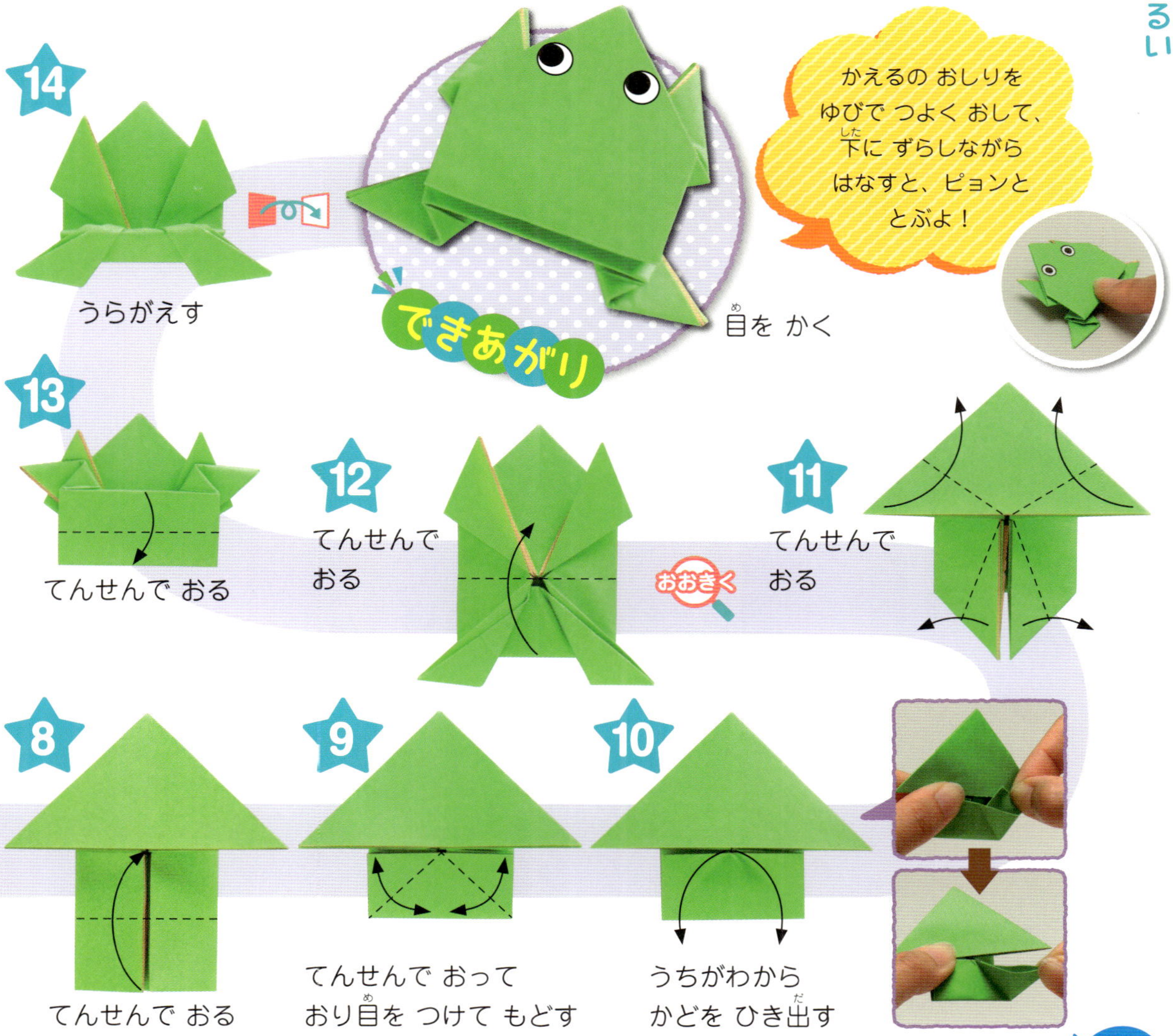

うみがめ

かんたん

1

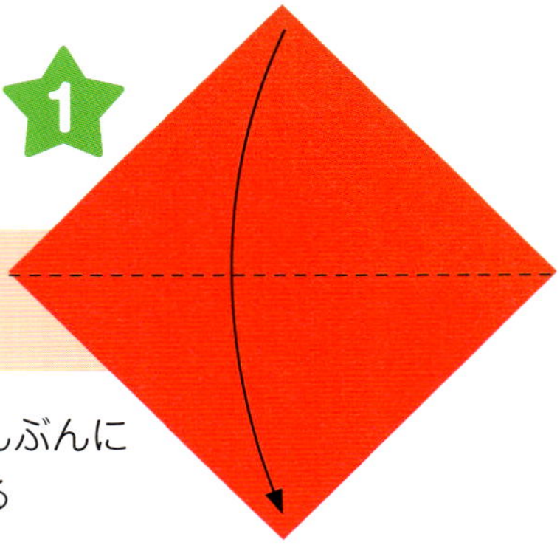

はんぶんに
おる

2

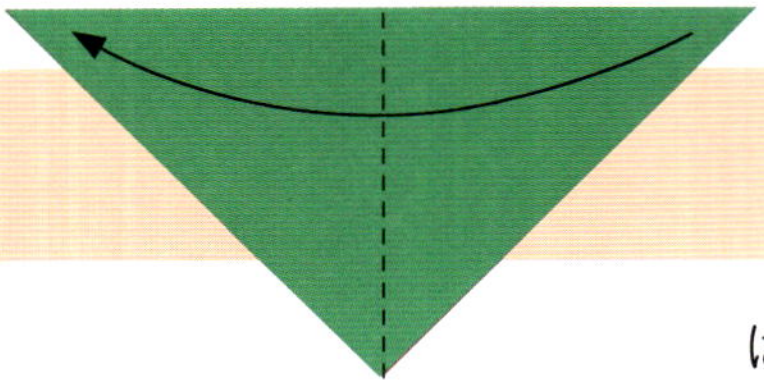

はんぶんに おる

3

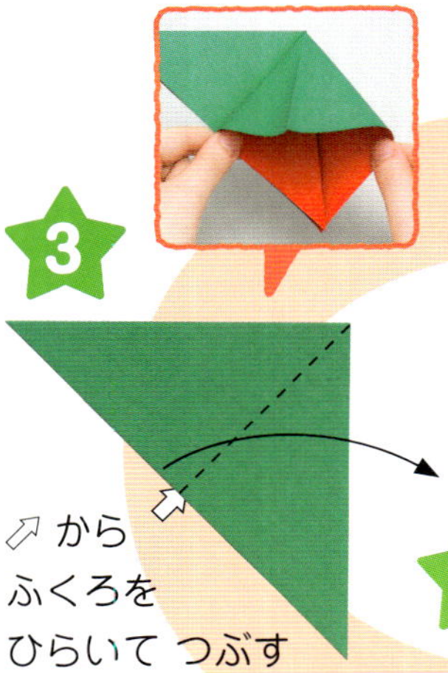

⇗ から
ふくろを
ひらいて つぶす

4

うらも
おなじように
ふくろを
ひらいて つぶす

おおきく

5

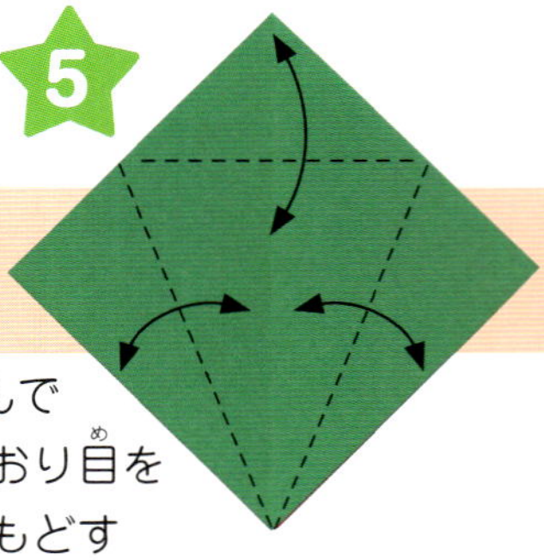

てんせんで
おって おり目《め》を
つけて もどす

6

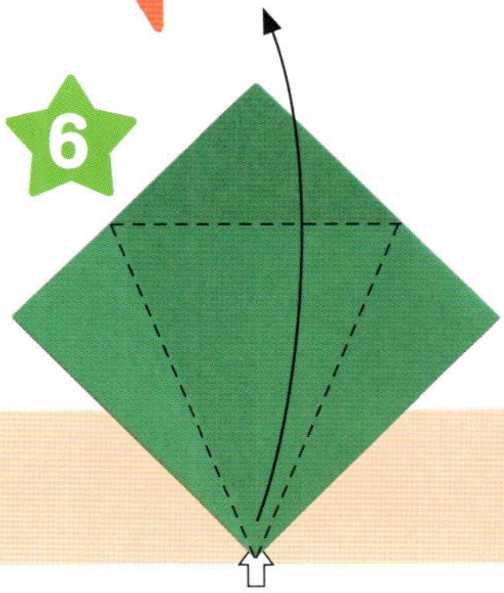

⇧から ふくろを
ひらいて つぶす

7

赤《あか》い せんを はさみで きって
てんせんで おる

8

てんせんで だんおり

9

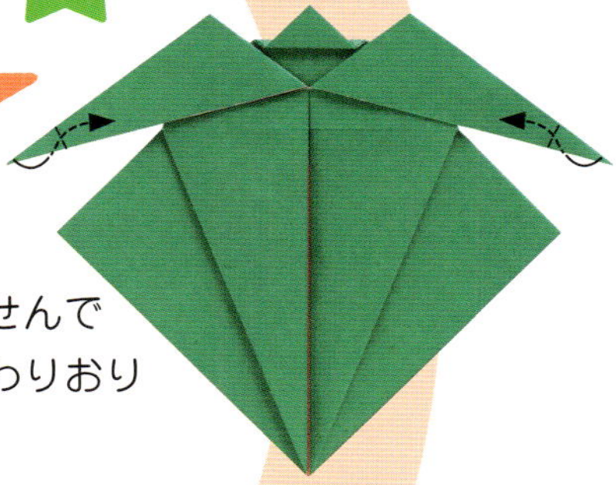

てんせんで
なかわりおり

10 てんせんで おる

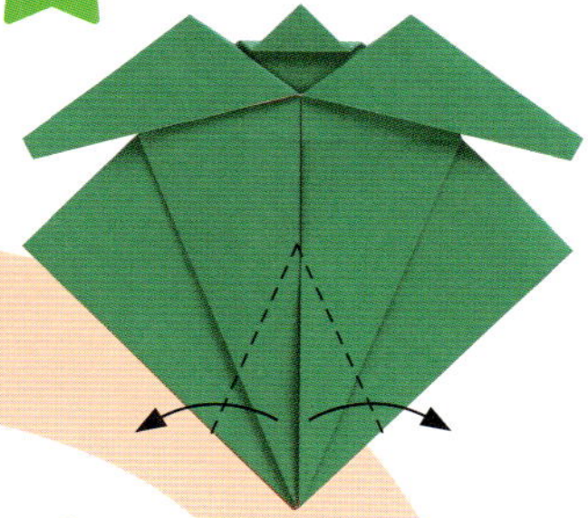

11 てんせんで おる

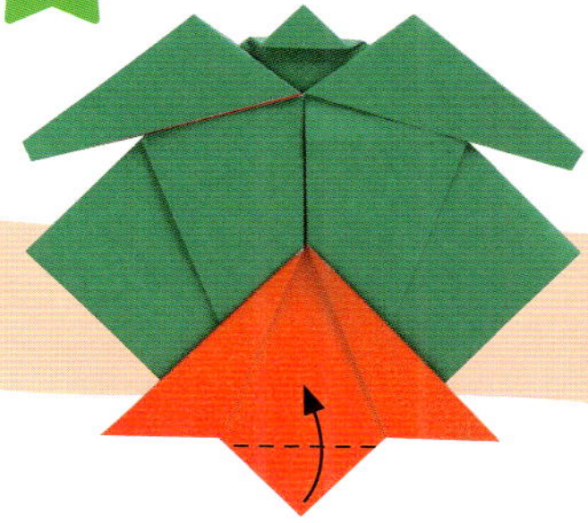

12 てんせんで おる

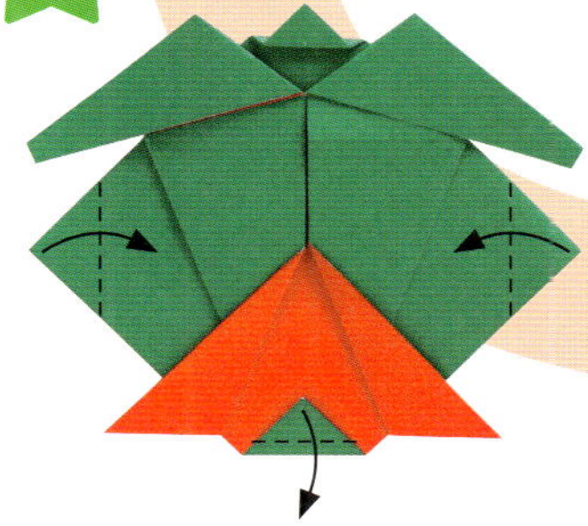

13 うらがえす

目《め》を
かく

できあがり

「うみがめ」も、
「ぞうがめ」(99ページ)も、
とっても なが生《い》き。
ぞうがめは 100さい いじょう
生《い》きることも
あるらしいよ！

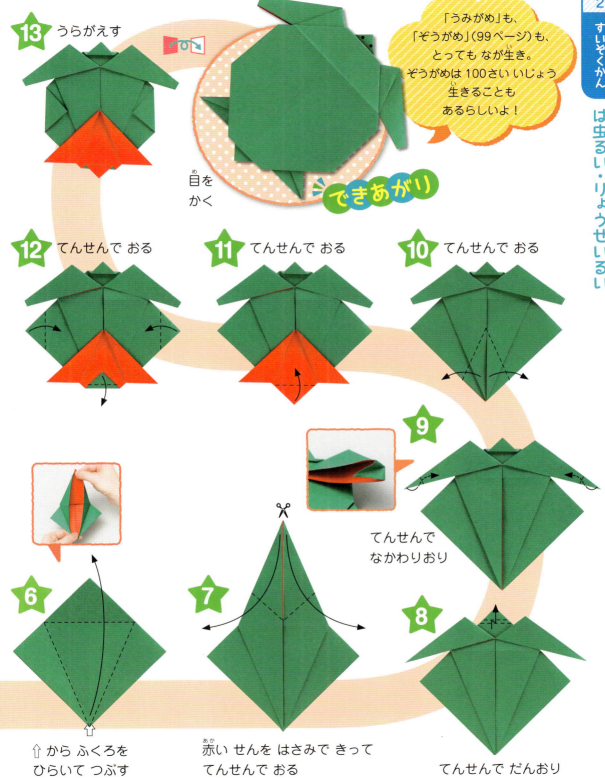

たこくらげ

むずかしい

1 はんぶんに おる

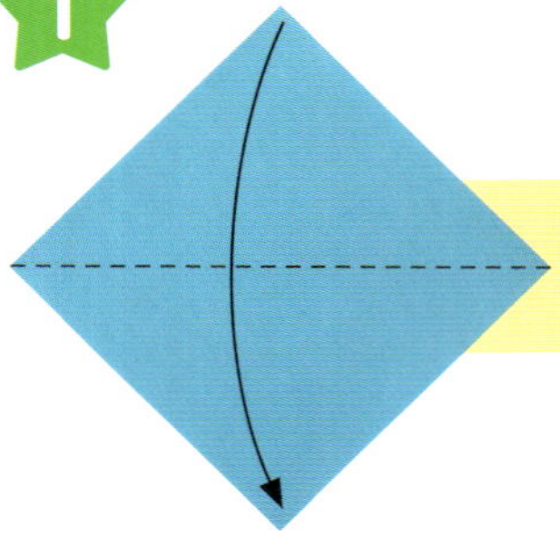

9

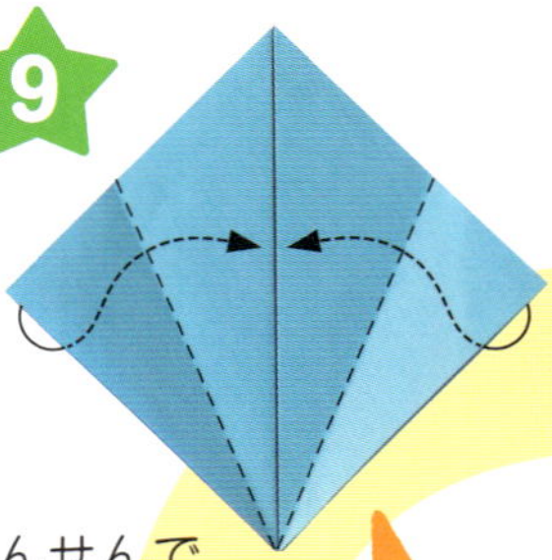

てんせんで
なかわりおり

10

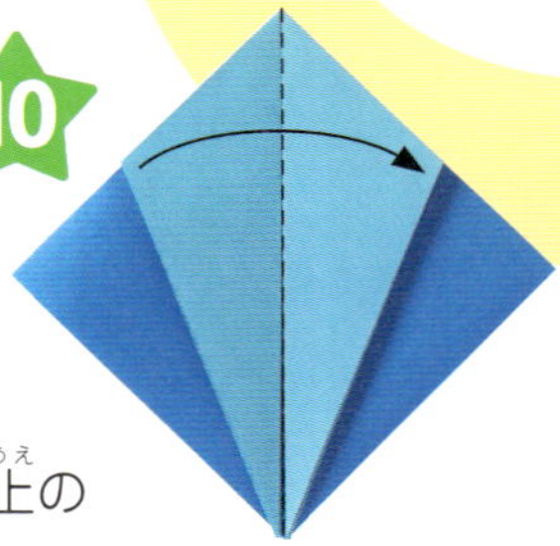

上《うえ》の
1まいを てんせんで おる

19

てんせんで
うしろへ おる

20

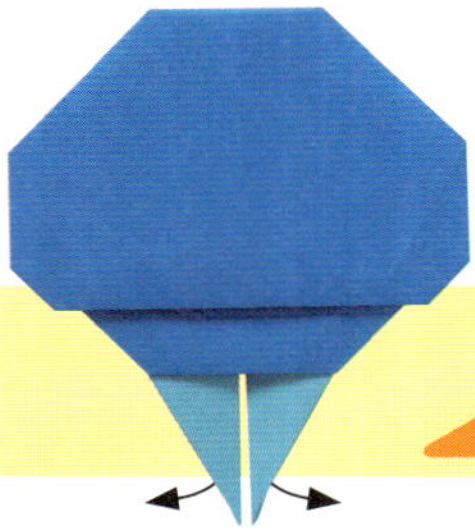

うちがわの かみを
つまみ出《だ》して うしろへ おる

できあがり

目《め》を かく

うみのおもしろい生《い》きもの

2 はんぶんに おる

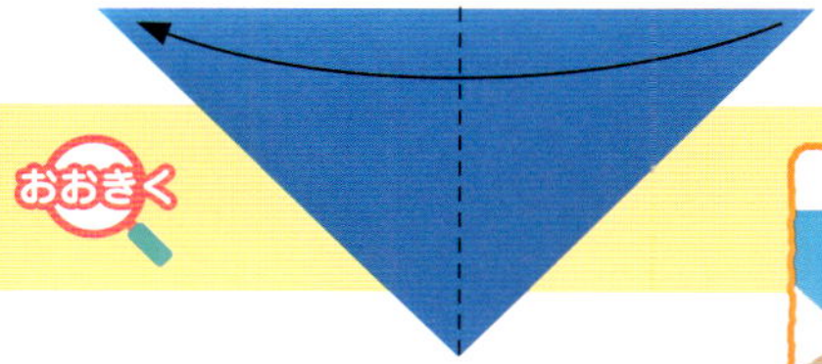

3 ⇗ から ふくろを ひらいて つぶす

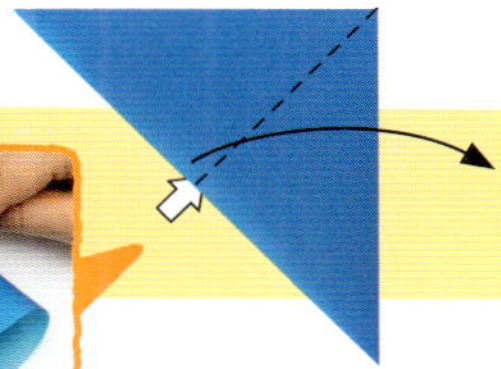

4 うらも おなじように ふくろを ひらいて つぶす

5

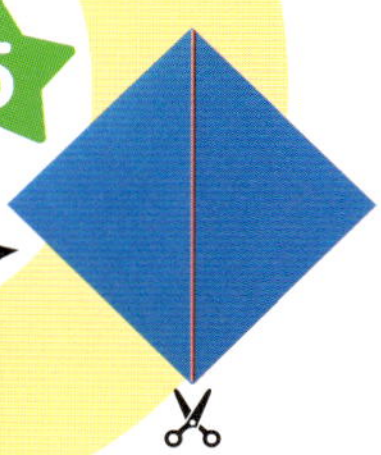

上《うえ》の 1まいだけ 赤《あか》い せんを はさみで きる

6

上《うえ》の 1まいを ひらく

7 てんせんで うちがわへ おる

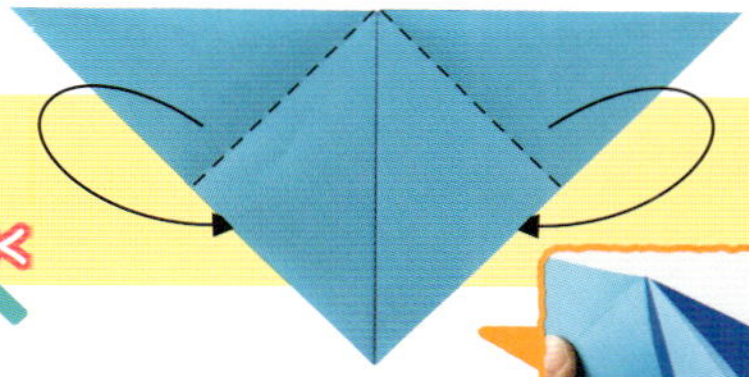

8

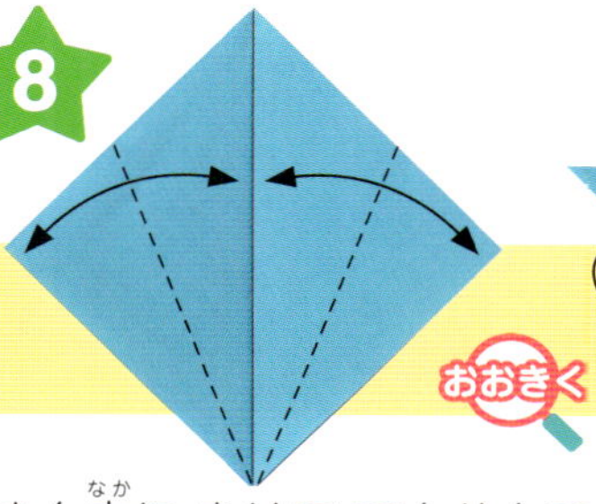

まん中《なか》に むけて てんせんで おって おり目《め》を つけて もどす

11

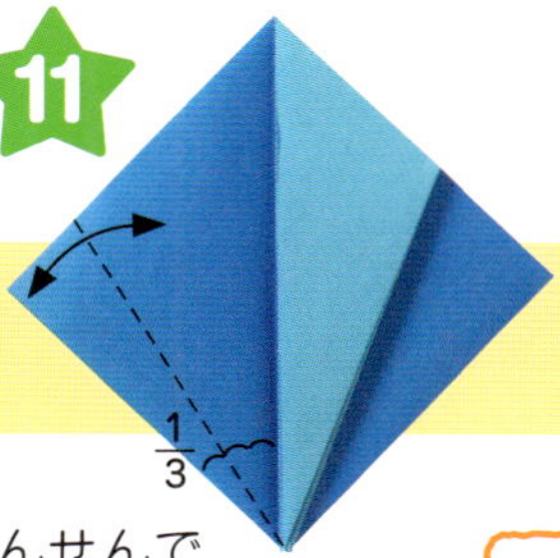

てんせんで おって おり目《め》を つけて もどす

12

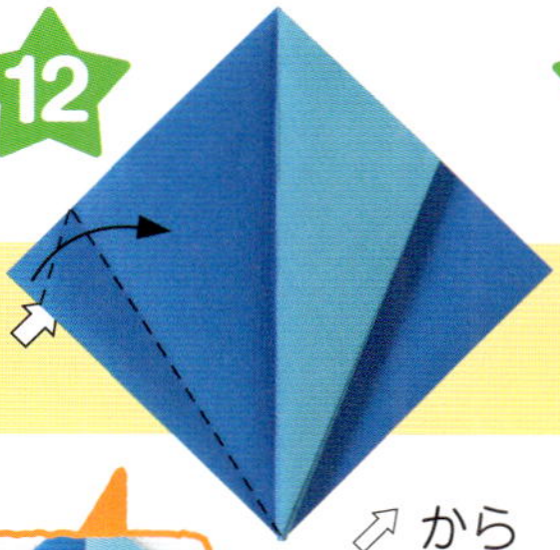

⇗ から ふくろを ひらいて つぶす

13

2まいを 左《ひだり》へ おる

14

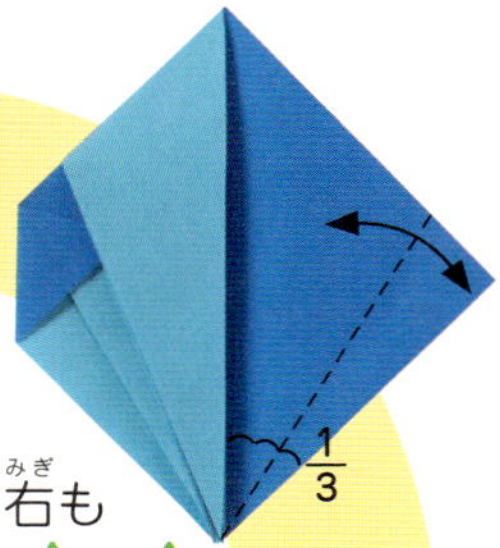

右《みぎ》も 11 12 と おなじように おる

15

1まい もどす

16

うらがえす

17

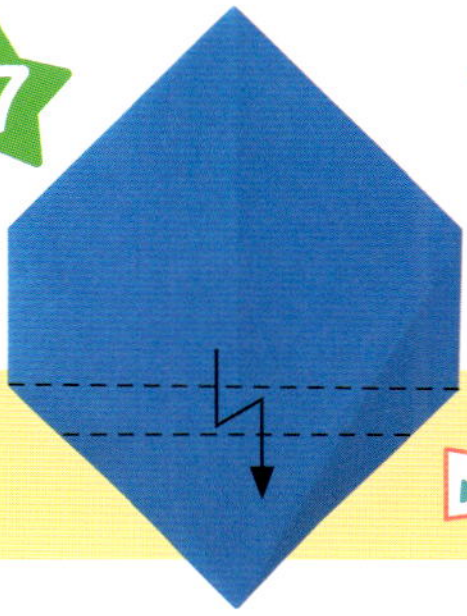

てんせんで うしろへ だんおり

18

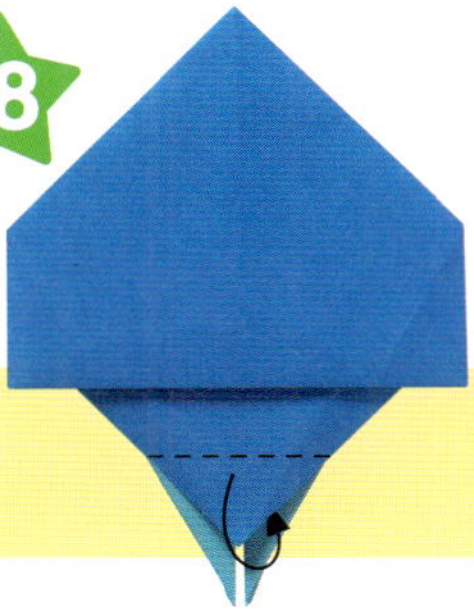

てんせんで うちがわに おる

クリオネ

むずかしい

1

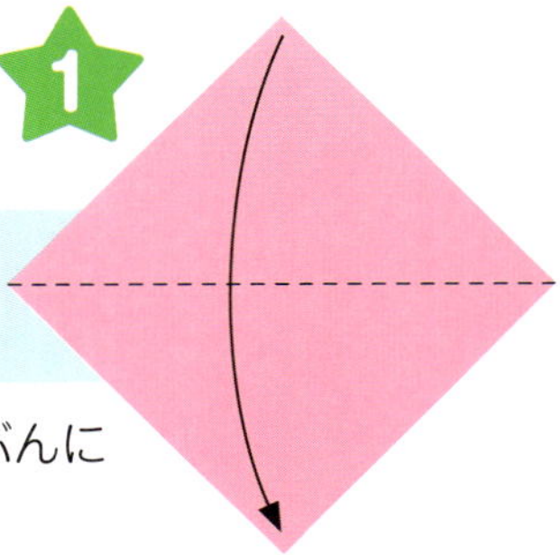

はんぶんに
おる

2 はんぶんに
おる

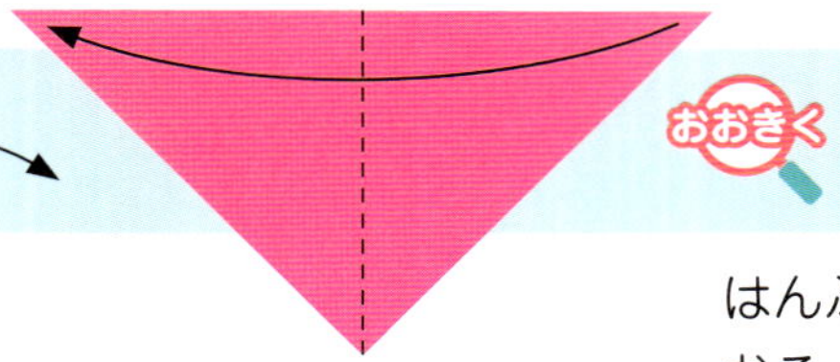

3 ⇧から ふくろを
ひらいて つぶす

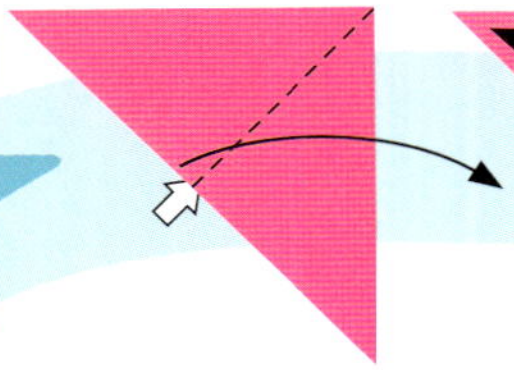

4 うらも
おなじように
ふくろを
ひらいて つぶす

5

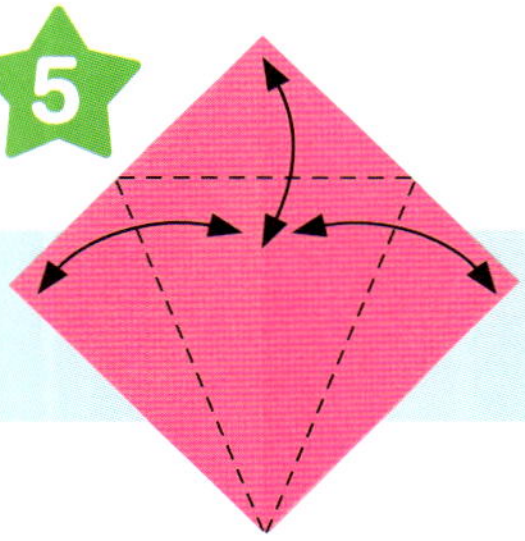

てんせんで おって
おり目《め》を つけて もどす

6

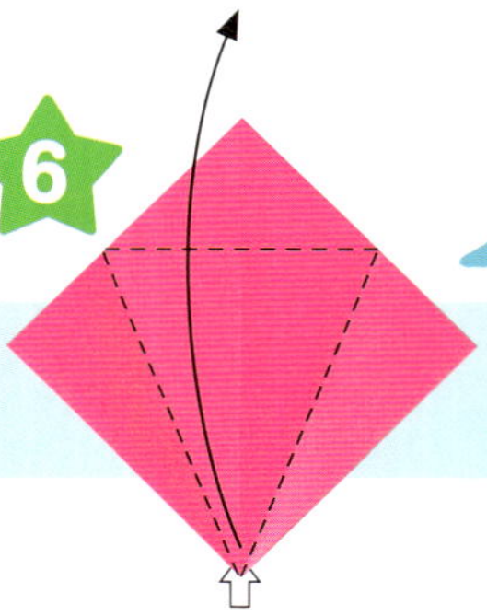

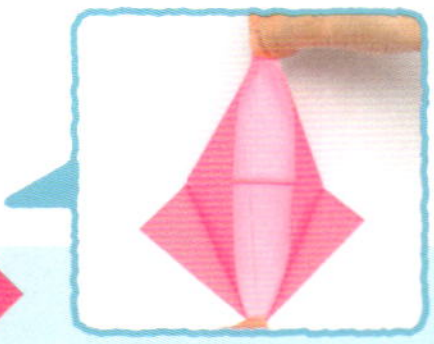

⇧から ふくろを
ひらいて つぶす

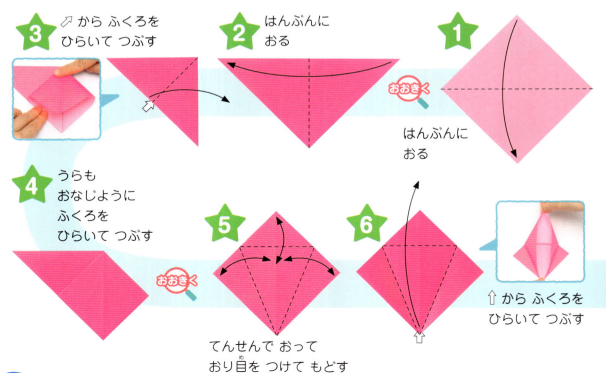

7

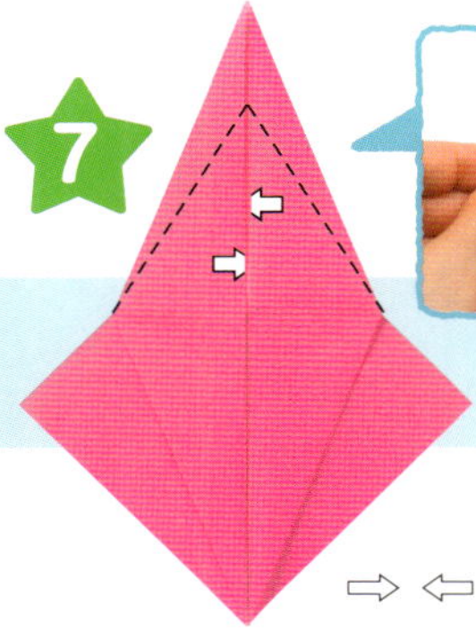

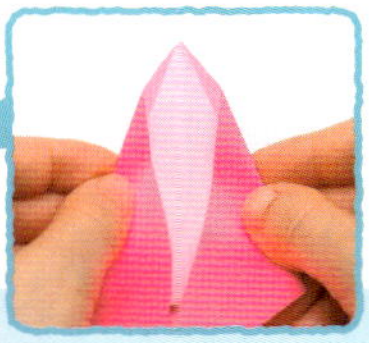

⇨ ⇦ から
ふくろを ひらく

8

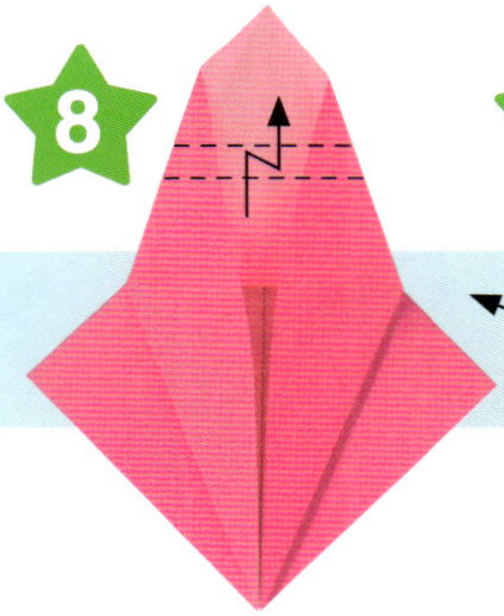

てんせんで だんおり

9

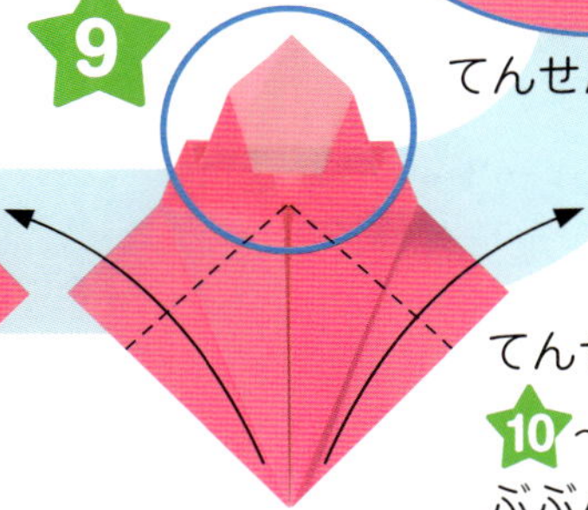

てんせんで おる。
10〜12 は
ぶぶんず

10

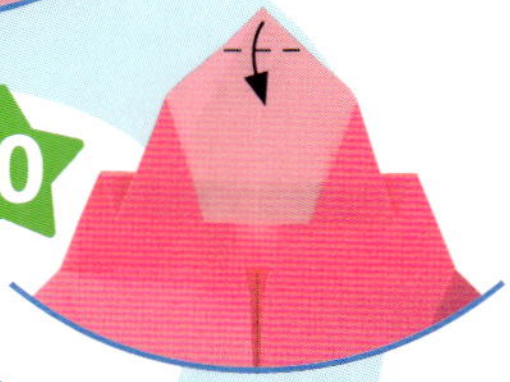

てんせんで おる

11

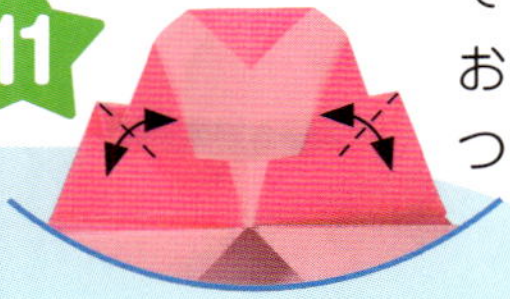

てんせんで
おって おり目《め》を
つけて もどす

12

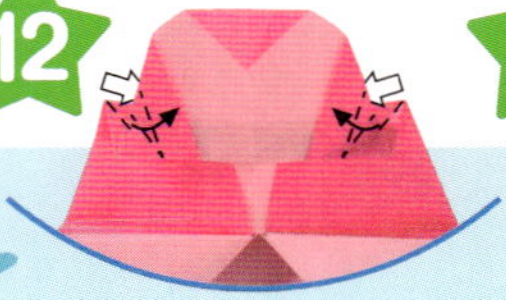

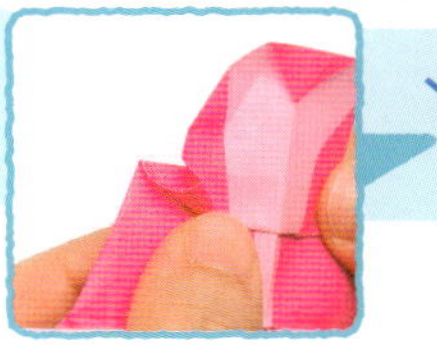

⇨ ⇦ から ふくろを
ひらいて つぶす

13

てんせんで
おる

14

うらがえす

15

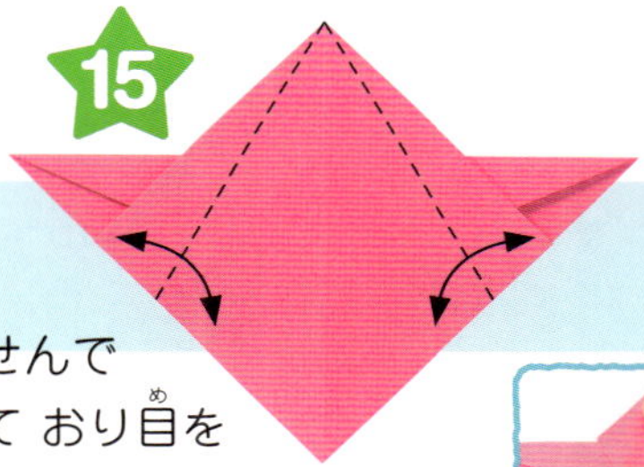

てんせんで
おって おり目《め》を
つけて もどす

16

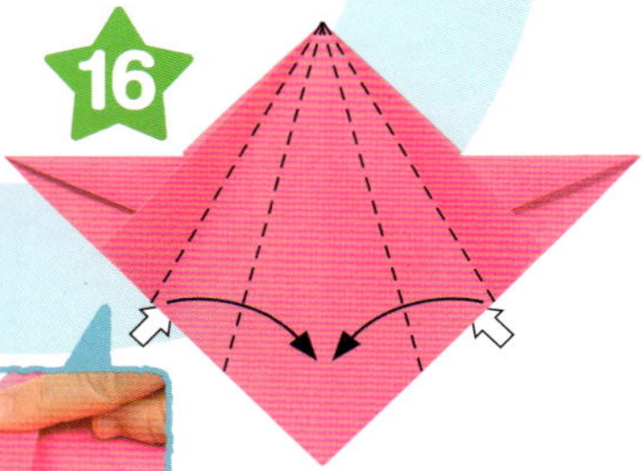

⇗ ⇖ から ふくろを
ひらいて つぶす

17

てんせんで
おって おり目《め》を
つけて もどす

18

⇧ から
ふくろを
ひらいて
つぶす

19

てんせんで
おって
うらがえす

できあがり

かおを
かく

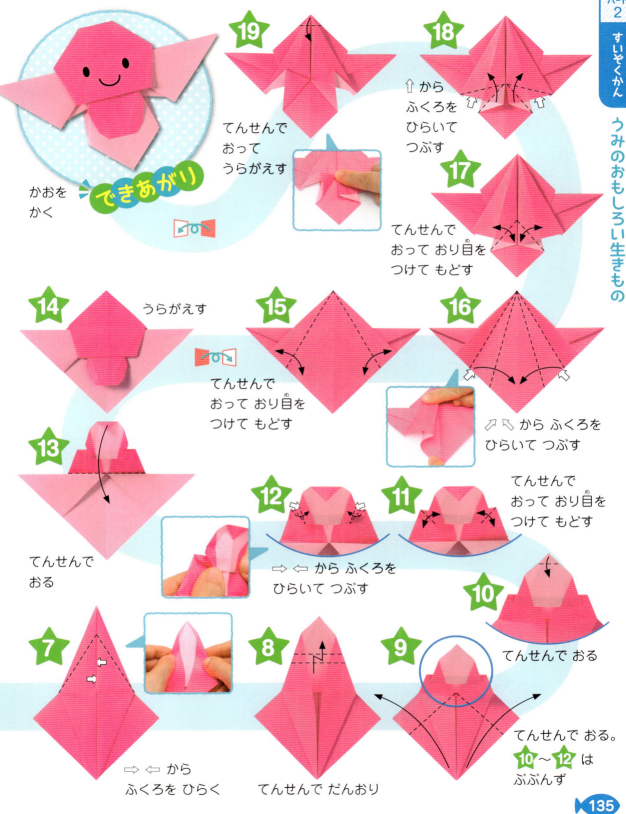

かじきまぐろ

ふつう

1

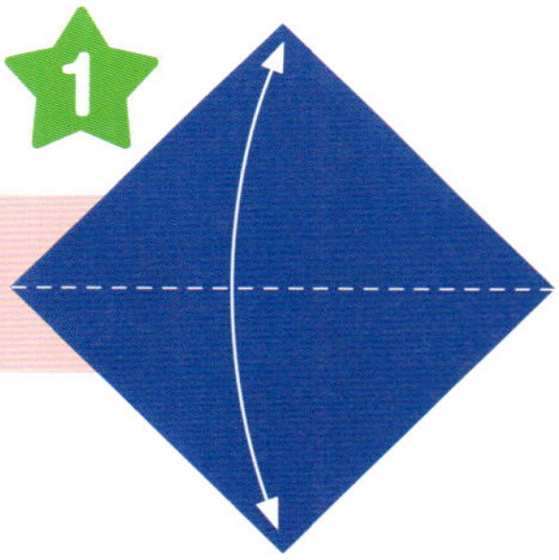

はんぶんに おって
おり目《め》を つけて もどす

2

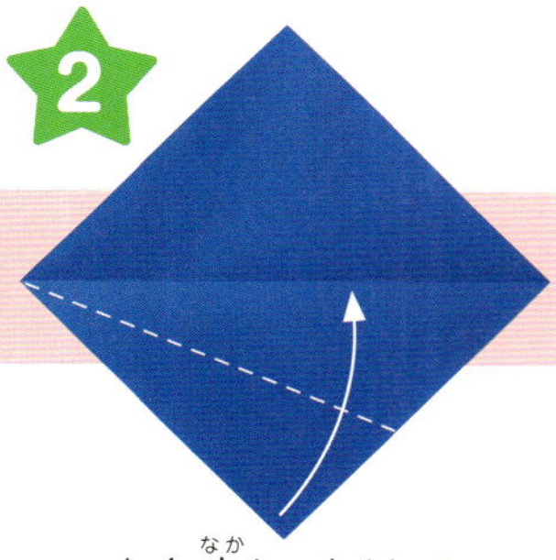

まん中《なか》に むけて
てんせんで おる

3

まん中《なか》に むけて
てんせんで おる

4

うちがわの
かみを ⇩ から
ひき出《だ》して つぶす

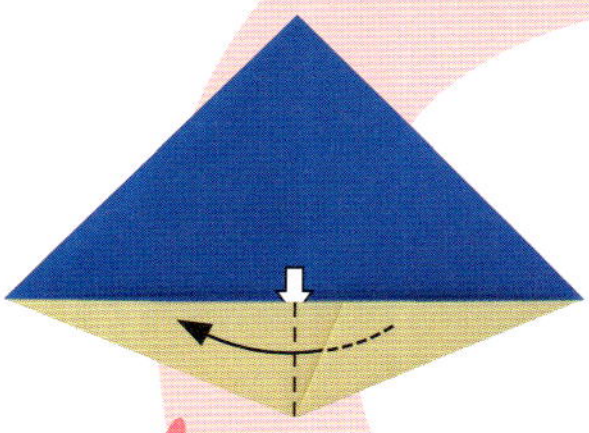

5

てんせんで おる

6

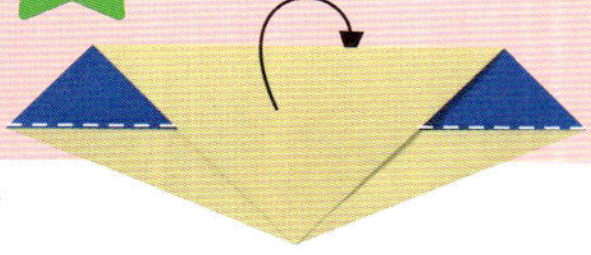

てんせんで
うしろへ おる

おおきく

7

てんせんで
うちがわに おる

いっしょにつくろう！

つりざお

1

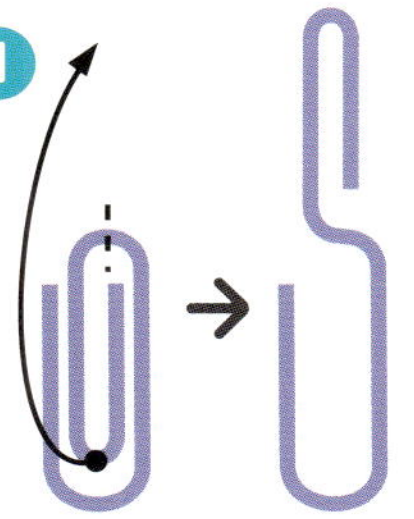

クリップを まげて
つりばりを つくる

2

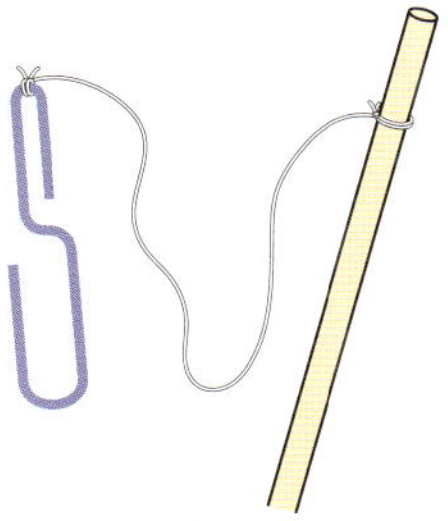

クリップに 糸《いと》を むすび、
もうかたほうの 糸《いと》の
はしを ぼうに むすんだら
「つりざお」の できあがり

3

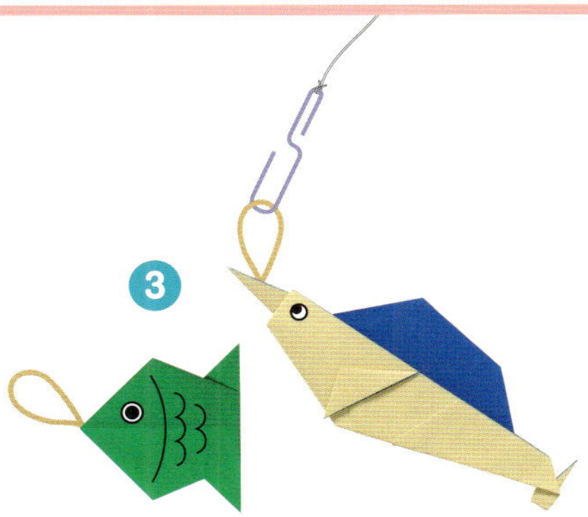

さかなの おりがみに わゴムを はって
さかなつりをして あそぼう！

10

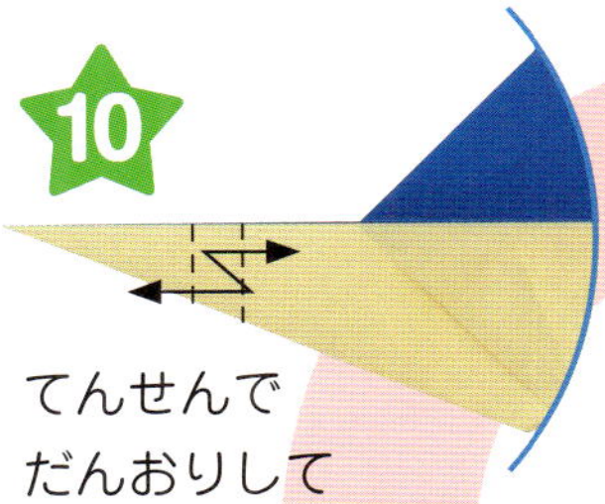

てんせんで
だんおりして
おり目《め》を つけて もどす

11

てんせんで
うちがわに
だんおり

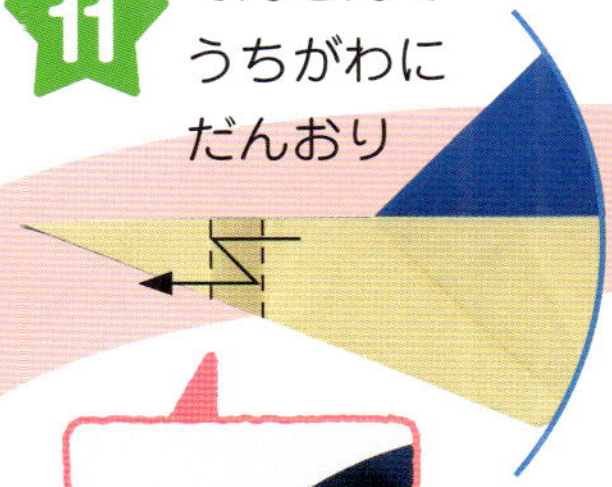

おおきく

12

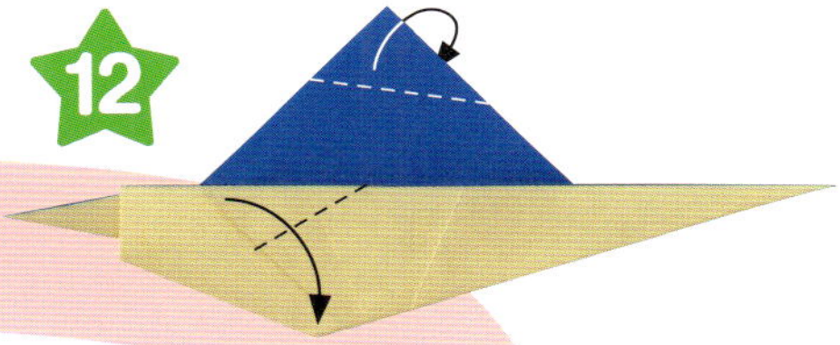

むなびれは てんせんで おる。
せびれは てんせんで うしろへ おる

13

てんせんで なかわりおり

9

10 11 は ぶぶんず

14

てんせんで
なかわりおり

8

まくように うちがわに おる

できあがり

目《め》を かく

さめ／えい

さめ

ふつう

1

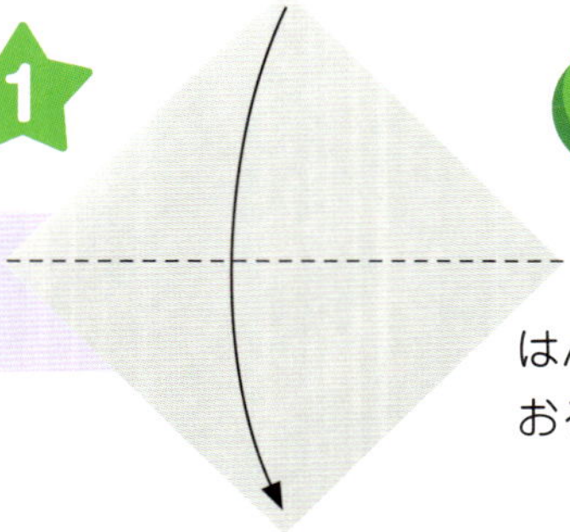

はんぶんに
おる

2

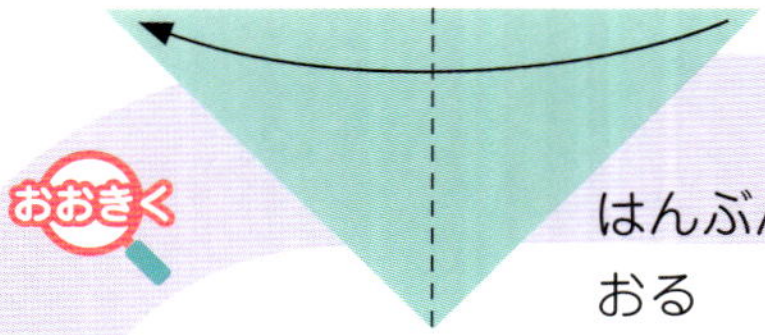

はんぶんに
おる

3

⇗ から ふくろを
ひらいて つぶす

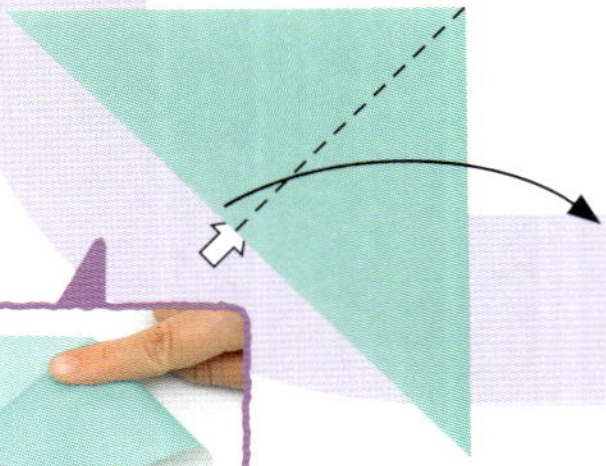

4

うらも
おなじように
ふくろを
ひらいて つぶす

5

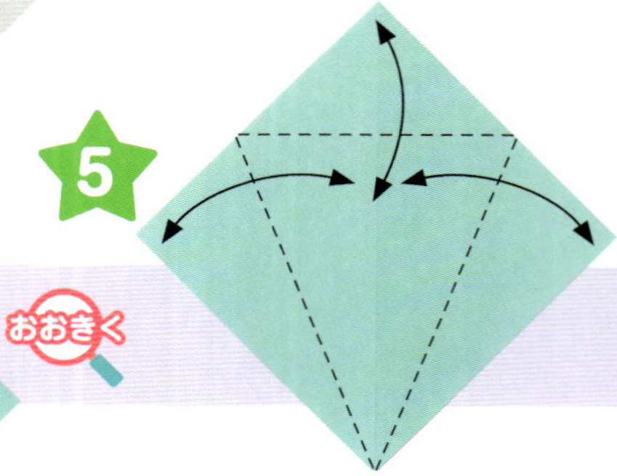

てんせんで おって
おり目《め》を つけて もどす

からだの かたちは ぜんぜん
ちがうけど、「さめ」と「えい」は
おなじ なかまなんだよ！

6

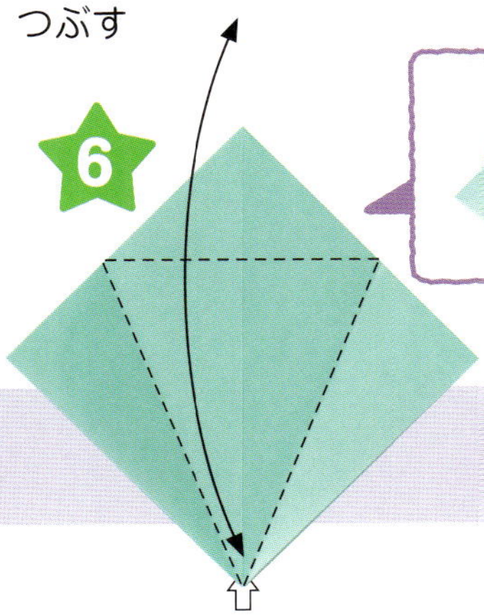

⇧から ふくろを
ひらいて つぶす

7

うらも
おなじように
ふくろを
ひらいて つぶす

8

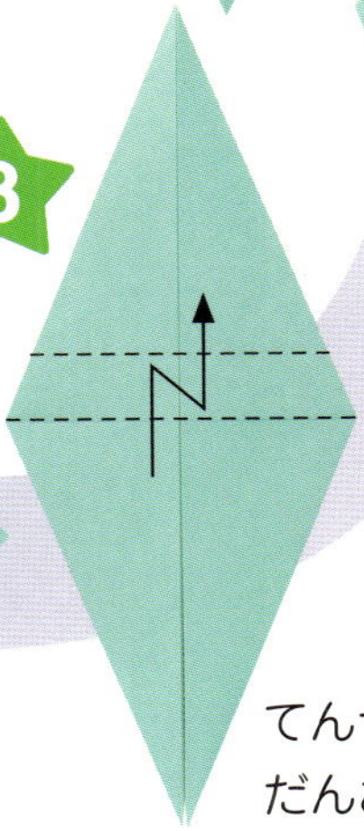

てんせんで
だんおり

9

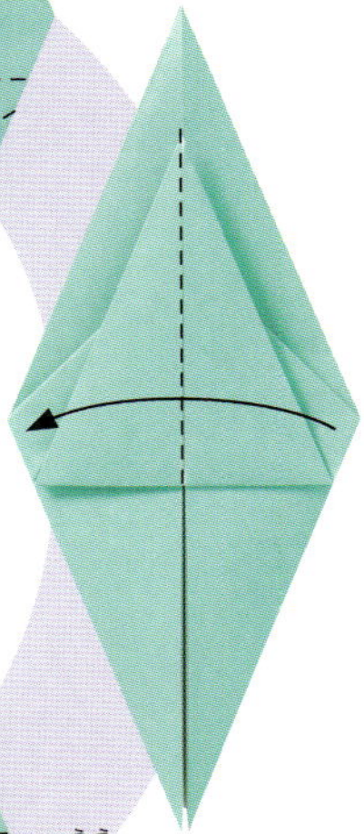

上《うえ》の 1まいを
めくる

10

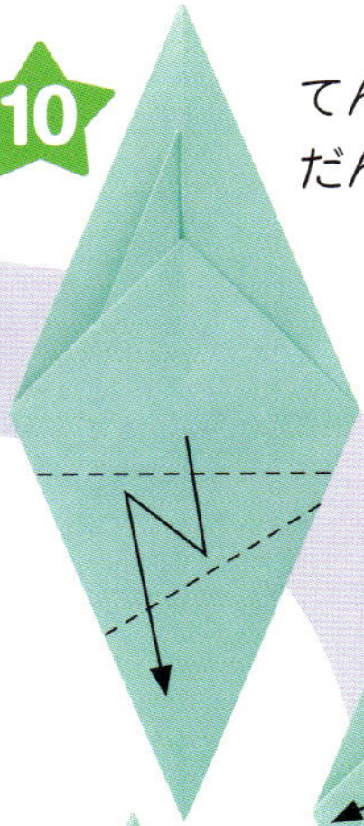

てんせんで
だんおり

11

てんせんで
うしろへ おる

12

■を つまみ、はんたいの
手《て》で ★を つまんで
左《ひだり》に ずらし、ふくらみを
つぶす

13

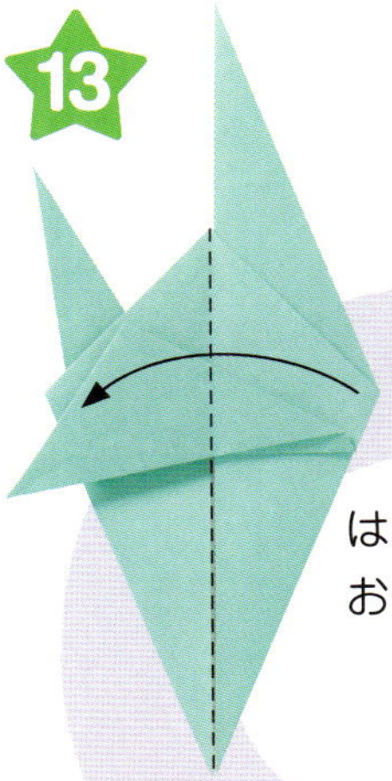

はんぶんに
おる

14

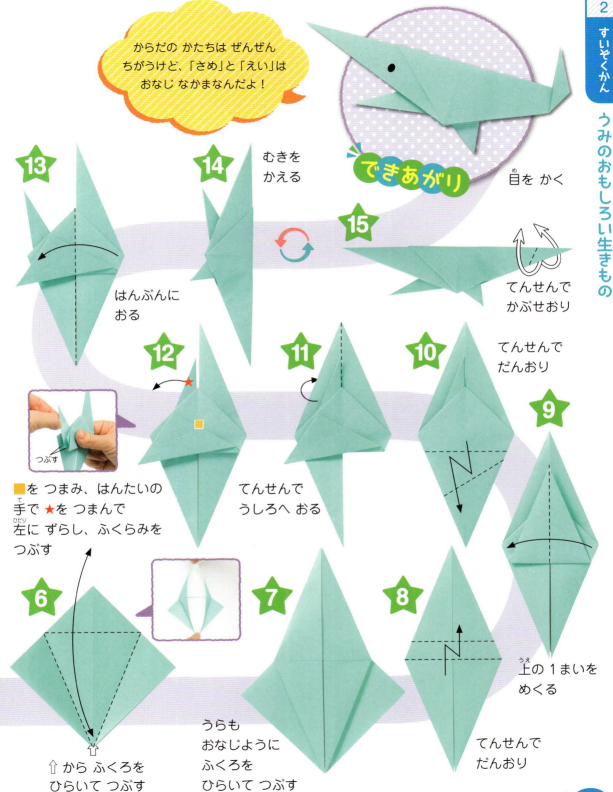

むきを
かえる

15

てんせんで
かぶせおり

目《め》を かく

できあがり

えい

むずかしい

「さめ」（138ページ）の
4までおって 上《うえ》と下《した》が
ぎゃくになるように
むきを かえてから はじめる

1

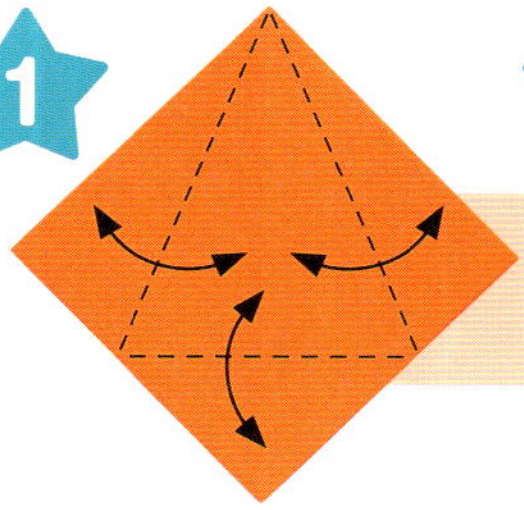

てんせんで おって
おり目《め》を つけて もどす

2

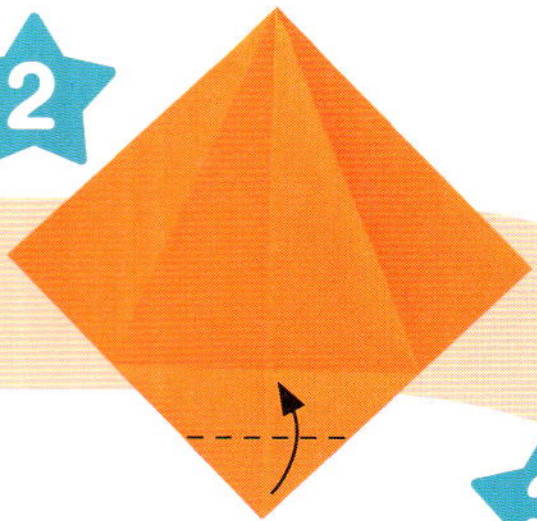

てんせんで
おる

3

⇩から ふくろを
ひらいて つぶす

4

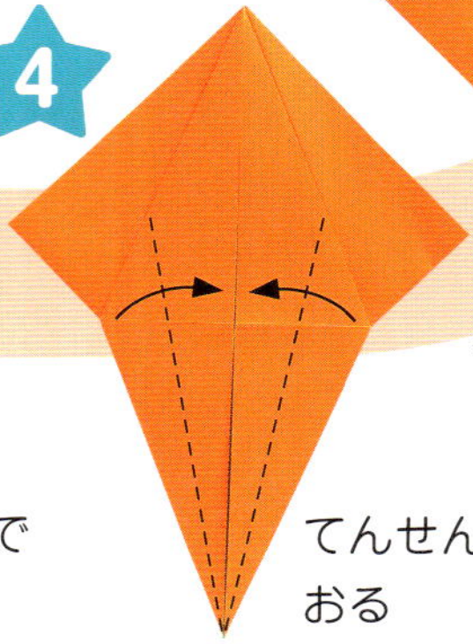

てんせんで
おる

5

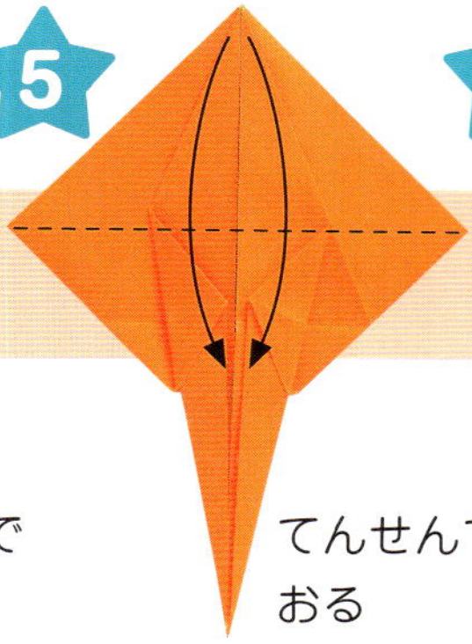

てんせんで
おる

6

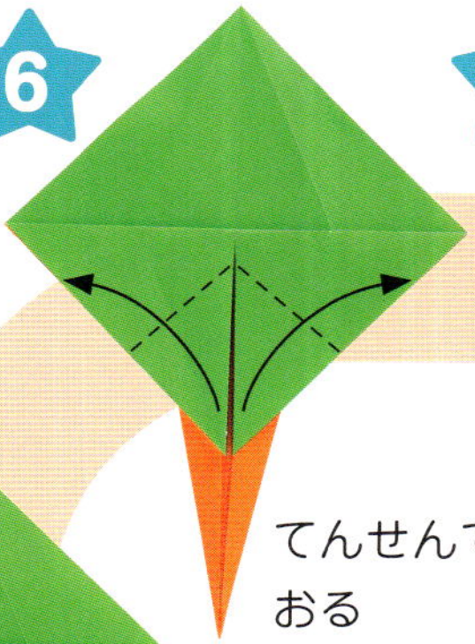

てんせんで
おる

7

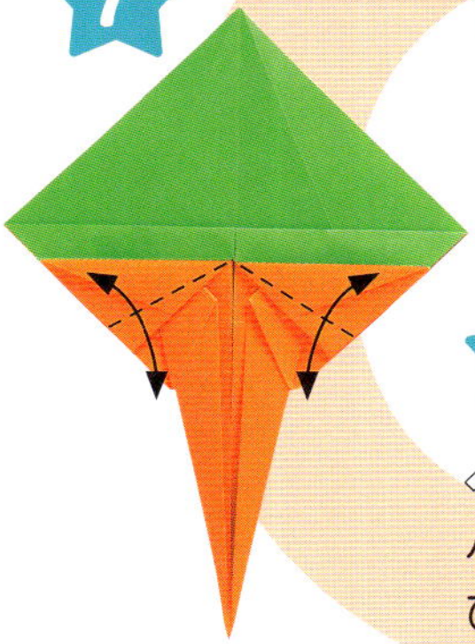

てんせんで
おって
おり目《め》を
つけて もどす

8

⇗から
ふくろを
ひらいて
つぶす

9

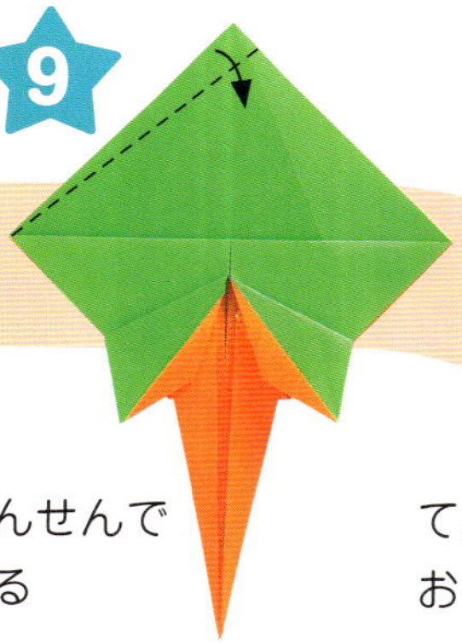

てんせんで
おる

10

てんせんで
おる

11

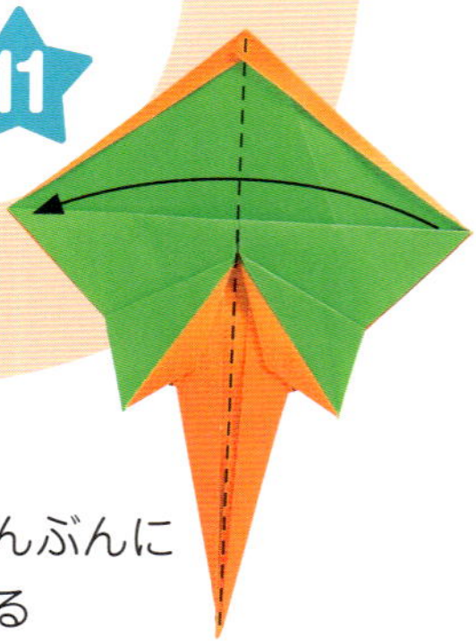

はんぶんに
おる

12

すこし
しっぽを
まげる

13

むこうがわを
ひらく

目《め》を
かく

できあがり

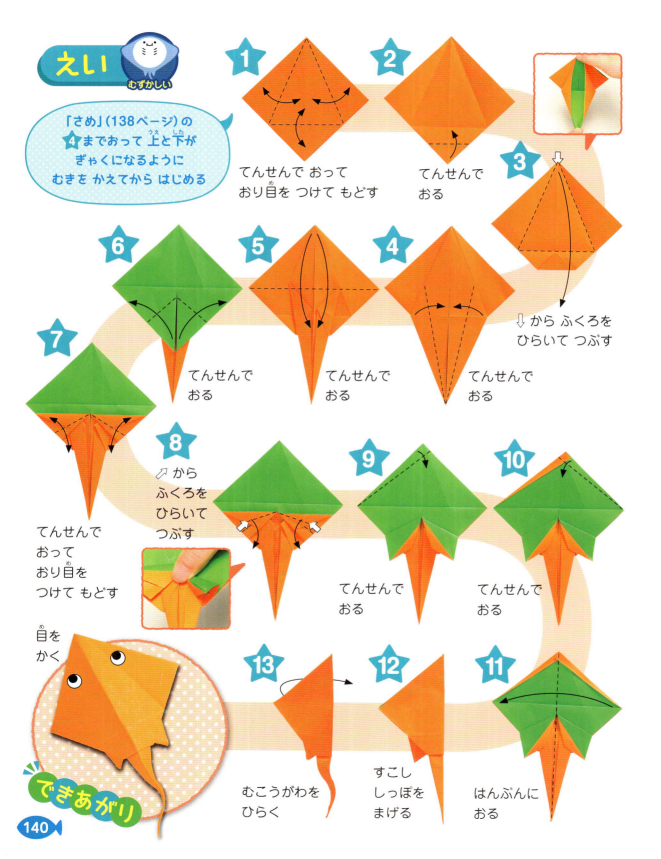

まんぼう

かんたん

1

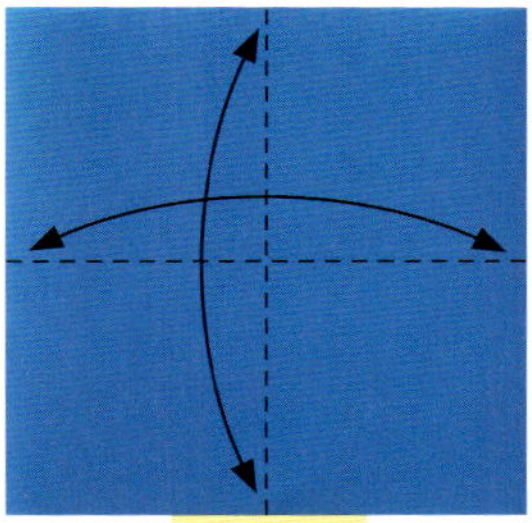

たてよこ はんぶんに おって
おり目《め》を つけて もどす

2

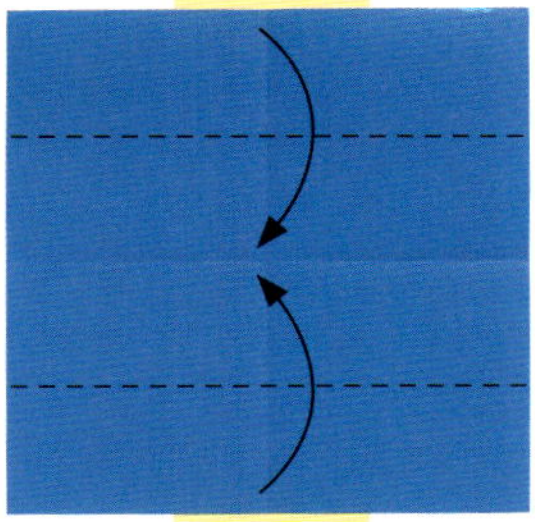

まん中《なか》に むけて てんせんで おる

3

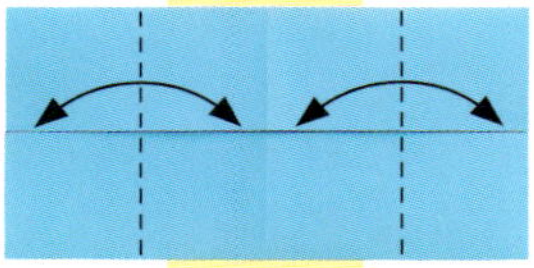

まん中《なか》に むけて てんせんで
おって おり目《め》を つけて もどす

4

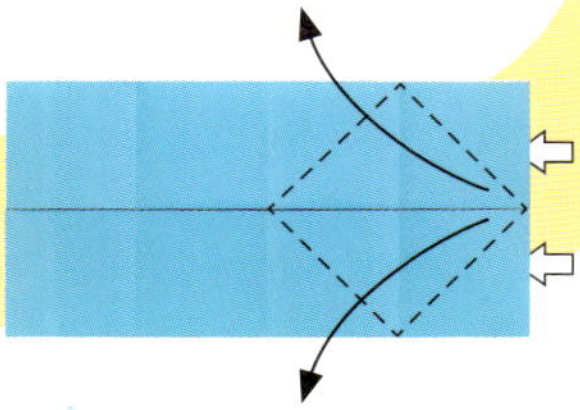

⇦ から ふくろを ひらいて つぶす

おおきく

5

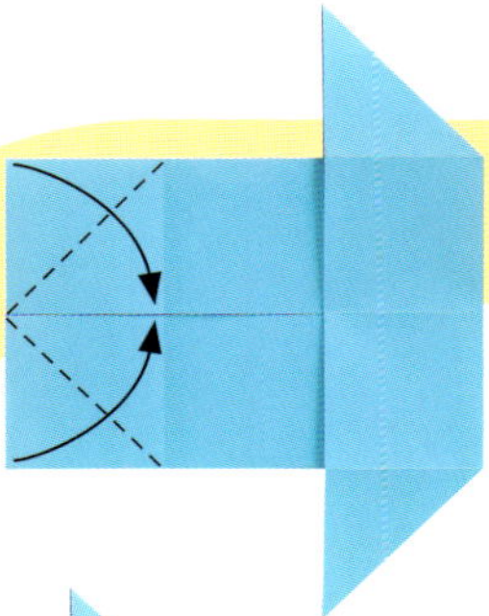

まん中《なか》に
むけて
てんせんで
おる

6

うらがえす

できあがり

目《め》を
かく

大《おお》きな からだに
にあわず、
いがいに きが
小《ちい》さいらしい!?

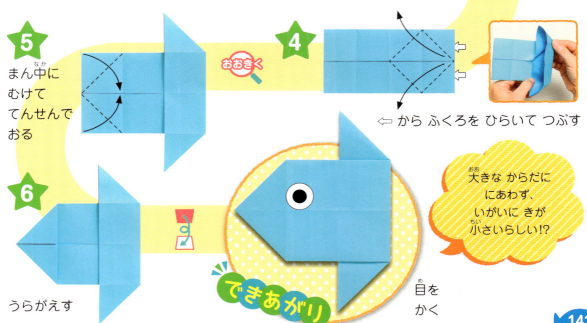

にまいがい／たつのおとしご

にまいがい

ふつう

「さめ」
（138ページ）の
6 まで おってから
はじめます

1

うらがえす

2
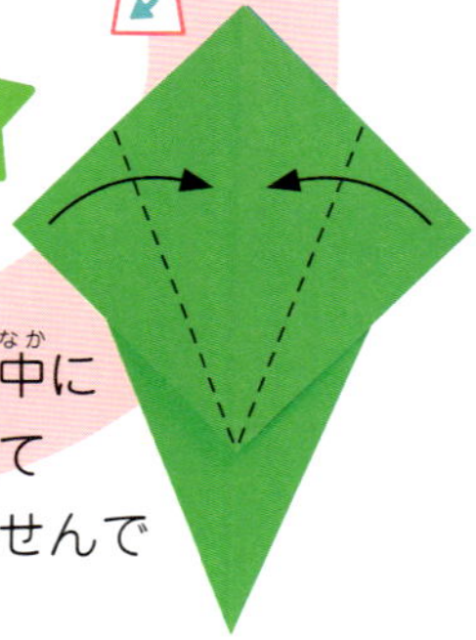
まん中《なか》に
むけて
てんせんで
おる

3
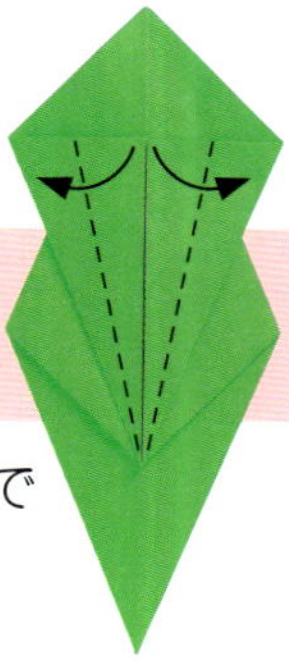
てんせんで
おる

4
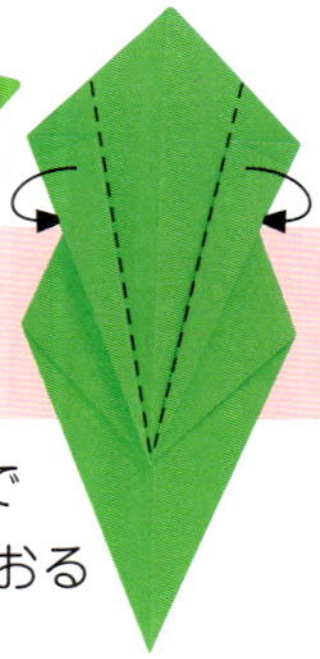
てんせんで
うしろへ おる

5

ひろげる

6
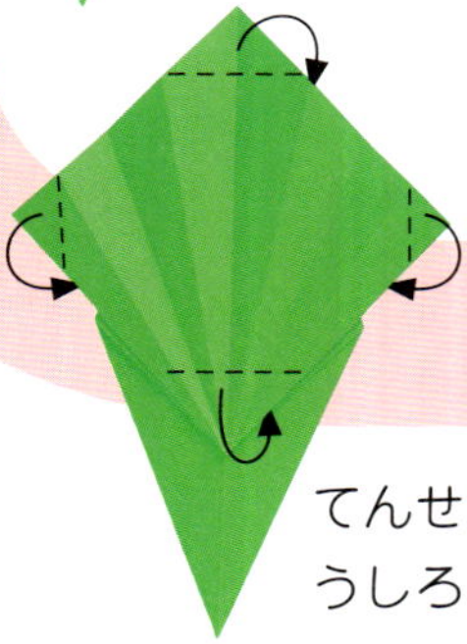
てんせんで
うしろへ おる

7
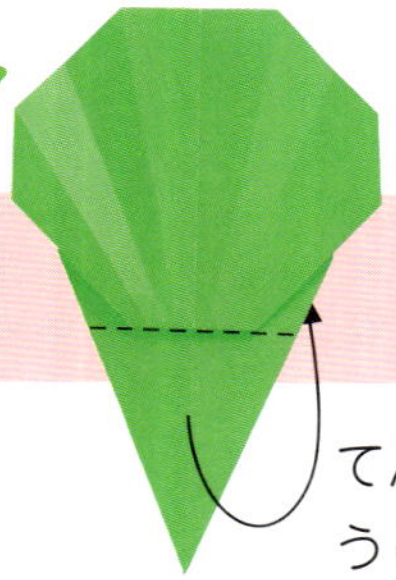
てんせんで
うしろへ おる

できあがり

たつのおとしご

むずかしい

1 はんぶんに おって おり目《め》を つけて もどす

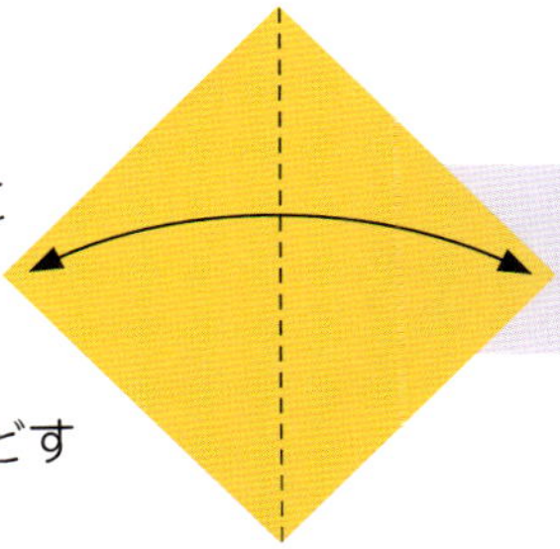

2 まん中《なか》に むけて てんせんで おる

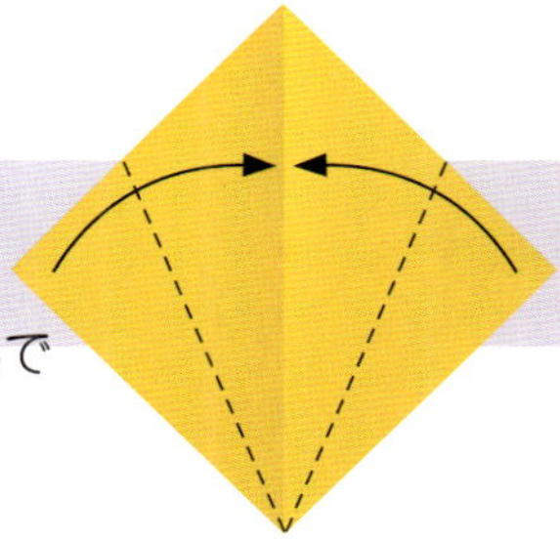

3 まん中《なか》に むけて てんせんで おる

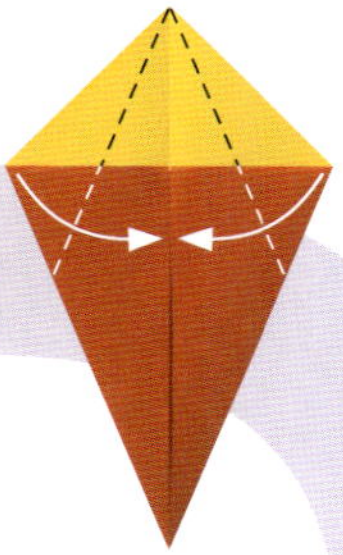

4 はんぶんに おる

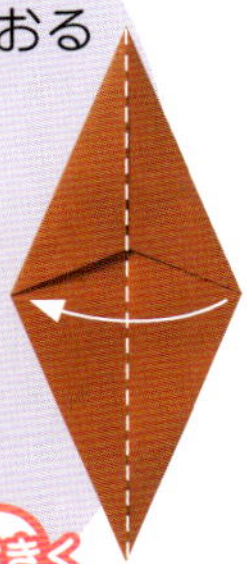

5 てんせんで うちがわに おる。うらも おなじ

おおきく

6 てんせんで おって おり目《め》を つけて もどす

7 てんせんで なかわりおり

8 9 10 は ぶぶんず

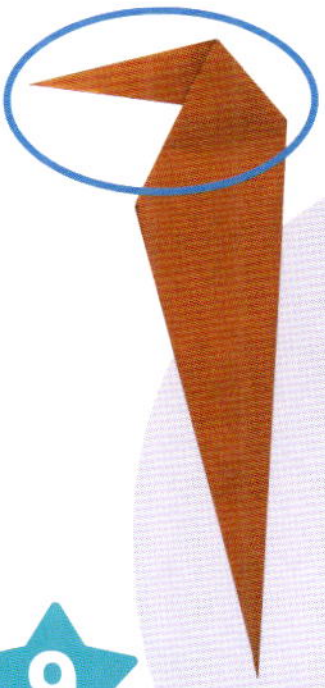

9 てんせんで うちがわに だんおり

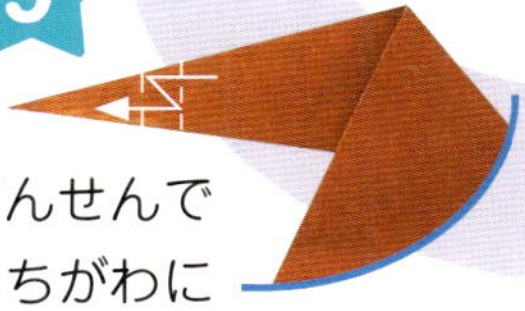

10 てんせんで なかわりおり

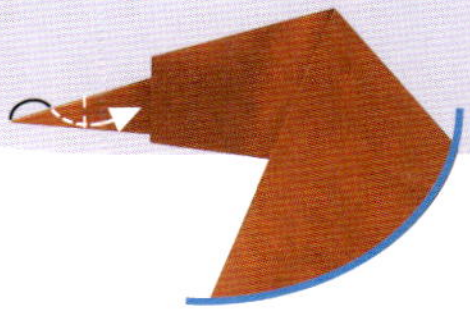

11 てんせんで おって おり目《め》を つけて もどす

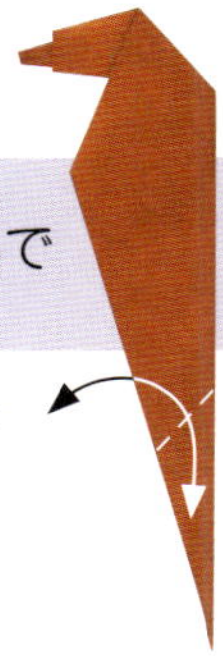

12 てんせんで なかわりおり。13〜15 は ぶぶんず

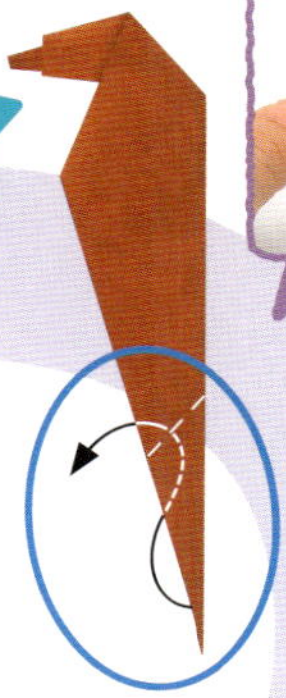

13 てんせんで かぶせおり

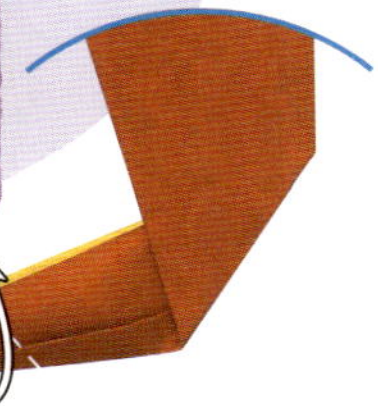

14 てんせんで なかわりおり

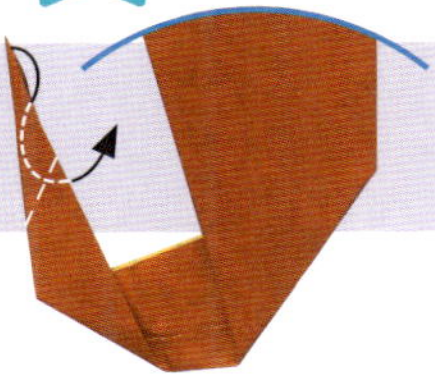

15 てんせんで かぶせおり

目《め》を かく

できあがり

ねったいぎょ①

グッピー

かんたん

小《ちい》さめの かみを
つかいます

むこうがわの
かみを おると
右《みぎ》むきの グッピーに
なります

1 はんぶんに
おる

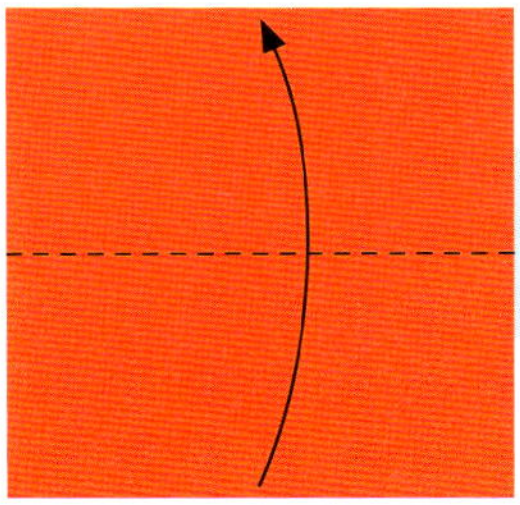

おおきく

2

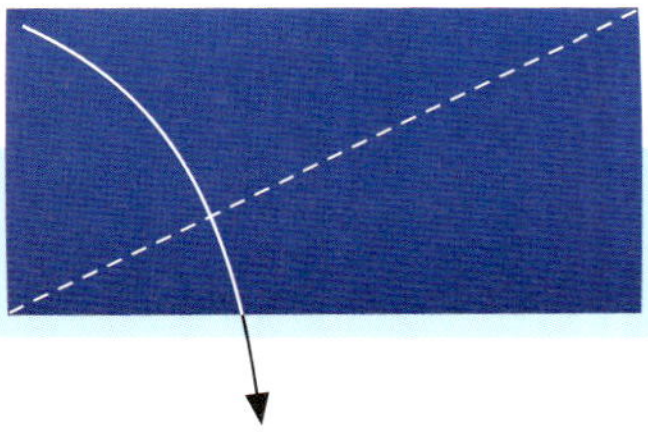

上《うえ》の 1まいを てんせんで おる。
うらも おなじ

3

上《うえ》の 1まいを
てんせんで おる

エンゼルフィッシュ

かんたん

1 はんぶんに おる

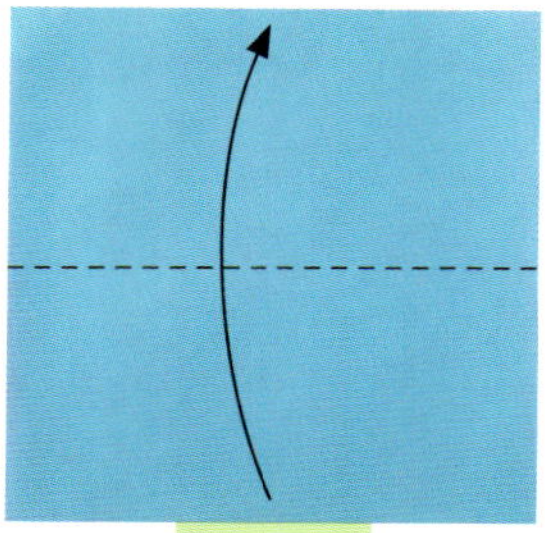

2 はんぶんに おる

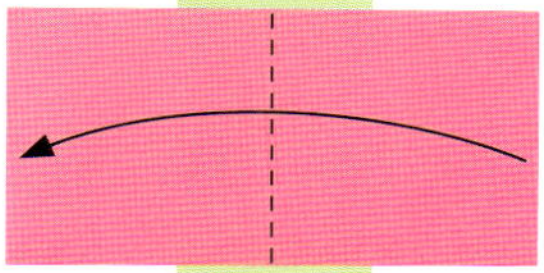

おおきく

3

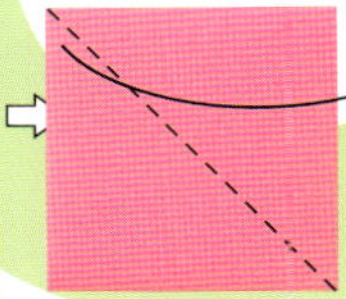

⇨ から ふくろを ひらいて つぶす

4

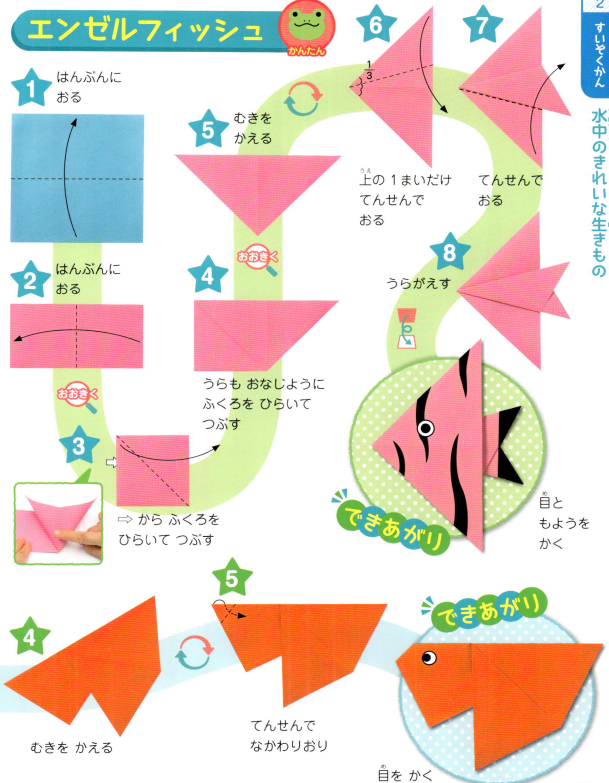

うらも おなじように ふくろを ひらいて つぶす

おおきく

5 むきを かえる

6

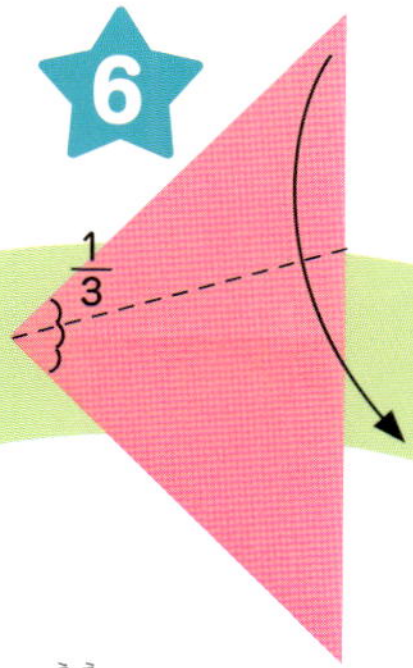

上《うえ》の 1まいだけ てんせんで おる

7

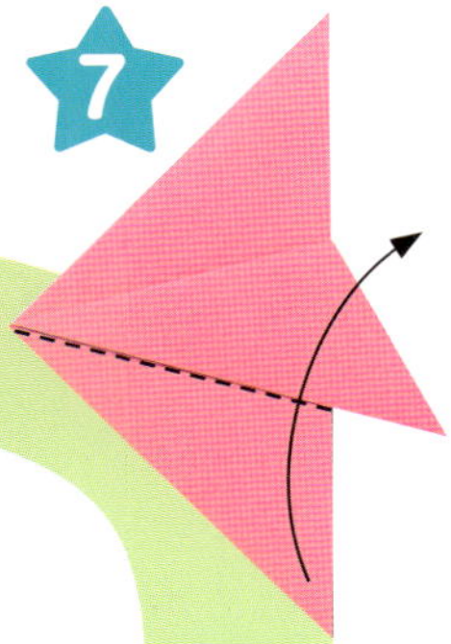

てんせんで おる

8 うらがえす

目《め》と もようを かく

4

むきを かえる

5

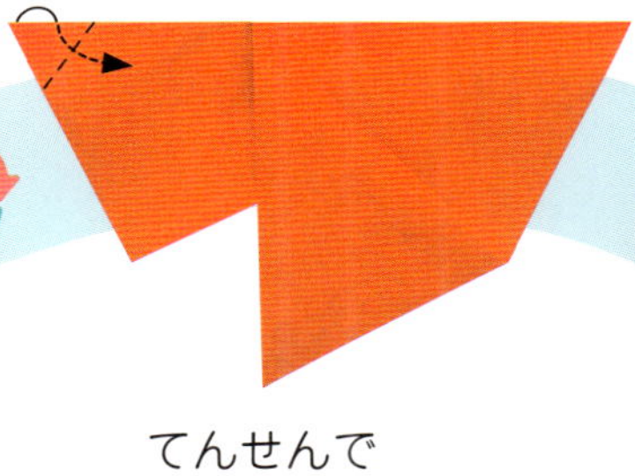

てんせんで なかわりおり

目《め》を かく

ねったいぎょ②

ちょうちょううお

かんたん

1

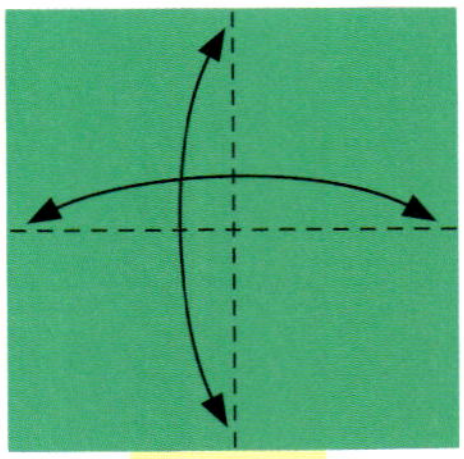

たてよこ はんぶんに おって
おり目《め》を つけて もどす

2

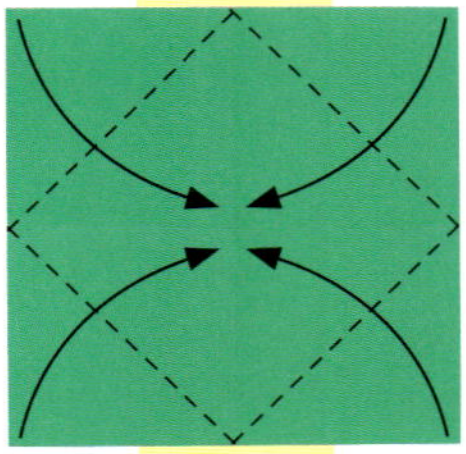

まん中《なか》に むけて
てんせんで おる

3

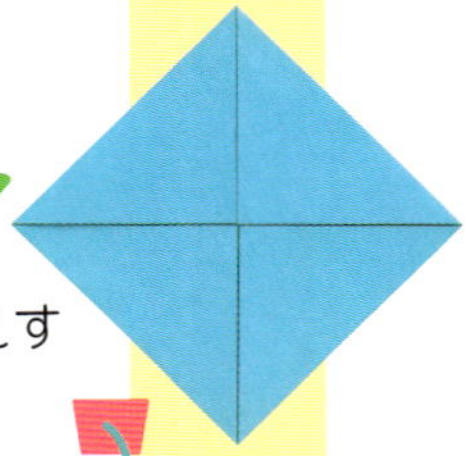

うらがえす

4

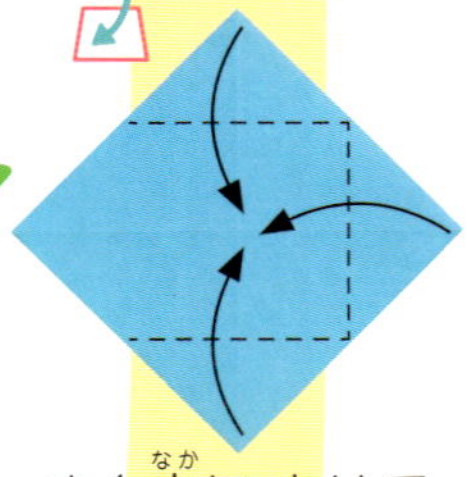

まん中《なか》に むけて
てんせんで おる

5

てんせんで
うしろへ おる

おおきく

6

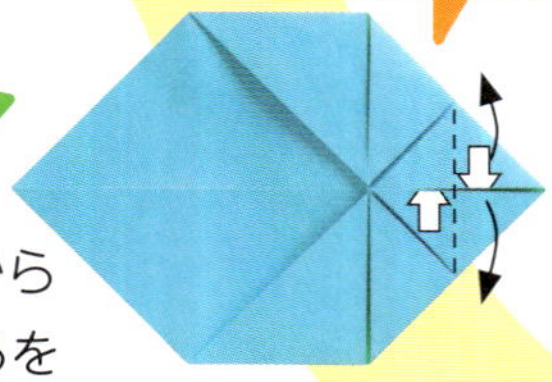

⇩⇧ から
ふくろを
ひらいて つぶす

7

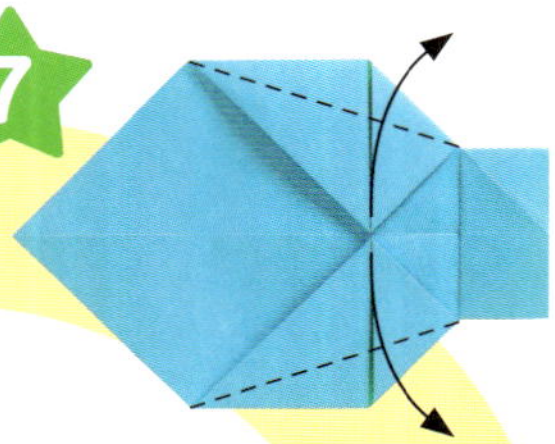

てんせんで おる

8

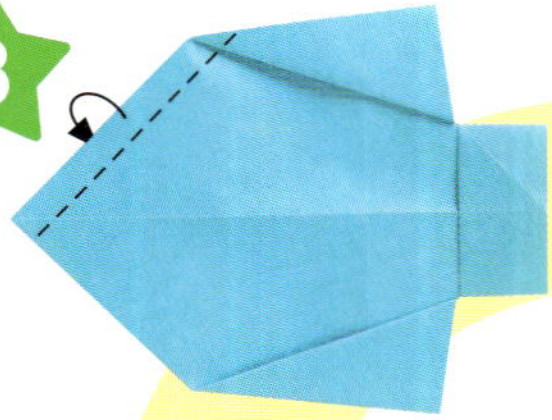

てんせんで うしろへ おる

できあがり

目《め》と
もようを かく

かくれくまのみ

ふつう

1

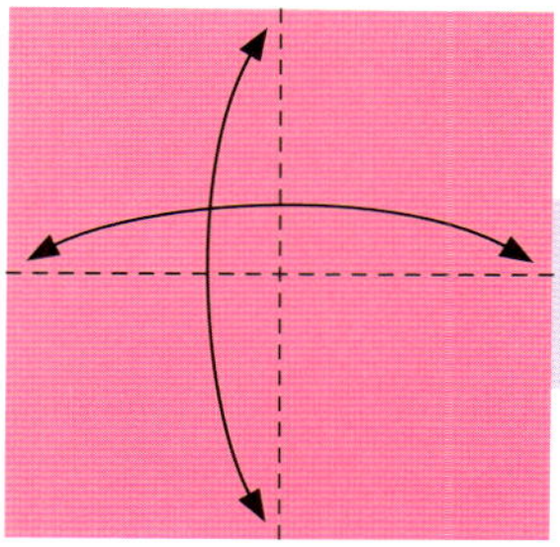

たてよこ はんぶんに おって
おり目《め》を つけて もどす

2

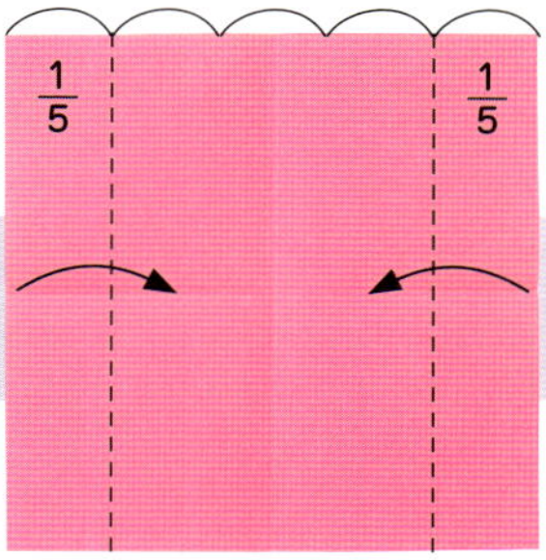

てんせんで おる

3

うらがえす

4

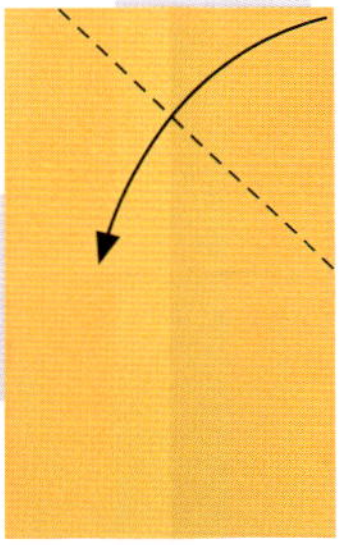

てんせんで おる

5

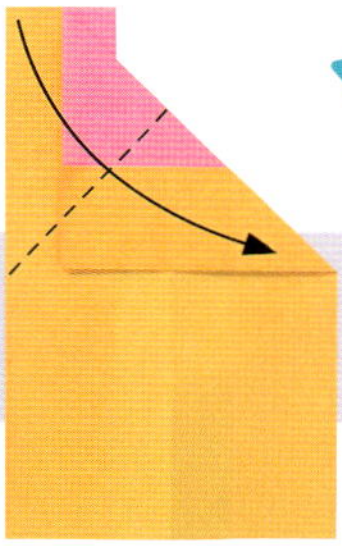

てんせんで おる

6

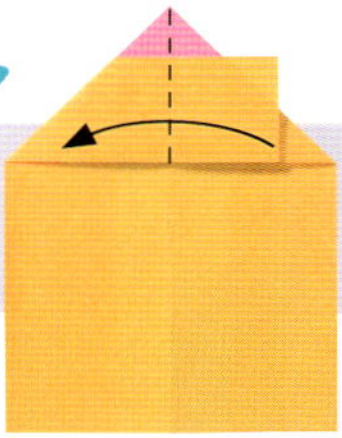

てんせんで おる

7

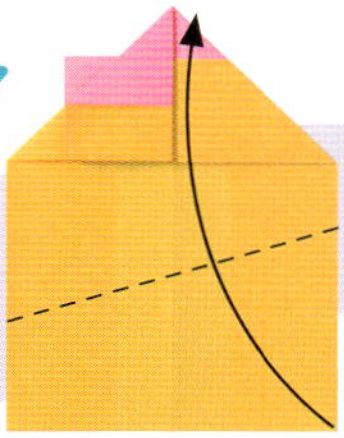

おおきく

てんせんで おる

8

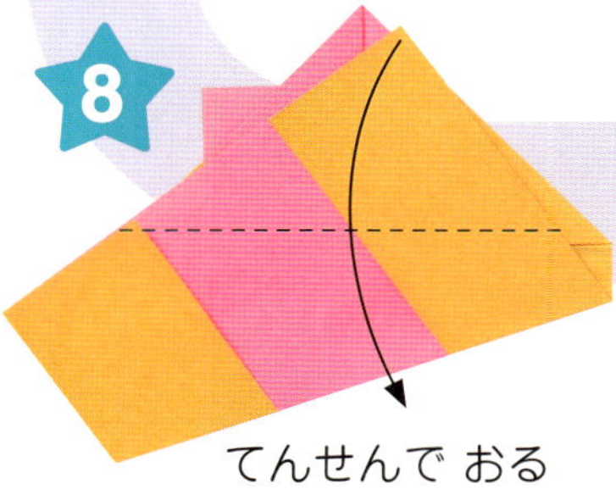

てんせんで おる

9

てんせんで おる

10

うらがえす

11

てんせんで
うしろへ おる

できあがり

目《め》と もようを かいて
おりがみと おなじ いろの
かみを きって からだに はる

アニメえいがでも
おなじみの、
うみの 人気《にんき》もの。
いろんな ひみつが
あるみたいだよ！

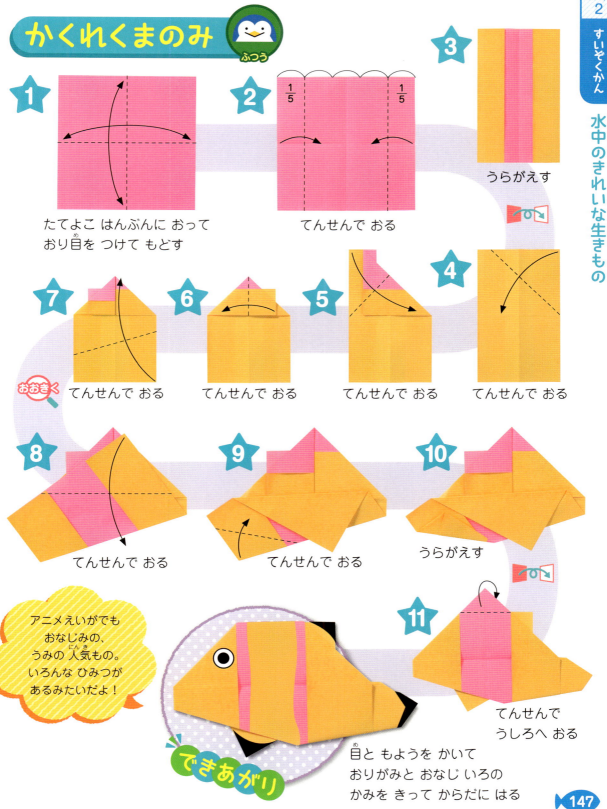

えび／かに

えび

むずかしい

1

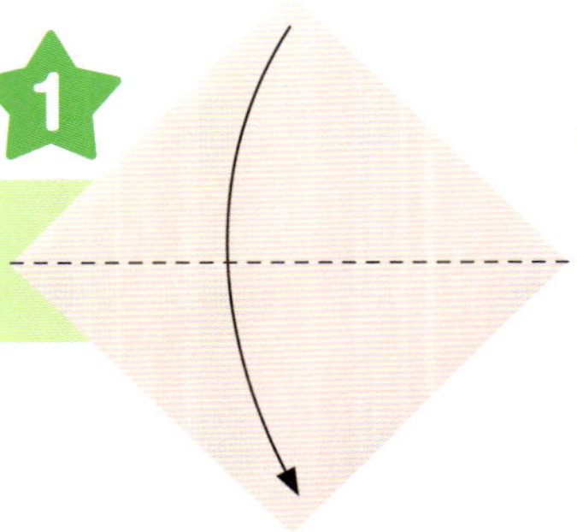

はんぶんに おる

2

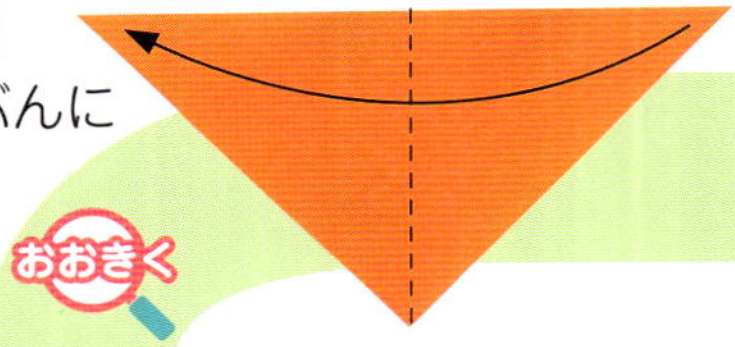

はんぶんに
おる

3

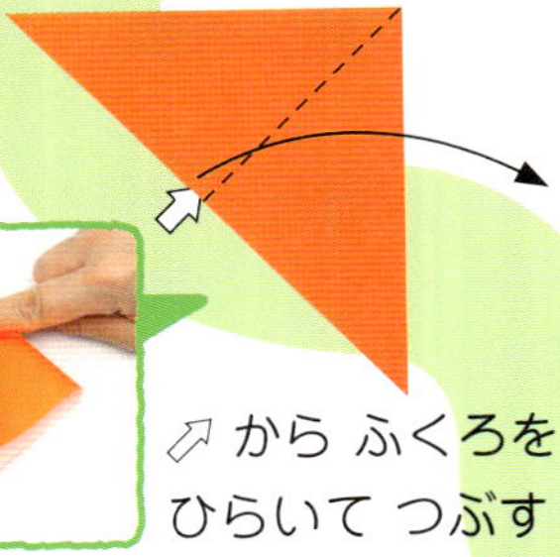

⇗ から ふくろを
ひらいて つぶす

4

うらも
おなじように
ふくろを
ひらいて つぶす

5

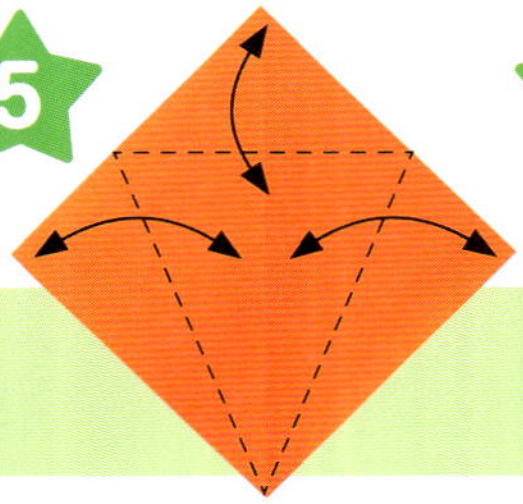

てんせんで おって
おり目《め》を つけて もどす

6

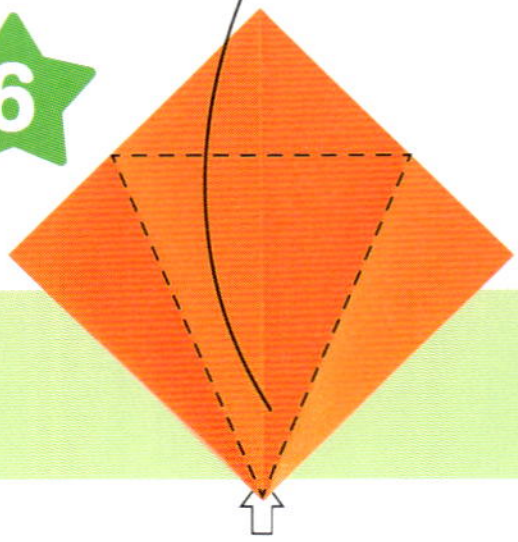

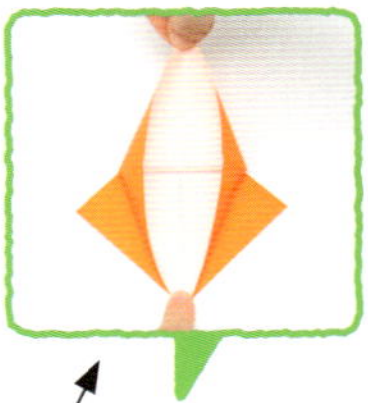

⇧ から ふくろを
ひらいて つぶす

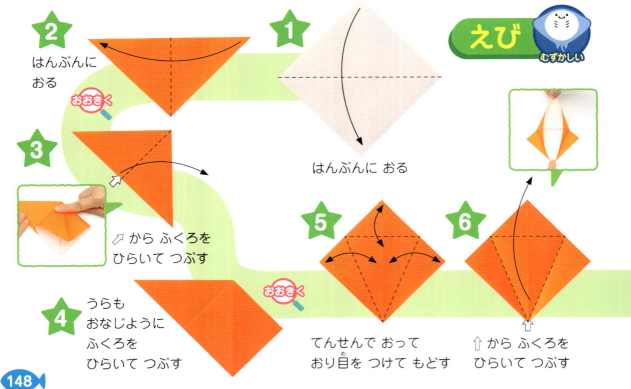

7

うらも おなじように
ふくろを ひらいて つぶす

8

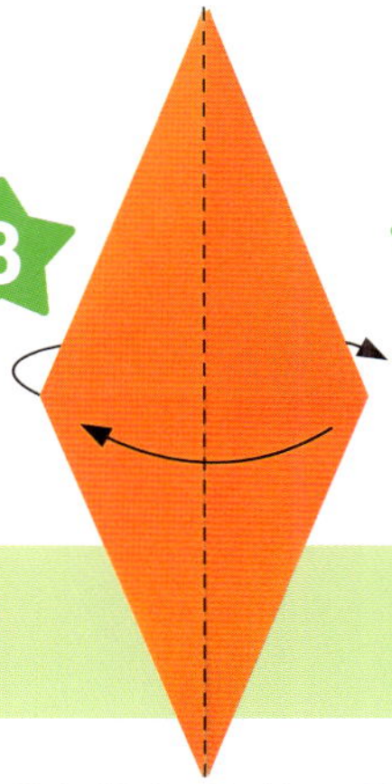

おおきく

てんせんで おって
1まいずつ めくる

9

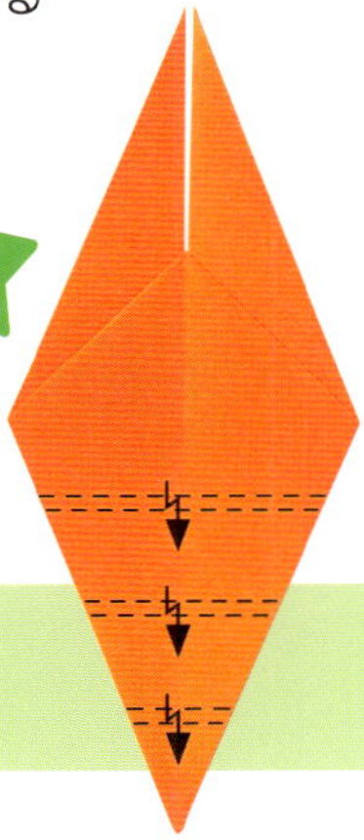

てんせんで
だんおり

10

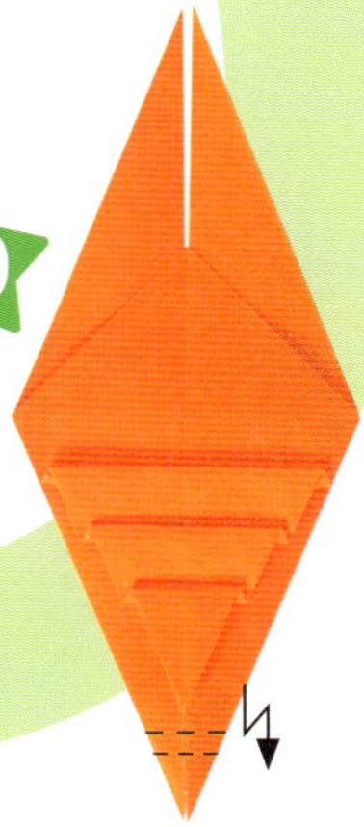

てんせんで うしろへ
だんおり

11

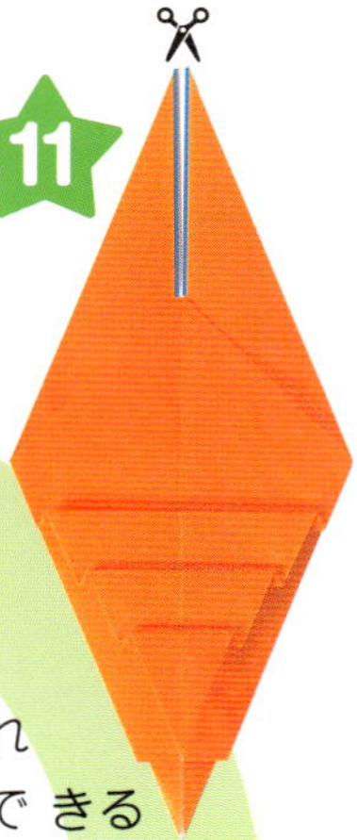

青《あお》い
せんを
それぞれ
はさみで きる

12

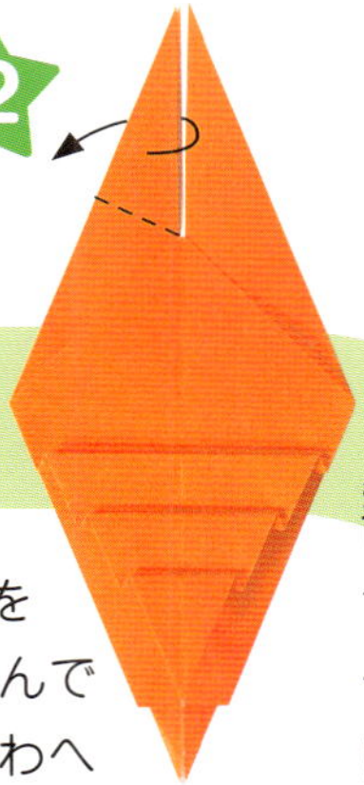

上《うえ》の
1まいを
てんせんで
うちがわへ
おる

13

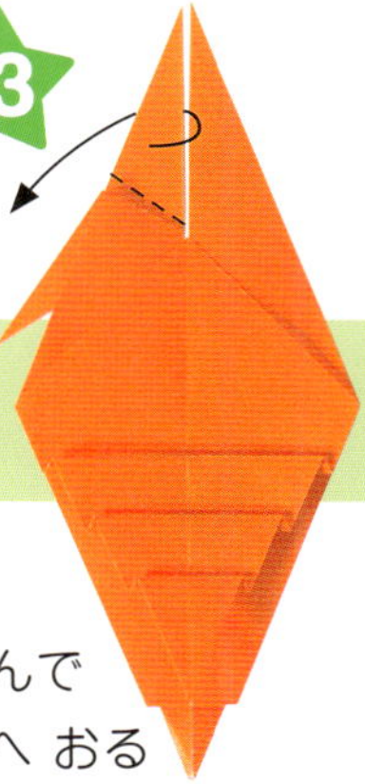

てんせんで
うしろへ おる

14

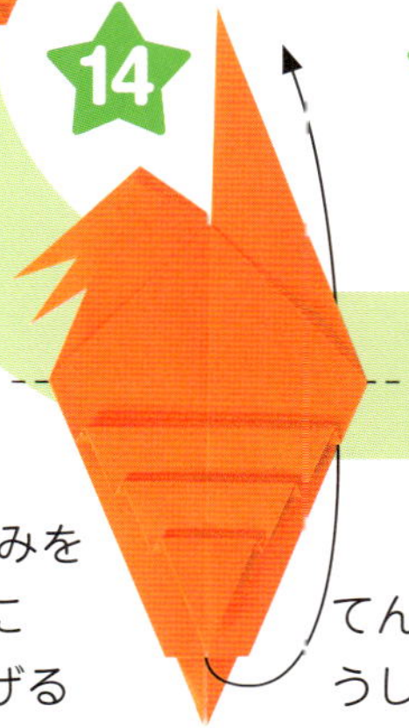

下《した》の かみを
うしろに
おり上《あ》げる

15

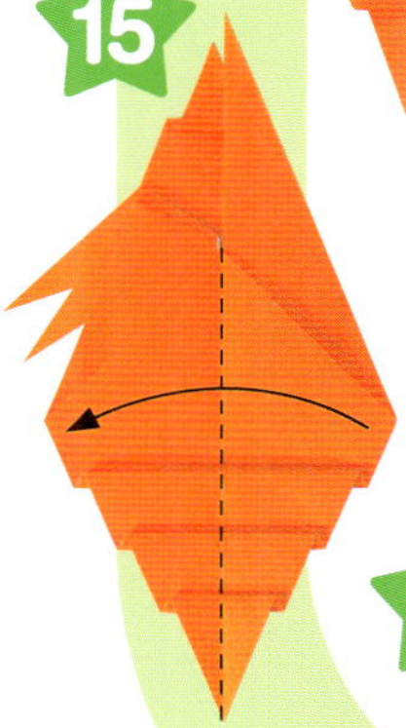

上《うえ》の 1まいを
てんせんで おる

16

てんせんで
うしろへ
おる

17

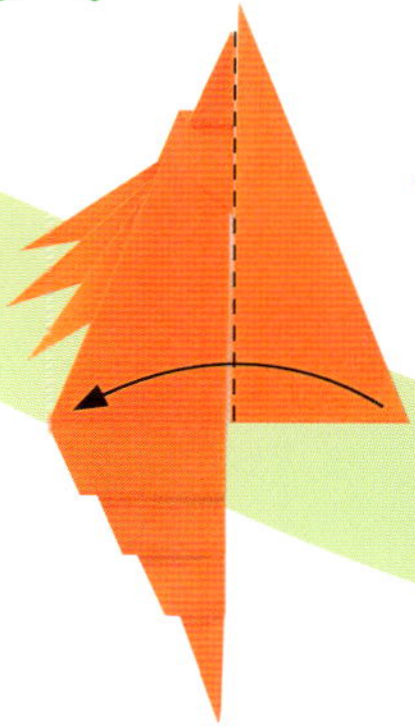

てんせんで
おる

18

てんせんで
うしろへ おって
むきを かえる

できあがり

目《め》を
かく

かに

かんたん

1 はんぶんに おる

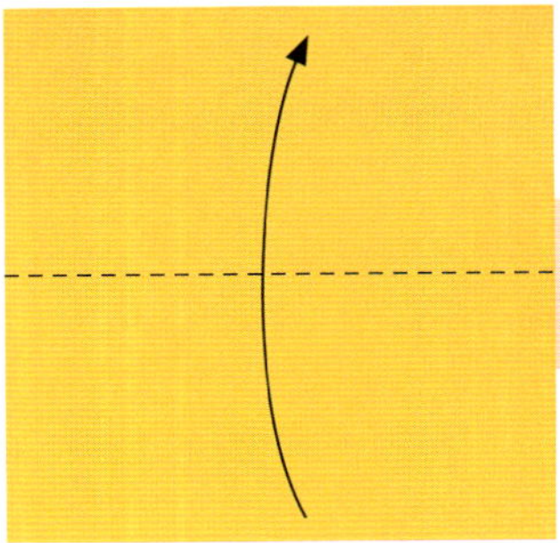

2 はんぶんに おる

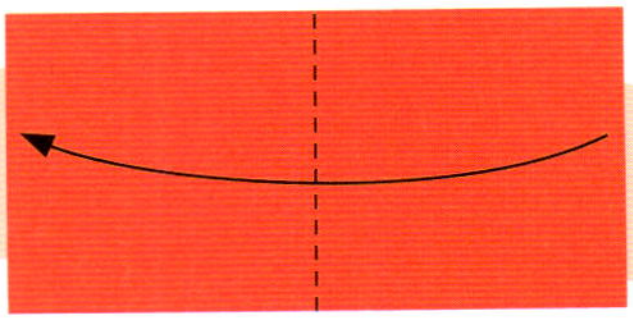

3 ⇨ から ふくろを ひらいて つぶす

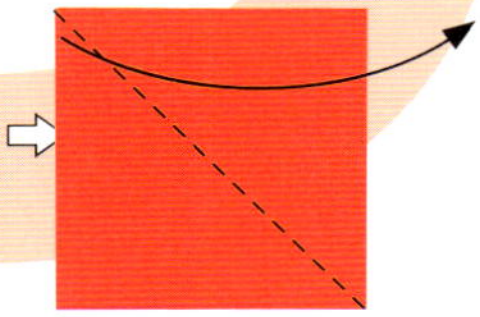

4 うらも おなじように ふくろを ひらいて つぶす

おおきく

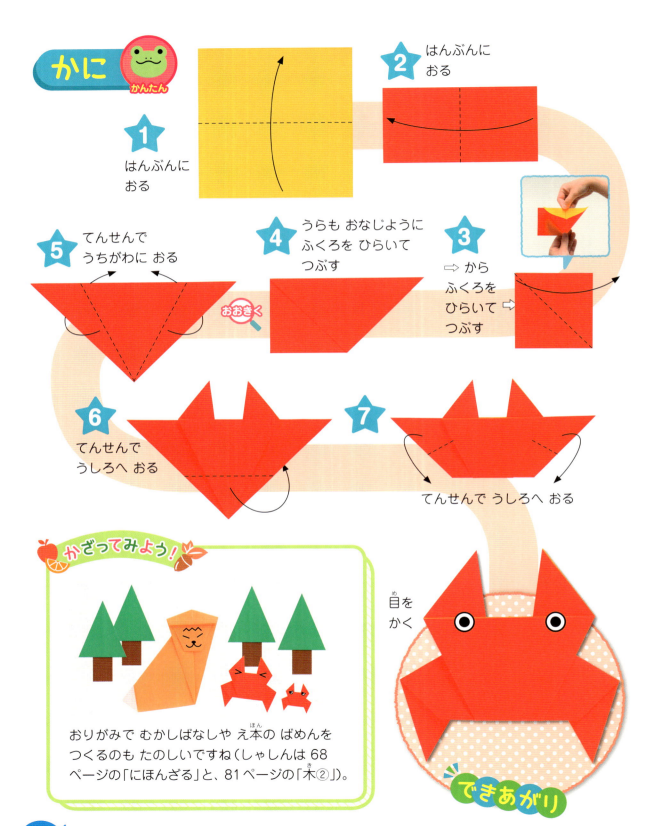

5 てんせんで うちがわに おる

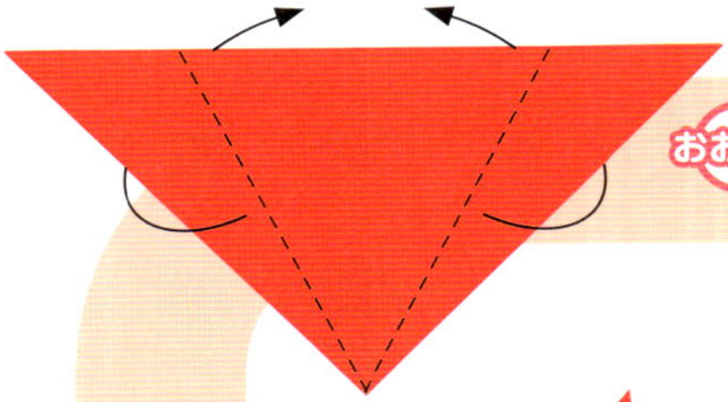

6 てんせんで うしろへ おる

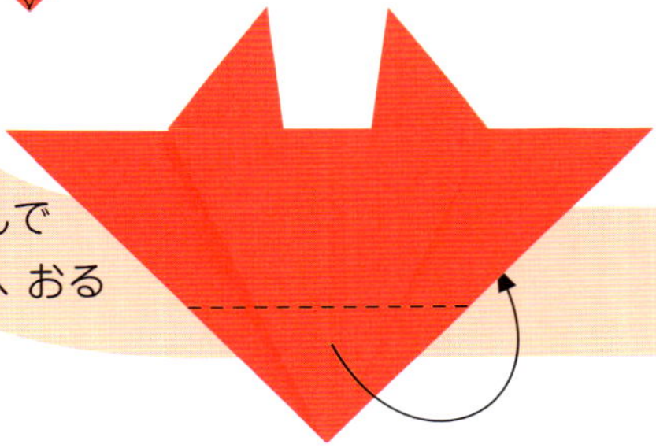

7 てんせんで うしろへ おる

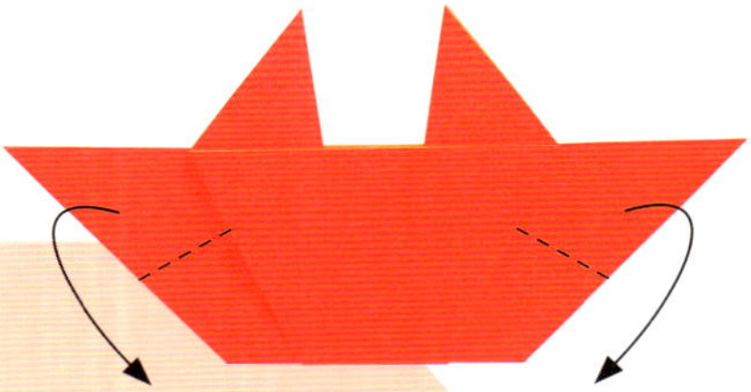

目《め》を かく

できあがり

かざってみよう！

おりがみで むかしばなしや え本《ほん》の ばめんを つくるのも たのしいですね（しゃしんは 68 ページの「にほんざる」と、81 ページの「木《き》②」）。

パート3
はくぶつかん

りくのきょうりゅう

セイスモサウルス

ふつう

1

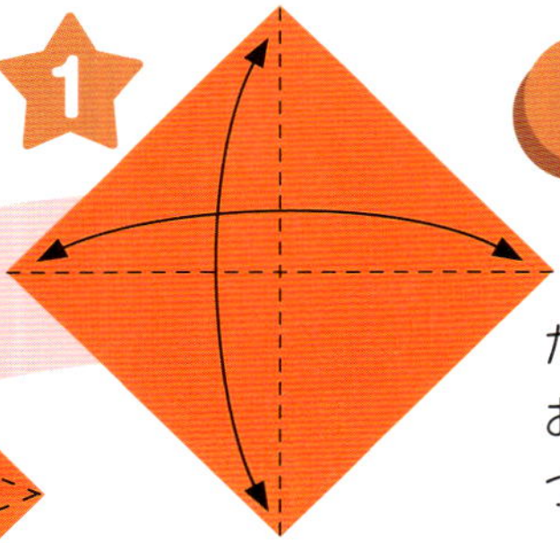

たてよこ はんぶんに
おって おり目《め》を
つけて もどす

2

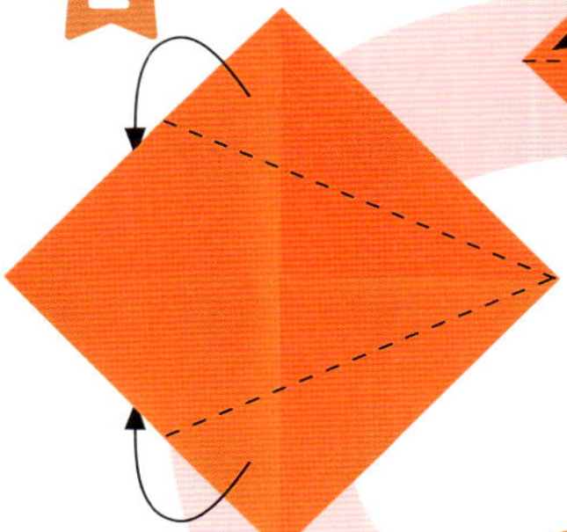

まん中《なか》に むけて
うしろへ おる

おおきく

3

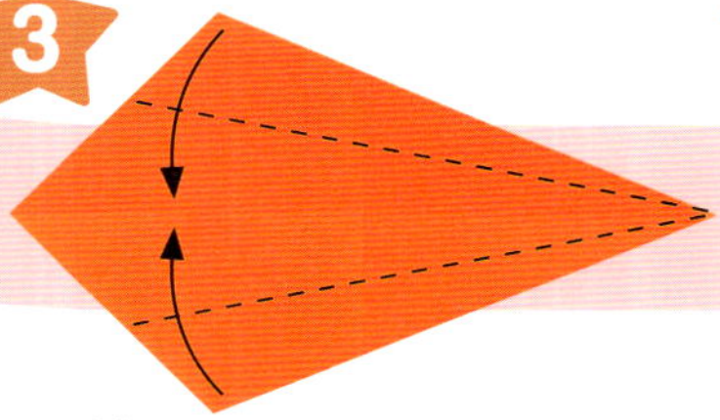

まん中《なか》に むけて てんせんで おる

4

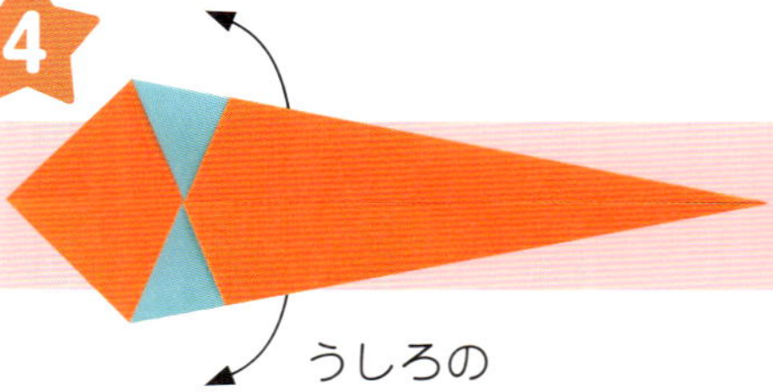

うしろの
かみを 出《だ》す

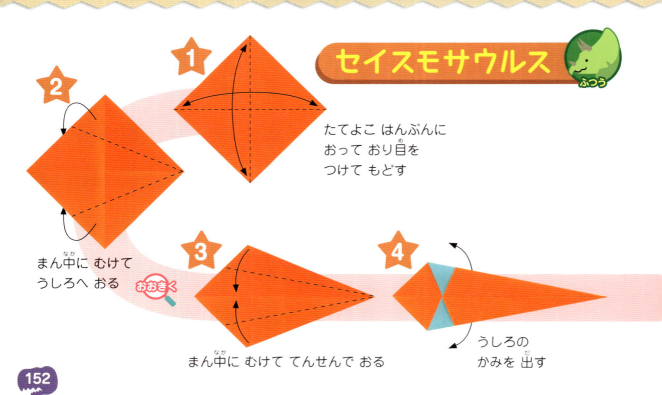

5

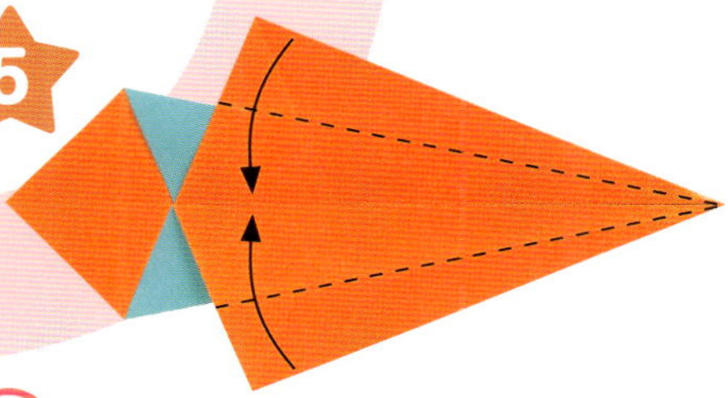

おおきく

まん中《なか》に むけて
てんせんで おる

6

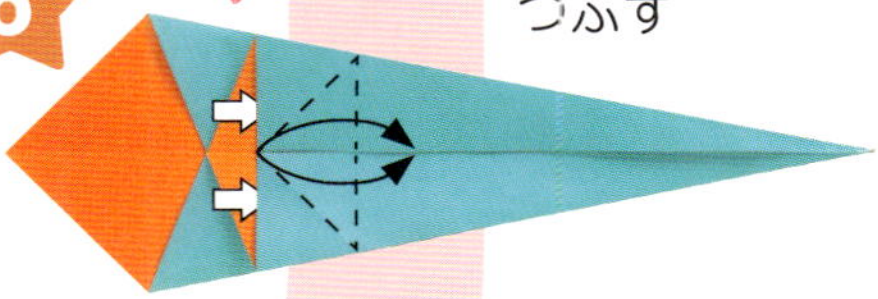

⇨ から
ふくろを
ひらいて
つぶす

7

まん中《なか》に むけて てんせんで
おって おり目《め》を つけて もどす

8

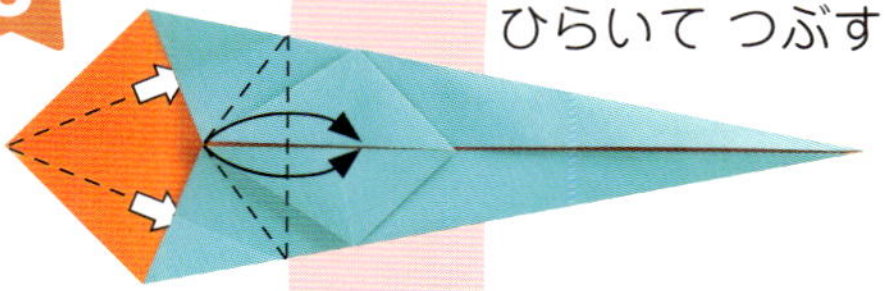

⇨ から ふくろを
ひらいて つぶす

9

うしろへ
はんぶんに おる

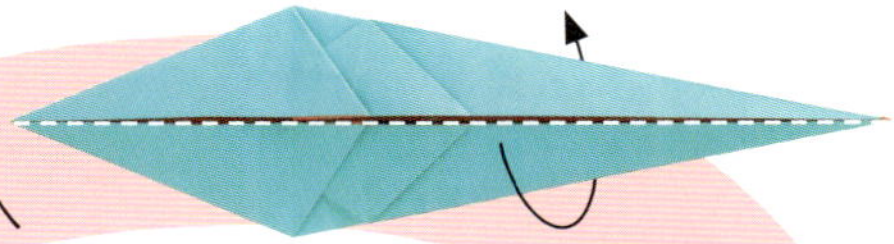

10

おおきく

てんせんで おる。うらも おなじ

11

てんせんで
なかわりおり

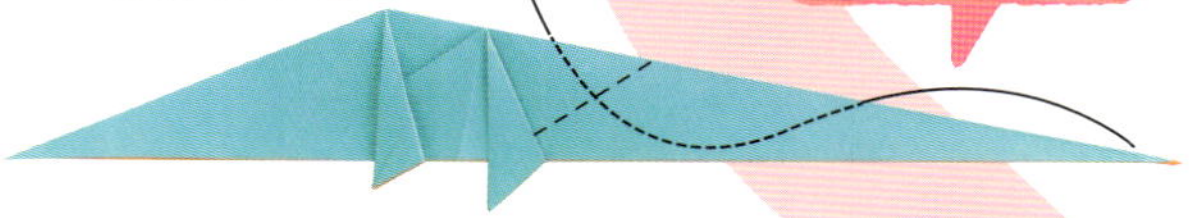

12

13 14 は
ぶぶんず

13

⇦ から
ふくろを
ひらいて
つぶす

14

てんせんで
うしろへ おる

目《め》を かく

できあがり

ティラノサウルス

むずかしい

1

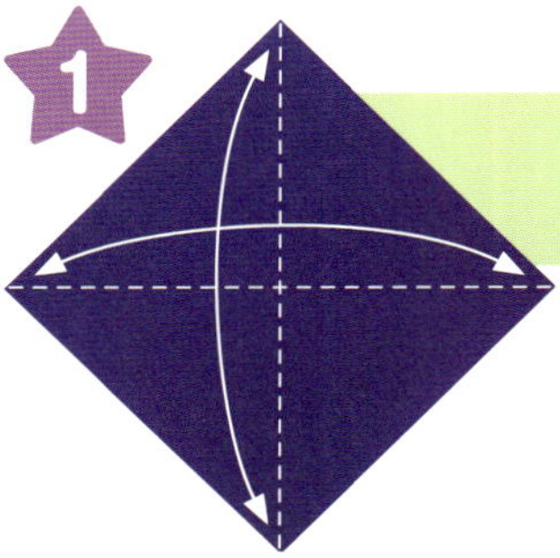

たてよこ はんぶんに おって
おり目《め》を つけて もどす

2

まん中《なか》に むけて
てんせんで おる

3

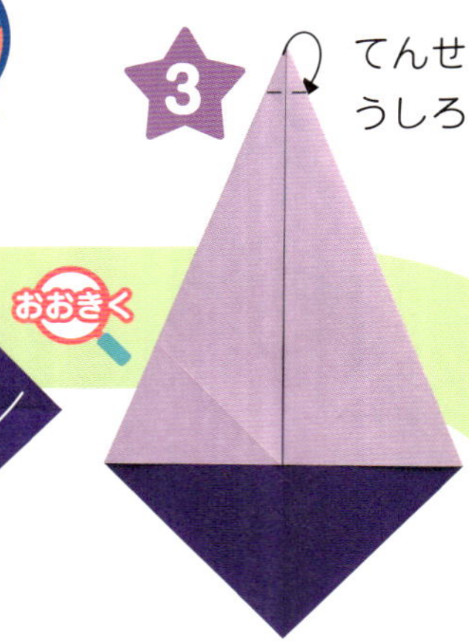

てんせんで
うしろへ おる

4

まん中《なか》に むけて
てんせんで おって
おり目《め》を つけて
もどす

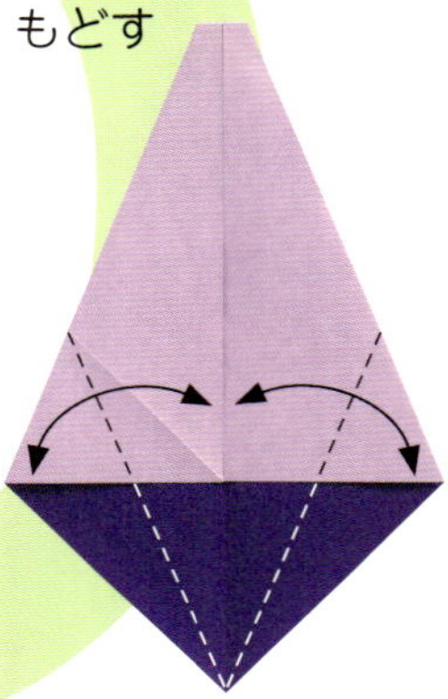

5

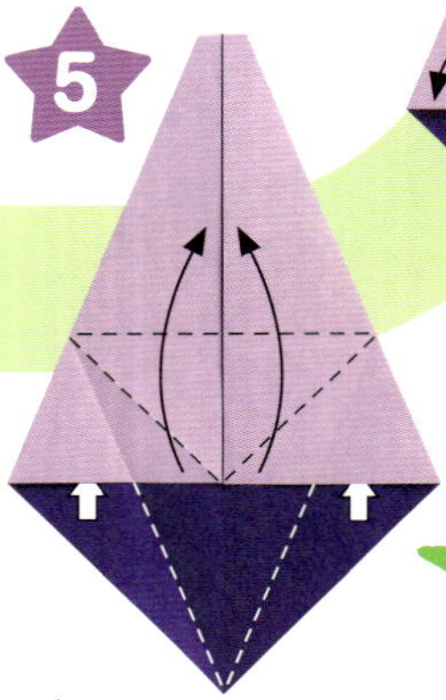

⇧ から ふくろを
ひらいて つぶす

6

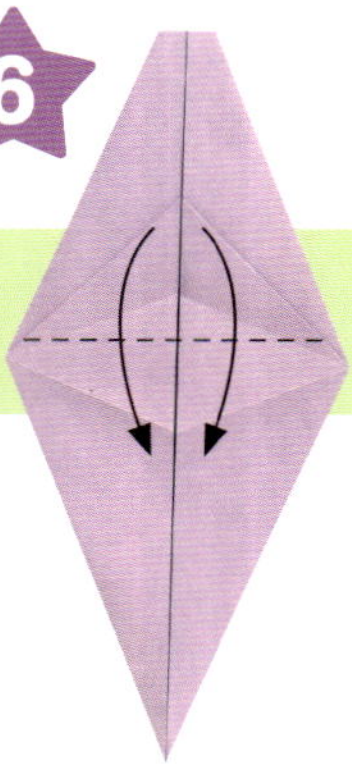

てんせんで おる

7

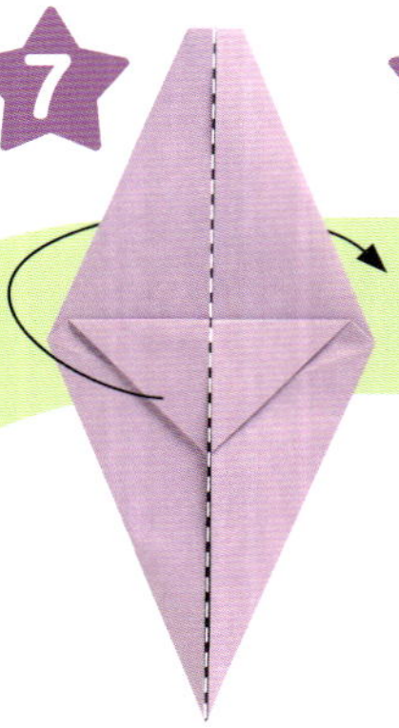

うしろへ
はんぶんに おる

8

⇦ から
ふくろを
ひらいて
つぶす

9

てんせんで なかわりおり

10

★を もって てんせんで からだを
ぐるりと むこうへ まわす

11

12 13 は
ぶぶんず

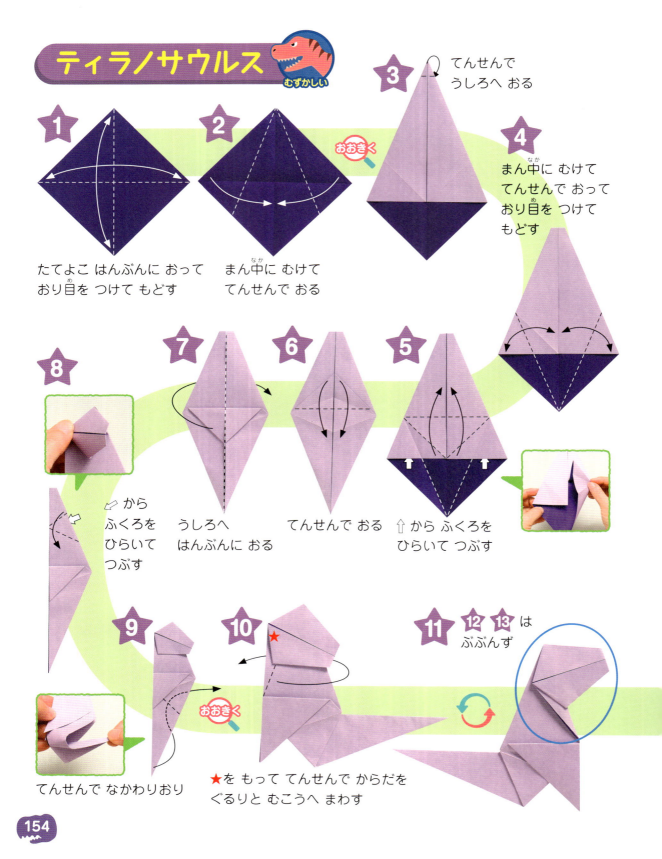

ステゴサウルス

かんたん

1
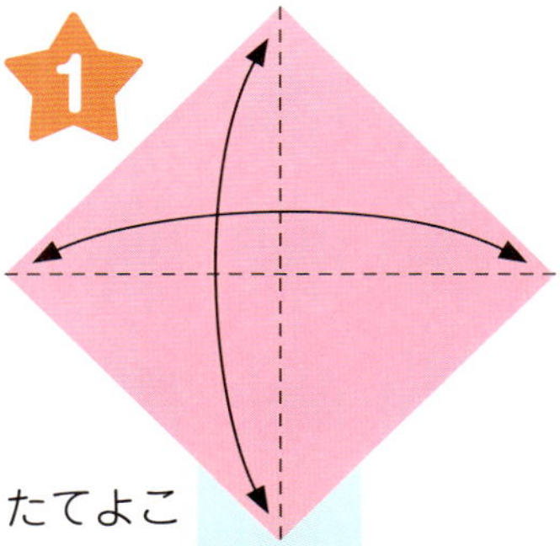
たてよこ
はんぶんに おって
おり目《め》を つけて もどす

2
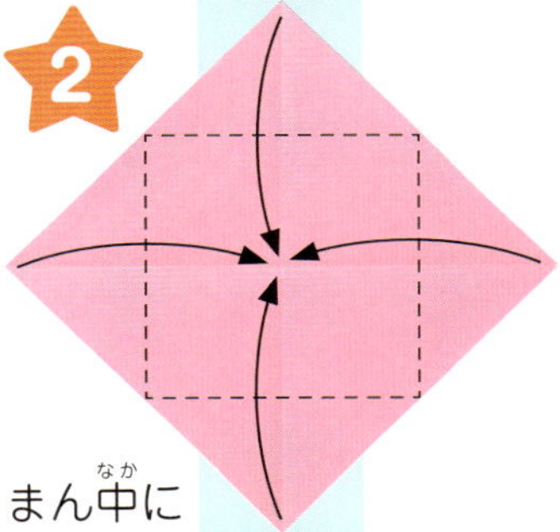
まん中《なか》に
むけて てんせんで おる

3
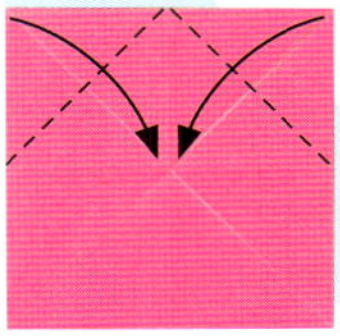
まん中《なか》に
むけて
てんせんで おる

おおきく

4

てんせんで おる

5
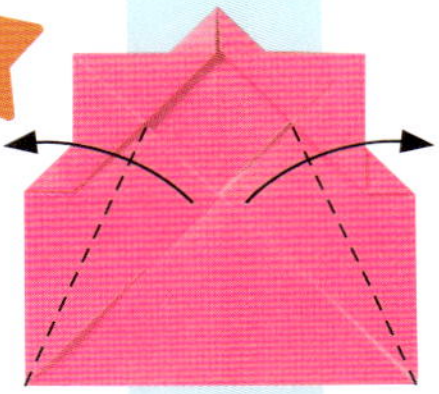
てんせんで おる

6

うらがえす

7

てんせんで おる

おおきく

8
上《うえ》の 1まいを
てんせんで おる
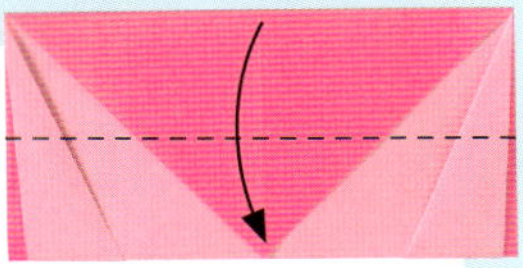

9

⇨⇦から ふくろを
ひらいて つぶす
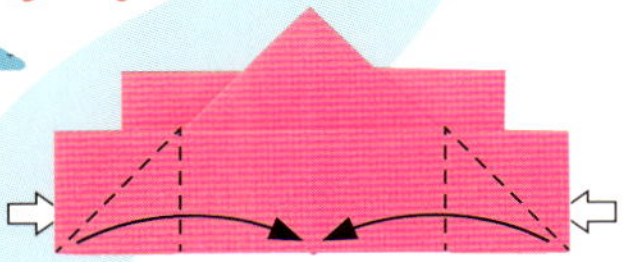

10

てんせんで おる

11

てんせんで おる

目《め》と
もようを
かく

できあがり

12
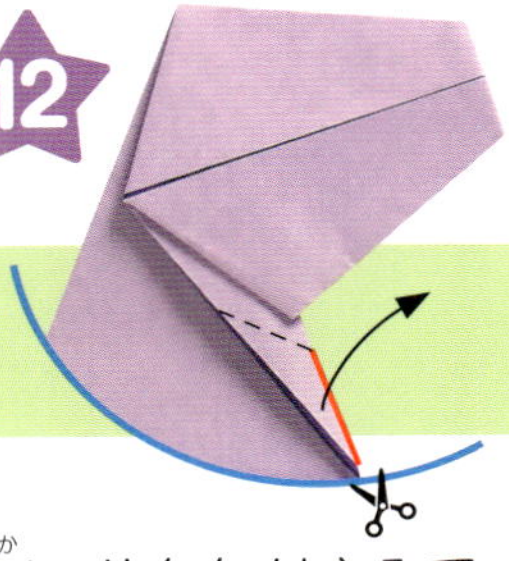
赤《あか》い せんを はさみで
きって てんせんで おる

13
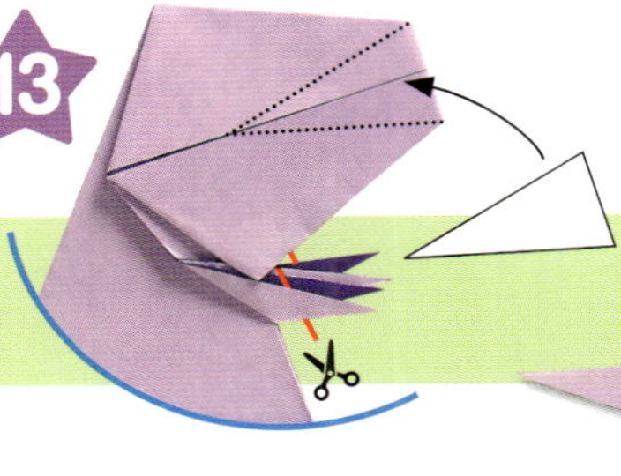
うらめんの いろの かみを
きりとる。口《くち》には 三《さん》かくに
きった 白《しろ》い かみを はる

かおと
もようを
かく

できあがり

そらのきょうりゅう

しそちょう

むずかしい

1

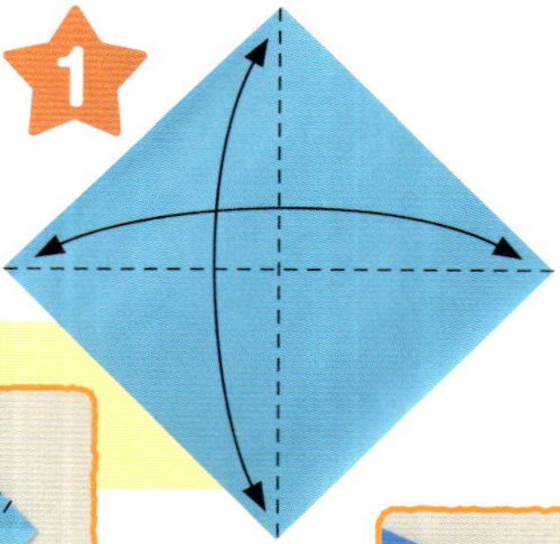

たてよこ はんぶんに
おって おり目《め》を
つけて もどす

2

てんせんで おる

3

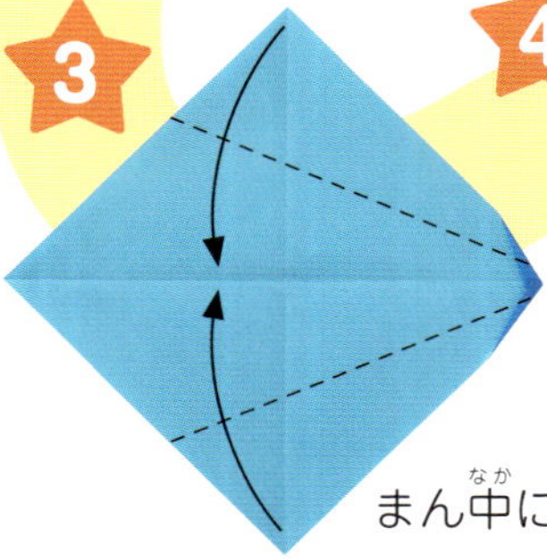

まん中《なか》に むけて
てんせんで おる

4

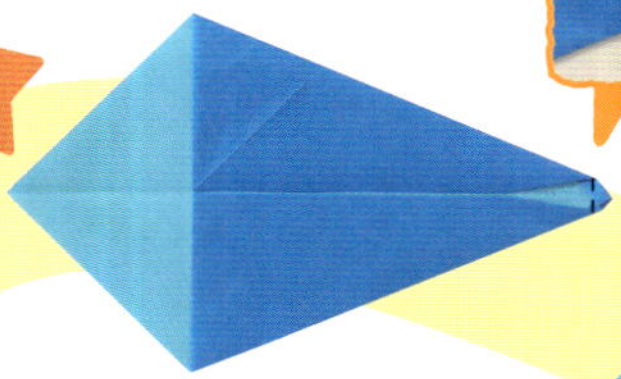

てんせんで
うしろへ おる

5

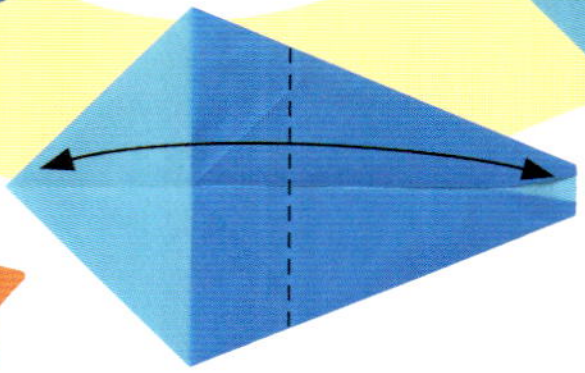

はんぶんに おって
おり目《め》を つけて もどす

6

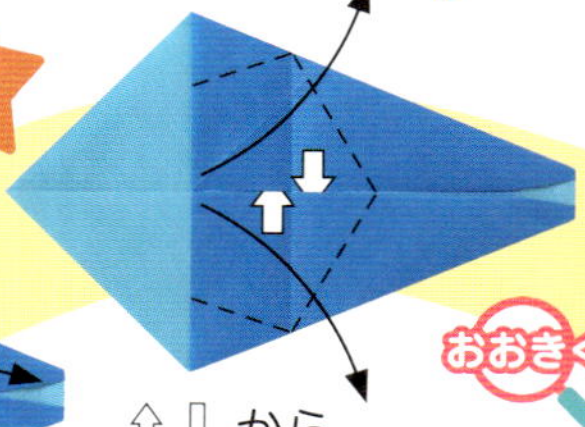

おおきく

⇧⇩ から
ふくろを
ひらいて つぶす

プテラノドン

ふつう

1
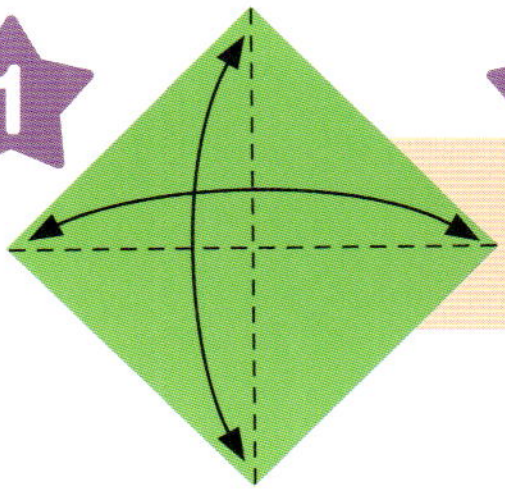
たてよこ はんぶんに
おって おり目《め》を
つけて もどす

2
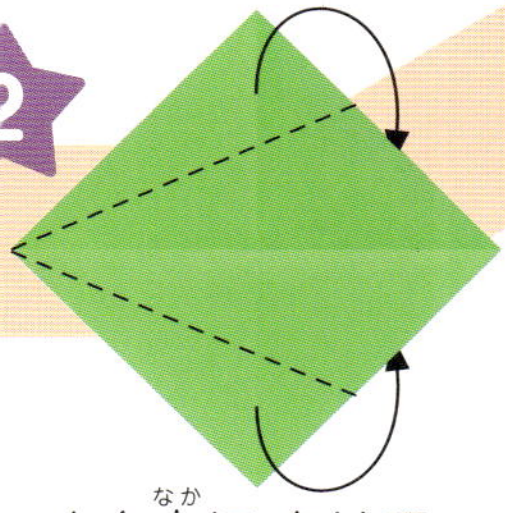
まん中《なか》に むけて
うしろへ おる

3
てんせんで
だんおり
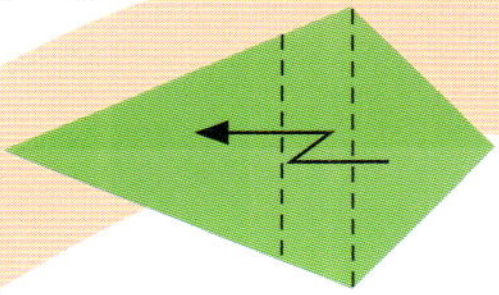

4
うしろへ
はんぶんに おる
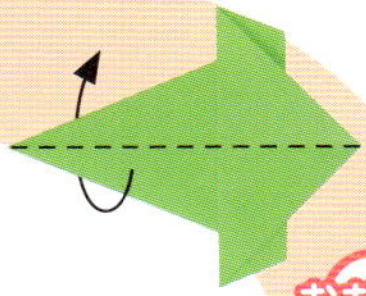

おおきく

5

てんせんで なかわりおり

6
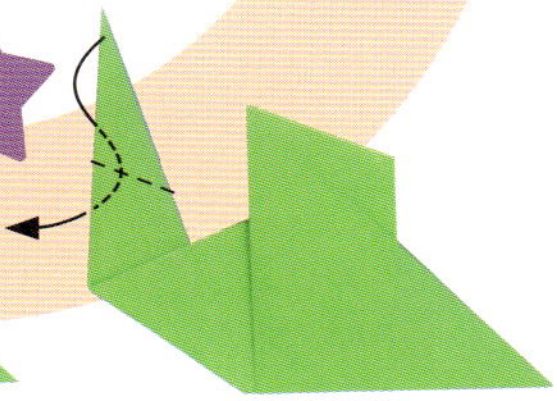
てんせんで
なかわりおり

7

てんせんで おる。
うらも おなじ。
8 9 は ぶぶんず

8

赤《あか》い せんを
はさみで きる

9

てんせんで
うしろへ おる

目《め》を
かく

できあがり

かおと
もようを
かく

できあがり

11
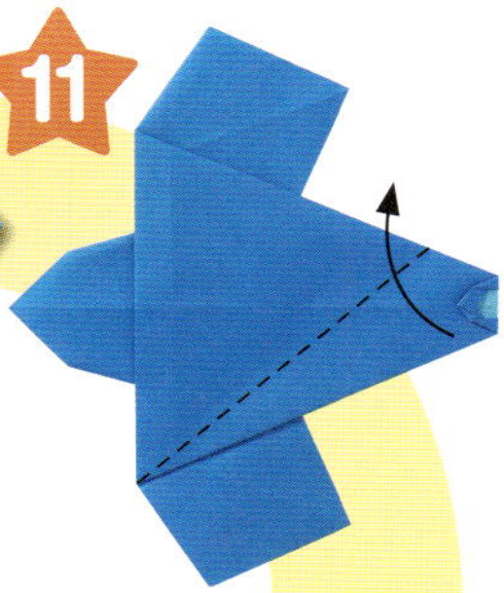
てんせんで おる

7
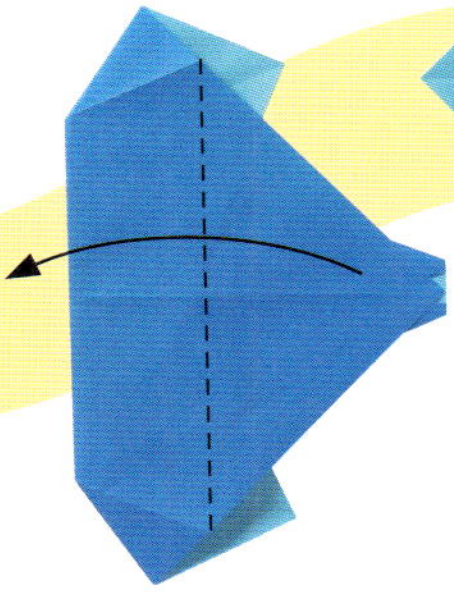
てんせんで
おる

8

てんせんで
おって おり目《め》を
つけて もどす

9

⇨⇦ から ふくろを
ひらいて つぶす

10

うらがえす

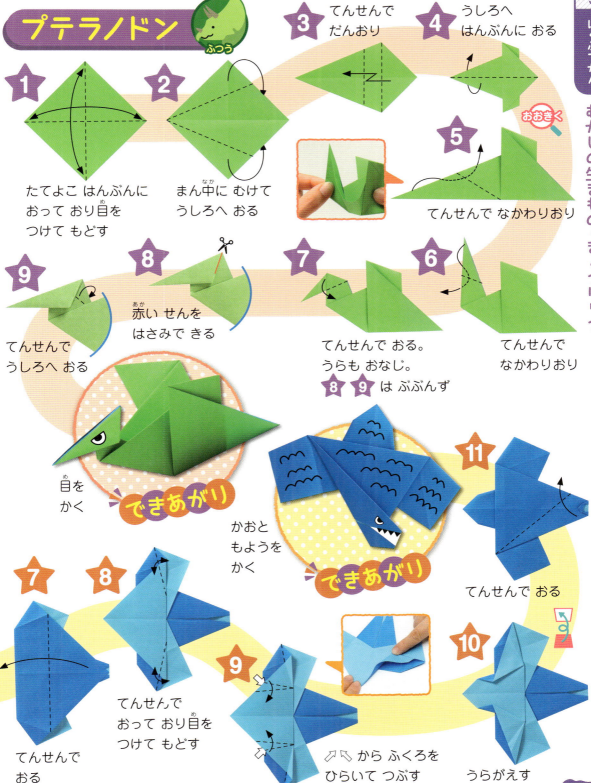

マンモス

ふつう

1

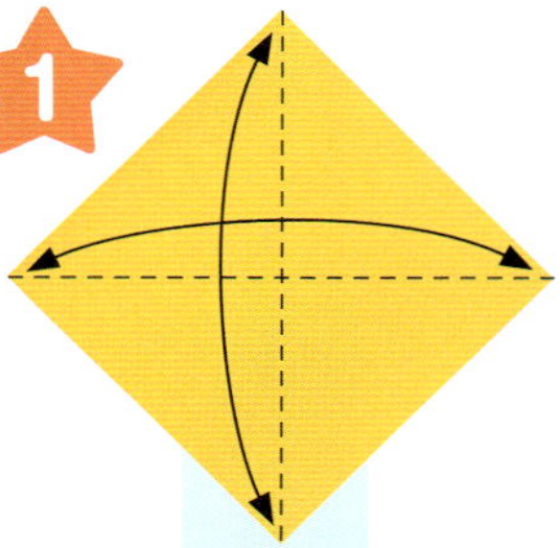

たてよこ はんぶんに
おって おり目《め》を
つけて もどす

2

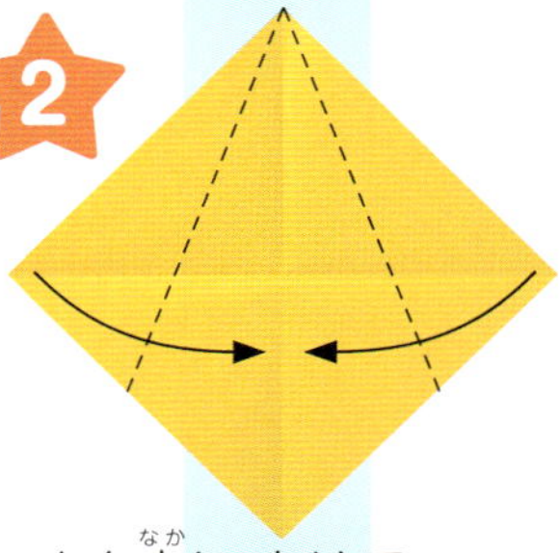

まん中《なか》に むけて
てんせんで おる

3

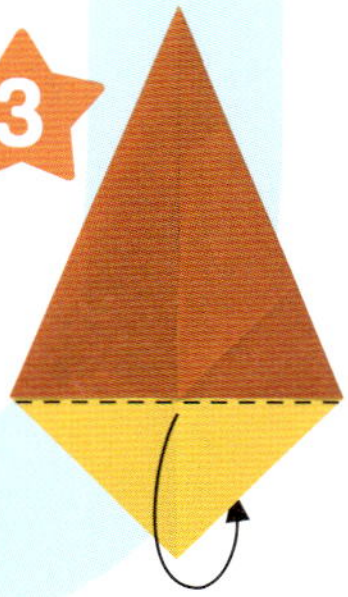

てんせんで
うしろへ おる

4

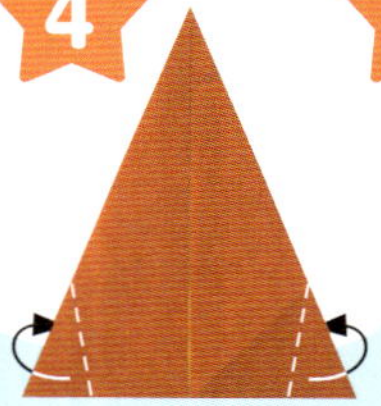

てんせんで
うしろへ おる

おおきく

5

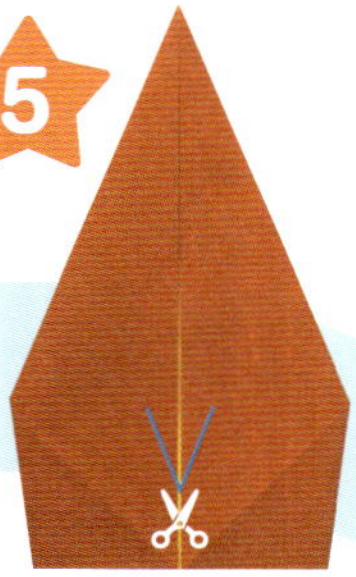

青《あお》い せんを
はさみで きる

6

てんせんで
おる

7

てんせんで
おる

おおきく

8

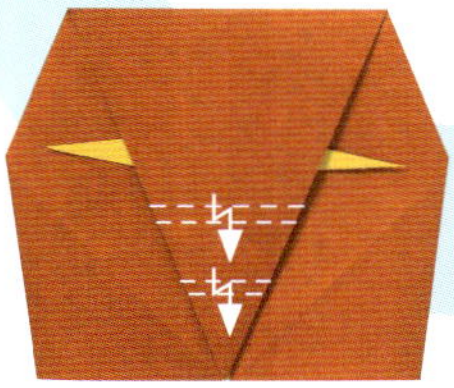

てんせんで
うしろへ だんおり

9

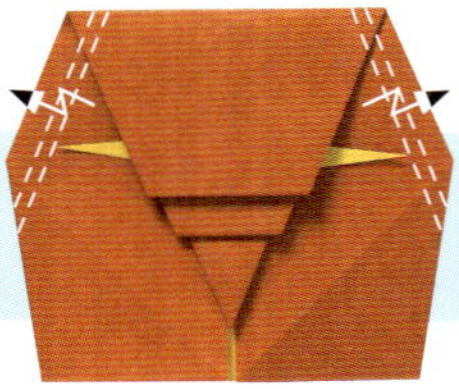

てんせんで
うしろへ だんおり

10

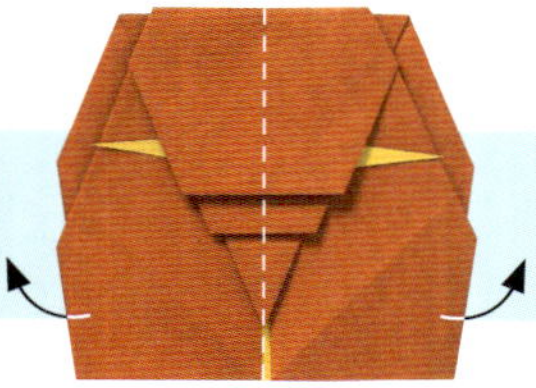

まん中《なか》で すこし
うしろへ おる

目《め》を
かく

できあがり

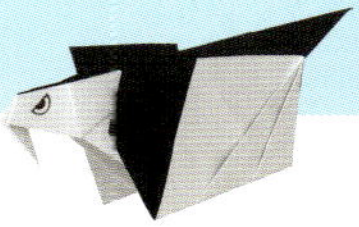

さくいん

あ

あかちゃんパンダ……48
あざらし……113
あざらしのあかちゃん……112
アルパカ……100
アルマジロ……30
いちょう……57
いぬ……89
いるか……118
インコ……84
うさぎのきょうだい……94
うま……26
うみがめ……130
うんこ……18
えい……140
えび……148
えりまきとかげ……122
エンゼルフィッシュ……145
おおわし……74
おすライオン……17
オットセイ……114
おんぶさる……66

か

かえる……128
かくれくまのみ……147
かじきまぐろ……136
かに……150
かば……34
カピバラ……35
カメレオン……120
かわうそ……64
カンガルー……49
木《き》……21・81
きつね……56
きりん……20
くさ……27
くじゃく……82
グッピー……144
くも……75
くり……61
クリオネ……134
コアラ……51
こうもり……44・45
こぐま……69
ことり……124
こねこ……92
コブラ……126
ゴリラ……54

さ

さかな……65
ささ……47
さめ……138
さる……66
しそちょう……156
しゃち……115
しろいるか……116
しろくま……111
すいぎゅう……32
すすき……57
ステゴサウルス……155
セイスモサウルス……152
ぞう……19
ぞうがめ……99

た

たけのこ……48
たこくらげ……132
だちょう……85
たつのおとしご……143
たぬき……58
ちょうちょううお……146
ちん……86
つき……25
つりざお……137
ティラノサウルス……154
トナカイ……40
とら……38
どんぐり……61

な

なまけもの……42
2ひきのいるか……119
にほんざる……68
にまいがい……142
にわとり……98
にんじん……95
ねこ……90
ねったいぎょ……144・146

は

バク……37
はくちょう……77
はくちょうのおやこ……76
バケツ……107
ハシビロコウ……72
はすのは……129
はっぱ……57
バナナ……55
ハムスター……96
パンダ……46
ひつじ……103
ひょう……22
ひよこ……97
ふうせん……114
ふくろう……78
プテラノドン……157
フラミンゴ……70
へび……127
ペリカン……71
ペルシャねこ……93
ペンギン……106・108
ペンギンのおやこ……109
ポメラニアン……88

ま

まんぼう……141
マンモス……158
みみずく……80
めすライオン……16
ももんが……62

や

やぎ……102
やきいも……59
やま……68
やまあらし……28

ら・わ

ライオン……16
らくだ……24
らっこ……110
りす……60
りんご……53
レッサーパンダ……52
わに……124

著者

新宮 文明（しんぐう ふみあき）

福岡県大牟田市生まれ。デザイン学校卒業後、1984年に株式会社シティプランを設立。グラフィックデザインの仕事に携わるかたわら、製作したオリジナル商品「JOYD」シリーズをトイザらス、東急ハンズのほかニューヨーク、パリなど海外でも販売。98年「折り紙遊び」シリーズを発売。2003年に開設した「おりがみくらぶ」は日本を代表する人気サイトになっている。著書に『大人気!! 親子で遊べるたのしい!おりがみ』（高橋書店）、『女の子の遊べるおりがみ156』（西東社）、『はじめて作る かんたんユニット折り紙』（ブティック社）、『おりがみしようよ！』『きせつで楽しいみんなのおりがみ』（以上、日本文芸社）などがある。

スタッフ

- アートディレクション　大薮 胤美（フレーズ）
- デザイン　福田 礼花（フレーズ）
- 編集協力　上野 洋子
- 写真　天野 憲仁（日本文芸社）

おりがみ どうぶつえん&すいぞくかん

2018年 6 月30日　第1刷発行
2020年10月20日　第4刷発行

著　者　新宮《しんぐう》　文明《ふみあき》
発行者　吉田芳史
印刷所　図書印刷株式会社
製本所　図書印刷株式会社
発行所　株式会社　日本文芸社
〒135-0001　東京都江東区毛利2－10－18　OCMビル
TEL　03-5638-1660（代表）
Printed in Japan 112180607-112201007　Ⓝ04　(111010)
ISBN978-4-537-21586-1
URL：https://www.nihonbungeisha.co.jp/

（編集担当：前川）

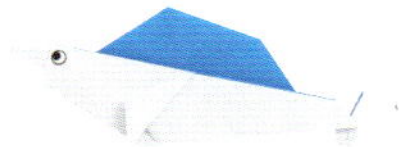